Gordon Urquhart
Im Namen des Papstes

Gordon Urquhart

Im Namen des Papstes

Die verschwiegenen Truppen des Vatikans

Aus dem Englischen von
Karl Heinz Siber

Droemer Knaur

Für E. F. und S. P.

Originaltitel: The Pope's Armada
Originalverlag: Bantam Press, London

Die Deutsche Bibliothek – CIP-Einheitsaufnahme
Urquhart, Gordon:
Im Namen des Papstes : die verschwiegenen Truppen
des Vatikans / Gordon Urquhart. Aus dem Engl. von
Karl Heinz Siber. – München : Droemer Knaur, 1995
Einheitssacht.: The Pope's Armada <dt.>
ISBN 3-426-26712-8

Die Folie des Schutzumschlags sowie die Einschweißfolie
sind PE-Folien und biologisch abbaubar.
Dieses Buch wurde auf chlor- und säurefreiem Papier gedruckt.

Umschlaggestaltung: Agentur ZERO, München
Umschlagfoto: Tony Stone, München
Umbruch: Ventura Publisher im Verlag
Druck und Bindearbeiten: Ueberreuter, Korneuburg
Printed in Austria
ISBN 3-426-26712-8

5 4 3 2 1

Inhalt

Marktplatz der Seelen 1

Auf den ersten Blick zeichnet sich die Klosterkirche von St. Benedict nicht gerade durch Außergewöhnliches aus. Sie steht im Gemeindepark von Ealing und strahlt bürgerliche Behaglichkeit aus; geleitet wird sie von Benediktinern, einem Orden, dem auch der englische Kardinalprimas Hume angehört.

Und hier, an diesem Ort des Friedens, soll es Machtkämpfe geben, Streit, Aufruhr?

Das äußere Bild von Ealing trügt. Die kleine Vorstadtgemeinde im westlichen London hat ihre Ruhe verloren. Sie ist tief gespalten und in England zum Brennpunkt eines weltweiten Konflikts in der katholischen Kirche geworden.

Ausgelöst hat den Streit eine Bewegung, die einerseits von höchster Stelle gefördert wird, vor allem von Papst Johannes Paul II., andererseits aber von etlichen Kardinälen, Bischöfen und Laien als fundamentalistische Sekte verdammt wird.

Welchem Rat soll die Gemeinde folgen, wem schuldet sie Gehorsam?

Die umstrittene Bewegung, die von Südeuropa ausgegangen ist und sich in rasender Schnelligkeit verbreitet hat, heißt »Neocatechumenate«; sie ist – neben »Focolare Movimento« und »Comunione e Liberazione« – eine der Organisationen, die das absolute Vertrauen des Papstes haben.

Wie diese Bewegung im verborgenen arbeitet, wie sie Menschen an sich bindet und sie verändert, soll an einem Beispiel aus Ealing erzählt werden. Es geht um Macht über Menschen. Es geht um Macht in der katholischen Kirche.

Rita war 1980 18 Jahre alt; sie war eines von fünf Kindern einer Mittelschicht-Familie aus dem Kirchenbezirk Ealing. Sie war attraktiv, begabt und studierte im ersten Semester Biochemie, ehe sie in den Bannkreis der Neokatechumenaten-Bewegung geriet.

Ritas Mutter bemerkte als erste die Veränderung ihrer Tochter:»Sie sprach nur noch über die Bewegung, wir hatten ständig Streit. Schritt für Schritt verlagerte Rita ihre Zuneigung, die Neokatechumenaten wurden ihre neue Familie.« Die Kommunikation brach schließlich völlig ab. Das war besonders schwer für Ritas Vater, der kein Katholik war und ein besonders inniges Verhältnis zu seiner Tochter gehabt hatte.

Rita, inzwischen über dreißig, lebt nun in einer nicht gerade glücklichen Beziehung zu einem fast doppelt so alten Mann. Ihre Arbeit bei einem Pharma-Unternehmen hat sie aufgegeben, sie will sich ganz den Neokatechumenaten-Idealen widmen. Sie hat drei Kinder, darunter einen vierjährigen autistischen Sohn. Die Familie lebt in ärmlichen Verhältnissen in einer Sozialwohnung; der Mann, ein ungelernter Arbeiter, muß ständig um seinen Arbeitsplatz bangen.

Für Ritas Eltern ist das alles unbegreiflich. Die junge, begabte Frau hatte, gerade 26 Jahre alt, ihren Eltern mitgeteilt, daß sie einen Mann aus ihrer»Gemeinschaft« heiraten werde; als Gemeinschaften bezeichnen die Neokatechumenaten ihre aus rund vierzig Personen bestehenden Untergruppen. Ritas Mutter ist überzeugt, daß die Heirat mit dem doppelt so alten Funktionär der Bewegung eine eingefädelte Sache war; die Neokatechumenaten planen auch Hochzeiten sehr sorgfältig.

Ritas Eltern durften zwar für die Kosten der Hochzeitsfeier aufkommen, hatten aber auf die Gestaltung keinen Einfluß. Sie erhielten eine Gästeliste mit 200 Namen, die ihnen nichts sagten. In der Mehrheit handelte es sich um Neokatechumenaten aus anderen Gemeindebezirken.

Ritas Bruder Robert erinnert sich:»Ich hatte so etwas noch nie erlebt. Zu Beginn der Feier wurden wir vom Führer der Neokatechumenaten, der gar nicht unserer Gemeinde angehörte, in unserem eigenen Bezirk willkommen geheißen. Die Gäste waren in zwei Fraktionen gruppiert: Neokatechumenaten und andere. Die Neokatechumenaten bildeten die größere Gruppe.« Viele Gäste aus dem Gemeindebezirk irritierte der Hochzeitsgottesdienst; er glich einem »ausgeflippten Popkonzert«; die hypnotischen spanischen Melodien und Rhythmen hatte der Begründer der Bewegung, Kiko Arguello, komponiert.

Die Spannungen in der Familie verschärften sich. Rita trat immer missionarischer auf. Nachbarn, darunter eine jüdische Familie, fühlten sich belästigt. Mitte 1993 stellte Ritas Mutter fest, daß ihre Tochter aus ihrer Wohnung ausgezogen war und die Kinder mitgenommen hatte. Rita meldete sich wenig später telefonisch und erzählte, daß ihre Ehe unerträglich geworden sei, sie wolle mit den Kindern ins Elternhaus zurückkehren. Rita und die Kinder blieben acht Wochen; doch dann endete diese Episode ebenso rätselhaft wie sie begonnen hatte. Rita hatte einen Gerichtsbeschluß erwirkt, der ihr das alleinige Sorgerecht für die Kinder zusprach; sie befürchtete, ihr Mann könne versuchen, die Kinder aus dem Land zu schaffen. Doch einen Tag vor Inkrafttreten des Gerichtsbeschlusses verkündete sie plötzlich beim Frühstück, sie werde mit den Kindern zu ihrem Mann zurückkehren. Sowohl sie als auch die Kinder dürften künftig keinerlei Kontakt mehr mit ihrer Familie haben. Ende der Diskussion. Ritas Mutter ist inzwischen aus ihrem Gemeindebezirk fortgezogen: »Ealing weckt zu viele traurige Erinnerungen«, sie hat die Hoffnung aufgegeben, daß sich die Wunden schließen werden, die die Neokatechumenaten ihrer Familie geschlagen haben.

Ritas Mutter hatte unmittelbar nach der Hochzeit mit anderen Frauen und Männern der Pfarrgemeinde noch den Versuch gemacht, endlich herauszufinden, was hinter der Organisation steckte, die sich in ihrer Mitte gebildet hatte. Das Ergebnis war verblüffend. Die Neokatechumenaten waren längst keine Randgruppe mehr; wie vermutet, ihr führender Kopf war der Gemeindepfarrer selbst, Pater Michael Hopley. Beunruhigend waren nicht nur die geheimen Treffen, beunruhigend war auch die Geheimniskrämerei. Die Gemeinde fertigte Eingaben an für den Pfarrer, den Abt und den Kardinal Hume, sie fragte nach der Struktur der Neokatechumenaten und ihrer Stellung in der kirchlichen Hierarchie. Zufriedenstellende Auskünfte gab es nicht. Der Zorn in der Gemeinde wuchs. Die Neokatechumenaten hatten, seit sie in Ealing Fuß gefaßt hatten, in jedem Herbst Einführungsseminare veranstaltet, wie sich später herausstellte; sie dienten dem Ziel, neue Mitglieder zu werben. Diese Veranstaltungen waren von der Kanzel und schwarz auf weiß angekündigt worden, ohne daß die Neokatechumenaten jemals beim Namen genannt wurden. In einem Gemeinderundschreiben vom 26. Oktober 1986 findet sich beispielsweise unter den Veranstaltungshinweisen die unverfängliche Ankündigung: »Was ist Gott für dich? Um 20.15 Uhr im Gemeindesaal.« Den Namen des Redners sucht man vergeblich. Wer als Gemeindemitglied diese Seminare besuchte, mußte bald feststellen, daß nie Fragen beantwortet wurden. Man ging ratloser, als man gekommen war.

Das Klima der Offenheit, das die katholische Kirche nach den Reformen von Papst Johannes XXIII. und nach dem Zweiten Vatikanischen Konzil in den frühen sechziger Jahren ergriffen hatte, war mit einer Rückbesinnung auf die Menschenliebe Gottes einhergegangen. Um so überraschter waren die Mitglieder der Pfarrgemeinde von Ealing, als sie nun erleben mußten, daß die Lehre der Neokatechumenaten die Sünde in den Mittelpunkt stellte und sich einer auffällig rabiaten Ausdrucksweise bediente. Wer Auskünfte über die Bewegung haben wollte, wurde mit der Standardantwort abgespeist, daß keine Fragen beantwortet würden. Wer alle fünfzehn Seminarabende besuche, werde keine offenen Fragen mehr haben.

Da durch Petitionen keine Aufklärung zu erzielen war, drängten über 200 Gemeindemitglieder den Pfarrer und den Abt, eine außerordentliche Vollversammlung einzuberufen, auf der über die geheimbündlerische Gruppe in der eigenen Gemeinde gesprochen werden sollte. Kritiker hatten eine Liste mit 25 Fragen vorbereitet; sie waren überzeugt, daß die Bewegung zwar die Rückendeckung der kirchlichen Instanzen habe, aber mit Methoden arbeite, die denen einer Sekte glichen.

Hauptvorwurf aber war, daß bei etlichen Mitgliedern offensichtlich mit Gehirnwäsche-Techniken gearbeitet und dann der Anspruch erhoben worden sei, die Bewegung allein verkörpere »den Weg.« Zufriedenstellende Antworten gab es auch in dieser Versammlung nicht.

Die Mitglieder der Neokatechumenaten waren in Ealing zwar nicht fähig, sich auf Diskussionen über konkrete Fragen einzulassen, beteuerten aber stets, daß ihre Bewegung die Unterstützung höchster Kreise der Amtskirche genieße, zum Beispiel die des Bischofs der für ihre Gemeinde zuständigen Diözese Westminster, damals Bischof Mahon, und – noch wichtiger – die des Papstes Johannes Paul II. Zum Beweis präsentierten sie ein als Privatdruck erschienenes Buch, eine Sammlung von Reden des Papstes, in denen er die in den Gemeinden seiner eigenen römischen Diözese wirkenden Neokatechumenaten mit Lob überhäufte. Ein Beispiel:

So erkläre ich mir die Entstehung des Neokatechumenatentums, seines Weges: Jemand fragte sich, woher die Kraft der frühchristlichen Kirche rührte und woher die Schwäche der heutigen, zahlenmäßig so viel größeren Kirche rührt. Er fand, wie ich glaube, die Antwort im Katechumenatentum, in diesem Weg ... In euren Gemeinschaften könnt ihr wirklich sehen, wie alle Früchte des Heiligen Geistes aus der Taufe hervorwachsen, alle Charismen des Heiligen Geistes, alle Berufungen, die ganze Ursprünglichkeit des christlichen Lebens in der Ehe, in der Priesterschaft, in den verschiedenen Berufungen, in der Welt, letzten Endes auch in der Welt.

Aus dem offenkundigen Gegensatz zwischen den Worten des Papstes und den eigenen Erlebnissen zogen die Mitglieder des Gemeindebezirkes Ealing den Schluß, daß der Papst nicht wisse, was sie wußten. Die Möglichkeit, daß Johannes Paul II. die Wahrheit kannte und billigte, war für die frommen Leute nicht denkbar.

»Ich habe das große und vielversprechende Aufblühen kirchlicher Bewegungen erkennen können«, hatte Johannes Paul II. schon 1985 erklärt, »und ich habe hervorgehoben, daß ich in ihnen einen Grund zur Hoffnung in der gesamten Kirche und für die ganze Menschheit sehe.«

Die Neokatechumenaten sind nur *eine* von mehreren Bewegungen mit seltsam klingenden Namen, die sich im Verlauf der vergangenen 30 Jahre in der katholischen Kirche ausgebreitet haben; in der besonderen Gunst des Papstes stehen neben den Neokatechumenaten zwei weitere Bewegungen:»Kommunion und Befreiung« (abgekürzt CL, nach Comunione e Liberazione) und Focolare Movimento. Diese drei Bewegungen sind die größten und auch die wohlhabendsten und mächtigsten in einer ganzen Gruppe von moralisch, theologisch und politisch rechtslastigen Organisationen, die weltweit 30 Millionen Katholiken zu ihren Anhängern zählen und ihren Aufschwung in den achtziger Jahren nahmen. Heute, in den neunziger Jahren, sieht es so aus, als könnten sie die liberalen Kräfte in der katholischen Kirche zahlenmäßig überflügeln. Ihre Macht und ihr Einfluß wurden immer stärker.

Obwohl diese Bewegungen von Südeuropa ausgingen und ihre Zentralen in Italien sitzen, agieren sie inzwischen weltweit.

Focolare wurde 1943, auf dem Höhepunkt des alliierten Bombenkrieges, von der damals 25jährigen Volksschullehrerin Chiara Lubich in der norditalienischen Stadt Trient (Trento) gegründet. Heute ist die Bewegung in 1500 Diözesen in 180 Ländern aktiv, gebietet über mehrere Millionen Anhänger und hat 80 000 feste Mitglieder, die sich durch Gelübde und Versprechungen gebunden haben. Der Aufruf der Bewegung zu universeller Liebe und zur Einigkeit aller Menschen steht in krassem Gegensatz zu einer starren Hierarchie und einem pompösen Personenkult, der um die 75jährige Gründerin getrieben wird; obwohl die Lubich seit mehreren Jahren zurückgezogen in der Schweiz lebt und an einer geheimnisvollen Krankheit leiden soll, folgen ihre Anhänger ihr in blindem Gehorsam.

»Kommunion und Befreiung« (CL) formierte sich im Italien der frühen siebziger Jahre als konservative studentische Gegenströmung zu den Protestbewegungen der sechziger Jahre; ihr erster Führer war der kleinwüchsige Mailänder Priester Don Giussani. Die Aktivisten und Mitglieder der CL – die in den letzten zwanzig Jahren die meistbeachtete katholische Bewegung in Italien war – sind wegen ihres aggressiven und fundamentalistischen Eintretens für traditionelle katholische Werte und wegen ihrer Papsthörigkeit mit diversen Spottnamen wie »Wojtylas Lakaien«, »Wojtylas Mönche« oder »Gottes Stalinisten« belegt worden. Der Bewegung, die in der italienischen Kirche und Politik immer wieder für starke Turbulenzen sorgt, gehören Geschäfte in allen Landesteilen, darunter einflußreiche Publikationen; ihr politischer Arm war bis vor kurzem Movimento Popolare, eine durch und durch katholische Partei. CL ist heute in achtzehn Ländern der Welt aktiv. Die aggressiven Versuche der Bewegung, in innerkirchlichen und politischen Angelegenheiten mitzumischen, aber auch die Verwicklung einiger führender Mitglieder in Bestechungsskandale haben den Vatikan inzwischen veranlaßt, sich ein Stück zu distanzieren.

Die Bewegung der Neokatechumenaten wurde 1964 von dem spanischen Künstler Kiko Arguello in der Barackensiedlung Palomeras Altas vor den Toren Madrids ins Leben gerufen; die ehemalige Nonne Carmen Hernandez gesellte sich wenig später als weitere Führungsfigur hinzu. Nachdem die beiden aus Zigeunern und Heimatlosen, die in einer Barackensiedlung hausten, eine Gefolgschaft rekrutiert hatten, beschlossen sie, ihre Werbemethoden auch auf normale Kirchengemeinden zu übertragen.

In der frühchristlichen Kirche ging der Taufe eine Sequenz von Initiationsriten und Lektionen voraus. An diese Tradition will Arguello anknüpfen. Er steht auf dem Standpunkt, daß die getauften Christen von heute allesamt Heiden und lediglich auf dem Papier Christen sind und daß sie einen Initiationsprozeß durchlaufen müssen, wenn auch erst nach der Taufe. Damit war das Neokatechumenatentum geboren. Ein wesentlicher Unterschied besteht freilich darin, daß bei den Frühchristen das Katechumenat drei Jahre dauerte, während es bei Arguello über zwanzig Jahre währt. Die Abfolge geheimnisvoller Riten – »Durchgänge« mit stufenweise zunehmender Bindung an die Bewegung – lernen die für die Bewegung Rekrutierten erst nach und nach kennen. Sie dürfen keine Fragen zu den vor ihnen liegenden Stationen stellen und anderen Mitgliedern, die in der Hierarchie unter ihnen stehen, keine Informationen über »den Weg« geben.

Nach dem Umzug nach Rom im Jahr 1968, nur vier Jahre nach der Gründung, breitete sich die Bewegung rasch über die Kirchengemeinden der römischen Diözese aus und hat seither auch global eine stürmische Entwicklung genommen. Sie ist heute in 600 Diözesen verankert und zählt rund 10 000 Gemeinschaften in 3000 Pfarrbezirken. (Diese Zahlen beziehen sich auf das Jahr 1991; man darf

davon ausgehen, daß sie heute um mindestens ein Drittel höher liegen.)
Die Mitgliederzahl der Neokatechumenaten schätzt man auf derzeit eine Million. Von ihren fragwürdigen Methoden abgesehen, vertreten die Neokatechumenaten in zentralen Punkten der katholischen Lehre Meinungen, die von vielen Theologen als ketzerisch betrachtet werden; gleichzeitig aber stehen sie dem erzkonservativen Papst sehr nahe. Von den Gründern der Bewegung, Kiko Arguello und Carmen Hernandez, heißt es, sie seien gerngesehene Frühstücks- und Mittagsgäste des Papstes und gingen in seinem Hause ein und aus.

Angesichts der Unterschiede in Herkunft und Sprache könnte es so erscheinen, als hätten die drei Bewegungen wenig miteinander gemein. Bei näherem Hinsehen zeigt sich jedoch, daß die Gemeinsamkeiten weit über den konservativen Grundkonsens hinausgehen. So ist es zum Beispiel für die drei Bewegungen kennzeichnend, daß sie – genauso wie die in Spanien beheimatete Vorgänger-Organisation Opus Dei – Charakterisierungen oder Beschreibungen ablehnen; sie äußern sich dezidiert zu dem, was sie nicht sind, nicht aber zu dem, was sie sind. In ihrer Weigerung, sich festlegen zu lassen, soll zum Ausdruck kommen, daß sie sich als Träger einer einzigartigen Mission verstehen. Sie bezeichnen sich nicht als Vereinigungen und nicht als religiöse Orden. Obwohl stark von Geistlichen durchsetzt, verweisen sie auf ihren Laienstatus. Wie viele klassische protestantische Sekten nimmt jede von ihnen für sich in Anspruch, die Rückbesinnung auf den echten ursprünglichen Glauben zu verkörpern: So warb Focolare eine Zeitlang für sich mit der schwammigen Parole:»Die ersten Christen des 20. Jahrhunderts«. Johannes Paul II. hat die drei Bewegungen in dieser Selbsteinschätzung bestärkt:

»Das großartige Aufblühen dieser Bewegungen und die Äußerungsformen kirchlicher Kraft und Vitalität, durch die sie sich auszeichnen, dürfen sicherlich als eine der schönsten Früchte der großen und tiefen geistigen Erneuerung gelten, die durch das letzte Konzil gefördert wurde.«

Der Papst sollte wissen, wovon er spricht, war er doch als junger Bischof Teilnehmer jenes Konzils, das einen denkwürdigen Wendepunkt im Leben der katholischen Kirche markierte. Auf dieser großen Konferenz der katholischen Bischöfe, einberufen von Papst Johannes XXIII., war die Abkehr von den starren dogmatischen und hierarchischen Strukturen der katholischen Kirche verkündet und an deren Stelle das dynamische Konzept vom Gottesvolk gesetzt worden, verbunden mit einer Aufwertung des Laientums. Die größte Errungenschaft des Konzils war jedoch seine Kampfansage an den Dualismus gewesen, der bis dahin in der katholischen Welt geherrscht hatte.

Bis zum Konzil hatte das vorherrschende geistliche Denken einen Gegensatz zwischen Kirche und Welt, heiligen und weltlichen Dingen, Seele und Leib postuliert. Die katholische Kirche sah sich als eine Trutzburg der Wahrheit; sie war im Besitz aller Anworten und verkündete diese mit göttlicher Autorität. Es gab nichts, was sie von der Welt hätte lernen können. Die Pracht- und Prunkentfaltung des päpstlichen Hofes war der äußere Ausdruck eines Großmachtgehabes. Die Welt draußen und die menschlichen Aktivitäten waren in den Augen dieser Kirche wenn schon nicht verwerflich, so doch zumindest moralisch wertlos, solange ihnen nicht von der Kirche ein religiöser Inhalt zugeordnet wurde. Dementsprechend gab es religiöse Segnungs- oder Konsekrationszeremonien, die Ausdruck des Bestrebens waren, die weltliche in die geistliche Sphäre zu integrieren.

Auf dem Konzil nun verkündeten die Konzilsväter, die Welt und die Aktivitäten der Menschen in ihr seien per se Gutes; es sei nicht nötig, sie zu segnen. Katholiken dürften demgemäß harmonisch mit anderen zusammenarbeiten. Unter den vielen angestoßenen Veränderungen war diese Umorientierung im Denken wahrscheinlich die einschneidendste.

Die Bewegungen Focolare und »Kommunion und Befreiung« (CL), aber auch Opus Dei empfanden jedoch nie die Notwendigkeit, unter dem Eindruck der Konzilsbeschlüsse ihre Philosophie zu überprüfen oder zu verändern. Weit davon entfernt, der Welt irgendeinen Wert zuzuerkennen, lehnen die Bewegungen die menschliche Sphäre als unwürdig ab und verurteilen die gesellschaftliche Wirklichkeit unserer Zeit in scharfen Tönen. Die Mitglieder werden aufgefordert, ihr Leben in die Bewegung zu verlegen; äußere Einflüsse müßten als Quelle der Verseuchung betrachtet werden. Keine der Bewegungen sucht den Dialog; jede wähnt sich im Besitz der ganzen Wahrheit und ist überzeugt, nicht lernen, sondern nur lehren zu müssen. Sie kennen die Antworten auf alle Fragen des geistlichen und des weltlichen Bereichs. Da die Gruppe stets über den einzelnen gestellt wird, muß die Segnung menschlicher Dinge *in* der Bewegung erfolgen. Das ist, mit anderen Worten, ein Rückzug aus der Welt.

Jede Bewegung baut sich eine nach außen abgeschottete Gesellschaft auf. Das geht soweit, daß sie Betriebe und Dörfer errichten, in denen die Mitglieder ein »unverseuchtes« Leben führen können; diese Beispiele sollen der Welt demonstrieren, wie das Christentum in reiner, unverfälschter Form die Lösung für alle Gebrechen der Menschheit sein kann. In ihren Utopia-Reichen sind die Weltprobleme gelöst. Dieses Konzept – im europäischen Raum unter dem Schlagwort »Integrismus« bekannt – wird von Kritikern der Bewegung inner- und außerhalb der Kirche immer heftiger attackiert.

Dieser extreme Dualismus Kirche – Welt ist so alt wie das Christentum selbst; zahlreiche Sekten haben »Tendenzgemeinschaften« ins Leben gerufen. Nach einer rigorosen Indoktrinierung sehen viele Mitglieder mit der Zeit alle Aspekte ihres Lebens und der Welt nur noch mit den Augen der Bewegung. Das hat zur Folge, daß es unter Katholiken unterschiedliche Spielarten der Weltdeutung gibt, die zum Teil unvereinbar miteinander sind.

Selbst in der Zeit vor dem Zweiten Vatikanischen Konzil hat die Kirche die Vereinbarkeit von Vernunft und Glauben gelehrt; Glaube, so hieß es, dürfe sich nicht gegen die Vernunft stellen. Die neuen katholischen Fundamentalisten schätzen die Rolle der Vernunft jedoch gering. Sie huldigen einem militanten Anti-Intellektualismus – das gilt sogar für »Kommunion und Befreiung«, die ihre Mitglieder vor allem in Studentenkreisen rekrutiert. Die Mitglieder müssen sich den Strukturen und Praktiken der Bewegung unterwerfen. Erfahrung hat Vorrang vor Vernunft. Neulingen wird eingehämmert, bedingungslos zu akzeptieren, was die Bewegung lehrt. Verstehen lernen werde man später.

Da jede Bewegung sich selbst eine messianische Rolle anmaßt, wird der größere Teil der Ressourcen in eine militant betriebene Missionsarbeit gesteckt. Würden sie sich bei ihrer Mitgliederwerbung auf die eigene Kirche beschränken, wären diese neuen Bewegungen für die Welt außerhalb der katholischen Kirche kaum mehr als ein Kuriosum. Die Bewegungen wollen aber missionieren. Sie wenden sich daher nicht nur an Katholiken und an Exkatholiken, sie haben es auf »*lontani*« abgesehen – (der Kirche) fernstehende Menschen, Ungläubige, auch auf Leute mit antireligiöser Einstellung. Und gerade in diesen Gruppen haben sie oft ihre größten Erfolge. Sie sind überzeugt, die Zukunft nicht nur der Kirche, sondern der ganzen Welt in ihren Händen zu halten.

Ihr Ehrgeiz richtet sich daher auch auf den Ausbau von Machtpositionen in aller Welt; mit Fanatismus und viel Geld haben die Bewegungen es schon zu verblüffenden Erfolgen in Politik und Wirtschaft und in den Medien gebracht. Zu ihren vorrangigen Zielen gehört es, der Mehrheit extrem rechte Moralvorstellungen aufzuzwingen. In Ländern wie Italien und Irland spielen sie ein aktive Rolle in den Kampagnen gegen eine Liberalisierung der Abtreibungs- und der Scheidungsgesetze.

Als Johannes Paul II. 1978 den päpstlichen Thron bestieg, hatte der Sturm der Veränderungen die Kirche bis in die Grundfesten erschüttert. Tausende von Priestern hatten ihrem Amt den Rücken gekehrt, religiöse Orden mußten Brüder wie Schwestern ziehen lassen. Angeregt durch das Konzil, waren Theologen darangegangen, die kirchlichen Dogmen grundlegend in Frage zu stellen. Die vom Konzil verkündete Autonomie der Laienschaft und die Betonung der persönlichen Gewissensverantwortung führten dazu, daß immer mehr Ehepaare das Verbot künstlicher Empfängnisverhütung mißachteten, das schon Papst Paul VI. 1968 in der Enzyklika *Humanae vitae* bekräftigt hatte. Die Forderung des Konzils nach Gerechtigkeit und Frieden aufgreifend, engagierten sich Priester und Nonnen, insbesondere in der Neuen Welt, aktiv in der Politik; etliche verbündeten sich gar mit dem Marxismus, den der Katholizismus ein Jahrhundert lang als seinen schlimmsten Feind betrachtet hatte.

Wojtyla hat sich lange als Mann des Konzils betrachtet; als Erzbischof von Krakau legte er in den frühen siebziger Jahren dar, wie die Visionen des Konzils in die Tat umgesetzt werden können. Er sah die Dinge freilich aus polnischer Perspektive: das Laientum sollte einbezogen werden, doch die Impulse sollten von oben ausgehen, von der Kirchenhierarchie. Als Papst wollte er wieder Ordnung ins Chaos der Kirche bringen, den Exodus von Priestern, Ordensmännern und Nonnen eindämmen, unbotmäßige Theologen an die Kandare nehmen und traditionelle Lehren durchsetzen, besonders im Bereich der Sexualmoral, die für ihn etwas Unwandelbares war. Allen Kirchenmännern und Laien, die das Gefühl hatten, das Programm des Konzils sei noch nicht verwirklicht, wurde sehr schnell klar, daß sich unter Johannes Paul II. der Wind drehte und eine Ära der Restauration anbrach.

Ein Mann von der Tatkraft Wojtylas wollte sich mit Restauration jedoch nicht zufriedengeben. Er hatte auch ein expansionistisches Programm. In seiner ersten Enzyklika entwarf Johannes Paul II. für das Jahr 2000 eine apokalyptische Vision des Weltfriedens; Mitte der achtziger Jahre hatte seine Vision auch einen Namen: neue Evangelisierung. Dies ist das programmatische Motto seines Pontifikats geblieben, ein Schlagwort, hinter dem sich das Streben nach einer Renaissance der von ihm hochgeschätzten traditionellen Werte verbirgt.

Johannes Paul begreift seine missionarische Sendung zwar durchaus als ein globales Anliegen, doch spielt in seiner Vision Europa eine besondere Rolle. Hier steht die neue Evangelisierung nicht nur für eine Wiedergeburt christlicher Werte, sondern auch für die Wiedererrichtung eines Christentums wie in der Blütezeit des Heiligen Römischen Reiches; unter dem Banner des Katholizismus soll ein vereintes Europa »vom Atlantik zum Ural« entstehen. Für dieses ehrgeizige Programm braucht der Papst Bataillone, Bewegungen, die – bei allen Unterschieden – seiner Führung, seinen Zielen bedingungslos folgen.

Die Bewegungen gaben dem Papst, was er erwartete. Sie lieferten

Kandidaten für den Priesterberuf, für das gottgeweihte Leben und für die neuen gemeinschaftlichen Lebensformen; sie bejahen das Zölibat, sie sind konservativ bis hin zum Fundamentalismus in der Interpretation der Bibel; sie verurteilen nicht nur den von Johannes Paul an den Pranger gestellten »moralischen Relativismus«, sie garantieren auch die strenge Durchsetzung der moralischen Wertmaßstäbe bei ihren Mitgliedern und in ihrer Einflußsphäre. Das Schwergewicht ihres Programms liegt auf Verinnerlichung, die Themen Gerechtigkeit und Frieden treten in den Hintergrund. Auch in ihrer Struktur sind die Bewegungen ideale Werkzeuge für Johannes Pauls Ziele. Sie werden von Rom beziehungsweise von Mailand zentral geführt; das hochentwickelte interne Kommunikationssystem sorgt zusammen mit einer klaren Befehlsstruktur für eine schnelle Reaktionsfähigkeit. Vor allem aber besitzen die Bewegungen eine fanatische Loyalität zum Heiligen Stuhl. Sie jubeln und winken, wo immer der Papst in der Welt öffentlich in Erscheinung tritt; sie legen sich selbst für unpopuläre Maßnahmen öffentlich ins Zeug. Johannes Paul erkannte schnell, daß dies genau die Truppen waren, die er wollte: diszipliniert und militant.

Das Geschäft läuft auf Gegenseitigkeit: Die Bewegungen können sich auf hochrangige Gönner und Förderer berufen; das ist besonders wichtig für die Neokatechumenaten und »Kommunion und Befreiung«, die in vielen Diözesen Konflikte mit Bischöfen hatten. Das war nicht leichtzunehmen. Das Konzil hatte nämlich die eigenständige Rolle der örtlichen Kirchen betont und somit die Autorität der Bischöfe gestärkt. Das Prinzip der Kollegialität sollte ein Gegengewicht zur Doktrin der Unfehlbarkeit bilden.

Johannes Paul sah das anders. Er nutzte die achtziger Jahre, um die Bischöfe und ihre nationalen Vertretungen – die Bischofskonferenzen – auf Linie zu bringen. Von Zentralisierung verstanden die Bewegungen etwas, warum also nicht ihre Hilfe annehmen? Die Bewegungen waren leidenschaftliche Verfechter des Gedankens, daß in der Kirche für Demokratie kein Platz sei. Die Rückendeckung durch den Papst half in der Auseinandersetzung mit kritischen Bischöfen, also half man dem Papst bei seinen Bemühungen um Zentralisierung.

Architekt der Restauration im Vatikan war der deutsche Kardinal Ratzinger, Präfekt der Kongregation für die Glaubenslehre, besser bekannt unter den Namen Heiliges Offizium oder Inquisition. Der Theologe Ratzinger, der das zweite Konzil mitgemacht hatte, war in den siebziger Jahren scharf nach rechts gerückt; als er in den Achtzigern seine Machtposition erreicht hatte, setzte er seinen Namen unter die härtesten disziplinarischen Verfügungen des Vatikans. Vor allem die mächtigen Bischofskonferenzen waren Zielscheiben seiner Attacken. Ratzinger wollte die unangefochtene Autorität des Papsttums wiederherstellen. Es verwundert daher nicht, daß der Kardinal zu den eifrigsten Förderern der Bewegungen gehört. Sie sind wahrscheinlich die einzigen Organisationen der Kirche, die über alle von ihm bewunderten Qualitäten verfügen:

»Das intensive Glaubensleben, das in diesen Bewegungen stattfindet, läßt nicht den Schluß zu, daß sie introspektiv oder abgeschottet seien, sondern zeugt lediglich von einer vollen und ganzen Katholizität. ... Unsere Aufgabe – als diejenigen, die in der Kirche mit einem Amt betraut sind, und als Theologen – besteht darin, die Türen für sie offen- und einen Raum für sie freizuhalten.«

Diese Begeisterung wird von vielen anderen Kardinälen und Bischöfen nicht geteilt. Der Mailänder Kardinal Martini, Jesuit und Bibelgelehrter, ist der bekannteste Gegner der Bewegungen in Europa; auch führende Männer der südamerikanischen Kirche, die brasilianischen Kardinäle Arns und Lorscheider, kritisieren das fundamentalistische Gebaren.

Die Kontroverse hat inzwischen sogar zu Streitigkeiten innerhalb einzelner Kirchengemeinden geführt, zwischen Priestern und Bischöfen, zwischen Bischöfen und Kardinälen. Auch in der Kurie, im innersten Zentrum der Amtskirche also, sind Auseinandersetzungen entbrannt.

Selbst Kritiker und Gegner müssen den neuen Bewegungen widerstrebend Anerkennung für Zielstrebigkeit und Effektivität zollen. So erklärte der gemäßigte belgische Kardinal Danneels:

»Es ist eine Tatsache, daß die meisten ›Bekehrungen‹ gegenwärtig in diesen Bewegungen zu finden sind, während unsere klassischen institutionellen Strukturen offenbar in eine Rolle des Bedienens und des Leerlaufs zurückgefallen sind. Ist es nicht so, daß die wirkliche Missionsarbeit in Europa in den Bewegungen und den (kleinen und großen) Gruppen geleistet wird, die nicht zu den grundlegenden Strukturen des Gottesvolkes gehören, anders gesagt zu den Diözesen und Pfarrgemeinden?«[1]

Mein Interesse an den neuen kirchlichen Bewegungen wurde gegen Ende 1987 erweckt – genauer gesagt: wiedererweckt. Von Geburt an Katholik, war ich nach zehnjähriger Abstinenz gerade zu aktiver Glaubensübung zurückgekehrt. Eine Synode für die katholischen Bischöfe der Welt, die im Oktober jenen Jahres stattfand, hatte der gewachsenen Bedeutung der kirchlichen Bewegungen Rechnung getragen; der Vatikan hatte sie als modellhaft für die Laienbewegung der post-konziliären Ära herausgestellt und zu den wichtigsten Trägern der von Johannes Paul verkündeten neuen Evangelisation erklärt.

Die Berichte über die neuen Bewegungen, die auf der Synode vorgelegt wurden, brachten den Argwohn zum Ausdruck, den viele der Versammelten empfanden. Es wurde deutlich, daß diese Organisationen leidenschaftliche Anhänger der neuen Zentralisierung waren und daß sie, das hohe Lied der päpstlichen Autorität singend, die Autorität der Bischöfe schmälern wollten. Sie galten als konservativ, als rechtslastig, aber keinem, auch Journalisten nicht, war es gelungen, die Mauer der Geheimhaltung zu durchdringen. Die öffentliche Reaktion war folglich von Verwirrung gekennzeichnet. Warum so viel Aufhebens?

Ich war überzeugt, daß es nur von innen her möglich war, diese Bewegungen kennenzulernen. Es war eine aus Erfahrung geborene Einsicht.

Neun Jahre lang, von 1967 bis 1976, hatte ich in der seltsamen Welt einer dieser Bewegungen gelebt, in der Focolare Movimento. Ich war überzeugt, daß dieses Wissen mir den Schlüssel zum Verständnis anderer Bewegungen wie der Neokatechumenaten oder »Kommunion und Befreiung« (CL) liefern würde. Ich wußte, wonach ich Ausschau halten mußte: nach Formen des Personenkults, nach einer unsichtbaren, aber strikten Hierarchie, nach einem effizienten internen Kommunikationssystem, nach einer stufenweisen Einweihung der Mitglieder in geheime Dogmen, nach einem breitangelegten Rekrutierungssystem, das mit sektentypischen Techniken arbeitet, nach Indoktrinierung der Mitglieder und nach einem unbändigen Bestreben, sich Einfluß in Kirche und Gesellschaft zu verschaffen. Meine intimen Kenntnisse der einen Bewegung sollten sich als entscheidender Vorteil für das Verständnis der anderen erweisen. Ich entdeckte verblüffende Parallelen.

Doch bevor ich das konnte, mußte ich mich nochmals mit einer der schwierigsten Perioden meines Lebens auseinandersetzen: der Zeit meiner Zugehörigkeit zu Focolare, dem traumatischen Erlebnis der Trennung von dieser Organisation und der langen und schmerzhaften Phase des Abstreifens ihrer Einflüsse.

Im Jahr 1967, als 17jähriger, war ich mit allen Konsequenzen in die Bewegung eingetreten. 1974 hatte ich mein Gelübde abgelegt, in dem ich mich zu Armut, Keuschheit und Gehorsam verpflichtete. 1972 hatte ich zusammen mit einem ranghöheren Mitglied in Liverpool eine Focolare-Gemeinschaft gegründet. Zum Zeitpunkt meines Ausscheidens aus der Londoner Focolare-Männergemeinschaft im Jahr 1976 – nach Durchlaufen des langen und komplizierten Entlassungsverfahrens – war ich Führer der männlichen Jugendorganisation der Bewegung in Großbritannien und Irland (genannt New Generation Movement) und Chefredakteur der britischen Ausgabe der internationalen Zeitschrift *New City*. Weder meine Vorgesetzten noch ich ahnten damals, daß die Bewegung innerhalb von sechs Monaten ihre seit neun Jahren während Herrschaft über mich verlieren würde. Zur Zeit meines Eintritts in die Bewegung war ich ein gläubiger Katholik und Messebesucher gewesen. Zum Zeitpunkt meines Ausscheidens identifizierte ich die Bewegung so vollständig mit der Kirche, ja mit Gott selbst, daß ich meinen Glauben zehn Jahre lang nicht mehr ausübte.

Da kein Außenseiter weiß, was in diesen Bewegungen vorgeht, gibt es auch niemanden, der denen mit Rat und Tat beistehen kann, die versuchen, wieder mit dem Leben in der wirklichen Welt zurechtzukommen. Ich habe einige ehemalige Focolare-Mitglieder getroffen, die selbst zehn oder fünfzehn Jahre nach der Trennung den Einfluß der Bewegung noch nicht ganz abgeschüttelt hatten.

Nachdem ich begonnen hatte, meine Jahre bei Focolare mit Abstand zu betrachten und mit Freunden darüber zu reden, waren die ersten Fragen, die ich immer wieder hörte: »Warum bist du eingetreten?« und »Warum bist du ausgetreten?«

Die erste Frage habe ich mir selbst tausendmal gestellt; sie läßt sich auch heute noch nicht leicht beantworten.

Für Sekten ist es typisch, daß sie die Begegnung des einzelnen mit der Gruppe als einschneidenden Wendepunkt ansehen. Unter dem Motto »davor und danach« werden zahlreiche Geschichten gepflegt; Focolare legt daher größtes Gewicht auf Erlebnisberichte, die ständig wiederholt werden. Die Erfahrung der ersten Begegnung mit der Bewegung wird besonders in Ehren gehalten und zur Art Legende stilisiert, strukturiert nach Richtlinien, die nirgendwo niedergeschrieben, aber Bestandteil der akzeptierten Gruppenkultur sind. In den Formulierungen des ersten Begegnungserlebnisses erscheint sehr schnell alles, was vorher gewesen war, als durch und durch negativ, als Zeit der Verzweiflung und Leere, vielleicht auch als Zeit des Suchens. Bei meiner ersten Begegnung im Sommer 1967 war ich jedoch gerade nicht in einem Zustand der Verzweiflung. Ich kam frisch aus der Schule und wollte vom Wintersemester an englische und europäische Literatur an der University of Warwick studieren. Ich war ehrgeizig und hoch motiviert, entschlossen, eine Karriere in einem kreativen Beruf anzustreben; ich wollte Filmregisseur werden. Vorzuweisen hatte ich zu jenem Zeitpunkt zwei Roman-Manuskripte von jeweils rund 80 000 Wörtern und einige Kurzfilme, die ich selbst gedreht und geschnitten hatte.

Natürlich hatte ich, wie alle Heranwachsenden, auch Probleme. Ich war zwar überzeugter Katholik, fing jedoch an, die Lehren der Kirche in Frage zu stellen. Obwohl sexuell unerfahren, war ich mir meiner homosexuellen Neigungen bewußt – für einen katholischen Jugendlichen in jener Zeit zweifellos ein Problem. Alle diese Dinge haben vielleicht dazu beigetragen, daß die Bewegung mich in ihren Bann schlagen konnte. Sicher bin ich mir nicht.

Im September 1967 nahm ich in Liverpool an einer Wochenendkonferenz einer katholischen Vereinigung teil, Gastrednerin war Maria Eggar, eine *focolarina*, das heißt: eine Frau, die »vollberuflich« für Focolare tätig war. Sie erläuterte das von der Bewegung vertretene Ideal einer geeinten Welt und erzählte von dem Modelldorf Loppiano bei Florenz, dessen Einwohner ein Leben nach den Regeln des Evangeliums führten. Ich war beeindruckt und schrieb nach dem Vortrag meinen Namen und meine Anschrift auf eine Liste, um mehr über die Bewegung zu erfahren.

Maria selbst war eine faszinierende Person – ihr Lächeln, ihre Ausstrahlung, ihre Aura der Selbstlosigkeit; sie wirkte wie ein Wesen aus einer anderen Welt. Später fand ich heraus, woher diese Wirkung kam. Maria hatte ihre geistige Eigenständigkeit und ihre Persönlichkeit vollkommen der Autorität der Bewegung geopfert.

Im Oktober 1967 wurde ich zu einem Wochenend-Aufenthalt nach Walsingham eingeladen, einem bekannten Wallfahrtsort. Ich war überwältigt von der Herzlichkeit, die mir dort zuteil wurde, besonders von den männlichen *focolarini*, die Stunden mit mir über Gott und die Welt redeten. Ich erinnere mich an einen Abend, an dem der Chef des männlichen Zweiges der Bewegung in Großbritannien mir gebannt lauschte, als ich einen improvisierten Vortrag über die Ähnlichkeit zwischen der Musik Chinas und der irischen Westküste hielt. Meine Vergleiche schienen ihn zu faszinieren. Erst später fand ich heraus, daß er kaum Englisch verstand. Er praktizierte eine Technik, die bei Focolare mit der Formel »sich mit dem anderen eins machen« bezeichnet wird; sie soll Neulingen das Gefühl vermitteln, daß sie geliebt und akzeptiert werden – dies entspricht dem von vielen Sekten angewandten »Überschütten mit Liebe«.

Gegen Ende meines ersten Semesters an der Universität besuchte ich eine weitere Wochenend-Veranstaltung, die ausschließlich für den männlichen Nachwuchs der Bewegung bestimmt war. Sie fand in London statt. Ich weiß nicht, ob es Zufall oder Absicht war: jedenfalls war ich der einzige Kandidat, der aufkreuzte und so die Gelegenheit bekam, eine erste und sehr intensive Erfahrung in der männlichen Focolare-Gemeinschaft zu machen. Da ich Italienisch als meine Fremdsprache gewählt hatte, konnte man mich gleich in einem Schnellkurs mit den Schriften und Tonbändern der Focolare-Gründerin Chiara Lubich vertraut machen. Jean-Marie, der französische *focolarino*, der damals die Londoner Männergemeinschaft leitete, führte mir diese geistige Nahrung in jeder verfügbaren Minute gleichsam intravenös zu. In Focolare-Kreisen drehen sich die Gespräche auch beim Essen ausschließlich um geistliche Themen. Schnell tauchte ich in das Privat-Universum der Bewegung mit seiner spezifischen Sprache und Kultur ein. Focolare hatte zu diesem Zeitpunkt unter den jungen englischen Katholiken noch kaum Fuß gefaßt – es gab nur einen irisch-katholischen und einen anglikanischen *focolarino*, beide weilten noch an der internationalen Schule für *focolarini* in Loppiano. Ich hatte beste Aussichten, der erste englisch-katholische *focolarino* zu werden.

Selbst wenn ich geahnt hätte, daß ich schon damals für diese Rolle ausersehen war, hätte mich das nicht gestört. Was mir an Focolare imponierte, waren die Elemente der Freiwilligkeit und Spontaneität. Obwohl ich mich nun im Innern der Gemeinschaft aufhielt, merkte ich von einer Struktur überhaupt nichts. Daß das alles inszeniert war, um Eindruck auf mich zu machen, auf diese Idee kam ich nicht. Die Schilderungen des Lebens in der Focolare-Gemeinschaft nahm ich für bare Münze: Man ging, während man in der Gemeinschaft lebte, weiter seinem Beruf nach und führte ein normales Leben. Ich konnte also Filmemacher werden und zugleich an diesem warmherzigen Gemeinschaftsleben teilhaben.

Die Bewegung beanspruchte mehr und mehr meine freie Zeit; alles, was ich bis dahin für wichtig hielt, trat in den Hintergrund. Wir lebten gleichsam auf einer höheren spirituellen Ebene, genährt von der Erleuchtung, die Gott uns unmittelbar über Chiara Lubich zuteil werden ließ. Solange ich mit den *focolarini* zusammen war, fühlte ich mich »high«, berauscht vom »Licht«. Wenn ich nicht bei ihnen war, verfiel ich in Depressionen, die mir früher fremd gewesen waren.

Das sei das Normalste der Welt, versicherte man mir; nichts sei mit der direkten Gotteserfahrung vergleichbar, zu der die Bewegung ihren Mitgliedern verhelfe – der Präsenz Jesu »in der Mitte« der *focolari*, ein nur Mitgliedern der Bewegung zugängliches Erlebnis. Uns wurde nahegelegt, uns von allen »Bindungen« zu befreien, denen wir – nach Chiara Lubich – »unvermeidlich verfallen, wenn unsere Herzen nicht in Gott und in seinen Lehren sind. Es können dies Bindungen an Dinge sein, an Personen, an uns selbst, an unsere eigenen Ideen, unsere eigene Gesundheit, unsere Zeit, unsere Ruhe, unsere Studien, unsere Arbeit, unsere Verwandten, unsere Selbsttröstungen oder Genüsse, alles Dinge, die nicht Gott sind und die daher nicht seinen Platz in unseren Herzen, die nach Vollkommenheit streben, einnehmen können«.[2]

Ein Buch mit Meditationen Chiaras, das um diese Zeit herauskam, behandelte vor allem das Auflösen von Bindungen. Alles außerhalb der Bewegung sei wertlos und müsse aufgegeben werden, hieß es. So verlor ich das Interesse an den Büchern, die ich für mein Literaturstudium lesen mußte. »Die Literatur verblaßt im Vergleich zu den leuchtenden Worten Chiara Lubichs«, erklärte mir Jean-Marie. Ich verlor das Interesse an einer Karriere außerhalb der Bewegung und stellte meine bisherigen Aktivitäten ein; meine unter großen Mühen entstandenen Manuskripte vernichtete ich. Alte Beziehungen trockneten nach und nach aus. Die Bewegung hatte sich völlig meines Verstandes und meines Herzens bemächtigt. Enge Freunde waren nur noch Rekrutierungsobjekte, die man fallenließ, wenn sie nicht ansprachen. Ich hatte aufgehört, wie andere Menschen zu denken und zu fühlen.

Zu einer Auseinandersetzung mit meiner Mutter kam es, als ich nach dem zweiten Semester von der Universität ab- und nach Loppiano gehen wollte. Sie kam ins Londoner Focolare-Heim gestürmt, wir kapitulierten vor ihr. Mir wurde schmerzhaft deutlich, daß die Bewegung meine neue Familie geworden war. Was mir damals noch nicht klar sein konnte, war, daß ich nicht nur alles aufgegeben hatte, was mir lieb und teuer war, sondern auch mich selbst, meine Persönlichkeit. Doch das war ein Verlust, den damals nur andere bemerkten. Als ich mir dessen bewußt wurde, steckte ich schon viel zu tief in einer Krise.

Den Sommer 1968 verbrachte ich im Rahmen meines Studiums am

British Institute in Florenz. Von dort aus konnte ich an den Wochenenden das Focolare-Dorf Loppiano besuchen. Es war das Jahr der Studentenrevolten in Paris und Berlin. In Warwick hatten die Studenten Sit-ins veranstaltet, aber ich war so sehr mit der Bewegung beschäftigt, daß ich davon keine Notiz nahm. Chiara Lubich hatte, um diesen Einflüssen entgegenzuarbeiten, den Jugendverband der Bewegung, die »Neue Generation«, zu einer »Revolution« aufgerufen. Auf einem Kongreß im Juli hielt sie leidenschaftliche Reden, bei denen sie oft in schrilles Kreischen verfiel. Die Bewegung ließ kleine gelbe Bücher mit den »Aussprüchen« Chiaras drucken. Die Jugendlichen schwenkten diese Büchlein, während Chiara sprach, und skandierten am Ende ihrer Reden ihre Parolen. Chiara trug hochgeschlossene Kleider in chinesischem Stil, um die Parallele zur Kulturrevolution in China deutlich zu machen. Ich ließ mich von der Begeisterung hinreißen. Wir hatten eine Mission. Wir kannten das Geheimnis der universellen Liebe, das Chiara unmittelbar von Gott erfahren hatte. Nur wir konnten diese Revolution vollbringen. Nur wir würden es schaffen: eine einige Welt, das Reich Gottes auf Erden.

Eines der größten Probleme, mit denen die katholische Kirche nach Ansicht des Heiligen Stuhles heute konfrontiert wird, ist die starke Vermehrung extremer Sekten, die nicht nur bei den Gläubigen in Süd- und Nordamerika Zulauf finden, sondern neuerdings auch in Osteuropa. Johannes Paul II. betont deshalb immer wieder, die katholischen Bewegungen seien das wichtigste Bollwerk gegen diese Bedrohung. Soll hier der Teufel mit dem Beelzebub ausgetrieben werden?

Die katholischen Kritiker der neuen Bewegungen behaupten, der Papst könne nicht wissen, was in seinen Bewegungen vorgehe, sonst würde er ihnen nicht so viel freie Hand lassen. Das mag bis zu einem gewissen Grad stimmen. Doch könnte es nicht auch sein, daß der Vatikan insgeheim ein Programm verfolgt, das erheblich zynischer ist, als irgend jemand es sich vorzustellen vermag? Ist man in Rom zu dem Schluß gekommen, daß die eigenen erhabenen Zwecke in einer aussichtslos erscheinenden Situation alle Mittel rechtfertigen? Könnte der Papst daran gedacht haben, als er denjenigen katholischen Laien einen besonderen Status verlieh, die sich den Bewegungen angeschlossen haben? Ist der visionäre Traum katholischer Sekten vielleicht sogar Johannes Pauls bevorzugtes Szenario für die Kirche der Zukunft?

---

[1] G. Danneels,»Evangelizzare l'Europa secolarizzata«, Regno documenti, Nr. 30 (1985), S. 585.

[2] Telefonkonferenz interner Mitglieder mit Chiara Lubich am 14. April 1988

Anatomie der katholischen Sekten   2

Die Gemeinde der Kanadischen Märtyrer in einem Vorort von Rom ist die Heimstatt der ersten Neokatechumenaten-Gemeinschaft der Welt, die den zwanzigjährigen Initiationszyklus der Bewegung durchlaufen hat. Ich besuchte dort im November 1993 eine samstagabendliche Eucharistie.

Ich hatte mich mit einigen Katechisten am Vordereingang verabredet, doch da ich zu früh eintraf, betrat ich die Kirche allein. Eine kleine Gruppe alter Damen wartete geduldig auf die Verabreichung der Sakramente. Draußen aber sammelte sich eine bunte Menge, die schließlich durch eine Seitentür, die zur Krypta führte, verschwand. Wie viele NK-Gemeinden hält auch die der kanadischen Märtyrer nicht nur parallele Gottesdienste ab, sie verfügt auch über Räumlichkeiten in und unter der Kirche.

Mit ihren 25 Gemeinschaften, die jeweils rund 40 Mitglieder zählen, kann die Neokatechumenaten-Gemeinde schwerlich als Außenseiter bezeichnet werden – der Pfarrbezirk ist von ihr eingenommen und besetzt worden. Da jede NK-Gemeinschaft einen ihrem Reifegrad entsprechenden Gottesdienst besuchen muß, werden viele Räumlichkeiten gebraucht; sie werden nach detaillierten Vorgaben des NK-Gründers Kiko Arguello speziell eingerichtet.

Bei der zweistündigen Eucharistie fiel mir auf, daß nach der Lesung des Evangeliums spontane Reaktionen der Teilnehmer folgten, Echos, die sehr persönlich waren und wie Schuldbekenntnisse wirkten. Eine junge Frau erzählte, jedesmal, wenn sie in die Versuchung geraten sei, der Gruppe den Rücken zu kehren, habe Gott sie mit »Schlägen« zur Besinnung gebracht.

Mit ihrem Ausschließlichkeitsanspruch und ihrer Bannkraft haben die Bewegungen große Ähnlichkeit mit Sekten. Jede wähnt sich im

29

Besitz einer einzigartigen, gottgegebenen Mission, die Kirche zu erneuern oder gar zu retten. Der Zugriff auf die Mitglieder ist absolut. Chiara Lubich benutzt zur Charakterisierung dieser Vereinnahmung das Wort »totalitär« – trotz (oder vielleicht gerade) – wegen seines negativen politischen Beiklanges. (Focolare wurde ursprünglich als antikommunistischer Kreuzzug konzipiert.) Der Eintritt in die Bewegung wird als Bekehrungserlebnis betrachtet, ein Ereignis, das plötzlich kommt und dramatisch verläuft. Selbst überzeugte Katholiken können den Eindruck gewinnen, daß sie bis dahin nichts begriffen hatten und erst jetzt alles verstehen. Solche Erfahrungen machen die Bewegungen zu »Kirchen innerhalb der Kirche«.

Die Neokatechumenaten verkünden, sie wollten »die Kirche von innen her wieder aufbauen«. Einem Exmitglied aus Großbritannien erklärte ein Gemeindepriester: »In zwanzig Jahren wird die ganze Kirche eine Gemeinschaft der Neokatechumenaten sein.« Im Katechismus der Neokatechumenaten wird das Wort »Kirche« ohnehin als Synonym für die Bewegung benutzt. Während meiner Mitgliedschaft bei Focolare betrachteten wir uns als diejenigen, die die Zukunft der Kirche verkörperten: Die »Spiritualität« oder Doktrin der Bewegung war für alle gedacht. Don Giussani, der Gründer von »Kommunion und Befreiung«, sagte dazu in einem Interview: »Wo ist die Kirche? Wo sind die Mauern der Pfarrbezirke? Die Kirche ist dort, wo sie gelebt wird … Ich würde nicht zu ›Kommunion und Befreiung‹ gehören wollen, wenn ich nicht das Leben der Kirche in mir trüge.«

Doch die Ziele der Bewegung gehen längst über den religiösen Bereich hinaus. Wie viele andere Sekten glauben auch sie daran, daß es ihre Bestimmung sei, die Welt zu retten. Kiko Arguello betont in den NK-Richtlinien ausdrücklich, die NK-Gemeinschaften seien die Kirche und: »Die Kirche rettet die Welt.«

Roy Wallis unterscheidet in seiner Analyse verschiedener Sekten und religiöser Bewegungen[1] zwischen solchen, die sich an die Welt anpassen, solchen, die die Welt bejahen, und solchen, die sie ablehnen. Die neuen katholischen Bewegungen zählt er zur letzten Kategorie. Wallis: »Die Bewegung, die die Welt ablehnt, rechnet damit, daß das Tausendjährige Reich in Bälde beginnt oder daß die eigene Bewegung die Welt im Sturm erobert und daß dann, wenn sie alle Menschen zu Mitgliedern gemacht oder sich die Mehrheit verschafft haben, oder wenn sie zu geistigen Führern und Beratern von Königen und Präsidenten geworden sind, eine neue Weltordnung anbrechen wird, eine einfachere, mehr auf Liebe beruhende, menschlichere und spirituellere Ordnung, in der die alten Übelstände und Fehler beseitigt sein und utopische Zustände begonnen haben werden.«[2] Der Dünkel der Auserwähltheit führt schnell zur Geringschätzung anderer Katholiken und Christen. Chiara Lubich stellt die Mitglieder der Bewegung anderen Menschen gegenüber, die sich durch »Bigotterie« und »gesenkte Köpfe« auszeichnen; sie spricht von Sonntagschristen, die an einem Tag in der Woche »Gott aus einer Schublade nehmen«.

»Kommunion und Befreiung« und die Neokatechumenaten nehmen für sich in Anspruch, etwas vollbracht zu haben, woran andere Katholiken gescheitert sind: »Glauben und Leben« zusammenzubringen. In den NK-Richtlinien wird als gegeben unterstellt, daß selbst praktizierende Katholiken, die sich der Bewegung anschließen, nicht den rechten Glauben und kein sinnvolles Verhältnis zu Gott oder Christus haben. Alle, die außerhalb der Bewegung stehen, auch Katholiken, werden als Heiden bezeichnet, weil sie keine Hingabe zeigen wie die Mitglieder der Bewegungen. Daß viele engagierte Katholiken dies als eine Zumutung empfinden, verwundert nicht.

Wenn eine Bewegung sich vom Hauptstrom des Katholizismus demonstrativ unterscheiden möchte, muß sie Begriffe für ihre Anschauungen prägen. Die Neokatechumenaten sprechen vom »Weg«, Focolare-Mitglieder vom »Ideal«.

Monsignore Joseph Buckley, Generalvikar der römisch-katholischen Diözese Clifton im Bezirk Bristol, verweist auf die Untersuchungen eines führenden katholischen Psychiaters, der den Neokatechumenaten »Techniken der Gehirnwäsche« vorwirft. Eine dieser Techniken sei der Gebrauch von Slang-Ausdrücken oder »Neologismen, die den Neuling zunächst verwirren und ihn empfänglich für neue, unüberprüfte Ideen machen«.[3] Bruno Secondin, Karmeliter und Professor für Spiritualität an der Gregorianischen Universität in Rom, definiert die Sprachschöpfungen der Bewegungen als »elaborierte Codes«, die bei den Mitgliedern einen Wust von Gefühlen evozieren – sie sind die Bausteine des von der Bewegung errichteten »Universums«. Diese Insidersprachen liefern auch Reizwörter, die man einsetzen kann, um Schuldgefühle, Gehorsam oder auch Zugehörigkeitsgefühle zu erzeugen. Es kann sein, daß die neue Terminologie auch dem Zweck dient, der Botschaft den Anstrich des Neuen zu geben, indem man die frommen Formeln der Vergangenheit vermeidet; bei Außenstehenden ruft man damit jedoch Verwirrung und Mißverständnisse hervor und versperrt den Weg zu einem sinnvollen Dialog.

Mitglieder von Neokatechumenaten-Gemeinschaften werden durchgängig als »Brüder« und »Schwestern« bezeichnet. Das Führungspersonal wird in drei Kategorien unterteilt: Verantwortliche, Katechisten und Wanderer. Das Wort »Priester« wurde aus dem Sprachgebrauch verbannt und durch »Presbyter« ersetzt. In den Lehren der Neokatechumenaten wimmelt es von wissenschaftlichen Begriffen aus der Bibelkritik, die nirgendwo erläutert werden. Schlüsselbegriffe sind »das glorreiche Kreuz« und »Diener Jahwes«. Dieser Begriff stammt, wie ein großer Teil der NK-Terminologie, aus dem Alten Testament. Der Schlüsselbegriff »Katechesis« wird sehr unterschiedlich angewendet. Sogar die Worte, die in der biblischen Schöpfungsgeschichte die Schlange zu Eva sagt, werden als »Katechesis« bezeichnet.

Auch bei »Kommunion und Befreiung« wird ein eigener Jargon gepflegt. Don Giussanis viele pseudo-philosophischen Bücher mit Titeln wie *Warum Jesus Christus? Am Ursprung des christlichen Anspruchs, Wem gleicht der Mensch? Beitrag zu einer christlichen Anthropologie, Zum Unendlichen offen. Die Frage nach dem religiösen Sinn* opfern die religiöse Terminologie für einen kulturellen Synkretismus, der Anleihen macht bei T.S. Eliot, Paul Claudel und Charles Péguy. Wie andere Gründer macht sich auch Don Giussani nicht die Mühe, zu erklären oder zu rechtfertigen; er verkündet seine Ideen, als seien sie offenkundige Wahrheiten. Das zentrale Motiv der Philosophie von »Kommunion und Befreiung« ist das christliche »Ereignis« oder »Faktum«. Dieser Begriff bezeichnet sowohl die Historizität Christi als auch das »Ereignis«, womit die Bewegung gemeint ist, die heute Jesus Christus sichtbar macht: »Man begegnet dem Christentum dadurch, daß man in Kontakt mit Menschen kommt, die diese Begegnung bereits erlebt haben und deren Leben dadurch verändert worden ist.« Das »Ereignis« ist auch Chiffre für den greifbaren Eindruck, den diese »soziale Realität« der Bewegung auf die Gesellschaft machen soll; ein Schlüssel somit zum Verständnis des militanten Interventionismus, den »Kommunion und Befreiung« in weltlichen Angelegenheiten betreibt und der sie zur bekanntesten katholischen Interessengruppe Italiens gemacht hat.

Focolare hat ein ganzes Wörterbuch von Ausdrücken entwickelt, die jeden Aspekt des Lebens der Mitglieder abdecken. Aus Liebe wird »in deinem Nachbarn Jesus sehen«; »den aktuellen Moment leben« bedeutet, sich auf die vorliegende Aufgabe zu konzentrieren; »Jesus alleingelassen« ist die Formel für das allgegenwärtige Motiv des Leidens und des Kreuzes. »Einheit« hingegen ist das alles überstrahlende Lebenselixier der Bewegung; Einheit zu verstehen, ist der Schlüssel zur wirklichen Zugehörigkeit. Ein anderer Ausdruck für »Einheit« ist »Jesus inmitten«.[4] Wenn Mitglieder sagen, daß sie »Einheit machen«, kann das alles mögliche bedeuten: von tiefschürfenden Gesprächen über religiöse Themen bis zu endlosen Zusammenkünften, an denen Mitglieder aller Kategorien teilnehmen müssen. »Einheit« kann aber auch, wie ich nach einigen Jahren feststellen mußte, gleichbedeutend sein mit blindem Gehorsam.

Der Jargon erstreckt sich nicht nur auf die geistliche Sphäre; nach dem von Focolare erhobenen Ganzheitsanspruch hat die Bewegung zu jedem Aspekt des Lebens etwas zu sagen. Chiara Lubich entwickelte in den fünfziger Jahren das Bild des Farbenspektrums, um zu veranschaulichen, welche Veränderungen das Focolare-Ideal in allen Lebensbereichen bewirkt: Rot steht für die Wirtschaft; namentlich für das Konzept des Gemeineigentums an allen materiellen Gütern; orange steht für die apostolische oder missionarische Tätigkeit, gelb für das religiöse Leben – Gottesdienst, Rosenkranz und das Meditieren über die Schriften Chiaras; grün bedeutet Gesundheit; blau steht für Heimat und Gesellschaft, indigoblau für Weisheit und Erkenntnis; violett deckt den Bereich der Kommunikation und der Medien ab. Dem Farbenspektrum werden auch alltägliche Bezüge zugewiesen. »Machen wir ein bißchen in blau«, heißt es, wenn man sagen will: »Machen wir etwas Hausarbeit!« Oder: »Heute ist grüner Tag«, heißt es, wenn man sich einen Tag lang entspannen oder Sport treiben möchte.

Als ich mich der Bewegung anschloß, hatte ich bereits etwas Italienisch gelernt. Da bei Focolare offiziell italienisch gesprochen wird, hatte ich sehr viel Sprachpraxis und beherrschte es nach weniger als einem Jahr. Nicht bewußt wurde mir, daß ich ein Italienisch besonderer Art lernte. So wird zum Beispiel eine ganze Skala von Wörtern benutzt, um Neumitglieder nach dem Grad des »Verständnisses« einordnen zu können. Ein Beispiel ist die Verwendung unterschiedlicher Spielarten des Wortes *caro* (»lieb«). Die einfache Form *caro* steht im Focolare-Jargon für jemanden, der »verstanden« hat und als »Insider« gelten kann. *Carino* bezeichnet einen zur Rekrutierung vorgesehenen Kandidaten, von dem man sich viel versprechen kann – eine starke Abweichung von der sonstigen Bedeutung des Wortes, die man etwa mit »nett« oder »niedlich« wiedergeben kann. *Carissimo* (»allerliebst«) wird auf Personen angewendet, die auf dem besten Weg zu einer Vollmitgliedschaft bei Focolare sind.

Ein anderer Ausdruck für eine so definierte Person ist *popabile*, abgeleitet von den trentinischen Dialektwörtern für »Junge« und »Mädchen«, *popo* bzw. *popa*, mit denen in der Insidersprache die vollgültigen Mitglieder bezeichnet werden, für die auch die etwas förmlicheren Ausdrücke *focolarini* bzw. *focolarine* gelten. Die interne Sprache enthält so viele Wörter mit abgewandelten Bedeutungen, daß ein Italiener, der einem Gespräch zwischen *focolarini* lauscht, wahrscheinlich zu falschen Schlüssen kommt.

Mitglieder von Bewegungen lassen sich auch an bestimmten typischen Verhaltensmerkmalen erkennen. An *focolarini* fällt auf, daß sie ständig lächeln oder unmotiviert lachen. Einer der Aussprüche von Chiara Lubich lautet: »Ein Lächeln ist die Uniform des *focolarino*.« Fröhlichkeit ist Pflicht, besonders bei öffentlichen Auftritten.

Mit wirklichen Gefühlen hat das nichts zu tun; es war unsere Aufgabe, Freude zu demonstrieren. Nach einer Weile stellen sich Lachen und Lächeln automatisch ein.

Für die »Herstellung von Einheit« bei Gesprächen gibt es eine vorgeschriebene Pose: Man rückt auf die Stuhlkante vor, beugt sich, verkreuzt die Arme, blickt dem Sprechenden intensiv in die Augen und nickt verständnisvoll. Es genügt nicht, aufmerksam zuzuhören, man muß es auch deutlich zeigen. Wenn eine aus *focolarini* bestehende Zuhörergruppe von einer Aussage beeindruckt ist, gibt sie das durch Raunen kund. Oft wird im Chor »che bello!« (»wie schön!«) gemurmelt, als Ausdruck unkritischer, bewundernder Zustimmung. Auch das gehört zum Standard-Repertoire der Bewegung.

Ein Focolare-Mitglied kann entweder temperamentvoll sein, d. h. sich durch überschäumenden Enthusiasmus auszeichnen, oder ruhig, sanft, unaufdringlich dienend. Diese Verhaltensmuster muß sich jedes Mitglied bewußt zu eigen machen. Auch die Sprechweise von Mitgliedern nähert sich oft einem Standardmuster. Als ich kürzlich bei der Zentrale der Bewegung in Italien anrief, brachte die emotionslose und doch einschmeichelnde Stimme der *focolarina* bei mir alte Saiten zum Schwingen. Viele britische Focolare-Mitglieder verfallen nach einigen Jahren auch beim Englischsprechen in diesen Singsang, der ihrer Sprache einen leicht südländischen Akzent verleiht. Das übt oft einen besonderen Reiz auf Neumitglieder oder Mitläufer aus.

Die britische Organisation FAIR (Family Action Information and Rescue), die gegen Sekten und Kultgruppen kämpft, unterscheidet zwölf klassische »Markenzeichen von Sekten«. Auf die neuen katholischen Bewegungen treffen alle diese Merkmale zu. Zum Beispiel: »Eine Kultgruppe zeichnet sich durch einen Führer aus, der den Anspruch erhebt, entweder selbst göttlich zu sein oder von einer göttlichen Macht mit einer besonderen Sendung betraut worden zu sein.« Die neuen Bewegungen genügen dieser Definition, soweit die katholische Theologie, die in der Beziehung recht großzügig ist, es zuläßt. Sie sind Geschöpfe ihrer Gründer, was eine mögliche Erklärung für ihren häufig widersprüchlichen Charakter liefert.

Chiara Lubich ist, wie ihre beiden Gründerkollegen auch, von kleinem Wuchs. Sie war einmal Volksschullehrerin, und noch heute bietet sie mit ihrem bläulich getönten Haar, ihren hellen Anzügen und ihrem schnellen Bergwanderertrab das Bild einer freundlichen, aber strengen Oberlehrerin. Dies erklärt, weshalb innerhalb der Bewegung infantiles Verhalten gefördert wird; die Mitglieder werden angehalten, sich an der »Signorina« zu orientieren.

Der unscheinbare Don Giussani entspricht mit seinen Warzen im Gesicht und seiner Reibeisenstimme auch nicht gerade dem Idealbild eines attraktiven charismatischen Führers. Und doch hat er mit seiner spitzfindigen Philosophie zwei Generationen italienischer Jugendlicher inspiriert. Anleihen aus seiner Ideologie und seiner Sprache finden sich in allem, was die Bewegung von sich gibt; auch außerhalb der Bewegung hat er viele beeinflußt, darunter führende Kirchenmänner wie Kardinal Ratzinger und Kardinal Diffi von Bologna. Die umstrittenen Positionen, die die Bewegung in kirchlichen und säkularen Fragen vertritt, sind ein Reflex der starren Weltsicht Don Giussanis.

Kiko Arguello hat mit seinem Vollbart und seiner nüchtern-legeren Kleidung die modischen Maßstäbe für die Katechisten und Seminaristen der Neokatechumenaten-Bewegung gesetzt. Bedenklicher ist freilich, daß auch sein rüder Vortragsstil und sein autoritäres, aggressives Gebaren prägend auf viele Katechisten in aller Welt gewirkt haben.

Einen Tag nach meinem Besuch der Neokatechumenaten-Eucharistie in der Gemeinde der Kanadischen Märtyrer wurde ich zu einem Besuch der Pfarrgemeinde Santa Francesca Cabrini eingeladen, deren Gotteshaus nicht einmal einen Kilometer entfernt liegt. Der Katechist Renato wollte mir unbedingt zwei wunderbare »Geschenke« zeigen, die Kiko der Pfarrgemeinde gemacht hatte.

Kiko ist laut Darstellung der Bewegung ein Künstler. Mehrere Katechisten haben darauf hingewiesen, daß er zum Zeitpunkt seiner Bekehrung ein sehr gut verdienender Mann gewesen sei. Welche Motive und Themen er suchte, bevor er die NK-Bewegung gründete, ist nicht bekannt. Heute malt er ausschließlich religiöse Sujets, genauer: Pasticcio-Ikonen, deren Verwandtschaft mit bekannten Werken nicht zu übersehen ist.

Seine Geschenke an Santa Francesca Sabrini entpuppten sich als zwei Großgemälde: Eins hängt in der Krypta, einer von mehreren Räumlichkeiten, die für Eucharistiefeiern der Neokatechumenaten genutzt werden. Es zeigt die Heilige Familie, die in der Weltsicht der Neokatechumenaten einen wichtigen Platz einnimmt: Jesus, flankiert von Maria und Joseph. Das andere Bild ist ein in ziemlich grellen Farben gehaltenes, überdimensionales Wandgemälde hinter dem Hochaltar der Hauptkirche und behandelt das Motiv der Himmelfahrt.

Alle Bilder, die von den Neokatechumenaten verwendet werden, stammen von Kiko. Viele NK-Kirchen in aller Welt sind mit seinen Arbeiten geschmückt, auch die St. Charles Borromeo Church in der Ogle Street im Londoner Westend. Von Kiko entworfene liturgische Gewänder werden in einem Geschäft in der Nähe des Petersdoms in Rom exklusiv verkauft; zu seinen Kunden gehören Neokatechumenaten-Gemeinden aus aller Welt.

Kiko wird von NK-Mitgliedern als Apostel charakterisiert; seine Rundbriefe an die NK-Gemeinschaften orientieren sich stilistisch an den Paulusbriefen. Seine Lehren liegen der gesamten Katechesis der Neokatechumenaten zugrunde – er ist der Erfinder des »Weges«, der Geheimrituale und der abgestuften Grade der Mitgliedschaft.

Seit Gründung der Neokatechumenaten im Jahr 1964 hat Kiko die ehemalige Nonne Carmen Hernandez an seiner Seite, die über gründlichere liturgische, biblische und theologische Kenntnisse verfügt als er. Es heißt, sie übe einen starken Einfluß auf ihn aus. Dennoch gilt nicht Carmen, sondern Kiko als der alleinige Gründer und *spiritus rector* der Bewegung. Bevor die Bewegung nach ihrem Umzug nach Rom ihren heutigen offiziellen Namen erhielt, waren ihre Gemeinschaften als »Kiko-Familien« bekannt.

Don Giussani ist in den Augen der Mitglieder von »Kommunion und Befreiung« heute die bedeutendste Persönlichkeit in der Kirche. Trotz seines wenig einnehmenden Äußeren übt er einen machtvollen Einfluß auf Zehntausende junger Menschen in Italien und auf eine wachsende Zahl in anderen Ländern aus. Zu seinen Gastvorträgen an italienischen Universitäten strömen regelmäßig Tausende Zuhörer. »Kommunion und Befreiung« (CL) behauptet, die diversen Firmen und Unternehmen in ihrem Dunstkreis operierten strikt getrennt von der Bewegung. Kenner der Bewegung zweifeln jedoch nicht daran, daß Giussani starken Einfluß auf dieses Heer von »Subunternehmern« ausübt; Giussani sucht christliche Präsenz in Wirtschaft und Politik. Der politische Arm der CL, das in den frühen siebziger Jahren gegründete und 1993 im Zuge der Selbstauflösung der Christdemokratischen Partei Italiens liquidierte Movimento Popolare, gab sich als selbständige Organisation aus. Tatsächlich spielte Giussani darin eine maßgebliche Rolle.

»Kommunion und Befreiung« hat nie einen Hehl daraus gemacht, daß das Eintreten für Autorität und Gehorsam zu ihren wichtigsten Programmpunkten gehört. Tatsache ist außerdem, daß Giussani die beiden Abteilungen der Bewegung leitet, die die offizielle Anerkennung der Kirche gefunden haben: die Bruderschaften mit ihren 25 000 Mitgliedern und die Memores Domini, die zölibatären Gemeinschaften, die in der Führung der Bewegung eine Schlüsselrolle spielen. Giussani gilt als Quelle geistiger Inspiration; von ihm stammen die wichtigsten Beiträge zu den Großveranstaltungen der Bewegung, seine Schriften werden in allen Publikationen der Bewegung überschwenglich gepriesen.

Im September 1993 erhielt ich eine Einladung zu einer Focolare-Veranstaltung im Wembley Conference Center, die an die Mitglieder der anglikanischen Focolare-Sektion gerichtet war, die vermutlich zahlenmäßig stärker ist als die katholische Sektion im Vereinigten Königreich; es war eine öffentliche Veranstaltung. Wahrscheinlich sollten eher die Menschen im weiteren Umkreis der Bewegung, die sogenannten Anhänger, angesprochen werden.

Chiara Lubich war als Rednerin angekündigt, erschien aber nicht; für sie trat Natalia Dallapiccola auf, eine ihrer »ersten Gefährtinnen«. Natalia hatte seit den frühen sechziger Jahren maßgeblich zur Gründung der Bewegung jenseits des Eisernen Vorhangs beigetragen. Obwohl sie und andere »Gefährtinnen«, aber auch die männlichen *focolarini* der ersten Stunde unschätzbare Arbeit für die Bewegung geleistet haben, bleiben sie stets im Schatten der Gründerin.

Obwohl mir der um Chiara Lubich betriebene Personenkult bekannt war, überraschte es mich, wie sehr sie in Wembley in den Mittelpunkt gestellt wurde. Während meiner Mitgliedschaft in der Bewegung war in Großbritannien häufig Kritik an der Fixierung auf Chiara geübt worden. Daß sich dies mittlerweile geändert hat, ist möglicherweise den Bemühungen des offiziellen Chiara-Lubich-Biographen Edwin Robertson zu verdanken und dem ersten verheirateten *focolarino*, Igino Giordani. Robertson signierte in Wembley sein neues Buch über Focolare: »Catching Fire«.

Bei meiner ersten Begegnung mit der Bewegung hatte ich den Kult um die Gründerin kaum mitbekommen – mich hatte die Botschaft der Liebe beeindruckt. Anfang 1968 fuhr ich an jedem Wochenende von der Universität per Anhalter nach London, um meine freien Tage im Focolare-Zentrum zu verbringen. Diese Zentren, auch Focolares genannt, sind Häuser oder Wohnungen, in denen die Vollmitglieder der Bewegung – diejenigen, die sich durch ein Gelübde zu Armut, Keuschheit und Gehorsam verpflichtet haben – gemeinsam leben und die missionarischen Aktivitäten der Bewegung organisieren. Für diese Gemeinschaften gilt dieselbe strenge Geschlechtertrennung wie für die meisten anderen Gruppen innerhalb der Bewegung, auch die nicht-zölibatären.

Auch in dieser Phase war mir noch nicht bewußt, daß die Bewegung eine streng hierarchische Struktur hat. Jean-Marie, der Franzose, der mich »kultivierte«, war ein *capofocolare*. Nachdem ich einige Besuche hinter mir hatte, schlug er mir vor, einen Brief an Chiara Lubich zu schreiben. Der Gedanke, jemandem zu schreiben, dem ich nie begegnet war, kam mir merkwürdig vor. Ich wußte nicht, was ich schreiben sollte.

»Erzähle Chiara, wie du mit der Bewegung in Berührung gekommen bist«, schlug mir Jean-Marie vor. »Danke ihr dafür, daß sie dir das Ideal geschenkt hat – immerhin ist sie deine Mutter.« Er wies darauf hin, daß der Brief vom *capofocolare* zensiert werde. Das sei in der Bewegung gängige Praxis. Ich erinnere mich, daß ein *focolarino* sich einen schweren Verweis einhandelte, weil er einen Brief an Chiara geschickt hatte, ohne ihn vorher zur Zensur vorzulegen; durch eine negative Reaktion aus Rom auf den Brief war die Sache herausgekommen. Es ist offenkundig, daß alle Mitteilungen an Chiara sowohl auf der Absender- als auch auf der Empfängerseite kontrolliert werden. Nur die Briefe, die ihr »Freude« bereiten, werden an sie weitergeleitet.

Gerngesehene Themen für Briefe an Chiara sind Bitten um Aufnahme in eine der Gliederungen der Bewegung oder Ersuchen um Aufnahme als Vollmitglied. Mitglieder, die Heiratsabsichten haben, müssen sich erst einmal an Chiara wenden. Beantwortet werden nur die wenigsten Briefe. Der eigentliche heiße Draht besteht zwischen den Chefs der verschiedenen »Zonen« und den Leitern der zuständigen Abteilungen in der Zentrale der Bewegung in Rom.

Zum Zeitpunkt meines Beitritts zählte die Bewegung bereits mehrere hunderttausend Mitglieder; in den frühen siebziger Jahren wurde in Rom ein mehrsprachiges Sekretariat eingerichtet, das sich um Chiara Lubichs Postverkehr kümmerte. Heute, da die Mitgliederzahlen in die Millionen gehen und die Faxe im Minutenabstand eintrudeln, kann man wohl kaum annehmen daß Chiara überhaupt noch Briefe liest und beantwortet. Der Sinn der Übung besteht lediglich darin, bei den Mitgliedern das Gefühl der Verbundenheit mit der Gründerin der Bewegung zu fördern. (Dasselbe Verfahren wird bei Opus Dei und bei »Kommunion und Befreiung« praktiziert.)

In den Anfangsjahren der Bewegung kam es hin und wieder vor, daß Chiara einem Mitglied einen neuen Namen verlieh. Das könnte etwas damit zu tun haben, daß sie selbst, auf den Namen Sylvia getauft, sich als Jugendliche beim Eintritt in den Dritten Orden des heiligen Franziskus für den Namen Chiara (Klara) entschieden hatte. Der Umstand, daß der Name im Italienischen gleichbedeutend ist mit »klar« oder »hell«, hat Anlaß zu zahlreichen Deutungen gegeben. Die Beinamen, die Chiara verleiht, orientieren sich nicht an der katholischen Tradition. Pasquale Foresi, der erste *focolarino*, der zum Priester geweiht wurde, wurde Chiaretto genannt, »kleiner Chiara«; der erste verheiratete *focolarino*, Igino Giordani (zu jener Zeit Parlamentsabgeordneter und eine bekannte Figur der katholischen antifaschistischen Opposition), erhielt den Beinamen Foco, »Feuer«. Zum Zeitpunkt meines Beitritts baten Tausende von Mitgliedern in Briefen an Chiara um die Verleihung eines neuen Namens. Das überforderte die Phantasie. Ein *focolarino* aus meinem

Freundeskreis erhielt den Namen Alleluia, ein Amerikaner mußte das für englische Ohren merkwürdig klingende Pons (lateinisch für »Brücke«) als Namen akzeptieren, ein junger Sizilianer mußte auf den Namen Ignis hören, der in Italien das Markenzeichen einer bekannten Waschmaschine ist.

Eine weitere Übung bestand darin, jedem Mitglied einen eigenen Bibelspruch, auch »Lebenswort« genannt, als anspornendes Motto mitzugeben. Wenn ein Mitglied stirbt, wird im Nachruf sein Leben unter seinem Motto analysiert und dabei der Eindruck erweckt, die Gründerin habe bei der Wahl des Bibelwortes ein phänomenales Gespür für die Seele des Mitglieds bewiesen. Zur Vergabe neuer Namen und biblischer »Lebensworte« ist einzig und allein Chiara berechtigt; aber man mag schwerlich glauben, daß sie die Auswahl noch höchstpersönlich trifft.

Sechs Monate nach meiner ersten Begegnung mit Focolare besuchte ich erstmals das internationale Konferenzzentrum der Bewegung, genannt Mariapolis-Zentrum, das damals seinen Sitz noch bei Rocca di Papa in den römischen Bergen hatte. Meine Gruppe hörte einen Vortrag von Chiara Lubich, der mich sehr beeindruckte. Mein Schutzengel Jean-Marie wollte aber offenbar nichts dem Zufall überlassen. »Spürst du nicht, daß sie eine Mutter ist? Spürst du nicht, daß sie deine Mutter ist?« flüsterte er mir ins Ohr. Ich stimmte ihm zu, obwohl ich zwiespältige Gefühle hatte. Ich begriff nicht, daß die Bewegung Techniken der Suggestion einsetzte, denen ich am Ende erliegen sollte. Ich fand es nur seltsam, daß Jean-Marie mich dauernd fragte, ob ich »glücklich« sei.

Das Endziel dieser engagiert betriebenen Erziehung bestand darin, Chiara, die uns eigentlich fremd war, zur wichtigsten Person unseres Lebens zu machen; wir sollten in ihr nicht nur unsere geistige Wegweiserin sehen, sondern ihr auch den ersten Platz in unserem Herzen zuweisen. Die Bezeichnung »Mamma« war in der Bewegung ausschließlich für Chiara reserviert. Die leiblichen Mütter der *focolarini* wurden unter der eher herablassend klingenden Bezeichnung mammine (»kleine Mutter«) geführt.

In dem Mutterkult um Chiara Lubich schwingt mehr als nur ein Hauch italienischen *mammismos* mit. In der Schilderung einer Be-

gegnung Chiaras mit 1100 *focolarine* (zölibatären weiblichen Mitgliedern) in einem Mitglieder-Rundschreiben vom Dezember 1988
heißt es:»Jede von ihnen hatte das Gefühl, von Chiara direkt an der
Hand genommen und auf diesen Weg geleitet zu werden.«
Die Lehrtätigkeit Chiara Lubichs ist bei Focolare der Quell aller
geistigen und geistlichen Inspiration. Anfang der fünfziger Jahre
kaufte die Bewegung eines der ersten Spulentonbandgeräte, um
alle Äußerungen Chiaras aufzeichnen zu können. Das Gerät erhielt
den Kosenamen La Nonna, »die Großmutter«. Auch danach wurden weder Kosten noch Mühen gescheut, um sicherzustellen, daß
die Einsichten und Aussprüche Chiaras den Mitgliedern der Bewegung so unmittelbar wie möglich nahegebracht werden. In den
frühen siebziger Jahren wurden die ersten Videorecorder gekauft
und alle Reden Chiaras in Bild und Ton festgehalten. Es kam mir
eigentümlich vor, daß ich bei meinem ersten Besuch in der Foco-
lare-Zentrale nicht direkt informiert wurde, sondern mir endlose
Chiara-Videos ansehen mußte. Es galt jedoch als wichtig, daß die
Mitglieder die Stimme Chiara Lubichs hörten, auch wenn das, was
sie sagte, übersetzt werden mußte. Bis zum Vorabend meiner Abreise war ich damit beschäftigt, diese Videoauftritte Chiaras für
andere Besucher zu übersetzen; manchmal hatte ich dabei nur
einen einzigen Zuhörer.
Eines Abends beim Essen gab der Vorsitzende der männlichen
Focolare-Sektion des Vereinigten Königreichs, Pater Dimitri Bregant, eine Definition dessen, was die Bewegung unter »Einheit«
verstand. Es handle sich dabei nicht um eine verschwommene
Empfindung, erklärte er, sondern um etwas sehr Konkretes: Die
Bewegung bilde eine einheitliche Seele aus, Chiara stehe im Mittelpunkt dieser Seele. Einheit bedeute daher, immer das mitzuerleben,
was Chiara durchlebe. Dies erfordere, daß man sich die Gedanken,
die Chiara gerade beschäftigten, ins Bewußtsein rufen und im täglichen Leben in die Praxis umsetzen müsse. Dieser Gedanke solle
mit dem Begriff »neue Wirklichkeit« gekennzeichnet werden; er
werde uns jeweils brieflich oder telefonisch aus der Zentrale der
Bewegung in Rom mitgeteilt und müsse dann unser Denken und
unsere Gespräche – auch mit Außenstehenden – beherrschen, bis

ein neuer Gedanke, die nächste »neue Wirklichkeit«, bekanntgegeben werde.

Ende 1980 gab Chiara die Parole von der »Heiligen Reise« aus; alle Vollmitglieder der Bewegung wurden aufgefordert, Heilige zu werden. Dies sollte über eine Telefonkonferenz bewerkstelligt werden, an der rund fünfzig über die ganze Welt verstreute Zentren teilnehmen mußten. Chiara wollte eine einstimmende Rede halten und Gedanken verkünden, die von den Mitgliedern bis zur nächsten Konferenz in die Tat umgesetzt werden sollten. Diese regelmäßigen Telefonkonferenzen sollten das Konzept der »Einheit« bekräftigen. Der Persönlichkeitskult um die Gründerin geht jedoch noch weiter. Wie bei den Neokatechumenaten gibt es auch bei Focolare geheime Texte: die unveröffentlichten Schriften der Chiara Lubich, die im Kreis der *focolarini* kursieren. Es handelt sich um Texte, die ausschließlich zum internen Gebrauch bestimmt sind.

Ich habe einmal einen solchen Text gelesen – kritische Gedanken über ihn machte ich mir erst lange nach meinem Rückzug aus der Bewegung. Chiara beschrieb darin, wie sie die Jungfrau Maria als Vermittlerin aller Gnaden »gesehen« habe. Dies war eine traditionelle katholische Vorstellung, aber dann war zu lesen, sie, Chiara, habe neben der Jungfrau eine andere, eine kleinere Maria erblickt – sie selbst.

»In mir«, schrieb sie, »sind alle Gnaden für diejenigen, die sich in Einheit zusammenzuschließen wünschen.« Das ist ein gefährlicher Anspruch, der zeigt, welche Blüten der Personenkult in den Bewegungen treiben kann. Ich kann mich erinnern, von *focolarini* mehrmals belehrt worden zu sein: »Es kommt nicht darauf an, ob du an Gott glaubst; es genügt, an Chiara zu glauben.«

Es gibt eine orthodoxe Form der »Göttlichkeit«, die die Kirche verleihen kann: die Heiligsprechung. Sie wird jedoch nach dem Tode gewährt. Die Bewegungen haben einen Weg gefunden, wie sie ihre eigenen Gründer noch zu ihren Lebzeiten heiligsprechen können: indem sie ihnen Charisma nachrühmen.

Mit dem Begriff Charisma (»Gabe«) wird im Neuen Testament der Vorgang bezeichnet, daß dem einzelnen zum Wohl der Allgemeinheit ein Geschenk des Heiligen Geistes zuteil wird. Im *Lumen gen-*

tium, der vom Zweiten Vatikanischen Konzil verabschiedeten Kirchenverfassung, wird mit Nachdruck darauf hingewiesen, daß bei der Austeilung von Charisma *alle* Christen bedacht werden: »Der Heilige Geist heiligt und führt das Volk Gottes und beschenkt es mit Tugenden. Er teilt dabei ›einem jeglichen seines zu, nach dem er will‹, und streut besondere Gnaden unter die Gläubigen jeglichen Ranges.«

Der bedeutende katholische Theologe Hans Küng untermauert diese Auffassung, indem er bestreitet, daß durch die Zuteilung von Führungs-Charisma in den Paulinischen Kirchen eine »herrschende Klasse« entstanden sei, eine Aristokratie der mit dem Geist Begabten, die sich aus der Gemeinschaft herausgelöst habe. »Jeder Christ hat sein eigenes Charisma. Jeder Christ ist ein Charismatiker.«

Nach Ansicht des Karmeliters Bruno Secondin, Autor des Buches *The New Protagonists*, kam die Idee vom »Charisma des Gründers« bei den Bewegungen um 1985 auf. Bei Focolare spielte diese Vorstellung jedoch schon früher eine Rolle; bereits 1967, als ich erstmals mit der Bewegung in Berührung kam, war dort vom »Charisma der Einheit« im Sinne einer einzigartigen Errungenschaft die Rede, manchmal auch simpler von »Chiaras Charisma«.

Bei den Neokatechumenaten wird viel über Kikos Charisma gesprochen, Don Giussani redet nicht nur über sein eigenes Charisma, er hat auch eine allgemeine Theorie der Charismen der neuen Bewegungen vorgelegt. Nach Bruno Secondin hat sogar die Katholische Aktion, die Massenorganisation der katholischen Laienschaft Italiens, ihr eigenes Charisma entdeckt und zum Thema gemacht, obwohl sie früher ohne eine solche Qualität ausgekommen war.

Was bedeutet »Charisma« im Kontext dieser Bewegungen?

Zum einen soll damit die unantastbare Stellung der Gründer der Bewegungen als Schöpfer aller Lehren und Träger aller Autorität innerhalb der Organisationen sichergestellt werden. Zugleich wird dadurch die »Reinheit« der Botschaft bewahrt, die nur so weitergegeben werden darf, wie die Bewegung es für richtig hält. Schließlich dient die Berufung auf das eigene Charisma dazu, Einflußnahmen von außen – auch kirchlicher Autorität – zu verhindern.

Einen entscheidenden Beitrag zur Absegnung dieses Konzeptes

vom Charisma der Bewegung hat Papst Johannes Paul II. geleistet. Chiara Lubich erinnert daran, daß der Papst ihr anläßlich einer großen Heerschau der Bewegung auf dem Petersplatz erklärt habe: »Sei für immer ein Werkzeug des Heiligen Geistes!« Diese Worte haben sich mir eingebrannt und haben in mir die Gottesfurcht ebenso gestärkt wie den Mut, an das Charisma zu glauben und unseren geistlichen Weg weiterzugehen.«

In NK-Kreisen kursiert der Ausspruch: »Der Papst kann sich irren, aber Kiko nicht, weil er das Charisma hat.« Ein NK-Katechist erklärte mir: »Manche Leute haben etwas an den Liedern Kikos auszusetzen; sie klängen nach Flamenco, sagen sie. Doch das Charisma ist das Paket, und darin sind die Lieder enthalten.« Die stark spanisch geprägten Lieder Kikos werden von Afrika bis Japan gesungen.

Das »Charisma« gibt den Bewegungsgründern auch die Möglichkeit, zu jedem Thema, nicht nur zu spirituellen Fragen, letztgültige Stellungnahmen abzugeben; ihre Ansichten über weltliche Dinge haben für die Mitglieder dieselbe Verbindlichkeit wie ihre geistlichen Lehren. Dieser allumfassende Charakter des Charismas bestärkt die Bewegungen in ihrer Festungsmentalität. Die vielleicht negativste Auswirkung dieses Konzepts besteht darin, daß die gegenwärtigen Machthaber im Vatikan den Bewegungen völlige Handlungsfreiheit gewähren; es gibt keine Kontrollen und Gegengewichte, keine Rechenschaftspflicht.

Viele Menschen meinen, Sekten seien Sammelbecken nur für charakterschwache und neurotische Menschen; sie wollen nicht glauben, daß auch intelligente, kritisch denkende Menschen von einer Sekte angezogen werden können. Die Organisation FAIR gibt dagegen zu bedenken: »Mitglieder geben sich oft bedeckt, vage, verschleiernd oder heimlichtuerisch, was Glaubensinhalte, Ziele, Forderungen und Aktivitäten [der Bewegung] angeht, bis der Umworbene ›angebissen‹ hat.« Das Risiko für Neumitglieder ist noch größer, wenn sie von einer katholischen Bewegung umworben werden, die sich auf den Segen des Papstes berufen kann.

In den Ankündigungen für die vierzehn Einführungsvorträge, die zwei Monate lang an jeweils zwei Abenden pro Woche stattfinden, werden die Neokatechumenaten oft nicht einmal beim Namen genannt. Die Interessenten werden bewußt im unklaren darüber gelassen, was auf sie zukommt – und dies gilt für jede Etappe. Man verleitet die Leute, sich völlig passiv und rezeptiv zu verhalten. Fragen dürfen während des Katechumenats nicht gestellt werden. Trotzdem kann es schon in diesem frühen Stadium zu Abwehrreaktionen gegen die vorwiegend negative Botschaft der Neokatechumenaten kommen. Vielen Interessenten widerstrebt die starke Betonung, die auf das Motiv der Sünde und der Unerlöstheit des Menschen gelegt wird. Einen Ausweg finden wenige, weil, wie FAIR schreibt, die Ich-Zerstörung zu weit fortgeschritten ist:»Viele Kulte wenden systematisch ausgefeilte Techniken mit dem Ziel der Ich-Zerstörung, der Veränderung des Denkens und der Abhängigmachung vom Kult an. Es kommt vor, daß der Kult die Mitglieder durch induzierten Mangel an Schlaf, eine gesteuerte Ernährung, intensive geistliche Exerzitien, redundante Indoktrination und kontrollierte Gruppenerlebnisse in einem Zustand erhöhter Beeinflußbarkeit hält.«

Öffentliches Beichten gehört zu den klassischen Techniken, die Sekten anwenden, um Mitglieder an die Organisation zu binden. Eileen Barker charakterisiert in ihrem Buch *New Religious Movements* diese Technik als eine der gefährlichsten. Frau Barker müht sich um Korrektheit und Fairneß. Die Neokatechumenaten praktizieren, schreibt sie, die traditionelle katholische Form der individuellen Beichte, bieten aber darüber hinaus Bußfertigkeitsrituale an, bei denen im Kontext eines gemeinschaftlich begangenen Gottesdienstes Sünden gebeichtet werden, allerdings immer in Vieraugengesprächen. Die Mitglieder würden jedoch angehalten, auch an qualvollen Gruppensitzungen teilzunehmen, in deren Verlauf sie aufgefordert werden, sich an das Schlimmste zu erinnern und es ausführlich zu schildern.

In der bis auf den letzten Platz gefüllten Kathedrale von Trient, dem ehrwürdigen Schauplatz des berühmten Konzils, gestand ein Mitglied der Neokatechumenaten den peinlich berührten Zuhörern, er habe vor seiner Begegnung mit der Bewegung bis zu sechsmal täglich onaniert. Eine italienische Frau wurde von ihrer fünfjährigen Tochter nach der Bedeutung des Wortes »Inzest« gefragt.

Zu öffentlichen Beichten kommt es sehr oft bei den sogenannten Sondierungen. Renato von der Pfarrgemeinde Santa Francesca Cabrini erklärte mir, der Sinn und Zweck dieser Sondierungen bestehe darin, »herauszufinden, wie stark sich der Weg auf das Leben der Brüder und Schwestern ausgewirkt hat. Sie werden gebeten, ihre Einstellungen vor und nach ihrer Weg-Erfahrung zu beschreiben – ihre Einstellungen zu Geld, Arbeit, Gefühlsleben.« Ungefragt fügte er hinzu, daß dies eine der umstrittensten Praktiken der Neokatechumenaten sei, bestritt aber, daß es sich dabei um erzwungene öffentliche Beichten handle. »Es steht den Leuten frei, zu sagen, was sie wollen. Wir möchten, daß sie sagen, worunter sie leiden.«

Dieser Aussage steht die Erinnerung eines weiblichen Exmitglieds aus Rom entgegen; der Fragensteller, sagte sie, habe »immer tiefer gebohrt und Auskunft über intimste Tatsachen gefordert«. Nach der NK-Philosophie ist Beichten gut für die Seele – und je schlimmer die Sünden, desto besser. Kiko Arguello gibt Mitgliedern den Rat, sich selbst einzureden: »Heute bin ich wirklich widerwärtig; ich bin ein Verräter, in bin ein Ungeheuer.« In Rom wurde von einem Mädchen verlangt, sie solle zugeben, eine Prostituierte zu sein. Als sie beteuerte, das stimme nicht, wurde sie weiter bedrängt, es endlich zuzugeben. Ein über 70jähriges Mitglied der Pfarrgemeinde Charles Borromeo in London wurde während einer Sondierung von einem 25jährigen Katechisten aufgefordert, »hinauszugehen und zu sündigen – dabei könne er vielleicht etwas lernen«.

Die von Eileen Barker aufgezeigte Gefahr, daß öffentliche Beichten den Sekten Druckmittel verschaffen, die Mitglieder an sich zu binden, wird von Kennern der NK-Szene bestätigt. Eine Sünde, die in einer NK-Gemeinschaft gebeichtet wird, ist kurze Zeit später der gesamten Pfarrgemeinde bekannt.

Die Methode, einzelne Teilnehmer herauszugreifen und sie unter starken psychologischen Druck zu setzen, erinnert an die Techniken, wie sie von Selbstvervollkommnungsgruppen wie EST auf Wochenend-Seminaren angewandt werden. Die Neokatechumenaten haben eine eigene Form von Wochenend-Klausuren für ihre Gemeinschaften entwickelt und dafür das Wort *convivencias* geprägt. Auf diesen Veranstaltungen werden die psychologischen Daumenschrauben angezogen.

Die erste *convivencia* findet am Ende der ersten zweimonatigen Katechesis statt, die in der NK-Sprache auch als die Zeit der Verkündung des Kerygmas bekannt ist. Die erste *convivencia* markiert den Übergang zum Prä-Katechumenat, der nachfolgenden Etappe des Weges. Das ganze Wochenende ist Minute für Minute auf maximale psychologische Wirksamkeit hin inszeniert. Die Vorschriften hat Kiko Arguello in seinen »Richtlinien« exakt niedergelegt. Für die Einleitungszeremonie werden alle Türen und Fenster so abgedichtet, daß »absolute Dunkelheit« einkehrt. Es folgen drei Schweigeminuten, was ein englisches Mädchen so beängstigend fand, daß sie und ihre Nachbarin sich aneinanderklammerten. Nach dieser Zeremonie werden die Teilnehmer aufgefordert, schweigend ins Bett zu gehen und auch schweigend wieder aufzustehen – »als Zeichen dafür, daß wir dem Herrn lauschen, der diese *convivencia* begleitet«.

Die obligatorischen Vortragstexte für ein solches Wochenende nehmen in Kikos »Richtlinien« fast neunzig DIN-A 4-Seiten ein. So ist zum Beispiel einer der Vorträge, vorgesehen für den Samstagnachmittag, 23 Seiten lang und mit theologischen Erläuterungen versehen, die mit der katholischen Orthodoxie nicht übereinstimmen.

Jedes Mitglied wird nach seiner ersten *convivencia* gebeten, sich zu verbindlicher Mitarbeit zu verpflichten; die Anforderungen an seine Zeit werden immer höher. Damit ist ein weiteres FAIR-Kriterium erfüllt: »Indoktrinierte Mitglieder stellen die Ziele des Kultes höher als die Belange, Interessen, Ausbildungs- und Karriereplanungen sowie die Gesundheit des einzelnen.« Renato erzählte mir, daß er und andere hochrangige Katechisten alle Abende mit Arbeit für die Neokatechumenaten verbringen. Ein ehemaliges Mitglied aus Italien erzählte mir von »Versammlungen zweimal wöchentlich ... unglaublich lang, immer abends, von denen man zurückkommt mit einem Kopf, der wie ein Schlagzeug dröhnt, wegen der Gedanken, die einem eingehämmert worden sind, die einem den Atem genommen haben, die zu Auseinandersetzungen, Mißverständnissen, Streitigkeiten, Zerwürfnissen mit dem Ehemann und dem Kind führen«.

Die Neokatechumenaten erklärten unumwunden, daß ihren Mitgliedern nichts wichtiger sein dürfe als das Engagement für den Weg. Kiko legt in seinen »Richtlinien« dar, welches Maß an Engagement von den Mitgliedern erwartet wird: »Vollkommener Gehorsam. Denn wo es keinen Gehorsam gegenüber dem Katechisten gibt, gibt es keinen katechumenalen Weg.« Dieser Gehorsam wird nicht nur von Mönchen und Nonnen verlangt, die ein Gelübde abgelegt haben, sondern auch von Laien; sie sollen ihre gottgegebenen Pflichten, wie die katholische Kirche sie definiert hat – also ihre Pflichten gegenüber ihren Nächsten, ihren Kindern usw. –, den Bedürfnissen der Bewegung unterordnen. Ein englisches Exmitglied berichtet: »Mir war das endlose Hin und Her in der Frage, wen oder was wir nun eigentlich anbeteten – Christus oder das Neokatechumenat –, schon bald zuwider.«

Die Katechisten versuchen sogar, sich Macht über diejenigen zu bewahren, die der Bewegung den Rücken gekehrt haben. Ein weibliches italienisches Exmitglied wurde zu einer, wie sie glaubte, privaten Unterredung mit ihrem Katechisten eingeladen. Sie fand sich zu ihrem Erstaunen vor einer Art Gericht wieder, zusammen mit anderen Angeklagten. Als sie dem Katechisten das Recht absprach, so etwas zu veranstalten, erklärte er ihr: »Du mußt gehorchen, und damit basta! Ob es dir gefällt oder nicht, wir sind Gott!«

Die von FAIR aufgestellten Sektenkriterien treffen für Focolare ebenfalls zu; im Unterschied zu den Neokatechumenaten, die vor aggressivem Vorgehen nicht zurückschrecken, ist bei Focolare die eiserne Faust in samtene Handschuhe gehüllt.

Da sich Focolare nicht auf einzelne Pfarrgemeinden stützt, sondern unabhängig vom Kirchenapparat eigene Strukturen unterhält, sind öffentliche Versammlungen und persönliche Kontakte die wichtigsten Methoden des Missionierens. In der Überzeugung, daß sie sich im Besitz der absoluten Wahrheit befinde, sieht Focolare nicht nur in Katholiken und Christen, sondern in jedem Erdenmenschen einen Kandidaten für die Mitgliedschaft. Ein Artikel, der vor kurzem in der italienischen Zeitschrift der Bewegung erschien, beschreibt Focolares Philosophie der »Evangelisierung«:

>»Jeder, dem die Gabe des Charismas der Einheit zuteil geworden ist, verspürt spontan das Verlangen in sich, sie an andere weiterzugeben; er fühlt sich verantwortlich für all jene, mit denen er in Kontakt kommt. Er ähnelt ein wenig dem Bauern, der zur Vorbereitung der Aussaat zunächst einmal den Acker pflügt und dann mit unendlicher Geduld die aufwachsenden Schößlinge pflegt.«[5]

Diese Metapher macht deutlich, daß die wahren Absichten der Gruppe dem Umworbenen erst nach und nach enthüllt werden. Während meiner Mitgliedschaft sahen wir in unserer unmittelbaren Umgebung den wichtigsten Acker für unser Pflügen und Säen. Man schärfte uns ein, erst einmal nichts über die Bewegung zu sagen. Wir sollten uns mit denen, die um uns waren, »eins machen«. Das bedeutete, ihnen zuzuhören, sich für ihre Angelegenheiten zu interessieren, ihnen in allem zuzustimmen, sie in ihrem Geschmack zu bestärken, enge Freundschaft mit ihnen zu schließen. Nichts war spontan. Wir standen unter ständigem Druck, Ergebnisse zu melden, Bekehrte zu nennen. Von jedem Mitglied der Bewegung wird erwartet, daß er eine »Traube« *(grappolo)* potentieller Neumitglieder aufbaut und pflegt.

Die von Focolare praktizierte Methode, Menschen mit Zuwendung zu überschütten, erinnert stark an die Mun-Sekte und ihr Rezept des »Bombardierens mit Liebe«, besonders wenn es auf Großveranstaltungen zelebriert wird. »Vorsicht vor Leuten, die über Gebühr freundlich sind«, warnt FAIR; ein solches Verhalten sei typisch für Sekten.

Wir wurden darauf eingeschworen, uns mit anderen »eins zu machen«, jedoch nicht ihre Sünden zu teilen. Unser Anliegen sei es, Seelen zu retten. Das Wort Ehrlichkeit hat in Focolare-Kreisen keine Bedeutung. Wir mußten unser Verhalten bewußt nach den Lehren der Bewegung ausrichten, nicht aber nach Gefühlen; sie führten nur in die Irre. Diejenigen, mit denen wir »uns eins machten«, sollten sich fragen, warum wir anders waren. »Früher oder später wird es

dazu kommen, daß uns jemand nach unserem Leben fragt und den Wunsch hegt, auch in unsere Welt einzutreten.«[6]
Unser missionarischer Ehrgeiz sollte grenzenlos sein:»Während wir dies [das ›Sich-eins-Machen‹] mit den wenigen praktizieren, mit denen wir in direktem Kontakt stehen, vertrauen wir Gott all die anderen an, die uns im Berufsleben oder am Arbeitsplatz begegnen, in der Hoffnung, einen direkten Kontakt mit ihnen aufbauen zu können.«[7]
Das wichtigste war, Vertrauen zu gewinnen, wir sollten»nicht die Haltung von Lehrern einnehmen, das wäre geschmacklos; dann würde unser Gegenüber negativ auf uns reagieren, und all unsere Arbeit wäre umsonst gewesen«. Das Ziel aber durfte nie in Zweifel stehen:»Wenn der richtige Moment dafür gekommen scheint, … sollte [der Kandidat] mit anderen zusammengebracht werden, damit er sich als Teil eines lebenden Organismus fühlen und sich durch die Erfahrungen anderer bereichern lassen kann. Das Ziel ist die Einführung in die Gemeinschaft.«[8]
Wir wurden immer wieder darauf hingewiesen, daß unsere Arbeit nichts mit»Freundschaften schließen« im herkömmlichen Sinn zu tun habe. Der einzelne wurde nur danach bewertet, für welche Rolle in der Bewegung er sich eigne. Das sei alles, was an ihm von Interesse sei. Das Ziel der Bewegung besteht darin, den Mitgliedern ein dualistisches Welt- und Menschenbild einzuhämmern. Die Wörter»natürlich« und»menschlich« haben für *focolarini* einen negativen Klang.»Menschlich« sei praktisch ein Synonym für sündig und böse. Der schlimmste Fehler, der einem *focolarino* passieren könne, sei,»ins Menschliche zu verfallen« *(cadere nel'umano)*. Der anzustrebende Zustand wird mit Ausdrücken wie»im Übernatürlichen sein« oder»im Göttlichen sein« bezeichnet.
Alles Tun wurde von den Maximen»Einheit«,»Jesus inmitten« oder»Jesus alleingelassen« diktiert. Wir wurden aufgefordert, diese Maximen durch ständige Wiederholung im Gedächtnis zu behalten, so daß kaum Raum für persönliche Gedanken und Gefühle blieb. Liebe oder Zuneigung zu empfinden sei»menschlich«, d. h. schlecht. Der »übernatürliche« Weg gebiete es, in anderen»Jesus zu sehen«, und zwar in einem sehr konkreten Sinn; wir müßten, so hieß es, zu einer »übernatürlichen Sehweise« finden.[9]

Diese Regel muß strikt beachtet werden. Empfindungen der Zuneigung sollen bewußt unterdrückt oder, in der Sprache Chiara Lubichs,»amputiert« werden:»Liebe muß, um ›wahr‹ sein zu können,
ihre Kraft aus der Fähigkeit schöpfen, in einem Prozeß der beständigen Amputation die Zuneigung zu allem und jedem zu verlieren,
das in diesem Moment nicht den Willen Gottes verkörpert.«[10] Und,
fügte sie hinzu:»Wenn wir irgendwann in unserem Herzen irgend
etwas oder irgend jemanden finden, der nicht Gott ist, sollten wir
uns sofort davon distanzieren.« Die Einheit, wie sie von der Bewegung gepredigt wurde, sei kein Gefühl, kein Empfinden eines gemeinsamen Menschseins. Es ist eine bewußte kollektive Unterwerfung unter die Ideen der Bewegung. Chiara Lubich:»Einheit ist das,
was aus der gemeinsamen Suche nach ein und derselben leuchtenden Wahrheit folgt.«[11]

Das ist eine Philosophie der eiskalten Berechnung, in der für Spontaneität kein Platz ist. Potentielle Mitglieder, besonders junge, bei
denen hierfür»Verständnis« vermutet wird, werden ausdauernd
hofiert.

Focolare legt über alle Menschen Dossiers an, die mit der Bewegung
in Kontakt gekommen sind und denen man daher auf den Fersen
bleiben muß. Diese Akten werden ständig auf den neuesten Stand
gebracht: Namens- oder Adressenänderungen, Besuche von Veranstaltungen, Einschätzungen. Kurz nach meinem Beitritt arbeitete
ich nach einer Besprechung an der Aktualisierung der Personen-
dossiers. Dabei stieß ich auf eine Teilkartei, die durch ein großes
»M« gekennzeichnet war. Als ich fragte, was dies bedeute, erklärte
man mir, dies sei die Sektion für diejenigen, die der Bewegung den
Rücken gekehrt hätten,»M« stehe für»morti« – die Toten.

Das Leben eines *focolarino* besteht vor allem aus Zusammenkünften
und Veranstaltungen. Die Mitglieder werden gedrängt, stets neue
Kandidaten mitzubringen. Von Gott oder Religion ist selten die
Rede. Die Standardformel lautet:»Komm mit und lerne meine Freunde kennen!« Ich erinnere mich an einen Teenager, der in der Nachbarschaft unseres Liverpooler Focolare-Heims lebte und nach dem
Besuch einiger Veranstaltungen für junge Leute fragte:»Hat das hier
etwas mit Gott zu tun?«

In Städten, in denen die Bewegung sich bereits etabliert hat, finden im Frühjahr oder Frühsommer »Tagestreffen« statt; Zielgruppe sind Neulinge, die auf die bevorstehende Einladung nach Mariapolis (d. h. Marienstadt) vorbereitet werden sollen. »Mariapolis« steht für ein fünftägiges »Totalerlebnis«, das in den Sommerferien veranstaltet wird. In jeder »Zone«, in der die Bewegung aktiv ist, findet ein Großereignis statt. Die Teilnehmerzahlen gehen manchmal in die Tausende. Mariapolis ist darauf angelegt, den Teilnehmern ein intensives, unvergeßliches Erlebnis zu bereiten. Den Gästen wird nahegelegt, nicht nur an den offiziellen Veranstaltungen teilzunehmen, sondern auch den Schauplatz des Geschehens nicht zu verlassen. Aus diesem Grund werden gerne abgelegene Studentendörfer gewählt. In Großbritannien werden Mariapolis-Wochen im Lake District veranstaltet. Die Organisation FAIR warnt daher: »Vorsicht vor Einladungen zu entlegenen Wochenend-Seminaren mit nebulös definierten Zielen.« Sie weist darauf hin, daß Sekten »häufig Wert auf Exklusivität und Abgeschiedenheit legen«. Mit Abgeschiedenheit ist es aber nicht getan: Wer ein mehrtägiges Focolare-Seminar besucht, wird dazu gedrängt, sich auch psychisch von seinem Alltagsleben abzukoppeln, »alle Sorgen« und Probleme vor der Tür zu lassen«. Ähnliche Parolen geben die Neokatechumenaten bei ihren *convivencias* an die Mitglieder aus.

Ein Mariapolis ist, wie die meisten Focolare-Veranstaltungen, ein genau strukturiertes Ereignis, das den Teilnehmern wenig Gelegenheit zur aktiven Beteiligung bietet – stundenlange Vorträge sind an der Tagesordnung. Sie werden zentral in Rom erarbeitet und widmen sich einem Thema, das Chiara Lubich ausgewählt hat. Sie werden von mehreren *focolarini* und anderen Mitgliedern auswendig gelernt, damit der Eindruck entsteht, sie stammten aus verschiedenen Quellen.

Focolare-Veranstaltungen sind in höchstem Maße manipulativ: Man scheut keinen Aufwand, um eine emotional aufgeladene Atmosphäre zu schaffen. Vor jedem Vortrag werden Lieder gesungen, die – je nach Bedarf – einschmeichelnd, sanft oder fröhlich sein können. Zwischen den Sängern werden innige Blicke gewechselt, damit das Publikum sehen kann, wie sehr sie »eins« sind. Nur die

Leute von der Führungsriege besitzen die Fähigkeit (»die Gnade«), zu erkennen, wann die Stimmung so ist, daß mit einem Vortrag begonnen werden kann.

Erfahrungsberichte oder »Zeugnisse« bilden einen wichtigen Teil öffentlicher Veranstaltungen; sie werden gewöhnlich im Anschluß an einen Vortrag als Anschauungsbeispiele vorgetragen, um zu zeigen, wie die zentrale Botschaft »in die Tat umgesetzt« werden kann. Das Wort »Erfahrungsbericht« ist irreführend. Zufälle, spontane Wortmeldungen sind ausgeschlossen. »Erfahrungsberichte« sind geplant und folgen einem genau vorgeschriebenen Muster. Der Erzählende beginnt mit der Schilderung einer schwierigen Situation, einer Krise; dann erinnert er sich an Worte aus der Bibel oder von Chiara Lubich und zieht daraus praktische Konsequenzen. Das Problem ist gelöst, oft gar auf wundersame Weise.

Am Ende der Mariapolis-Woche werden Teilnehmer auf die Bühne gebeten, um ihren »Eindruck« von dem Ereignis kundzutun; ihre Aussagen werden vorher sorgfältig abgestimmt und sind immer positiv. Niederschriften dieser »Eindrücke« werden dann in der Bewegung flächendeckend verteilt, um einen weltweiten Vormarsch und missionarischen Erfolg zu propagieren.

Wie die Neokatechumenaten läßt auch Focolare bei seinen Veranstaltungen nur wenig Raum für kritische Rückfragen. Im Vereinigten Königreich ergab sich jedoch traditionell die Notwendigkeit, zumindest den Anschein einer Diskussion zu erwecken. Erfahrene Gruppenleiter übernahmen daraufhin die Regie. Bei Focolare werden abweichende Meinungen auf keiner Ebene geduldet; es finden zwar Frage-und-Antwort-Sitzungen statt, aber die Fragen müssen vorher schriftlich eingereicht werden, so daß die Vertreter der Bewegung entscheiden können, welche sie mit vorbereiteten Formeln beantworten wollen.

In der Mariapolis-Woche läßt das Veranstaltungsprogramm kaum freie Zeit; selbst in den kurzen Pausen streifen erfahrene Mitglieder umher, um sicherzustellen, daß über keine anderen Themen gesprochen wird als das Mariapolis oder die Bewegung. Das Ziel ist, ein Klima der Euphorie zu erzeugen, das Neuankömmlinge in seinen Bann schlägt. Die Mitglieder sind angehalten, ständig zu lächeln und fröhlich zu sein. Alle Zweifel und Probleme sollen unter der Decke bleiben. Mitglieder, die Schwierigkeiten haben und zeigen, werden mit dem Attribut »unten« belegt.

Abends findet eine Geheimbesprechung des innersten Kreises statt, auf der über besondere Vorkommnisse und Probleme geredet wird, zum Beispiel über Teilnehmer, die in Diskussionsgruppen schwierige Fragen gestellt haben oder kritische Meinungen verbreiten. Für solche Problemfälle werden vom Führungszirkel einzelne Mitglieder als »Schutzengel« eingesetzt und mit einer taktischen Marschroute versehen; auf diese Weise soll sichergestellt werden, daß am Ende der Mariapolis-Woche die gesteckten Ziele erreicht sind. Normalerweise merkt kein Teilnehmer etwas davon, daß er das Zielobjekt einer sorgfältig geplanten Strategie ist – oder daß überhaupt eine hochgradige Organisation im Spiel ist. Tatsächlich haben Erfahrungen mit Sitzungen, die zu spät begannen und sich ewig hinzogen, dazu geführt, daß unter britischen Mitgliedern Witze über »italienische Zeit« kursieren und der allgemeine Eindruck eines Mangels an Organisation entstanden ist. Dieser Eindruck täuscht. Nach meiner Erfahrung sind die Mariapolis-Wochen und die anderen Focolare-Veranstaltungen höchst effiziente Werkzeuge zur Überwindung der Widerstände der Skeptiker.

Die grundlegende Methode der Indoktrinierung besteht darin, daß bei diesen Veranstaltungen bestimmte Dogmen ständig wiederholt werden. Dabei handelt es sich nicht um Gedanken, die logisch entwickelt, sondern um Glaubenssätze, die schlicht und einfach verkündet werden. Am 27. Mai 1990 erklärte Ugo Poletti, damals Kardinalvikar der Diözese Rom, den Teilnehmern einer Focolare-Veranstaltung in Rom: »Einigkeit, Einheit, ein Geist der Einheit, gegenseitige Liebe als Mittel zur Konstruktion einer einigen Welt: wiederholt, wiederholt, wiederholt, und all dies dringt in euer Herz ein ...« Er verglich den Vorgang mit den unendlichen Hammerschlägen, die nötig sind, um Nägel in das harte Holz der alten Eichen zu treiben. Focolare benutzt eine ähnliche Metapher zur Beschreibung der Art und Weise, wie Ideen und Leitsätze sich bei den Mitgliedern festsetzen müssen: »wie ein Nagel im Kopf«.

Anfang 1971 setzte ich mich, nachdem ich die für die Prüfung erforderlichen Seminare absolviert und drei Monate im Londoner Focolare-Zentrum verbracht hatte, in den Zug nach Italien. Vor mir lagen zwei Jahre an der Schule für *focolarini* in Loppiano bei Florenz, dem Vorzeigedorf der Bewegung. Nach Ablauf dieser zwei Jahre mußte ich mich in einem Gelübde zu Armut, Keuschheit und Gehorsam verpflichten und lebenslang an die Bewegung binden. Der Gedanke, mein Leben Gott und seinen Werken zu widmen, flößte mir ein Gefühl der Euphorie ein. Ich hatte mich endgültig aus meinen Verankerungen gelöst und die Kontrolle über mein Leben verloren. Ich war nicht mehr in der Lage, zu verstehen und zu analysieren, was in Loppiano mit mir passierte; erst viel später begriff ich, daß sich dort die Vernichtung der individuellen Persönlichkeit vollzog. Ich stolperte hilflos in die finsterste Periode meines Lebens.

Loppiano ist einer der reizvollsten Orte, den man sich auf der Welt vorstellen kann. Errichtet auf einem Areal, das die Bewegung zu Beginn der sechziger Jahre von der italienischen Winzerfamilie Folonari geschenkt bekam (aus deren Reihen mittlerweile mehrere hauptamtliche *focolarini* hervorgegangen sind), ist es ein echtes Paradies.

Wir waren völlig isoliert und über einen Kilometer vom nächstgelegenen Außenposten der Zivilisation entfernt. Die örtliche Bevölkerung bestand aus alten Bauern und Bäuerinnen, die kaum lesen und schreiben konnten. In den zwei Jahren, die wir hier zubrachten, bekamen wir nie eine Zeitung oder eine Fernsehsendung zu sehen und erfuhren so praktisch nichts von dem, was in der Welt draußen vor sich ging – nach einiger Zeit erschien uns das auch nicht mehr wichtig. Während meiner Zeit dort wurde Radio Loppiano ins Leben gerufen, ein Sender, der an jedem Wochentag abends ein rund fünfzehnminütiges Programm ausstrahlte. Das Programm bestand aus einigen Weltnachrichten in Schlagzeilenform, gefolgt von ausführlichen Meldungen aus dem Leben der Bewegung.

Sieht man von den Schriften Chiara Lubichs und einigen bei *Città Nuova* erschienenen Veröffentlichungen ab, hatten wir keine Bücher. Wer lesen wollte, handelte sich ein Stirnrunzeln ein; es galt als anrüchig. Es gab in Loppiano einen einzigen für die Allgemeinheit bestimmten Plattenspieler, eine einzige, ziemlich mitgenommene Langspielplatte mit dem Titel *La novicia ribelde* (»Die rebellische Novizin«); es handelte sich um den Soundtrack des Filmmusicals *The Sound of Music*; ein argentinischer *focolarino* hatte die Platte von seiner Familie geschickt bekommen. Die einzigen Außenstehenden, mit denen wir Kontakt hatten, waren Besucher, die an Sonntagen zur Besichtigung unseres Dorfes kamen – meistens Abgesandte aus italienischen Pfarrgemeinden. Wir fragten nicht, was draußen in der Welt vor sich ging, wir erzählten über Loppiano, wie es unsere Aufgabe war.

Jedes Jahr kamen rund hundert Neulinge ins Dorf, je zur Hälfte Männer und Frauen; es herrschte strenge Geschlechtertrennung – zwischen den Quartieren lagen fast zwei Kilometer offenes Gelände. Diese Kader, die künftigen Führer der Bewegung, kamen aus aller Welt. Die meisten hatten nur eine vage Vorstellung davon, was auf sie zukommen würde – es gab keinen Prospekt über Loppiano, und so wußten alle nur das, was die *focolarini* ihnen gesagt hatten, und das war gewöhnlich wenig.

Als ich aus England nach Loppiano abgereist war, hatte es dort weit und breit keine weiteren Anwärter auf eine Vollmitgliedschaft in der Bewegung gegeben. Doch zu Beginn meines zweiten Jahres in Loppiano tauchten plötzlich vier frisch rekrutierte Engländer auf. Wie wir erfuhren, hatte die Zentrale eine Kampagne zur Rekrutierung neuer *focolarini* ausgerufen und den »Zonen« Sollzahlen für das Werben neuer Kandidaten vorgegeben. Da die englischen Novizen die Bewegung erst seit weniger als einem Jahr kannten, wurde ich ausersehen, in den ersten Wochen ihren Schutzengel zu spielen. Es war für mich erstaunlich, wie unvorbereitet sie angekommen waren. Beim ersten Abendessen fragte mich einer von ihnen (er hatte zuvor eine Zeitlang einem anglikanischen Seminar angehört), wieviel Taschengeld er bekommen und wann sein freier Tag sein werde. Ich mußte ihn enttäuschen.

Die meisten von uns kamen selten aus Loppiano heraus; lediglich im Juli und August jeden Jahres wurden wir in unsere »Zone« entsandt, um bei den Mariapolis-Wochen mitzuhelfen; im Anschluß daran durften wir zwei Wochen lang Ferien machen und die Familie

57

besuchen. Ich hatte das Glück, daß ich hin und wieder nach Rom geschickt wurde, um bei Focolare-Veranstaltungen zu dolmetschen. Erst gegen Ende unseres Aufenthalts in Loppiano durften wir Tagesausflüge machen – gewöhnlich zu einem der in Italien so zahlreichen Wallfahrtsorte.

Diese Isolation diente nicht nur dem Zweck, Ablenkungen von unserem frommen Leben auszuschließen. Sie sollte sicherstellen, daß jeder Aspekt unseres Lebens von unseren Vorgesetzten kontrolliert werden konnte. Unser Denken, unsere Einstellungen und Überzeugungen sollten radikal verändert werden, nicht durch Lernen und Reifen, sondern durch eine Art Gehirnwäsche.

In Loppiano fiel mir zum erstenmal der starke Anti-Intellektualismus der Bewegung auf. Wer als Intellektueller eingestuft wurde, mußte – wie in der chinesischen Kulturrevolution – anspruchslose körperliche Arbeit leisten. Ein Italiener, der sich später zum Psychologen qualifizierte und der Bewegung den Rücken kehrte, mußte während seiner zwei Jahre auf dem Feld schuften. Die Kampagne gegen die Rationalität erreichte extreme Ausmaße: Uns wurde praktisch ein Denkverbot auferlegt. »Ihr denkt zuviel«, lautete die Standardantwort, wenn wir Fragen stellten. »Denkt nicht nach«, schärften unsere Führer uns ein. »Hört auf, zu grübeln.« Oder: »Schaltet den Kopf ab.« Jeder, der mit den Ideen der Bewegung Probleme hatte, bekam zu hören, er sei »verschlossen«, »kompliziert«, mache sich das Leben schwer oder leide an einem »Komplex«. »Mentalität« war ein populäres Schlagwort; Kritiker wurden als Träger einer »alten Mentalität« abgetan; sie sollten nicht versuchen zu verstehen, sondern sich »ins Leben von Loppiano stürzen«, dann werde das Verständnis schon nachkommen.

Wir wurden in landsmannschaftlich gemischte Gruppen zu sieben oder acht Personen eingeteilt, in denen italienisch gesprochen wurde; untergebracht waren wir entweder in kleinen Fertighäuschen oder in Wohnungen, die in alten Bauernhäusern eingerichtet worden waren. In unseren Quartieren herrschten beengte Verhältnisse, die kaum Privatsphären zuließen; allerdings waren wir angehalten, beim Umkleiden oder Waschen Diskretion zu praktizieren.

Was die persönlichen Beziehungen betraf, so lautete das Motto: teile und herrsche. »Sonderfreundschaften« waren unerwünscht. Ich ertappte mich bald dabei, daß ich Leuten, die mir sympathisch waren, auswich. Um sicherzugehen, daß sich keine persönlichen Beziehungen anbahnten, wurden die Gruppen immer wieder neu aufgeteilt. Nach jeweils zwei Monaten wurde vor dem Essen eine Liste mit den neuen Zusammensetzungen verlesen; wir mußten unsere wenigen Habseligkeiten zusammenpacken und umziehen. Jede Gemeinschaft hatte einen Führer, meistens einen erfahrenen *focolarino*, der aus seiner »Zone« nach Loppiano beordert worden war. Die Hierarchie war starr. Jeden Abend trafen sich die Führer zu einer geschlossenen Besprechung mit dem Leiter der Männerabteilung von Loppiano, Alfred Zirondoli, einem Priester und einstigen Anästhesisten, der in der Bewegung Maras (abgeleitet von Maria Assunta) genannt wurde. Bei uns hieß diese Gesprächsrunde »der Olymp«; sie beschloß die Stundenpläne und Tagesabläufe. Von Zeit zu Zeit mußten wir unser erst halb verspeistes Abendessen stehenlassen und einem unangekündigten Aufruf zu einer Vollversammlung im großen Saal Folge leisten.

In der Regel standen wir um 6.30 oder 7 Uhr auf und begannen unser Tagwerk um halb acht mit einer Meditation, die fast immer von Maras geleitet wurde. Er las und kommentierte die Bibelstelle für die Tagesmesse. Von den Teilnehmern wählte er einige aus, die eine von dem vorgelesenen Text inspirierte »Erfahrung« erzählen mußten. Wir waren also in einer kontrollierten Situation, in der berichtete »Erfahrungen« korrigiert und die Vergangenheit nachträglich im Sinne der Bewegung definiert werden konnte – eine bekannte Methode der Indoktrination.

Der zweite Mann in Loppiano zu Beginn der siebziger Jahre war der Italiener Umberto Giannettone, der allen individuellen Beiträgen besonders kritisch gegenüberstand. Alle hatten daher Angst, bei einer Versammlung aufgerufen zu werden. Nach der Meditation gab es eine halbstündige Frühstückspause, danach folgte Arbeit von 8.30 bis 13 Uhr. Die Mittagspause war nach italienischer Tradition lang – erst um 15 Uhr begann die Arbeit wieder; sie dauerte bis 19.30 oder 20 Uhr. Nach einer kurzen Abendmesse ging es zum Essen. Oft waren dann noch Versammlungen im großen Saal angesagt, die von 21 Uhr bis Mitternacht – oft auch länger – dauerten.

Am Tage mußten wir körperlich arbeiten; in einer Werkstatt wurden Wohnwagen gebaut, in einer anderen Teppichfliesen produziert; außerdem gab es Feldarbeit und ein »kunsthandwerkliches Zentrum«, in dem Holzwaren gefertigt wurden. Ich verbrachte achtzehn meiner vierundzwanzig Monate in Loppiano in der Holzwerkstatt; ich mußte Serviettenringe glatt schleifen. In den letzten sechs Monaten wurde ich, aus mir unbekannten Gründen, an die »Professoren« ausgeliehen; ich hatte den Auftrag, die Schriften und Bücher zu katalogisieren.

An zwei Vormittagen in der Woche hielten uns *focolarini* Vorträge über Theologie, die Heilige Schrift, die Erlösungsgeschichte und über Philosophie. Obwohl niveauvoll und gut vorbereitet, wurden diese Vorlesungen von vielen Studenten nicht ernstgenommen, sie galten als intellektuell und damit als minderwertig. Viele Studenten, auch die Günstlinge der Führungskader, nutzten die Vorlesungen zum Schlafen. Dieses Verhalten wurde stillschweigend gebilligt. Am Jahresende absolvierten wir eine leichte mündliche Prüfung, die alle bestanden. Der Zweck der Vorlesungen bestand wohl nur darin, unserer Ausbildung in Loppiano in den Augen der Kirche einen seriösen Anstrich zu verleihen.

Wir arbeiteten auch am Samstagvormittag; am Samstagnachmittag hatten wir frei und konnten unser Quartier putzen oder uns selbst beschäftigen. Der Sonntag war anstrengender als jeder andere Tag. Hunderte Besucher fielen ein und mußten betreut werden. Sie kamen mit Bussen aus ganz Italien, gewöhnlich als Teilnehmer von Ausflügen, die ihre Kirchengemeinden organisiert hatten; sie mußten bewirtet, unterhalten und »befestet« werden, wie es hieß, damit sie als »Bekehrte« nach Hause fahren konnten. Eine Hälfte der Besuchergruppen fuhr am Morgen die Frauensiedlung an, die andere Hälfte kam zu uns. Beide wurden mit einer Vorstellung aus Liedern, Gesprächen und Erfahrungen beglückt. Nach Messe und Mittagessen wurden die Gruppen getauscht, die zweite Vorstellung des Tages begann.

Am Sonntagmorgen, gleich nach der Meditation, wurden die Dienstpläne für den Tag verlesen. Einige von uns wurden für die Verkehrsregelung eingeteilt, andere für den Küchendienst; die Mitglieder unserer Band und die Lieferanten guter »Erfahrungen« wurden für die »Schau« engagiert. Am unbeliebtesten war das Führen der Besuchergruppen. Ganz gleich, wie erschöpft oder niedergeschlagen wir uns fühlten, es war unsere Pflicht, uns mit den Leuten zu unterhalten, persönliche Kontakte aufzunehmen und die Besucher mit Fröhlichkeit und Freundlichkeit zu überschütten; sie sollten glauben, das Paradies der Zukunft gesehen zu haben. An diesen Sonntagen wurde von uns allen erwartet, daß wir »obenauf« waren und »sprühten« (»*lanciati*«). Dennoch kam uns die Künstlichkeit der Situation kaum zum Bewußtsein – wir hatten Loppiano für einen Tag zum religiösen Disneyland gemacht.

Zwischen September und Weihnachten erhielten wir einen Auftrag, den einige von uns regelrecht fürchteten: wir mußten zusätzlich zu unseren Sonntagsarbeiten in den umliegenden Städten und Dörfern Abonnenten für unsere Zeitschrift *Città Nuova* werben.

Eine so isolierte, erlesene Gemeinschaft wie wir Loppianer entwickelt mit der Zeit zwangsläufig einen eigenen Verhaltenskodex und eigene Wertmaßstäbe. Loppiano war eine Bewegung in der Bewegung. Der Personenkult um Chiara war so ausgeprägt wie eh und je, das ganze Dorf stand kopf, wenn sie zu Besuch kam, doch auch unser Dorfältester, Maras, hatte eine fanatische Anhängerschaft. Das Maß des individuellen Erfolges war in Loppiano der Grad der »Einheit« mit Maras. Wenn Maras aus seinem Büro kam, wurde er sofort von einem Schwarm von *focolarini* umringt, die lächelten und ihm jedes Wort von den Lippen ablasen. Zehn Leute zwängten sich in seinen Mercedes, nur um ein paar hundert Meter mit ihm fahren zu können. Als wir gegen Ende unserer zwei Jahre Busausflüge machten, kämpften die Teilnehmer um Plätze in der Nähe von Maras, sie kletterten sogar auf die Gepäckablage über seinem Sitz, damit ihnen ja nichts entging. Es war gang und gäbe, Briefe an ihn zu schreiben, die oft die flehentliche Bitte um eine private Audienz enthielten. Es gab *focolarini*, die sich in Maras' Kleiderschrank oder unter seinem Bett versteckten, um seine Gunst zu erringen. Andere lungerten tagelang in seinem Vorzimmer, um Gelegenheit zu finden, Maras um eine Unterredung zu bitten. Maras selbst schürte in uns die Überzeugung, daß er nur diejenigen wahrnehme, die sich »in Einheit« mit ihm befanden. Die anderen übersah er einfach. Der Troß von Günstlingen, den Maras um sich geschart hatte, pflegte mit ihm zu speisen und bis zwei Uhr morgens ihre »Einheit« mit ihm zu festigen. Wir alle gingen – allzu arglos, wie es mir heute erscheint – davon aus, daß diese privilegierten Geschöpfe das Glück hatten, *anime belle* zu sein, schöne oder vom Glück begünstigte Seelen.

Einige Jahre später hatte ich im Liverpooler Focolare ein überraschendes Erlebnis: Einer der Maras-Jünger, der in der Bewegung unter dem Spitznamen »Grazie« bekannt war und den wir in Loppiano nie ohne das süßeste Lächeln auf dem Gesicht gesehen hatten, sollte zu Missionsaufgaben nach Australien geschickt werden und vorher bei uns Englisch lernen. Das Lächeln verging ihm schnell. In den vier Monaten in Liverpool lernte er nur drei Straßen kennen: den Weg zu seiner Sprachenschule, den Weg zum Supermarkt und den Weg zur Kirche. Seine freie Zeit verbrachte er damit, alles zu kritisieren, was britisch war. Das hatte Folgen. »Grazie« mußte auf seinen Englischkurs verzichten und wurde nach Italien zurückgerufen.

In den späten achtziger Jahren wurde die Schule für *focolarini* in ein anderes Dorf der Bewegung, ins schweizerische Montet, verlegt. Zur allgemeinen Verwunderung wurde Maras von dort nach kurzer Zeit nach Rom zurückgeholt und mit einer weit weniger wichtigen Aufgabe betraut: dem Verfassen von Biographien verstorbener Mitglieder der Bewegung. War das ein Indiz dafür, daß in der Bewegung kein Platz für eine zweite Kultperson war?

In der irrealen Welt der Bewegung mit ihren künstlich hervorgerufenen Ängsten ließen unsere geistigen Fähigkeiten sehr schnell nach. Gleichzeitig wurde die Forderung nach totalem Gehorsam verstärkt. Der Älteste meines Focolare, ein ziemlich humorloser deutscher *focolarino* mit dem Vornamen Heiner, drückte mir eines Tages eine von Chiaras unveröffentlichten Schriften als Meditationsvorlage in die Hand. Es war eine Betrachtung zum Thema Gehorsam, die mich frösteln machte.

Chiara zitierte den heiligen Franziskus, der als Beispiel für Auswüchse eines blinden Gehorsams das Einpflanzen von Kohlsetzlingen mit der Wurzel nach oben angeführt hatte. Der Tenor des Aufsatzes besagte jedoch, daß bei Focolare ein extremer Begriff von Gehorsam herrsche: Wenn ein *focolarino* vor seinen Vorgesetzten trete, müsse er leer sein, ein Nichts, vollkommen kritiklos und bereit, ihm jeden noch so ausgefallenen Wunsch zu erfüllen.

Das simple Konzept der Einheit und Gemeinschaft, das Focolare propagiert, läßt keinen Raum für eine persönliche Identität, Suchen ist überflüssig, wenn die Antworten schon bereitliegen. Die »Einheit« läuft jedoch nicht nur auf blinden Gehorsam im äußerlichen Sinn hinaus, sondern auch auf eine Gleichschaltung des Denkens – im Jargon der Bewegung als »Einheit der Seele« oder »Einheit des Denkens« bekannt.

Während meines Aufenthalts in Loppiano wurde mir klar, was »Einheit«, so wie die Bewegung sie versteht, wirklich bedeutet. Wir lernten, daß wir uns, um den Zustand der Einheit zu erlangen, völlig unserem Führer unterwerfen mußten, dem »Kanal zur Einheit«, der uns zum Gipfel führen würde. Das war einer der Gründe für den Kult um Maras. »Einheit« war nicht das egalitäre Konzept, das ich mir vorgestellt hatte; hinter diesem Wort verbargen sich altvertraute Konzepte wie absolute Autorität und starre hierarchische Ordnung. Dieses Verständnis von Einheit erschien mir in Loppiano besonders schädlich, weil viele von denen, die hierher entsandt worden waren, Probleme hatten; sie litten an schweren Depressionen oder waren nervlich stark angeschlagen. Loppiano war für sie eine Art offenes Gefängnis, wo ihre Probleme unter der Decke gehalten werden konnten. Einige von ihnen zeigten jedoch höchst merkwürdige Verhaltensweisen.

Einmal geriet ich mit einem der Führer aneinander, einem besonders sarkastischen und unkommunikativen Menschen. Es war kurz nach meiner Beförderung zum Schutzengel meiner vier englischen Landsleute. Einer von ihnen brauchte besondere Zuwendung, weil er einen kritischen Punkt erreicht hatte und ich dringend mit ihm sprechen mußte. Als wir zum Abendessen gerufen wurden, hatte mein Schutzbefohlener gerade begonnen, mir sein Herz auszuschütten; seine Not war so groß, daß ich ihn nicht mitten im Satz unterbrechen wollte. Es dauerte nur wenige Minuten, da kam der Führer unserer Gruppe ins Zimmer gestürmt, schickte meinen Freund zum Abendessen und warf mir wutentbrannt vor, ich hätte, da ich dem Essensruf nicht sofort gefolgt sei, die Einheit verletzt. Meine Erklärung wischte er als irrelevant vom Tisch.

Dies war mein erster hautnaher Kontakt mit dem strengen Prinzip der Einheit. Später fand ich heraus, daß der besagte Gruppenführer an einer schweren Gemütskrankheit litt; dennoch hatte man uns seiner absoluten Herrschaft unterstellt. Sich in einem solchen Fall an eine höhere Instanz zu wenden, war im Rahmen des Focolare-Normensystems völlig undenkbar. Nach einigen Monaten unter Kuratel dieses Führers wurde ich krank und einer anderen Gruppe zugeteilt.

Zu der seelischen Erpressung kam, daß es aus Loppiano so gut wie kein Entrinnen gab. Wir arbeiteten nur für unseren Unterhalt und hatten daher nie Geld. Viele von uns kamen von außerhalb Europas. Sie waren völlig vom Wohlwollen der Bewegung abhängig. Unsere Widerstandskräfte waren so ausgelaugt, daß wir zu einem eigenen Entschluß kaum noch fähig waren.

Ich habe selbst einmal mit Fluchtgedanken gespielt. Ich wollte per Anhalter zum britischen Konsulat in Florenz und mir dort das Geld für eine Fahrkarte nach Hause holen. Ich hatte sogar schon meine Sachen gepackt. Doch dann schreckte ich zurück. Die Flucht hätte den vollständigen Bruch mit der Bewegung bedeutet. Ich konnte mir plötzlich nicht mehr vorstellen, außerhalb der Bewegung zu leben. Ich blieb und unterwarf mich. So ging es vielen.

Die vom britischen Innenministerium unterstützte Organisation INFORM (Information Network Focus on Religious Movements) erhebt den Anspruch, Sekten unvoreingenommen und objektiv zu studieren. Sie behauptet, daß zwar alle Bewegungen ihre Mitglieder manipulieren, man aber von Gehirnwäsche nicht sprechen könne. Der Übergang sei fließend. Wenn es Gehirnwäsche gäbe und wenn sie funktionieren würde, würde niemand je einer Sekte den Rücken kehren.

Dieses Argument überzeugt mich nicht. Die Tatsache, daß einzelne aus einer Bewegung ausscheiden, beweist lediglich, daß Gehirnwäsche nicht in jedem Fall wirksam ist. Wenn unziemlicher Druck ausgeübt wird, um das Denken von Menschen zu verändern, sollte man von Gehirnwäsche sprechen. Man muß zwei Dinge unterscheiden: den Einfuß, den die katholische Kirche auf die gewöhnlichen Gläubigen ausübt; er überläßt dem einzelnen einen hohen Grad an persönlicher Freiheit; die von den Bewegungen praktizierten Methoden aber verändern das Denken. Ich behaupte, daß es Gehirnwäsche gibt, ich habe sie selbst erlebt und stehe mit meiner Meinung nicht allein.

In dem Buch *Secret Sect*, einer Studie über die Bewegung School of Economic Science, formulieren die Autoren Peter Hounam und Andrew Hogg acht Kriterien, an denen man erkennen kann, ob in einer Gemeinschaft Gehirnwäsche betrieben wird. Sie berufen sich dabei auf ein Standardwerk zu diesem Thema: *Thought Reform and the Psychology of Totalism: A Study of Brainwashing in China* von Dr. Robert Jay Lifton. Focolare-Veranstaltungen wie die Mariapolis-Wochen oder Loppiano genügen nach meiner Meinung allen acht Kriterien.

1. Situative Kontrolle:
»Kontrolleure der Situation ... versuchen sich die Verfügungsgewalt zu sichern über alles, was der einzelne zu sehen, zu hören, zu lesen bekommt, was er schreibt, erlebt und zum Ausdruck bringt.« Praktisch geschehe das durch den Rückzug an entlegene Orte und durch intensive Beschäftigungsprogramme. Dem einzelnen werde gezielt die Chance vorenthalten, »nachzudenken und persönlich zu entscheiden, ob er oder sie dieser Bewegung angehören möchte«. In Loppiano übten »Animateure« ständig Druck auf die Teilnehmer aus, um sie daran zu erinnern, daß sie sich selbst in unverbindlichen Plaudereien an die »Parteilinie« zu halten hätten.

2. Persönliche Manipulation:
»Kontrolleure schaffen eine Situation, die den Beteiligten bestimmte Verhaltensmuster und Gefühle aufzwingt. Diese Verhaltensweisen und Emotionen zeitigen dann beim einzelnen Wirkungen, die diesem ganz natürlich erscheinen.« Der Zwang zum beständigen Lä-

cheln und zur »Fröhlichkeit«, die Verhaltensweisen, die mit Stichworten wie »marienhaft« und »obenauf« assoziiert werden, sind
charakteristisch für Focolare-Veranstaltungen; sie werden durch
Lob und Zuspruch belohnt. Das Bemühen, diese Verhaltensweisen
in einer nach außen abgeschotteten Umgebung über längere Zeit
aufrechtzuerhalten, erzeugt euphorische Gefühle. Die Autoren der
Studie *Secret Sect* zitieren Lifton mit den Worten, die Kontrolleure
erzeugten »eine mystische Aura um die manipulierenden Institutionen – die Partei, die Regierung, die Organisation. Sie fühlen sich als
(von der Geschichte, von Gott oder von irgendeiner anderen übernatürlichen Instanz …) ausgewählte Werkzeuge.« In Loppiano genügte es nicht, daß man sich der Bewegung und ihren Lehren mit
Haut und Haaren verschrieb; man mußte es auf sichtbare Weise tun.

3. Die Forderung nach Reinheit:
»Das Gute ist, unnötig zu betonen, was mit der Ideologie der Gehirn-
wäscher übereinstimmt. Alles andere gilt als schlecht oder unrein.«
Focolare legt großen Wert auf die Reinheit der Botschaft – daher
die ständige Wiederholung von bestimmten Standardformeln. »Das
Bemühen um absolute Reinheit bildet sicherlich den Eckstein der
Überzeugungen. Es kann jedoch«, wie Lifton darlegt, »niemand
einen Zustand der Vollkommenheit erreichen, und die Schuld- und
Schamgefühle, die durch das ständige Verfehlen des Ideals entstehen, machen die Mitglieder noch verwundbarer gegenüber ihren
Manipulatoren.« Das traf in hohem Maß auf die Situation in Loppiano zu, wo wir konstant unter dem Erwartungsdruck standen,
die proklamierten Ziele in jedem Augenblick des Tages zu praktizieren.

4. Beichte:
Auch wenn man von uns nicht verlangte, daß wir in Gruppensitua-
tionen sexuelle Sünden beichteten, dienten die gemeinschaftlichen
Meditationen in Loppiano der Selbstenthüllung oder der »totalen
Entblößung der beichtenden Person«. Das Sichpreisgeben war ein
»Akt der symbolischen Selbstaufgabe, ein Ausdruck des Verschmel-
zens des einzelnen mit seiner Umgebung«. Am liebsten hörten

unsere Oberen »Erfahrungsberichte«, in denen wir uns selbst beschuldigten, dem »Ideal« nicht gerecht geworden zu sein; wir seien angewiesen auf die Gruppe, das »Ideal« sei die einzige Antwort auf alle Probleme. Eine unserer Beichtpraktiken trug die Bezeichnung »Augenblick der Wahrheit«. Wir trafen uns einmal im Monat in unserer Hausgruppe in Loppiano und hielten jedem Mitglied seine Fehler (»Fegefeuer«) und seine guten Seiten (»Paradies«) vor.

Die meisten religiösen Ordensgemeinschaften haben ihre Spielarten dieses Rituals aufgegeben, weil sie zu offensichtlich zum Mißbrauch einladen. Bei Focolare hingegen wird dem »Augenblick der Wahrheit« eine hohe Bedeutung beigemessen. Er wird als Übung nicht nur den *focolarini* empfohlen, sondern auch den Mitgliedern des inneren Zirkels auf jeder Ebene, selbst wenn sie noch im Jugendalter sind. Hounam und Hogg meinen dazu: »Dem liegt die implizite Annahme zugrunde, daß die Situation und deren Schöpfer die totale Verfügungsgewalt über jeden darin befindlichen einzelnen besitzen.« Organisationsmitglieder müssen sich in regelmäßigen Abständen zu persönlichen Unterredungen *(colloqui privati)* mit übergeordneten Hierarchen – manchmal mit Funktionären aus der römischen Zentrale – einfinden, in deren Verlauf auch konkrete Fragen über das Sexualleben gestellt werden. Auch die Gruppendiskussionen während der Mariapolis-Wochen zielen auf Erfahrungsberichte, die den Charakter von Offenbarungen oder Geständnissen haben. Animateure mischen sich unter die Neuankömmlinge und geben ihnen die »Chance«, die Last ihrer Vergangenheit abzuschütteln. Was die Leute dabei preisgeben, besprechen die Führungskader unter sich und nutzen es dann für ihre weitere Arbeit. Fast alle Aussagen wurden protokolliert und in Dossiers festgehalten.

5. Die heilige Wissenschaft:
»Das ist die Aura, die von der auf Gehirnwäsche ausgerichteten Situation um ihr zentrales Dogma herum aufgebaut wird und die sie als die ›letztgültige moralische Vision für die Ordnung des menschlichen Seins‹ preist.« Mit diesen Worten wird ziemlich genau das beschrieben, was bei Focolare »das Ideal« heißt. Das Ideal gilt nicht

nur als Allheilmittel für alle Übel der geistlichen Sphäre, sondern auch als Schlüssel zu den Geheimnissen der politischen und wirtschaftlichen Harmonie. Lifton schreibt: »Die Philosophenkönige des modernen ideologischen Totalismus stärken ihre Autorität, indem sie Anspruch auf ihren Anteil am reichen und respektierten Vermächtnis der Naturwissenschaft erheben.«

6. Besetzung von Sprache:
»Die ideologischen Konzepte werden in Worte gekleidet, die zu Abkürzungen durch den Denkvorgang werden.« In Loppiano hörte sich jedes Gespräch an, als sei es durch die Mangel des Jargons der Bewegung gedreht worden. In den Mariapolis-Wochen benutzen die Teilnehmer möglichst viele Focolare-Ausdrücke, um ihre Zugehörigkeit zu beweisen. »Durch die Verwendung eines eingeschränkten Vokabulars wird auch die Bandbreite des Denkens und Empfindens eingeschränkt.«

7. Doktrin über Persönlichkeit:
»Sobald eine Person in die neue kontrollierte Situation eintritt, werden alle ihre Erfahrungen einer Neubewertung unterzogen.« Das Mitteilen von »Erfahrungen« bei Focolare hat das Ziel, Änderungen der Selbstwahrnehmung und des Verhaltens herbeizuführen. Die Begegnung mit der Bewegung wird als Wendepunkt des Lebens dargestellt. Vorher war alles schlecht, nun wird alles gut. Die Erleuchtung kommt über den einzelnen. Schlüsselformulierungen wie: »Als ich die Bewegung kennenlernte« oder »Als ich neue Freunde gewann« markieren den Augenblick der Umkehr. In Loppiano hatten wir reichlich Gelegenheit, darüber zu reden, wie unser Leben früher verlaufen war und wie es sich jetzt änderte. Von allen Mitgliedern auf allen Ebenen werden ständig Berichte über ihre Gemütsverfassung verlangt; auf diese Weise werden ihre Gedanken und ihr Leben ständig offengelegt.

8. Recht auf Leben:
»In Situationen, in denen Gehirnwäsche stattfindet, wird denjenigen, die die Ideologie akzeptieren, das ›Recht‹ auf Leben gewährt.«

In Loppiano wurde »existieren« gleichbedeutend mit »von Maras anerkannt«. Er war es, der das Recht auf Leben verlieh oder versagte; deshalb lauerten wir auf ein Wort von ihm, auf ein Nicken, auf einen Blick, ein Lächeln. Wir gierten nach einer Bestätigung, daß wir uns »in Einheit« mit Maras befanden, denn nur durch ihn konnten wir die »Einheit« mit Chiara und mit der Bewegung erlangen. Ohne diese »Einheit« gab es für uns keine Existenz; ohne sie waren wir Unpersonen. Die Organisation FAIR drückt das so aus: »Die Führer oder Begründer (gewöhnlich noch unter den Lebenden) verlangen absoluten und kritiklosen Gehorsam und urteilen selbstherrlich über den Glauben und das Engagement der Mitglieder.«

Auch bei »Kommunion und Befreiung«, gilt, daß der einzelne nur Bedeutung besitzt, wenn er Mitglied der Bewegung ist. Don Giussani spricht von einer »Invasion unkatholischen Denkens« in der Kirche und führt dies auf den Einfluß einer Strömung zurück, »die ich protestantisch nennen würde ... und die das Christsein ausschließlich unter dem Gesichtspunkt der Beziehung zwischen dem einzelnen und Christus betrachtet«. Die Objekte der Attacken Giussanis bleiben immer vage, doch muß diese Aussage wohl so gedeutet werden, daß sie all jene einschließt, die keinen Bewegungen angehören.

Giussani legt großen Wert darauf, den konkreten Charakter seiner Bewegung hervorzuheben. Der einzelne, der es mit ihr zu tun bekommt, erlebe eine »Konfrontation«; er sei aufgefordert, zu reagieren und sich zu verändern: »Der auslösende Faktor, der eine Bewegung konstituiert, ist das ›Zusammentreffen eines einzelnen mit menschlicher Vielfalt‹, mit einer andersartigen menschlichen Realität.«

Wie aber soll ein potentielles Neumitglied auf diese »Andersartigkeit« reagieren? Giussani betont, wie wichtig es sei, daß der Neuling keine persönliche Initiative an den Tag lege. »Jeder, der, von dieser Andersartigkeit berührt, versuchen würde, seiner Schicksalsspur zu folgen, indem er selbst etwas ›tut‹, verlöre alles. Er muß folgen. Die andersartige menschliche Präsenz, die er kennengelernt hat, ist eine ›Andersheit‹, der ›gehorcht‹ werden muß. Durch diese Begegnung, die im Prozeß des Folgens und Gehorchens immer wieder

erneuert wird, wird die Kontinuität zur ersten Begegnung hergestellt.«

Neulinge müssen sich daher verpflichten, an den wöchentlichen Zusammenkünften teilzunehmen, die unter der Bezeichnung »Schule
der Gemeinschaft« laufen. Ausgewählte Passagen aus den Schriften
Don Giussanis werden von der Zentrale als Textstellen vorgegeben,
die bei diesen Zusammenkünften analysiert werden sollen. »Die
Textarbeit in der Schule der Gemeinschaft ist das konkreteste Mittel
zur Aufrechterhaltung einer systematischen Beziehung zum Charisma der Bewegung«, heißt es in der Mitgliederzeitschrift der Bewegung, *Litterae communionis*.[12] Für jedes Mitglied der Bewegung müsse dieser Text ein Leitstern sein. »Er verkörpert den wichtigsten
Inhalt, auf den wir uns konzentrieren müssen, und den Bezugspunkt
für Beurteilungen und Vergleiche.« Die Worte des Begründers sollen
also im Grunde nicht gedeutet, sondern verinnerlicht werden: »Wie
kann die Schule der Gemeinschaft ein Ort des Vergleichs sein? Zuallererst muß sie als gemeinschaftliche Klärung des Sinngehalts der
Wörter gesehen werden. Keine Deutung, sondern eine buchstäbliche Erkundung. Es ist eine Wiederentdeckung der scholastischen
Methode aus dem Mittelalter: einer textlichen, wörtlichen Lektüre,
bei der sie ihre Kommentare an den Rand zu schreiben pflegten. Wir
müssen zu Gefolgsleuten des Textes werden.«

Diese buchstäbliche Aneignung der Literatur hat zur Folge, daß die
Mitglieder die Sätze nicht nur verinnerlichen, sondern auch in die
Tat umsetzen wollen. Sie entwickeln einen missionarischen Gestus.
»Wie kann die Schule der Gemeinschaft für mich einen Wert haben,
wenn ich nicht das Gefühl habe, daß sie voller Verheißung und
Hoffnung ist, auch für den Menschen, den ich auf der Straße treffe,
oder für meinen Mitschüler oder Arbeitskollegen? Wenn sie für
mich einen Wert besitzt, warum dann nicht auch für ihn? Wenn wir
sie anderen mitteilen, schließt sich zwischen uns ein menschliches
Band, der menschliche Durst, der uns aneinanderbindet, und der
Turm oder die Antwort, die für mich und den anderen Menschen
leuchtet.«

Gruppenleiter unterliegen der Pflicht zur totalen Unterwerfung unter die Lehren der Gründer: »Er sollte sagen: ›Ich verstehe, daß diese

konkrete Passage zuerst und vor allem ein Urteil über mich enthält.‹ Wenn andererseits der Führer der Gruppe seine eigenen Gedanken mitteilt, erzieht er jeden einzelnen dazu, in den von ihm vorgegebenen Bahnen zu denken.« Wer von der Schule der Gemeinschaft nicht überzeugt ist, wird schuldig gesprochen. »Es ist nicht produktiv, die Schule der Gemeinschaft durch ein eigenes Geschöpf zu ersetzen; das hieße, unbewußt einzugestehen, daß man unfähig ist, an der Schule der Gemeinschaft teilzunehmen.« »Kommunion und Befreiung«, Focolare, Neokatechumenaten sind sich einig, die »Erfahrung« über die Vernunft zu stellen. Auf das Studium der Texte der Schule der Gemeinschaft folgt regelmäßig die Schilderung der Erfahrung; wer mit der Bewegung Probleme habe, müsse sich »in die Erfahrung des Glaubens stürzen«. Kommunion und Befreiung ist so organisiert, daß die Bewegung zur »neuen Familie des Bekehrten« wird. »Für jede Lebensetappe wird eine anheimelnde Umgebung bereitgestellt, die für neue Gewißheiten und für Solidarität sorgt. ... In der Selbstdarstellung der Bewegung müssen alle Aspekte des Lebens des Kämpfers ihren Platz finden: Schule, Arbeit, Familie. Diese Etappen markieren seinen Fortschritt zum Erwachsensein, und an jedem Punkt muß die Bewegung in der Lage sein, die geistlichen und moralischen Werte, deren Trägerin sie ist, weiterzugeben. Auf diese Weise wird ein sich selbst regulierender und sich selbst schützender Kreislauf in Gang gesetzt.«

Die rigorosen Anwerbungs- und Ausbildungsmethoden der Bewegungen bewirken, wie ich selbst erfahren habe, eine allmähliche Aushöhlung der Persönlichkeit. Der einzelne soll, um es mit FAIR zu sagen, durch die »Zerstörung seines Ichs« vom Kult abhängig werden. Ein weibliches Exmitglied aus England beschreibt, daß sie sich bei ihrer letzten *convivencia* »wie ein nackter Mensch in einer langen Schlange nackter Menschen ohne Identität« gefühlt habe. »Sie versuchten, mir meinen freien Willen zu nehmen.« Ein ehemaliges Mitglied von »Kommunion und Befreiung« erinnert sich: »Als ich die Bewegung verließ, war ich ein Nichts ... Ich hatte keinen persönlichen Geschmack, keine eigenen Ideen, die es mir ermöglicht hätten, Entschlüsse zu fassen ... Ich mußte mich von Grund auf neu entwickeln.«

Ich machte diese Erfahrung am intensivsten in der Phase meines »völligen Eintauchens« in Loppiano. Wir lösten uns dort nicht nur von allen Bindungen, brachen nicht nur die Brücken zu allem ab, was uns lieb und teuer gewesen war; wir mißtrauten auch unseren Gefühlen. Wir lebten mit Vorschriften, die schließlich unser gesamtes Leben beherrschten. Wir hörten die Mahnungen Chiaras, »unser Ich zu zerstören«, uns »zu vernichten« oder »auszublenden«.

Das Gefühl der Entwurzelung war in Loppiano so überwältigend, daß ich an meine ersten drei Monate dort keine Erinnerung mehr habe. Sie erscheinen in meinem Gedächtnis als schwarzes Loch. Ich war in eine Phase sinn- und zielloser Monotonie übergewechselt. Richtig klar wurde mir dies erst, als ich bemerkte, daß ich den ganzen Tag damit verbrachte, mich auf die nächste Mahlzeit zu freuen. Das lag nicht nur daran, daß wir so spärlich zu essen bekamen; der Hauptgrund war vielmehr, daß es nichts anderes gab, auf das man sich freuen konnte. An die Stelle von Zuversicht traten Selbstzweifel und ein Gefühl der Unwürdigkeit. Das galt nicht nur für die geistliche Sphäre, es schloß auch das völlige Schwinden des Glaubens an meine geistigen und praktischen Fähigkeiten ein.

Die klarsten Einsichten gewann ich immer dann, wenn ich mitten in der Nacht aufwachte. Situationen, die mir am Tag verschwommen und undurchschaubar erschienen waren, wurden plötzlich glasklar. Wenn ich nachts wachlag, wurde ich stets von dem Gedanken überwältigt: »Was, zum Teufel, mache ich hier?« Diese Klarheit verflüchtigte sich regelmäßig am nächsten Morgen, und ich kehrte in das zurück, was ich für die Realität hielt.

Das Gefühl, daß außer der Bewegung nichts mehr eine Rolle spielte, durchzog von da an mein Leben – auch nachdem ich Loppiano verlassen hatte. Die Ahnung, daß es andere wichtige Dinge geben könnte, spielte erst sehr viel später eine Rolle. Auch nach meinem Austritt aus Focolare kehrte noch jahrelang immer wieder das Gefühl der Hoffnungslosigkeit zurück.

Warum sind Mitglieder der neuen Bewegungen bereit, so viel aufzugeben? Im Zentrum ihrer Botschaften stehen die »Tugenden«, die wichtiger seien als alles andere – Halbwahrheiten, die gefährlicher sind als Lügen. Bei Focolare gab es zum Beispiel die Vorstellung vom »alleingelassenen Jesus«. Chiara Lubich lehrt, daß Jesus Christus in dem Moment, als er ausrief: »O mein Gott, warum hast du mich verlassen?«, nicht nur ein Höchstmaß an körperlichem Leiden durchmachte, sondern auch einen Augenblick unermeßlicher geistlicher und seelischer Not. Daraus leitet Chiara ab, daß wir Jesus in jedem Erlebnis geistlichen oder seelischen Leides »wiedererkennen« und »lieben« können. Der »verlassene Jesus« sei die »Rückseite der Medaille der Einheit«.

In dieser Vorstellung steckt vielleicht eine tiefe Einsicht. Doch, gefährlich ist es, wenn sich diese Erkenntnis zu einer Doktrin verhärtet, die mit fanatischer Überzeugung vertreten wird – zu einer Obsession oder, wie es bei Focolare heißt, zu einem »Nagel im Kopf«. Die Focolare-Gründerin schärft ihren Gefolgsleuten immer wieder ein: »Ich werde nach Leiden dürsten, nach Angst, Verzweiflung, Melancholie, Trennung, Verlassenheit, Seelenqual: nach allem, was ihn, den großen Leidenden, ausmacht ... Laßt uns alles im Leben vergessen: Büro, Arbeit, Kollegen, Verantwortung, Hunger, Durst, Schlaf, sogar unsere eigene Seele ... Und nur noch ihn besitzen.«

Das Mysterium des Leidens ist ein zentrales Thema nicht nur des Christentums, sondern aller Religionen; mit ihm haben sich katholische Heilige, bedeutende Christen anderer Konfession und Denker aller religiösen Schulen auseinandergesetzt. Das Thema erfordert ein hohes Maß an geistiger Reife und Ausgeglichenheit. Die Lehre vom »verlassenen Jesus« wird freilich schon Kindern eingetrichtert und dazu benutzt, Mitglieder enger an die Organisation zu binden und fast jede seelische Qual zu rechtfertigen. Während meiner Zeit an der Universität machte ich eine Kommilitonin, die nicht gläubig war, mit Focolare bekannt. Nach einer Phase anfänglicher Begeisterung erklärte sie mir eines Tages, ihr Glaube sei ihr mit einem Schlag abhanden gekommen. Ich erwiderte, diese Versuchung sei ein typischer Fall von »verlassenem Jesus«. Sie dachte eine Weile über meine Interpretation nach und sagte dann: »Es ist eine Falle, nicht?«

Ja, es war eine Falle. Denn wenn man diese Formel erst einmal intus hatte, funktioniert sie gut: Alle Zweifel können als Äußerungsformen des »verlassenen Jesus« gedeutet werden. Wir waren überzeugt, daß wir die Lösung für das uralte Problem des Leidens gefunden hatten. Diese Lösung fördert eine Tendenz zu Fatalismus und Leisetreterei, zu einer Unterwerfung unter das Unabänderliche. Auf einer Focolare-Veranstaltung im März 1994 in Rom wurde ich Zeuge einer beunruhigenden »Erfahrung« einer Mutter, die den Tod ihres drogensüchtigen Sohnes schilderte. Sie beschrieb, daß sie in ihm den »verlassenen Jesus« gesehen habe; sie bejahte rückblickend ihr passives Verhalten, obwohl aktives Eingreifen notwendig gewesen wäre.

Die Neokatechumenaten benutzen eine Doktrin, die unter Stichworten wie »Diener Jahwes« oder »glorreiches Kreuz« praktiziert wird; sie läuft darauf hinaus, sich nicht gegen Unrecht zu wehren; sie soll die Abhängigkeit von der Gemeinschaft verstärken.

Ich bin überzeugt, daß die zwanghafte Forderung nach Leiden eine der Ursachen für viele seelische und körperliche Störungen der Mitglieder ist. »Bei angeworbenen Mitgliedern«, schreibt FAIR, »können sich Symptome extremer Anspannung, Angst, Schuld ... zeigen.« Ein NK-Katechist in Hamburg entwickelte Selbstmordabsichten und mußte von seinen Angehörigen in eine Klinik eingewiesen werden. Ein mir persönlich bekannter holländischer *focolarino* verwandelte sich in nur zwei Jahren aus einem kontaktfreudigen Vorkämpfer der Bewegung in einen schlurfenden Zombie, der mich nicht einmal wiedererkannte, als ich ihm begegnete. Bedenklich erscheint mir auch, daß die Bewegung depressive Mitglieder durch ihre eigenen Einrichtungen behandeln läßt; Focolare hat in der Nähe der römischen Zentrale eine mit Psychiatern aus den eigenen Reihen besetzte Klinik eingerichtet.

Aus eigener Erfahrung weiß ich, daß in der Bewegung Medikamente und Drogen eingesetzt werden mit dem Ziel, das Verhalten einzelner Mitglieder zu verändern. Homosexualität ist für Focolare nach wie vor eine Krankheit; die Bewegung setzt bedenkenlos Drogen ein in der Hoffnung, Schwule »umpolen« zu können. Ähnliche Maßnahmen sind aus dem Lager der Neokatechumenaten bekannt.

Die wohl gefährlichste Halbwahrheit, die alle neuen katholischen Bewegungen verbreiten, ist die Idee eines »existentiellen« Weges zum Glauben. Gemeint ist damit, daß der einzelne erst *durch die Gemeinschaft* zur Erkenntnis Gottes gelangt. Diese Auffassung reduziert den einzelnen und vergöttlicht die Institution – mit allen Folgen.

Bei Focolare wird die Formel »Jesus inmitten«, bei CL das »Ereignis« betont; es ist definiert als Präsenz Christi in der Bewegung: »Christus ist anwesend gemäß der von ihm geschaffenen Methode: der Bildung einer Gemeinschaft aus Menschen, die Er auswählt und mit sich selbst eins macht. Er ist in der Welt anwesend und hat ein Gesicht.« Die Neokatechumenaten haben sich auf das Konzept der gegenseitigen Liebe innerhalb der Gemeinschaft konzentriert: »Daran werden sie erkennen, daß ihr meine Jünger seid.«

Alle drei Bewegungen verwenden die Formel »Komm und lerne meine Freunde kennen; komm und mach dir selbst ein Bild.« Anwerbung und Ausbildung demonstrieren, daß vorsätzlich manipuliert wird. In einem »existentiellen« Umfeld müßte die individuelle, persönliche Reaktion die Hauptrolle spielen; tatsächlich wird die in der Gemeinschaftsidee steckende Wahrheit zu einer starren Doktrin, die zum Teil zwanghafte Formen annimmt.

In einer ihrer Schriften zum Thema »Jesus inmitten« schreibt Chiara Lubich: »Wenn wir uns in Einigkeit befinden, ist Jesus unter uns ... Das ist mehr wert als alle anderen Schätze, die unser Herz bergen mag – mehr als Mutter, Vater, Brüder, Kinder. Es ist mehr wert als unser Haus, unsere Arbeit oder unser Vermögen; mehr als die Kunstwerke in einer Stadt wie Rom; mehr als unsere Geschäfte; mehr als die Natur, die uns mit Blumen und Äckern umgibt, mehr als unsere eigene Seele.« Ein Focolare-Mitglied erzählte, welche Blüten die Idee der Einheit treiben kann: Vor nicht allzu langer Zeit lag eine krebskranke *focolarina* im Sterben. Ihre Oberin leistete ihr am Krankenbett Gesellschaft und war entschlossen, bis ans Ende bei ihr auszuharren. Aus Rom traf ein Sendbote ein, um der sterbenden Frau die »Einheit« zu bringen. Als die Ärzte den nahen Tod der Patientin voraussagten, führte der Sendbote aus Rom die Oberin zum Essen aus, um sie über die jüngsten Taten Chiara Lubichs zu informieren. Kurz bevor das Mädchen starb, kamen die beiden – o Wunder – rechtzeitig in die Klinik zurück. Hat ein solches Verhalten noch Ähnlichkeit mit den Vorstellungen von Liebe außerhalb der Mauern?

Die Vorstellung einer Präsenz Gottes in der Institution hat oft gefährliche Konsequenzen, vor allem in der Überzeugung, unfehlbar zu sein. Die Organisation ist von jeglichem Fehl und Tadel freizusprechen.

Die Überbetonung der Präsenz Gottes in der Gemeinschaft führt dazu, daß den Bewegungen das tiefe religiöse Leben fehlt, das eine Grundvoraussetzung für innere Kraft und Überzeugung ist. Das spirituelle Leben vollzieht sich nur noch in den äußerlichen Ritualen der Gemeinschaft, daher der Zwang zu Gesprächen und Versammlungen.

Die größte Gefahr besteht darin, daß die Institution voll und ganz mit Gott identifiziert wird. Für Focolare und die anderen Bewegungen ist Gott jederzeit in ihrer Gemeinschaft physisch präsent und an- und aufrufbar. In dieser Überzeugung wurzeln alle anderen Mißstände: der Glaube an die Allwissenheit der Bewegung, die Glorifizierung der Institution und die Zerstörung der Einzelpersönlichkeit, die Gleichsetzung der Bewegung mit der Kirche, die starre Anwendung der Vorschriften, die Annahme, daß alle der Bewegung dienenden Methoden legitim sind. Wenn die Bewegung Gott offenbart, Gott besitzt oder Gott *ist*, dann ist alles möglich. Diese Anmaßungen werden die meisten Katholiken als erschreckend und abstoßend empfinden; es handelt sich indes um fundamentale Maximen der Bewegung; sie wurden vom Vatikan 1987 den Bischöfen der Welt präsentiert und als nachahmenswerte Vorbilder für die Laienschaft hingestellt.

[1] Roy Wallis, *The Elementary Forms of the New Religious Life*, Routledge & Kegan Paul, London 1983.

[2] a. a. O., S. 9.

[3] *Priest and People* (katholische Monatszeitschrift), Juni 1988.

[4] Eine Anspielung auf die Worte Christi im Matthäus-Evangelium: »Wo zwei oder drei versammelt sind in meinem Namen, da bin ich mitten unter ihnen.« Matthäus 18, 20.

[5] Oreste Paliotti, »Daran wirst du sie erkennen«, *Città Nuova*, Nr. 13, 1993, S. 30.

[6] a. a. O., S. 30.

[7] Ebd.

[8] Ebd.

[9] Chiara Lubich, Telefonkonferenz vom 28. April 1988.

[10] Chiara Lubich, *Meditationen*, zitiert nach Oreste Paliotti, »Daran wirst du sie erkennen«, *Città Nuova*, Nr. 13, 1993, S. 30.

[11] Chiara Lubich, Telefonkonferenz vom 14. April 1988.

[12] *Parola Tra Noi*, Jahrgang XIX, Dezember 1992.

Eine Synode als Schaubühne 3

»Wir erleben einen Wildwuchs an neuen Bewegungen, vergleichbar dem Aufkommen der Franziskaner und Dominikaner im 13. Jahrhundert!«

Mit diesen Worten erklärte Bischof Paul-Josef Cordes vom Päpstlichen Rat für die Laien seinen Bischofskollegen die Parteinahme des Vatikans für die neuen religiösen Bewegungen. Daß die Synode im Oktober 1987 zu einer Schaubühne für die neuen Bewegungen wurde, hat die meisten nach Rom gekommenen Teilnehmer überrascht. Sie waren in der Erwartung angereist, es werde eine Debatte über brisante innerkirchliche Fragen geben, über die Rolle der Frauen in der Kirche zum Beispiel oder über eine stärkere Einbeziehung von Laien in die kirchlichen Verwaltungsangelegenheiten. Statt dessen wurde ihnen eine riesige »Laien-Armada« präsentiert mit fest verankerten Strukturen, Dogmen und Projekten. Es war offensichtlich, daß diese Armada sich päpstlicher Protektion erfreute; den Bischöfen war nur die Aufgabe zugedacht, ihren Segen zu geben.

Nicht einmal Kardinal Martini, der als Erzbischof von Mailand einen guten Einblick ins Innenleben des Vatikans besaß, hatte diese Entwicklung vorausgesehen. Kurz vor seiner Abreise aus Rom hatte er in einer Ansprache an die Vertreter der Katholischen Aktion, der offiziellen italienischen Laienbewegung, die neuen Bewegungen noch verharmlosend ein »Problem« genannt, »über das in Italien viel diskutiert wird, das aber in anderen Ländern keine Rolle spielt«.

In Italien ist es kein Geheimnis, daß der Kardinal ein Gegner sowohl der Bewegung »Kommunion und Befreiung« (CL) als auch der Neokatechumenaten ist; doch seine Einschätzung vor Beginn der Synode erwies sich als falsch: zum einen, weil die Bewegungen schon auf der Synode selbst stark im Mittelpunkt standen, zum anderen, weil seine Bischofskollegen aus aller Welt zu den Bewegungen eine ganze Menge zu sagen hatten.

Das erste Indiz für eine neue Lage war der Umstand, daß unter den Vertretern der Laienschaft sehr viele Mitglieder der neuen Bewegungen waren. Zu den sechzig Laienvertretern oder *auditores* (also »Zuhörern«) gehörten Chiara Lubich und Kiko Arguello, die Gründer von Focolare und der Neokatechumenaten-Bewegung; unter den dreißig vom Papst berufenen Teilnehmern waren der CL-Gründer Don Giussani und der Prälat von Opus Dei, Monsignore Alvaro del Portillo, beide keine Laien, auch wenn die von ihnen geführten Organisationen als laizistisch eingestuft werden. Sie alle erhielten Gelegenheit, in aller Breite die Verdienste ihrer Organisation zu schildern.

Die sechzig *auditores* vertraten 700 Millionen Katholiken in aller Welt; ernannt worden waren sie jedoch allesamt vom Papst in Zusammenarbeit mit Erzbischof Jan Schotte, dem Generalsekretär der Synode. Nicht einmal die teilnehmenden Bischöfe wußten, nach welchen Gesichtspunkten sie ausgewählt worden waren. Die Bischöfe von England und Wales jedenfalls waren nicht zu Rate gezogen worden. Der (inzwischen verstorbene) irische Kardinal O'Fiaich, Erzbischof von Armagh, kannte nicht einmal den Namen des irischen Vertreters Patrick Fay, des Präsidenten der Legion of Mary. Die heftigsten Proteste kamen vom brasilianischen Nationalen Rat für die Laienschaft. Die Brasilianer, Pioniere im Aufbau von Basisgemeinden, hatten sehr konkrete Vorstellungen davon, durch wen die Laien ihres Landes vertreten werden sollten – jedenfalls nicht durch Herrn und Frau Toaldo von der rechtslastigen Schoenstatt-Bewegung, einer pietistischen Organisation deutschstämmiger Brasilianer, die später heftige Kritik der südamerikanischen Bischöfe auf sich ziehen sollte. Diese beiden »Repräsentanten« waren in den Augen der Bischöfe nicht repräsentativ für die Gruppe, mit der sich die Synode eigentlich beschäftigen sollte.

Nach welchen Kriterien waren denn nun die *auditores* ausgewählt worden?

Im Mai des Vorjahres hatte in Rocca di Papa in den Albaner Bergen eine »internationale Konsultation« stattgefunden, einberufen vom Päpstlichen Rat für die Laien, dem für die laizistischen Angelegenheiten zuständigen Kurien-Kollegium, das auch Gastgeber der Synode war. Ratsvorsitzender war Bischof Cordes, dessen hymnische Äußerungen über die neuen Bewegungen ich bereits zitiert habe. Rund 200 Männer und Frauen hatten, auf Einladung des Papstes, an der »Konsultation« teilgenommen; viele von ihnen repräsentierten laizistische Vereinigungen und Bewegungen. Rund die Hälfte derer, die schließlich als *auditores* auf der Synode erschienen, wurden aus den Reihen der Teilnehmer in Rocca di Papa ausgewählt.

Wenn die römische Kurie eine Veranstaltung in ihrem Sinn lenken möchte, bedient sie sich traditionell solcher Instrumente wie der *Lineamenta* oder des *Instrumentum laboris*; dies sind im Vorfeld gefertigte Diskussionspapiere, die bei einem Ereignis, das innerhalb eines begrenzten Zeitrahmens über die Bühne gehen muß, als Leitfäden unverzichtbar sind. Die Papiere für die Synode über die Laienschaft wurden von Bischof Cordes aufbereitet. Auffällig war die Aufforderung an die Laienschaft, sie solle »sich bemühen, die vergiftende Kluft zwischen Glaubensbekenntnis und täglichem Leben zu überwinden«[1]; dies ist eine Schlüsselformulierung aus dem Repertoire der neuen Bewegungen.

Furore machte auch ein zweites Thema, die »Klerikalisierung« der Laienschaft. »Wenn der Respekt vor ihrem säkularen Charakter gewahrt bleibt, wird die große Gefahr einer Klerikalisierung der Laienschaft geringer werden.«[2]

»Klerikalisierung« steht im Sprachgebrauch des Vatikans für die Befürchtung, die Laien könnten sich demokratisch in die Belange der Kirchenleitung einmischen. Demokratie aber ist ein Begriff, der jedem Mitglied der römischen Kurie das Herz zu Eis gefrieren läßt. Der Dritte Weltkongreß für das Laien-Apostolat, der 1967 mit dem Segen von Papst Paul VI. stattfand, hatte mit seiner Forderung nach einer Demokratisierung und nach gewählten Vertretern der Laienschaft die Kirche geschockt. Es war der letzte Kongreß dieser Art. In der Folge setzte der Vatikan mit den neuen Bewegungen auf einen anderen Typus des Laien, einen, der unter der strikten Kontrolle einer Organisation stand, die sich zur bedingungslosen Unterordnung unter die Autorität des Papstes verpflichtete. Die Gründer der neuen Bewegungen haben sich daher vehement gegen die Idee von mehr Demokratie in der Kirche ausgesprochen. Bischof Paul-Josef Cordes kann als Architekt der Synode von 1987 gelten. Er ist einer der wichtigsten Fürsprecher der neuen Bewegungen in der römischen Kurie. Der einstige Bischof von Paderborn war 1980 von Papst Johannes Paul II. zum Vizepräsidenten des Päpstlichen Rates für die Laien ernannt worden; seither haben sein Prestige und sein Einfluß innerhalb des Vatikans stetig zugenommen. Obwohl Cordes nominell dem Präsidenten des Rates, dem argentinischen Kardinal Pironio, unterstellt ist, gilt er als der Mann, auf den es ankommt. Cordes ist nicht nur zuständig für die charismatische Bewegung innerhalb des Katholizismus; der Papst ernannte ihn auch zu seinem persönlichen Verbindungsmann zu den Neokatechumenaten; damit war ein direkter Kanal zwischen dem Papst und der Bewegung etabliert; Pironio, der den Neokatechumenaten kritisch gegenübersteht, ist ausmanövriert.

In einem Gespräch mit Bischof Cordes habe ich den Eindruck gewonnen, daß er die Bewegungen zum Nennwert nimmt, d. h. sie so sieht, wie sie sich selbst beschreiben und einschätzen: als die vitalsten geistlichen Kräfte in der Kirche der Gegenwart. Kritikern, die die neuen Bewegungen von einer soziologischen oder psychologischen Warte aus studieren wollen, zeigt er die kalte Schulter. Cordes sanktioniert die Bewegungen vielmehr, indem er Parallelen zieht zwischen ihren aktuellen Problemen mit örtlichen Bischöfen und den Konflikten, die große Missionsbewegungen der Vergangenheit wie die Franziskaner oder die Jesuiten austragen mußten. Cordes hat die Theorie einer *communio* entwickelt – einer Einheit der Kirche mit dem Papsttum als Mittelpunkt; für die Neokatechumenaten ist Bischof Cordes schlicht und einfach »Paul«; ihr Mann.

Betrachtet man die weihevollen Worte, die der Papst bei der Eröffnung der Synode sprach, im Licht der gründlichen Vorarbeiten, gewinnen sie einen neuen Tenor:

Christus sagt: »Was ihr auf Erden binden werdet, soll auch im Himmel gebunden sein, und was ihr auf Erden lösen werdet, soll auch im Himmel los sein.« Wir glauben zuversichtlich, daß der Heilige Geist, der uns in der Kirche – und für die Kirche – gegeben worden ist, uns helfen wird, auch in dieser riesengroßen Sphäre der Laienschaft zu lösen, was gelöst werden muß, so daß sich ihre eigentlichen und besonderen Aufgaben im Rahmen der kirchlichen Mission aus dieser ihrer Berufung ergeben werden.

Für Katholiken ist damit klar, daß einzig der Papst die Befugnis zum Binden und Lösen besitzt. Im vorliegenden Kontext benutzte er seine Autorität dazu, den Bewegungen die Freiheiten zu gewähren, die sie seiner Ansicht nach brauchen, um zu gedeihen – frei von Weisungen der Bischöfe zum Beispiel.

Kardinal Ratzinger, der seine Stimme als Präfekt der Kongregation für die Glaubenslehre erhob, machte deutlich, wie der Vatikan die Bewegungen sieht: »Heute finden die vielen und unterschiedlichen Geistlichkeiten ihren je besonderen Ausdruck in unterschiedlichen geistlichen Bewegungen, in denen der Eintritt der Laienschaft in die Kirche konkret verwirklicht wird.«

Ratzinger ist der führende Theologe des Vatikans – oder auch, wie manche ironisch meinen, der einzige Theologe der katholischen Kirche. Er hat als Großinquisitor des Vatikans die meisten anderen mundtot gemacht.

Nach Bischof Cordes trat Guzman Carriquiry aus Uruguay ans Rednerpult; er gilt als der ranghöchste Laienvertreter in der Kurie und steht dem Vernehmen nach der Bewegung CL nahe. So überrascht es nicht, daß seine Rede ein Lobgesang auf die neuen Bewegungen war. Er wärmte den Mythos auf, die Existenz der Bewegungen sei ein Zeichen für den in der Kirche herrschenden Pluralismus – ein »Zeichen der Freiheit der Formen, in denen die eine Kirche sich verwirklicht«.

Gegen die Fürsprecher der Bewegungen trat Kardinal Aloisio Lorscheider aus Brasilien auf, einer der Würdenträger der südamerikanischen Kirche. Er betonte die Autorität der örtlichen Bischöfe; die neuen Bewegungen müßten, mahnte er, überall in »ehrlicher Unter-

ordnung und Gemeinschaft mit dem Pastor der örtlichen Kirche«
arbeiten. Sich auf die Autorität des Papstes zu berufen, genüge
nicht. »Die Gemeinschaft mit dem höchsten Hirten setzt die Gemeinschaft mit dem Pastor der örtlichen Kirche voraus, der die ihm
anvertraute Gemeinde als Stellvertreter Christi führt und dies mit
seiner eigenen gewöhnlichen und unmittelbaren Macht tut.« Eine
»parallele pastorale Tätigkeit muß vermieden werden«.

Bischof Cordes hielt dagegen und attackierte alle Bischöfe, die sich
gegen die Bewegungen stellten – »die sich zu offener Skepsis oder
gar Feindseligkeit bekennen«:

Manche Bischöfe haben sich durch den Umstand irritieren lassen,
daß das Epizentrum dieser Bewegungen sich außerhalb ihrer Diözesen befindet und daß die Befehle aus anderen Kirchen oder Staaten
oder Kulturen kommen ... Dazu kommt, daß die meisten post-konziliären Diözesan-Konzile das Gefühl haben, diese Bewegungen ent-
zögen sich ihrer Autorität und paßten nicht in die pastoralen Planun-
gen der Diözese ... Der eine oder andere Bischof hat sich schon
gefragt, ob er überhaupt noch der »Chef in seiner Diözese« sei.

Auf der Synode entstand so der Eindruck, Cordes stelle die Bewegungen auf eine Stufe mit den Bischöfen und spreche sich dafür aus,
sie sollten den Heiligen Stuhl um die Schlichtung ihrer Differenzen
ersuchen. Die legitimen Beschwerden, die er referierte, fertigte er
mit der Feststellung ab, hier bringe »neuer Wein die alten Schläuche
zum Platzen«.

Der erste, der für die neuen Bewegungen das Wort ergriff, war Don
Luigi Giussani, Begründer von »Kommunion und Befreiung«. Zwei
Monate vorher hatte er den Bischöfen in einem von der CL-Zeit-
schrift veröffentlichten Interview den Fehdehandschuh hingewor-
fen: »Eine Bewegung in der Kirche gleicht einem Kind, das womöglich unerwünscht ist, sich aber nicht aus der Welt schaffen läßt.«[4]
Zum Frontalangriff gegen die Aussagen des Kardinals Lorscheider
antretend, richtete Giussani einen dramatischen Appell an die Autorität des Papstes: »Die Ordnung der großen Disziplin der Kirche,
der Kanal der vom Heiligen Geist verliehenen Freiheit, blüht in der

lebendigen Kommunion mit dem Nachfolger Petri, am Ort des endgültigen Friedens für jeden Gläubigen.«Der Heilige Stuhl sei die anzurufende Instanz für die Schlichtung allfälliger Konflikte auf lokaler Ebene. Die Bewegungen schuldeten zwar »dem Bischof Gehorsam bis hin zur tiefsten Erniedrigung«, aber auch die Bischöfe schuldeten den Bewegungen etwas: »die Freiheit, durch welche die väterliche Obhut der Bischöfe, jenseits ihrer persönlichen Meinungen und Erwartungen, zum Respekt vor der Identität des Charismas befähigt würde, um so die konkreten Äußerungsformen des Charismas in ihren Diözesen als einen konstruktiven Faktor ... akzeptieren zu können«.

Die Bischöfe sollten, anders gesagt, die Identität und Aktivität der Bewegungen anerkennen und sie im übrigen gewähren lassen. Schließlich könnten die Bewegungen den Menschen von heute mit ihren religiösen Bedürfnissen etwas bieten, das die Institutionen oft nicht im Repertoire hätten: »Erlebnisse«. Die Kirche »muß immer eine Präsenz sein, die sich bewegt, das heißt also eine Bewegung«. Die Bewegungen seien »die geschichtlichen Gestalten, mit denen der Geist heute die Mission der Kirche voranbringen hilft«.

Nach diesem Auftritt Giussanis konnte man auf eine ebenso geharnischte Antwort aus dem Munde seines eigenen Bischofs und langjährigen Gegenspielers, des Mailänder Kardinals Martini, hoffen. Martini hatte schon vorher die Überzeugung vertreten, die Kirche konzentriere sich zu sehr auf Eliten – »spezialisierte Katholiken«, wie er sich ausdrückte. Er sei mit dem Vorsatz zu der Synode gekommen, eine Lanze für die »Geistlichkeit der Basis« zu brechen, der »gewöhnlichen Laien, die ihr tägliches Leben führen, vielleicht außerhalb von Vereinigungen, Bewegungen, Gruppierungen«. In einem Hirtenbrief mit der Überschrift »Hundert Worte der Kommunion« hatte er *alle* Mitglieder der Diözese aufgerufen, in gemeinsamer Anstrengung für »die Ziele der Kirche« zu wirken.

Seine Antwort auf den Auftritt Giussanis begann er wieder mit lobenden Worten für alle jene traditionellen Gruppen, die auf der Synode von den neuen Bewegungen an den Rand gedrängt worden waren: Katholische Aktion, Pfadfinder, kirchliche Jugendgruppen. Die Forderung Giussanis, die Bischöfe sollten das Charisma der

Bewegungen anerkennen, ohne sich einzumischen, wies Martini zurück; er bekannte sich zu einer interventionistischen Haltung: »Unsere wichtigste Hirtenpflicht im Angesicht dieser neuen Realitäten besteht in der kritischen Unterscheidung, worunter nicht nur Bewertung und Beurteilung zu verstehen ist, sondern auch ein Begleiten über einen längeren Zeitraum mit dem Ziel, für sie eine befriedigende und organische Rolle innerhalb der gestaltenden und missionarischen Aktivitäten der Kirche zu finden.«

Die von den Bewegungen vertretene und von Bischof Cordes geteilte Überzeugung, ihr Charisma vertrage keine Einmischung von außen, erkannte Martini nicht an: »Eine solche kritische Begleitung ist in erster Linie die Pflicht der Hirten, aber auch der Gruppenmitglieder selbst, die sich helfen lassen müssen, um zu einem besseren Verständnis der Mittel und Wege des Herrn für den Dienst an der einen Kirche zu gelangen.«

Martini griff, sehr zur Überraschung vieler Teilnehmer, das den Bewegungen als Allzweckwaffe dienende Konzept des »Charismas« an. »Kein Sich-Berufen auf ein ›Charisma‹«, mahnte er, »kann eine ›Immunität‹ gegenüber den Autoritäten begründen, denen die Aufgabe zugewiesen worden ist, den gemeinsamen Weg (der Gläubigen) zu bewachen.« Seiner Überzeugung nach müsse unterschieden werden zwischen den »großmütigen und aufopferungsvollen« Mitgliedern der Bewegungen, dem »zentralen Ideal, das ihre Tätigkeit am Leben hält«, der »Ideologie« und der »konkreten Praxis«. Er habe zwei Fragen zu stellen: zum einen, ob sich in der Praxis »Anzeichen von Exklusivität« zeigten, zum anderen, ob die Praxis der Bewegungen »die im Evangelium verankerten Werte der Armut und Demut« verkörpere oder aber »anfällig [sei] für Versuchungen durch die Logik der Macht«. »Vielleicht«, schloß der Kardinal, »brauchen einige dieser Phänomene mehr Mut, sich den unerforschlichen Wegen des Heiligen Geistes anzuvertrauen, der sich durch die Pastoren kundgibt.«

Zwei brasilianische Bischöfe, vielleicht ermutigt durch die Analyse des Kardinals Martini, berichteten über ihre Beobachtungen der neuen Bewegungen in Südamerika. Erzbischof Colling aus Porto Alegre beschränkte sich auf die Feststellung, die »autonomen Bewegungen«, die »in keiner festen Verbindung zur Kirche« stünden, müßten selbst »die Verantwortung für ihren Erfolg oder Mißerfolg übernehmen«. Der Jesuitenbischof Mendes de Almeide legte einen strengeren Maßstab an: »Christliche Vereinigungen oder Gruppen können, wenn sie ihre Talente und Charismen in den Dienst der Kommunion stellen, zum Wachstum des Gottesvolkes als ganzem beitragen; wenn sie sich aber verschließen, können sie dem kirchlichen Gesamtorganismus Schaden zufügen.«

Wie strittig das Thema war, zeigte sich daran, daß 30 Bischöfe sich zu Wort meldeten; hinzu kamen 17 weitere Redner, die Stellungnahmen für die von ihnen vertretenen Basisgemeinden abgaben – eine südamerikanische Spezialität, die aus der Theologie der Befreiung entstanden ist. Die Basisgemeinden sehen in den neuen Bewegungen ihre unmittelbaren Rivalen.

Zu den Fürsprechern der Bewegungen gehörte auch Kardinal Angel Suquia aus Madrid, ein Förderer der Neokatechumenaten; er griff den Gedanken auf, daß der Papst »die Echtheit eines Charismas [der Bewegungen] anerkannt hat, indem er sie akzeptierte, verteidigte und förderte«. Von den einzelnen Kirchen müsse nun selbstverständlich erwartet werden, daß »sie sich diese Anerkennung zu eigen machen«. Bischof Eugenio von Lugano, ein CL-Mitglied, vertrat die Ansicht, den traditionellen Organisationsformen der Gemeinde solle kein größeres Gewicht zuerkannt werden als jedweden anderen Gruppierungen; allen in der Kirche beheimateten Gemeinden solle von vornherein »dieselbe kirchenrechtliche und institutionelle Würde« zugebilligt werden.

Die Rede von Chiara Lubich auf der Synode – in Anwesenheit des Papstes am 13. Oktober – trug den Titel »Geistlichkeit und Bewegungen« und wirkte so farblos und abstrakt, daß sie kaum Reaktionen auslöste. Ein Beobachter der Synode, ein Laie, der – wie die Journalisten – den Synodensaal nicht betreten durfte, bemerkte nach der Lektüre des Redemanuskripts: »Ich mußte mir, wie schon so oft, die Frage stellen: Geht es hier nicht einfach darum, Christ zu sein? Warum so viel Getue darum, in etwas ›einzutreten‹?«

Der Aufmerksamkeit vieler Beobachter entging, daß Chiara Lubich die Chance nutzte, die Spiritualität ihrer eigenen Bewegung herauszustellen. Alle Motive, die sie benannte – »Gott ist Liebe«, »Das Evangelium leben«, »Das Wort des Lebens«, »Der Wille Gottes«, »Jesus inmitten«, »Einheit«, »Eucharistie«, »Maria und der Heilige Geist« –, finden sich als »Punkte der Geistlichkeit« in jedem von Focolare vertriebenen Buch oder Pamphlet. Chiara Lubich erhebt den Anspruch, ihre Bewegung umfasse mit ihrer spirituellen Über-Philosophie auch die anderen Bewegungen.

Nachdem die Hauptredner gesprochen hatten, teilte sich die Versammlung zu Gruppendiskussionen; hier ließen die Bischöfe oft ihrer Verärgerung über die neuen Bewegungen vollen Lauf, besonders die Vertreter der Kirchen aus den spanischen und französischen Sprachgebieten.

»Manche Bewegungen bilden sich ein, sie würden die Welt erretten«, hieß es in dem Bericht einer der spanischsprachigen Diskussionsgruppen, »und benehmen sich, als seien sie die einzigen, die das Geheimnis des wahren Christseins kennen. Sie neigen zur Autarkie. Manchmal befleißigen sie sich einer pietistisch anmutenden Spiritualität, die das Moment der persönlichen Erfüllung hervorhebt, ohne die geringsten Auswirkungen auf das Leben.« Eine andere spanische Gruppe warf den Bewegungen vor, sie blendeten, wohl weil es ihnen selbst so gut gehe, die Sorge um die Armen aus. Ein Pater betonte, »daß man nur dann, wenn man das Evangelium durch die eigene Lebensweise verkünde, das Wesen der Kirche begriffen habe«.

Weitere Vorwürfe bezogen sich auf den Personenkult um die Führer, auf die Neigung der Bewegungen, sich als selbsternannte Wächter über die örtlichen Kirchen aufzuspielen, Leute zu denunzieren und Vorgaben der zuständigen Diözese zu ignorieren. Wenn man sich vergegenwärtigt, daß sich keine dieser kritischen Anmerkungen im Schlußbericht zur Synode wiederfindet, ist man versucht, dahinter eine bewußte Taktik der Organisatoren zu vermuten. Denn auch die französischen Bischöfe hatten Kritik anzumelden. »In der Dritten Welt«, hieß es im Bericht einer französischen Diskussionsgruppe, »haben die Pastoren das Gefühl, daß im Entstehen begriffene einheimische Bewegungen, die aus ihren eigenen kulturellen Wurzeln etwas aufzubauen versuchen, von den neuen Bewegungen (die ihrem Charakter nach international sind und oft auch sehr reich) erdrückt werden.«Der »biblische oder dogmatische Fundamentalismus« der Bewegungen müsse verurteilt werden. Die französischen Bischöfe stellten – wahrscheinlich mit Bezug auf Widerstände gegen die Neokatechumenaten – fest:»Man sollte die von einem Bischof geäußerten Vorbehalte gegen das Eindringen einer Bewegung in seine Diözese nicht als Opposition oder Ungehorsam gegen den Heiligen Stuhl deuten.« Mit diesen Worten sollte wohl – auf taktvolle Art – zum Ausdruck gebracht werden, daß man den Bewegungen nicht Tür und Tor öffnen werde, weil diese mit dem Segen des Papstes operierten. Die Bischöfe wußten viel über das Innenleben der Bewegungen; sie erklärten deshalb, es müßten zusätzlich zu den äußerlichen Kriterien für die Bewertung einer Bewegung – etwa ihrer Anerkennung durch die Hierarchie oder ihrer »Treue zur Kirchenleitung« – auch »interne Kriterien« angelegt werden, etwa die Frage, ob es Mitgliedern einer Bewegung jederzeit freistehe, sich mit Klagen über die eigenen Vorgesetzten an den Bischof zu wenden. Einen absoluten Gehorsam dürfe es nicht geben.

Kardinal Hume hielt sich in seiner typischen diplomatischen Art zurück; erst auf einem Symposium im Januar 1988 in Australien tat er seine Meinung kund. Er bezeichnete die neuen Bewegungen als »öffentlichkeitswirksam« und »fundamentalistisch« und hatte eine ziemlich optimistische und pragmatische Empfehlung parat. »Ihr Elan, Ehrgeiz und Idealismus wecken Bewunderung. Die Bischöfe fragen sich jedoch mit Sorge, ob sie die bischöfliche Autorität und die Planvorgaben der zuständigen Diözesen respektieren. Wenn eine Bewegung von außen importiert wird, ist es selbstverständlich notwendig, sich mit den Bischöfen vor Ort zusammenzusetzen, um herauszufinden, welche eventuellen Änderungen ihrer pastoralen Methoden erforderlich sind.« Als sich kurze Zeit später in Großbritannien die Kontroverse um die Neokatechumenaten entzündete, zeigte sich, daß die Probleme nicht ganz so einfach zu lösen waren. Die Ratlosigkeit der britischen Bischöfe hält bis heute an.

Die Fürsprecher der Bewegungen waren bestürzt über die Vehemenz der Gegenreaktionen aus den Reihen der Bischöfe. Daß sich in der Kirche eine Kluft aufgetan hatte, war unübersehbar. In einer Aussage des Bischofs Cordes über die mutmaßlichen Motive der Bischöfe schwang ein bitterer Unterton mit: »Bismarck löste im Rahmen des Kulturkampfes die religiösen Orden per Gesetz auf, nach der Logik, daß nur eine Macht, die keinen Einflüssen von außen unterworfen ist, stabil sein kann.« Damit war der Konflikt mit drastischen Worten umschrieben.

Es ist denkbar, daß neben den vielen Vorwürfen an die Adresse der Bewegungen ein wesentliches Motiv für die bischöflichen Aversionen *auch* die Angst vor einer grundlegenden Aushöhlung der Autorität der Bischöfe war. Wenn das so sein sollte, ließe sich der ganze Komplex auf ein Motiv reduzieren: einen Machtkampf zwischen den lokalen Kirchen und den ehrgeizigen Zentralisierungsbestrebungen von Papst Johannes Paul II. Ich meine jedoch: Das Problem als einen Machtkampf zu karikieren, wäre eine unzulässige Vereinfachung; die Kirche muß sich mit den Vorwürfen gegen die Bewegungen auseinandersetzen.

In ihrem Abschlußbericht sprachen die Bischöfe das letzte Urteil über die Bewegungen den lokalen Kirchen zu. »Das probate Kriterium für ihre Authentizität wird immer ihre harmonische Integration in die örtliche Kirche sein, wo sie dazu beitragen sollen, diese zusammen mit ihren Pastoren in Nächstenliebe aufzubauen.« Die einzelne Pfarrgemeinde sei das Hauptbetätigungsfeld für die örtlichen Kirchen. »Die Pfarrgemeinde wird zu einer Gemeinschaft von Gemeinschaften, wenn sie das dynamische Epizentrum der kirchlichen Basisgemeinden und der anderen Gruppen und Bewegungen bleibt, die sie lebendig machen und umgekehrt von ihr genährt werden.« Das klingt wie eine Kampfansage an die Bewegungen, die entweder – wie die Neokatechumenaten – Pfarrgemeinden unterwandern oder – wie CL und Focolare – auf der Gemeindeebene überhaupt nicht in Erscheinung treten.

Der Widerstand, auf den die Bewegungen letztendlich stießen, dürfte für sie nicht überraschend gekommen sein, hatten sie doch in einzelnen Diözesen schon Kritik einstecken müssen. Wichtiger aber war der Umstand, daß die Bewegungen aus einem vorher fast obskuren Dasein unvermittelt ins Rampenlicht des innerkirchlichen Lebens katapultiert worden waren. Sie standen plötzlich im Zentrum des Augenmerks höchster kirchlicher Würdenträger – auch wenn ihnen nicht nur wohlwollende Aufmerksamkeit zuteil wurde. Für Organisationen mit einem überentwickelten Gefühl der eigenen Wichtigkeit hat das eine nicht zu überschätzende Bedeutung. Der Vatikan hatte gegen starke Opposition Zeichen seiner Unterstützung gesetzt.

Als das Abschlußdokument über ein Jahr später, Ende 1988, unter dem Titel *Christifideles laici* erschien, war kein Wort über die kritischen Anmerkungen der Bischöfe zu lesen; es fand sich fast nur Aufmunterung für die neuen Bewegungen ...

Die Laien-Synode von 1987 bildete den vorläufigen Schlußpunkt unter sieben Jahre emsiger Basisarbeit und Lobbytätigkeit, geleistet von einem merkwürdig bunten, in den frühen achtziger Jahren geschlossenen Aktionsbündnis aus religiösen Bewegungen. »Kommunion und Befreiung« erhebt sogar den Anspruch, als erste eine Synode über das Laientum angeregt zu haben. Aus den Annalen der Bewegung geht hervor, daß eine CL-Delegation 1980 in Polen mit Pater Franciszeck Blachnickij zusammengetroffen war, dem Gründer der Oasen-Bewegung, einer Gruppe, die Papst Johannes Paul II. gut kannte, weil er in seiner Zeit als Erzbischof von Krakau ihr Förderer gewesen war. In seiner ersten 1979 verkündeten Enzyklika *Redemptor hominis* hatte der kurz zuvor gewählte Papst eine große Jubelfeier im Jahr 2000 vorausgesagt.

Blachnickij wandte sich daraufhin an den CL-Gründer Don Giussani mit der Anregung, die Bewegungen in aller Welt sollten sich auf dieses »große Rendezvous« vorbereiten, sich »der Kirche anbieten, als ausgezeichnetes Mittel, ihre Missionen zu erfüllen und dafür um die Anerkennung als Bewegungen zu werben«. Man kam überein, einen »internationalen Kongreß kirchlicher Bewegungen« zu organisieren, »mit dem Ziel, sie zusammenzubringen, ihnen zur Erkenntnis ihrer Identität und ihrer Mission zu verhelfen und damit zu beginnen, das Verhältnis zwischen Charisma und Institution in der Kirche öffentlich zu definieren«.

Don Giussani und Pater Blachnickij schlugen dem Papst vor, eine Bischofssynode einzuberufen, die sich speziell dem Thema der Bewegungen widmen solle. Zu ihren beiden Stimmen gesellte sich alsbald eine dritte – die von Pater Tom Forrest, dem Präsidenten des ICCRO, des Dachverbands der katholischen charismatischen Erneuerungs-Bewegungen.

Der erste Kongreß fand vom 23. bis 27. September 1981 in Rom statt und wurde von rund 150 leitenden Mitarbeitern von 20 Bewegungen besucht; auch einige Gründerpersönlichkeiten nahmen teil. »Kommunion und Befreiung« übernahm die führende Rolle, Focolare und die Neokatechumenaten entsandten Vertreter. Papst Johannes Paul II. gewährte den Führern der Bewegungen auf seinem Sommersitz in Castelgandolfo eine Privataudienz, zelebrierte eine Messe und erklärte in einer kurzen aufmunternden Ansprache: »Die Kirche selbst ist eine Bewegung!«

Angesehene Persönlichkeiten bescheinigten den Bewegungen daraufhin eine theologische Grundlage. Der belgische Theologe Chatraine entwickelte seine These vom Charisma als einem »persönlichen und kirchlichen Ereignis«. Der brasilianische Bischof Moreira Neves, Sekretär der Vatikanischen Kongregation für die Bischöfe, kennzeichnete die Bewegungen als »einen Spiegel der einen Kirche« und bestritt, daß sie Absplitterungen oder gar Träger einer besonderen Philosophie seien. Pater Blachnickij beschrieb die Bewegungen als »Selbsterfüllung der Kirche«. Das Leitmotiv des Kanonikers Eugenio Corecco von der Universität Fribourg, der CL-Mitglied und inzwischen zum Bischof von Lugano avanciert ist, lautete, das Recht der Laienschaft, sich zu versammeln und Bewegungen zu organisieren, sei nicht nur im Kirchenrecht verankert; es leite sich von der den Christen durch die Taufe verliehenen »neuen Natur« ab – es bedürfe dafür keines Mandats von seiten der Hierarchie.

Diese erste Konvention der neuen Bewegungen veranlaßte die italienische Bischofskonferenz, die von CL-Gegnern beherrscht war, zur Aufsetzung eines Papiers, in dem zum ersten Mal Richtlinien für die »kritische Wahrnehmung« und »Anerkennung« der neuen Bewegungen aufgestellt werden sollten. Das Dokument wurde nie veröffentlicht.

Der zweite Kongreß fand im März 1987 in Rocca di Papa in den Albaner Bergen südlich von Rom statt. Dieses Mal erschienen die Vertreter der Bewegungen in höchst zuversichtlicher, ja angriffslustiger Stimmung. Die Teilnehmerschar erhob den Anspruch, 30 Millionen Menschen zu repräsentieren, die auf »totale Militanz« eingeschworen seien. Ihr Ziel sei es, die Kirche »wiederzuerwecken« und ihr einen »neuen Frühling« zu bescheren.

Focolare und die Neokatechumenaten gehörten zu den größten unter den zwanzig vertretenen Bewegungen; Veranstalter des Treffens war allerdings »Kommunion und Befreiung« in Zusammenarbeit mit der katholischen charismatischen Erneuerungs-Bewegung und der Bewegung Schoenstatt, die sich auf zwei Millionen Mitglieder hauptsächlich in Südamerika und in Deutschland berief. Die Veranstaltung war als Generalprobe für die Synode gedacht. Das Thema hieß: »Berufung und Mission des Laientums in der Kirche heute«.

Der Grund für die Hochstimmung unter den Teilnehmern des zweiten Kongresses war die Tatsache, daß sie sich jetzt der Unterstützung durch höchste Kreise der katholischen Kirche sicher waren und als arriviert galten. Ihr Angebot, sich dem Papsttum als Sturmtruppe zur Verfügung zu stellen, war angenommen worden, Johannes Paul II. nunmehr ihr oberster Förderer.

In seiner Ansprache für die Teilnehmer des zweiten Kongresses erklärte der Papst, die Bewegungen seien »unverzichtbar und gleichbedeutend [mit der Hierarchie]«. Die Bewegungen sollten und wollten, das wurde schnell deutlich, eine Schlüsselrolle in der auf Zentralisierung angelegten Strategie des Papstes spielen.

Die Rede, die Bischof Cordes vor dem Kongreß hielt, war dem Thema der *communio* gewidmet, also der Einheit innerhalb der Kirche. Cordes berief sich auf die Strategie des Kardinals Ratzinger, die Bewegungen für die Festigung der päpstlichen Autorität einzusetzen:

Wir erleben heute das Phänomen supra-territorialer apostolischer Bewegungen, die »von unten« aufsteigen, in denen neue Charismen erblühen und die neues Leben in die örtlichen Kirchen tragen. Auch heute finden diese Bewegungen, die sich nicht aus dem episkopalen Prinzip ableiten lassen, ihren theologischen und praktischen Rückhalt in der Vorherrschaft [des Papsttums].

Giussani sonnte sich in seiner Rolle als selbsternannter Sprecher der Bewegungen. Die vom Papst geschenkte Anerkennung verkörpere »einen nicht mehr rückgängig zu machenden Schritt auf dem Weg in unsere Zukunft in der Kirche«, verkündete er. Die Bischöfe müßten »diese Wahrheit anerkennen und helfen, sie zu verstehen und immer mehr nach ihr zu leben. Wir hoffen, daß die ganze Kirche sich am Feuer unserer Bewegungen entzünden wird.«
Eine große Rolle auf diesem Kongreß spielte der Kampf gegen nichtkatholische – protestantische oder andere – Sekten; sie schienen für die Teilnehmer dieser Veranstaltung die Hauptgegner zu sein. Als Auftakt zu einem Kreuzzug erklärte der Kongreß: »Viele Christen, darunter auch Katholiken, waren zu den Sekten übergelaufen, weil sie innerhalb der Kirche vergebens ein ernsthaftes Eingehen auf ihre emotionalen Bedürfnisse gesucht hatten. Die Bewegungen neigen dazu, Antworten auf persönliche Nöte zu geben und zu sein, d. h., sie verkörpern einen vollständigen Ausdruck des Lebens der Kirche.« Daß die Bewegungen so gute Erfolge bei der Abwehr der Sekten erzielen, liegt vielleicht daran, daß sie selber Sekten sind – Werkzeuge der Kirchen, um Feuer mit Feuer zu bekämpfen.
Die blutigsten Schlachten freilich, die die Bewegungen in den folgenden Jahren zu bestehen hatten, wurden nicht gegen ihre äußeren Gegner geführt, sondern innerhalb der Mauern der katholischen Kirche.

---

1 *Instrumentum laboris*, Art. 28.
2 Ebd., Art. 31.
3 Paul-Josef Cordes.
4 *30 giorni*, August 1987.

Krieg im Himmel

4

Bischof Paul-Josef Cordes, der sich schon auf der Synode über das Laientum für die Bewegungen stark gemacht hatte, vertritt in seinem Buch *Den Geist nicht auslöschen*[1] die These, Kräfte der Erneuerung seien in der katholischen Kirche immer Gegenstand interner Verfolgungen gewesen. Er nennt in seiner weitschweifigen Argumentation die neuen Bewegungen zwar nicht mit Namen, weist ihnen jedoch eine besondere Rolle zu. »Geistliche Bewegungen«, so Cordes,

»wissen sich keineswegs so wertgeschätzt, wie die Wortstatistik es glauben macht. Ihre Impulse stoßen eher auf Skepsis; sie reiben sich an der traditionellen Struktur; sie können die Hürden der nachkonziliaren Räte oft nicht passieren; sie werden von den kirchlichen Medien häufig mit Schweigen übergangen; sie gelten als Spielwiese für Außenseiter.«[2]

»Die geschichtliche Lehre« zeige, so Cordes weiter, »daß Gottes rettende Initiative ... häufig durch Blindheit der Menschen behindert wurde.«[3] Er nennt einige der großen Kirchenreformatoren und Ordensgründer: Antonius der Wüstenvater, Athanasius der Theologe, Benedikt, Franz und Ignatius: »Zeit ihres Lebens stießen sie bei einflußreichen Kreisen aller kirchlichen Schichten auf hartnäckigen Widerstand.«[4] Cordes kritisiert alle jene, die heute »Gottes rettende Initiative« behindern – die Mitglieder der örtlichen Hierarchien, die den Bewegungen die Unterstützung versagen.
Bischof Cordes will mit seinem Buch den Bewegungen offensichtlich direkte moralische Unterstützung geben, insbesondere denen, die in den Diözesen auf Probleme stoßen. »Ich habe ein Buch

geschrieben, das Ihnen große Erleichterung bringen wird«, vertraute der Bischof auf einem Neokatechumenaten-Seminar in Berlin einem jungen Franzosen an.

In seiner Einführung beruft sich Cordes auf Hans Urs von Balthasar, den Lieblingstheologen von Papst Johannes Paul; Balthasar, dem noch kurz vor seinem Tod im Jahre 1988 die Kardinalswürde verliehen worden war, ist bekannt durch seine strengen Verdikte gegen liberale Kollegen wie Karl Rahner oder Hans Küng. Balthasar war, wie Kardinal Ratzinger, vor dem Zweiten Vatikanischen Konzil ein Liberaler; er hat sich erst später nach rechts orientiert. Er war ein enger Freund Don Giussanis, des CL-Gründers, dessen Hausverlag Jaca Books viele Werke Balthasars in italienischer Sprache herausgegeben hat. Cordes nennt Balthasar den »wirklich überragenden Kenner von zeitgenössischen Geistesströmungen«.[5] Der Kampf der neuen Bewegungen sei ein Kampf des Glaubens gegen den Rationalismus, von dem die moderne Theologie befallen sei. Cordes:

»Es handelt sich um keinen bloß zwischenmenschlichen Rede- und Denkkampf, sondern um das Einbezogensein in die theodramatische Schlacht, die zwischen Gott und seinem Logos und dem höllischen Antilogos entbrannt ist; deshalb muß der Mitstreiter ›das Schwert des Geistes, d. h. das Wort Gottes‹ ergreifen, um zu ›stehen‹, d. h. nicht: um voranzurücken, sondern standzuhalten Aug' in Auge.«[6]

Für Cordes und Balthasar stehen die Kräfte des Lichtes den Kräften der Finsternis gegenüber; für sie ist im Himmel ein Krieg entbrannt. Da aber nun in den Reihen beider Kriegsparteien Kardinäle, Bischöfe, Priester und Laien vertreten sind, muß man fragen, auf welcher Seite der Papst steht.

Cordes hat sich bekannt, es bedarf daher keiner Phantasie, sich vorzustellen, wessen Gunst er genießt. Cordes, der dem engsten Kreis um Papst Johannes Paul angehört, könnte seine Argumente für die neuen Bewegungen nicht in so schneidender Schärfe darlegen, wenn sein Herr und Meister anderer Meinung wäre.

Auf der Synode über das Laientum priesen die Priester die lokalen Gemeinden als das Herzstück des Katholizismus; sie seien die sichtbare Gemeinschaft der Kirche auf lokaler Ebene. Den Bischöfen war bewußt, daß sie die Gemeinden vor den Bewegungen schützen mußten, denn dort – nur dort – wird der Kampf um Herzen und Hirne der Gläubigen ausgetragen.

CL und Focolare sind dabei, in den Pfarrbezirken eigenständige Strukturen aufzubauen, sie unterminieren die Gemeinden, indem sie die aktivsten Mitglieder zu sich herüberzuziehen versuchen. Für die Neokatechumenaten sind die Gemeinden das Hauptaktionsfeld; das hat etliche öffentlich ausgetragene Konflikte ausgelöst.

Die seit fünf Jahren während Kontroverse um die Neokatechumenaten in der Diözese Clifton (Bristol) hat Bischof Mervyn Alexander kürzlich zu durchgreifenden Maßnahmen veranlaßt. Die Bewegung hat in drei Gemeinden des Gebietes Fuß gefaßt: in St. Nicholas of Tolentino, einer Gemeinde im Stadtzentrum von Bristol, in St. Peter's in Gloucester und in der Sacred-Hearts-Gemeinde in einem Außenbezirk von Cheltenham. Zur Sacred-Hearts-Gemeinde gehören 600 Mitglieder, 400 sind aktiv. Bevor die Neokatechumenaten in Erscheinung traten, blühte das kirchliche Leben. Mary Whyte, eine Witwe mittleren Alters, ist Leiterin einer kleinen Gruppe innerhalb der Gemeinde, die sich sehr früh den Neokatechumenaten und der von ihnen vorangetriebenen Spaltung entgegenstellte.

> »Die ersten Anzeichen dafür, daß etwas im Busch war«, erinnert sie sich, »wurden sichtbar, nachdem Pater Tony Trafford vor sieben Jahren Anfang Februar zum Gemeindepriester berufen wurde. Pater Tony erklärte uns immer wieder: ›Im Herbst wird in dieser Gemeinde etwas Wunderbares geschehen.‹ Wir fragten immer wieder nach: ›Können Sie das konkreter sagen, können Sie das näher erklären?‹ Er jedoch sagte: ›Nein, warten Sie bis zum Herbst.‹ Im Herbst kam dann ein Rundschreiben an alle: ›Kommen Sie und erleben Sie diese wunderbare Sache.‹ Und alle kamen. 400 Leute besuchten die erste Veranstaltung. Diese Gemeinde ist immer sehr eifrig, wenn es darum geht, auf Wünsche des Gemeindepriesters einzugehen.«

Das erste Team der Neokatechumenaten stand unter Leitung von Pater Carmelo di Giovanni von der Italienischen Kirche in London-Clerkenwell. »Er ist sehr, sehr beeindruckend«, so Mary Whyte. »Das sind sie alle, und sie verlieren ihr Ziel keinen Augenblick aus dem Auge.« Sie erinnert sich an den Vortrag eines Ehepaares, das ausführlich berichtete, was ihm widerfahren war.

»Es war dermaßen peinlich … Uns wurde eine vollständige Lektion darüber erteilt, wie sie schon 14 Tage nach ihrer Hochzeit gemerkt hatte, daß sie den falschen Mann geheiratet hatte und daß sie jetzt, fünf Kinder später, immer noch nicht glücklicher war. Aber sie waren noch immer zusammen, aus Gründen, die sie nicht verriet; von den Neokatechumenaten war zu diesem Zeitpunkt noch nicht die Rede.«

Mary Whyte ist das Oberhaupt einer Familie, die an einer unheilbaren Erbkrankheit leidet; ihr Glaube und ihr gesunder Menschenverstand haben ihr geholfen, die Tragödien in der Familie durchzustehen. Verärgert registrierte sie deshalb, daß ihr und ihren Freunden von den Fremden vorgehalten wurde: »Es gibt keine Liebe in dieser Gemeinde. Sie haben in dieser Gemeinde niemals Liebe erfahren.« Dies war, auch wenn es nie gesagt wurde, der Auftakt zu einer einführenden Katechese; die Gemeindemitglieder wurden von diesem Moment an ständig zur Teilnahme an weiteren Sitzungen gedrängt. Mary Whyte erinnert sich, daß der Gemeindepriester beinahe in Tränen ausbrach bei dem Versuch, die Leute zur Teilnahme zu bewegen. »Es ist lebenswichtig für die Gemeinde«, erklärte er.

Mary Whytes Gruppe in der Sacred-Hearts-Gemeinde ist typisch für eine große Mehrheit der katholischen Laien, die die vom Zweiten Vatikanischen Konzil beschlossenen Veränderungen begrüßt haben; es war ganz im Sinne der Gläubigen, die *positive* Botschaft des Evangeliums hervorzuheben und die Elemente der Angst und der Schuld zu verdrängen, die in der traditionellen katholischen Lehre so deutlich im Vordergrund gestanden hatten. Mary und ihre Freunde waren daher überrascht, daß die Neokatechumenaten offenbar eine andere Auffassung hatten.

»Ich kann mich an diese wunderbare Zeichnung einer nach unten führenden Treppe erinnern«, erzählt Mary. »Jede Stufe war mit einer Sünde beschriftet: ›Wir alle haben gemordet‹, sagten sie uns, ›und wir alle haben uns des Ehebruchs schuldig gemacht, und wir alle haben Inzest begangen, und wir alle haben Kinder mißhandelt, und wir alle haben gestohlen und sinken tiefer und tiefer hinab … Eine liebenswürdige alte Dame aus der Gemeinde wandte sich an mich und sagte: ›Zufall wäre eine feine Sache.‹«

Die Gemeindemitglieder stimmten mit den Füßen ab. »Diese Katechese fing mit über vierhundert Teilnehmern an, in der letzten Woche waren es nur noch etwa 50 bis 60.«

Als sich die neue Gemeinschaft zu bilden begann, setzten die Auseinandersetzungen ein. Es war schnell deutlich, daß die Neokatechumenaten trotz ihrer geringen Mitgliederzahl die Macht in der Gemeinde übernehmen wollten. Zum offenen Konflikt kam es, als die traditionelle Samstagabendmesse der Gemeinde ersatzlos gestrichen wurde. »Pater Tony schaffte sie ab«, sagt Mary Whyte, »weil der Vikar, den er zu einem Nervenzusammenbruch getrieben hatte, die Gemeinde verlassen hatte. Das nahm er zum Vorwand, um die Messe am Samstagabend abzusagen. Tatsächlich liest er jetzt zwei Messen für die Neokatechumenaten – eine für jede Gemeinschaft.«

Nach einigen Jahren, in denen die Neokatechumenaten vor allem mit ihren eigenen Aktivitäten beschäftigt waren, zeigten sie Interesse an jenen Gruppen in den Pfarrgemeinden, die sich der christlichen Bildung widmeten.

Das Übernahmemuster der Neokatechumenaten ist überall gleich, auch wenn es örtlichen Beobachtern als zufällig erscheinen mag. Wenn die Absolventen eine gewisse Stufe erreicht haben, werden sie verpflichtet, die Katechese- und Lehraktivitäten in der Gemeinde zu infiltrieren und sie schließlich zu übernehmen, so daß am Ende nur ihre Doktrin angeboten wird. Zu den Zielgruppen gehören diejenigen, die auf die Heilige Kommunion und auf die Eheschließung vorbereiten, sowie die Eltern von Kindern, die getauft werden sollen. Die Neokatechumenaten unterwandern nach und nach auch alle Gruppen, die für die Wohltätigkeit und die Jugend arbeiten.

Der Gemeindepriester interessierte sich bald nicht mehr für seine Schäfchen, er kannte nur noch die Neokatechumenaten; der Hilfsgeistliche Pater John Michael wurde in einen Nervenzusammenbruch getrieben. Mary Whyte:

»Pater John Michael, unser Vikar, ist ein Franziskaner, ein genesener ehemaliger Alkoholiker. Er war drei Jahre bei uns, und jeder mochte ihn. Die Schulkinder folgten ihm auf dem Heimweg von der Schule wie dem Rattenfänger von Hameln. Ohne daß wir es merkten, machte er in der Pfarrei die schrecklichste Zeit durch, da die Neokatechumenaten dort praktisch die Macht übernommen hatten. Er wurde aus allen Räumen vertrieben und mußte sich in sein eigenes Zimmer im Untergeschoß zurückziehen. Sie stahlen ihm sogar sein Essen aus dem Kühlschrank. Sie setzten ihn ständig unter Druck, der Bewegung beizutreten, und jeder, der Probleme mit den Neokatechumenaten hatte, kam damit zu ihm.«

Bevor Pater John Michael im Sommer 1992 in Urlaub ging, wollte er die Gruppen für die Konfirmation und Erstkommunion zusammenstellen. Der Gemeindepfarrer verweigerte eine Entscheidung. »Als er aus dem Urlaub zurückkehrte«, erzählt Simon Beamish, »war alles bereits arrangiert; ein Neokatechumenaten-Paar war dazu bestimmt worden, die Konfirmandenstunden zu leiten. Er sagte ihnen, er wolle nichts mehr damit zu tun haben, ließ sich schließlich aber doch breitschlagen, wieder mitzuarbeiten.«
Unmittelbar nach Weihnachten 1992 verschwand Pater John Michael.

»Wir bemerkten nur, daß er nicht da war«, berichtet Margaret Gilder. »Erst als wir Pater Tony mit Fragen bombardierten, sagte er uns, was passiert war, und wir fanden heraus, daß Pater John Michael in einem Krankenhaus in East Anglia liegt. Wir fühlten uns verraten … Gleichzeitig waren wir total geschockt darüber, daß Pater Tony alles gewußt hatte, was vorgefallen war. Er hatte gewußt, daß Pater John Michael wieder zu trinken angefangen hatte, wenn er in der Pfarrei war, und hatte nichts getan, um ihn davon abzuhalten, nichts getan, um ihm zu helfen. Er hatte den Gemeindemitgliedern kein Wort davon gesagt, obwohl er wußte, daß wir unverzüglich geholfen hätten. Nicht einmal die professionellen Suchtberater, mit denen Pater John Michael in der Vergangenheit Kontakt gehabt hatte, wurden aufmerksam gemacht, weder vor noch nach seinem Verschwinden. Deshalb fühlten wir uns ebenso verraten wie er selbst. Die einzige Person, die etwas wußte, war Pater Tony, und er hatte nichts getan – er hatte noch nicht einmal seinen eigenen Hilfsgeistlichen im Krankenhaus besucht, während er andererseits die Zeit hatte, an den Neokatechumenaten-Wochenenden teilzunehmen.«

Dieser Vorfall machte den Gegnern der Neokatechumenaten endgültig klar, welche schwerwiegenden Veränderungen sich in ihrer Gemeinde unter ihren Augen vollzogen hatten. Kurz danach beantragte eine zwölfköpfige Gruppe eine Gemeindeversammlung im Beisein ihres Priesters. Über zweihundert Leute nahmen teil, ein Zeichen dafür, wie weit sich das Unbehagen ausgebreitet hatte. Allerdings hatten sich auch die sechzig Neokatechumenaten in der Gemeinde vollzählig eingestellt.

»Wir hatten geglaubt, die Gemeindepriester würden uns Rede und Antwort stehen«, sagt Mary Whyte. »Statt dessen bereiteten uns drei Katechisten einen schrecklichen Abend.« Die Gemeindemitglieder wandten sich daraufhin direkt an den Bischof. »Dem Bischof wäre es am liebsten, wenn jeder selbst mit allem fertig würde«, bemerkt Mary Whyte. »Er sagte: ›Sicher findet ihr einen Weg, damit zu leben.‹ Aber es ist nicht unsere Unfähigkeit, es ist das grundlegende Wesen dieser Sekte, daß sie mit niemandem auskommen können außer mit sich selbst. Sie können und wollen nichts akzeptieren, was nicht mit ihren Absichten konform geht. Es war hoffnungslos, weil Pater Tony Lügen verbreitete – und der Bischof ihm glaubte.«

In der Gemeinde St. Nicholas of Tolentino in Bristol formierte sich in den frühen neunziger Jahren eine ernsthafte Opposition gegen die Neokatechumenaten-Gruppe. An ihrer Spitze stand der Leiter der RCIA-Gruppe in der Gemeinde, Ronald Haynes, ein amerikanischer Computerexperte mit abgeschlossenem Theologiestudium, der an der Universität Bristol arbeitete. Die Attacken von Haynes gegen die Bewegung brachten die Gemüter so sehr in Wallung, daß er auf einem Gemeindetreffen mit der Landesleitung der Neokate-chumenaten im Februar 1993 körperlich bedroht wurde.

In der Pfarrgemeinde St. Nicholas hatte der Widerstand gegen die Neokatechumenaten schon früher begonnen. Louis und Mary Beas-ley waren in den achtziger Jahren mit ihren sieben Kindern in das Viertel gezogen. Louis wurde vom Gemeindepfarrer, Kanonikus Jeremiah O'Brien – von den Gemeindemitgliedern Pater Jerry ge-nannt – bald darauf angesprochen:»Sie sind der Mann, der uns beim Konfirmandenunterricht helfen kann! Und noch etwas: Es gibt noch eine andere Gruppe, die kennenzulernen Sie interessieren dürfte. Wir nennen sie die Moonies.«

Ohne etwas von den Aktivitäten zu wissen, die in der Gemeinde parallel zu den offiziellen Veranstaltungen abliefen, nahm Louis die Einladung des Kanonikus an und besuchte die achtwöchige einfüh-rende Katechese. Die Indoktrinierungsveranstaltungen der Neoka-techumenaten seien»entsetzlich« gewesen, sagt er heute, beson-ders die ausführlichen Beichten vergangener Sünden.

Louis und Mary wollten sich aktiv ins gemeindliche Leben einschal-ten. Louis spielte die Orgel in der Gemeindekirche und in der ihr angegliederten Kapelle St. Maximilian Kolbe; gemeinsam gründeten sie eine Gruppe für Erwachsene, die sich»Journey in Faith« nannte und die das Verständnis des Katholizismus durch das Studium der Bibel und der Dokumente des Zweiten Vatikanischen Konzils ver-tiefen sollte. Obwohl sich die Gruppe vor allem an getaufte Katho-liken wandte, hofften Louis und Mary, auch Neugierigen, die in die katholische Kirche eintreten wollten, etwas bieten zu können. Zu ihrer Verwunderung kam jedoch kein einziger Interessent.

Kanonikus O'Brien nahm den Beasleys den Namen»Journey in Faith« weg und gab ihn einer von ihm gegründeten Gruppe, die in der Gemeinde die Aufgaben der RCIA erfüllen sollte. Mit O'Briens Attacke begann der Aufstieg der Neokatechumenaten. Täuschun-gen, Intrigen und allgemeine Verunsicherung griffen um sich. Die Laienschaft hatte bei der Leitung der Angelegenheiten der St.-Ni-cholas-Gemeinde nie eine Rolle gespielt; es hatte nie einen Kirchen-gemeinderat gegeben, wie er vom Zweiten Vatikanischen Konzil empfohlen worden war. Die Gemeindemitglieder fragten sich bald, wer der Initiator des Intrigenspiels war und welche Rolle Kanonikus O'Brien spielte.

Um diese Zeit tauchte Ronald Haynes in der Gemeinde auf und nahm an den Versammlungen der vom Gemeindevikar geleiteten neuen Gruppe »Journey in Faith« teil. Der Vikar las zwar Messen für die NK-Gemeinschaften, schien sich aber nicht für die Bewegung zu engagieren. Nach und nach, so Louis Beasley, wurden NK-Mitglieder in die Gruppe eingeschleust. »Journey in Faith« war einerseits die offizielle RCIA-Gruppe der Gemeinde, wurde andererseits aber benutzt, Leute in den Bannkreis der NK-Gemeinschaften zu ziehen. Als die Gruppe »Journey in Faith« Anfang 1992 nach der Weihnachtspause ihre Treffen wieder aufnehmen sollte, hagelte es Absagen, bis plötzlich die einführende Katechese der Neokatechumenaten angekündigt wurde. Ronald Haynes erkannte sehr schnell die Defizite der Neokatechumenaten und stellte seine Teilnahme ein.

Der Vikar, der ein Alkoholproblem hatte, widmete der Gruppe immer weniger Zeit. Nach Beginn jedes Treffens verschwand er und tauchte gegen Ende angetrunken wieder auf. Haynes wurde jetzt praktisch der Leiter der Gruppe »Journey in Faith«. Später verließ der Vikar die Gemeinde und gab den Priesterberuf auf. Ronald Haynes ist der Meinung, daß die Spannungen und Spaltungen innerhalb der Gemeinde die Bewältigung der persönlichen Probleme immer mehr erschwert haben.

Ostern 1992 war ein Wendepunkt erreicht; es wurde deutlich, daß an einen *modus vivendi* mit den Neokatechumenaten nicht zu denken war. Obwohl sie nur eine Minderheit der Gemeindemitglieder stellten, wollten sie die totale Herrschaft. Mary Beasley berichtet:

»Die große Auseinandersetzung wurde immer um die Osterliturgie geführt, weil es zwei Osterwachen in der Nacht zum Ostersonntag gab: eine öffentliche für die Gemeinde und eine geschlossene für die Neokatechumenaten. Zwei Feuer, zwei Passionskerzen, zwei Andachten. Ostern 1992 erreichte das Ganze seinen Höhepunkt. Wir hatten eine Versammlung, zu der alle Gemeindemitglieder eingeladen waren und wo entschieden werden sollte, wer in den Gottesdiensten der Karwoche die Lesungen übernehmen sollte. Als wir uns trafen, spürten wir alle, daß etwas in der Luft lag, auch wenn wir nicht genau sagen konnten, was. Wir besprachen nacheinander die Gottesdienste in der Karwoche und dann, als wir zur Osterwoche kamen, trat ein unbehagliches Schweigen ein. ›Ich glaube, das ist alles schon geregelt‹, sagte der Kanonikus. Wir waren wie vom Donner gerührt, als uns klar wurde, daß es wirklich nur eine Osterwache geben würde – die Feier der Neokatechumenaten.«

Louis Beasley appellierte an Bischof Mervyn Alexander, doch der hatte, wie sich herausstellte, falsche Informationen erhalten. Der Kanonikus hatte mitgeteilt, die Neuerungen seien beschlossen worden, weil im Vorjahr die Osterwache der Neokatechumenaten die wesentlich besser besuchte gewesen sei. An der Wache der Gemeinde hätten nur dreißig Personen teilgenommen. In Wirklichkeit waren es über zweihundert gewesen. Dagegen zählte die Gemeinschaft der Neokatechumenaten nur achtzig Mitglieder, von denen viele nicht einmal der St.-Nicholas-Gemeinde angehörten.

Die Osterwache war nur der Anfang. Im Juli desselben Jahres schlug Kanonikus O'Brien allen Gruppen in der Gemeinde vor, eine Sommerpause einzulegen. Auf seinen Wunsch wurde sie bis zur Gemeindeversammlung am 23. September verlängert. Im Anschluß daran, so verkündete er, würden alle Gemeindeaktivitäten in die Hände der Laienschaft übergehen: »Danach können Sie tun, was Sie wollen.« Nach dieser Versammlung versuchte der Gemeindepriester immer wieder, alle nicht von den Neokatechumenaten kontrollierten Aktivitäten zu untergraben. Anfang Dezember wandten sich Mary, Louis und Ronald Haynes an die Generalvikare der Diözese, die Monsignores Buckley und Mitchell. »Wir legten Monsignore Mitchell die Situation dar«, erinnert sich Louis. »Er sagte uns: ›Das erste, was Sie machen müssen, ist, Ihre Gemeinde zurückzugewinnen.‹ Er empfahl uns drastische Maßnahmen – bis hin zur Einschaltung der Presse. Wir sagten ihm, wir wollten keinen Skandal; es handle sich um eine Familienangelegenheit. Zu dieser Zeit war uns noch nicht klar, daß die Neokatechumenaten von einer nationalen Zentrale in London gesteuert werden, geschweige denn, daß es sich um eine weltweite Organisation handelt.«

Nach ihrer Rückkehr in die Gemeinde legten sie neue Termine für Treffen aller suspendierten Gruppen fest. Als Haynes am 10. Dezember 1992 in die Pfarrei kam, um die Schlüssel für den Gemeindesaal abzuholen, in dem die Versammlungen stattfinden sollten, wurde er zu seiner Überraschung von Kanonikus O'Brien in den Besucherraum gebeten. »Er bat einen anderen Mann herein, den er mir nicht vorstellte, und ließ dann eine Strafpredigt über mich ergehen. ›Aufgrund Ihrer Feindseligkeit gegenüber den Neokatechumenaten kann ich Sie nicht mit dem RCIA-Amt betrauen‹, sagte er mir, während ich immer wieder fragte: ›Wer ist das?‹«

»Ich möchte ihn als Zeugen hier haben‹, antwortete der Kanonikus. Nachdem die Standpauke vorüber war, wandte ich mich dem anderen Mann zu und sagte: ›Ich bin Ronald Haynes. Wer sind Sie?‹ Er sagte mir, sein Name sei Jim, und er sei ein ›Seminarteilnehmer‹. Ich fragte ihn, ob er Mitglied der Neokatechumenaten sei. ›Ich kann nicht erkennen, was das mit unserer Sache zu tun hat‹, entgegnete er.«

Die Anwesenheit des Zeugen Jim war das erste Indiz dafür, daß der Kanonikus in der Gemeinde nicht mehr Herr der Entscheidungen war. »Es läuft darauf hinaus«, kommentiert Mary Beasley, »daß die Gemeinde sich sagt: Wir glaubten, ein Priester habe sein Gelübde gegenüber dem Bischof abgelegt. Der unsere scheint es jedoch anderswo abgelegt zu haben.«

Die Idee, ein Gemeindeblatt herauszubringen, war auf einer Gemeindeversammlung am 23. September diskutiert worden; der Kanonikus hatte sie gutgeheißen. Louis, Mary und Ronald beschlossen, dieses Projekt weiterzuverfolgen. »Wir unterbreiteten Pater Jerry diese Idee bei vier Gelegenheiten«, erinnert sich Louis, »doch als das Blatt im Januar herauskam, spielte er verrückt. Wir stellten in der Zeitung klar heraus, daß wir, dem Rat des Generalvikars folgend, unsere Versammlungen fortsetzen wollten, gleich, was der Gemeindepfarrer darüber dachte. Am Morgen, als die Zeitung erschien, spielte ich Orgel in der Kapelle St. Maximilian Kolbe. Pater Jerry stürmte herein und sagte, er werde mich von der Kanzel aus anprangern. Ich entgegnete, daß ich ihm dann von der Orgelempore aus antworten würde. An einer Stelle der Predigt hatte ich das bestimmte Gefühl, daß er mich kritisieren wollte, doch ich fixierte ihn und er schwieg.«

Bei einem zweiten Treffen mit Monsignore Mitchell, an dem auch Kanonikus O'Brien und Mitglieder der Neokatechumenaten teilnahmen, trugen Gemeindemitglieder ihren Wunsch vor, einen Kirchengemeinderat zu gründen. Monsignore Mitchell unterstützte dieses Vorhaben:»Ich möchte Ihnen nicht vorschreiben, ein solches Gremium einzurichten, obwohl ich es tun könnte, da der Bischof gegenwärtig nicht im Dienst ist.«Kanonikus O'Brien lehnte ab.

Zur entscheidenden Kraftprobe zwischen der St.-Nicholas-Gemeinde und den Neokatechumenaten kam es dann im Februar 1993. Kanonikus O'Brien hatte einem öffentlichen Treffen zwischen den Neokatechumenaten und der Gemeinde zugestimmt, jedoch hinzugefügt, er halte es für angemessen, dazu einige Leute einzuladen, »die es besser erklären können als wir«. Bei der Bekanntgabe der Veranstaltung hieß es im Gemeindeblatt optimistisch:»Kommen Sie, und holen Sie sich die Antwort auf Ihre Fragen.«

Louis und Mary trafen frühzeitig am Veranstaltungsort ein, doch die Neokatechumenaten-Gemeinde war schon vollzählig da. Die Sitzgelegenheiten waren, wie in einem Klassenzimmer, in Reihen angeordnet, mit einer Wandtafel an der Stirnseite – ein wichtiges Charakteristikum einer Neokatechumenaten-Katechese. Schließlich waren siebzig Gemeindemitglieder anwesend, die Neokatechumenaten stellten etwas mehr als die Hälfte der Teilnehmer. Aus London war die Landesleitung der Neokatechumenaten angereist, geleitet von dem spanischen Priester José Guzman, der seine Zuhörerschaft davon in Kenntnis setzte, daß er an der Gregorianischen Universität in Rom in pastoraler Theologie promoviert habe.

José Guzman begann seine Vorstellung mit einer verkürzten Version der einleitenden Neokatechumenaten-Katechese; er beschuldigte die Besucher der Sonntagsmessen, keinen Glauben zu haben. Er selbst habe auch erst vor drei Jahren zum Glauben gefunden, obwohl er seit zwanzig Jahren Mitglied der Neokatechumenaten sei. »Mir fehlte in meinem Leben der Sinn«, erklärte er der Versammlung. »Vielleicht geht es Ihnen auch so.« Ronald Haynes fand Guzman nicht sehr beeindruckend; ihn störte, daß Guzman behauptete, die Neokatechumenaten seien »eine Konkretisierung der RCIA«.

Dann sprach Kanonikus O'Brien; José Guzman übergab ihm während der Rede ein Exemplar des *Osservatore Romano*, der Tageszeitung des Vatikans, und forderte ihn auf, eine Passage vorzulesen, in der der Papst seinen Segen zur Trennung der Samstagabendmessen gegeben habe. Die Gemeindemitglieder waren bestürzt, ihren Pfarrer in einer solchen Abhängigkeit von Fremden zu sehen. Mary Beasley: »Ein schreckliches Marionettenspiel«. Das im Gemeindeblatt gegebene Versprechen, Fragen zu beantworten, wurde nicht erfüllt. Der Kanonikus faltete die Themenliste zusammen und ließ sie in der Tasche verschwinden.

Ronald Haynes sprang verärgert auf. »In dieser Versammlung geht es um die Verhältnisse hier bei uns. Laßt uns darüber sprechen, warum hier so viel Verwirrung entstanden ist und warum sich die Gemeinde die ganze Zeit als zweitklassig behandelt fühlt.«

Ein Tumult brach aus, in dem die Neokatechumenaten die Gemeindemitglieder niederzuschreien versuchten. Einer von ihnen bedrohte Ronald Haynes tätlich, und für einen Moment drohte eine Schlägerei auszubrechen. José Guzman führte schließlich ein abruptes Ende herbei. In der Pose eines Propheten aus dem Alten Testament beschuldigte er die Gemeindemitglieder, sie hätten dem Gemeindepfarrer den Gehorsam verweigert und seien »ohne Glauben«.

»Was wirklich außergewöhnlich war«, erinnert sich Louis, »ist, daß Pater José nachher zu Ronald und mir kam und sagte, er werde dem Papst namentlich über uns berichten. ›Ich kenne Ihre Namen‹, herrschte er uns an.«

Im Mai 1993 bestellte Bischof Alexander die drei Neokatechumenaten-Priester der Diözese zu sich und teilte ihnen mit, er verlange, daß drei Auflagen beachtet würden: Für die Dauer eines Jahres sollte keine neue Katechese veranstaltet werden, da die Diözese soviel Zeit benötige, um sich ein Bild zu machen; jegliche Katechese müsse künftig mit dem Neuen Katechismus der katholischen Kirche in Einklang stehen; es dürften keine separaten Osterwachen mehr abgehalten werden. Dann beendete der Bischof das Gespräch: »Ich denke, Sie möchten lieber gehen und darüber nachdenken, bevor Sie mir eine Antwort geben.«

Die drei Priester verlasen am Sonntag, 20. März 1994, auf Weisung des Bischofs einen Hirtenbrief von ihren Kanzeln, in dem die Befolgung der drei Auflagen angeordnet wurde; in Frankreich, Italien und Südamerika haben mehrere Bischöfe einen ähnlichen Weg gewählt. Wo ihnen kein Widerstand entgegengesetzt wird, übernehmen die Neokatechumenaten ohne Zögern und ohne Skrupel die totale Herrschaft. Wie rücksichtslos die Organisation dabei zu Werke geht, läßt sich am Beispiel eines Konflikts zwischen dem NK-Gemeindepfarrer der St. Charles Borromeo Church in der Ogle Street – unweit der Oxford Street im Zentrum Londons – und einem jungen weiblichen Gemeindemitglied demonstrieren.

Marcella Cassetto, heute Mitte dreißig, ist die in Großbritannien geborene Tochter einer typischen Londoner Einwandererfamilie aus Italien. Die getaufte Katholikin war vor einigen Jahren aus der Kirche ausgetreten. Nach dem Tod ihrer Mutter fand sie zu ihrem Glauben zurück. Marcella und ihr Vater waren einige Zeit davor in eine Sozialwohnung umgezogen, nur einen Steinwurf von der Ogle Street entfernt.

»Ich fand in dem Viertel eine herzliche Gemeindeatmosphäre vor«, erzählt Marcella, »und da ich zur Kirche zurückfinden wollte, war es günstig, die Gemeinde direkt vor der Haustür zu haben. Es war wunderbar – alle Nachbarn waren da, alle Italiener waren da. Ich glaubte, den Himmel auf Erden gefunden zu haben. Aber das war, als der alte Gemeindepfarrer noch im Amt und Pater Alan nur der Vikar war.«

Marcella glaubt heute, daß die Neokatechumenaten bei diesem Wechsel nachhalfen. »Sie fingen an zu sagen: ›Kommen Sie doch zu den Versammlungen.‹ Ich bin ein sehr sozialer Mensch ... Also dachte ich: Ich werde hingehen und sehen, was abläuft. Ich hatte gerade zur Kirche zurückgefunden und dachte: Wenn es katholisch ist, muß es gut sein. Bis zu dieser Zeit kam ich mit Pater Alan gut zurecht. Ich arbeitete in einem örtlichen Krankenhaus als Laborassistentin, und er war dort der katholische Kaplan – wir kamen sehr gut miteinander aus.«

Zu dieser Zeit, in den frühen achtziger Jahren, fingen die Neokatechumenaten gerade an, sich in der Gemeinde breitzumachen; sehr schnell begannen sie alle anderen Gemeinschaften zu verdrängen; Marcella besuchte sowohl die Neokatechumenaten-Katechesen in der Ogle Street als auch die Versammlungen der charismatischen Erneuerungsbewegung in der Westminster-Kathedrale. Ihre wiedergefundene Religiosität verband sich mit einem gesunden Augenmaß, die Kontraste zwischen den beiden Gruppierungen beunruhigten sie:

»Bei den Neokatechumenaten mußten alle im Kreis sitzen und das tun, was ihnen vorgeschrieben wurde; das war so ein Unterschied zu den Charismatikern, die sehr frei sind. Die Erneuerer sagten mir: ›Gott verurteilt dich nicht, Gott heilt dich, Gott liebt dich.‹ Ganz anders hörte es sich bei den Neokatechumenaten an: ›Du kannst nicht wie Jesus Christus sein.‹ Jede Woche mußte man in der kalten Kirche im Kreis sitzen mit Katechisten, die sehr introvertiert und ernst wirkten und uns von ihrer Vergangenheit erzählten. Ich dachte: Es klingt so, als ob es euch früher besser gegangen ist. Es ging immer um das Kreuz und den Tod und die Kreuzigung und das Blut und die Sünde. ›Ich bin in Knechtschaft, ich bin in Ketten, ich bin ein Sünder.‹ Ich pflegte zu sagen: ›Oh, wie schrecklich – ich werde für euch beten und meine Freunde ebenfalls dazu veranlassen.‹ Wo war die Freundlichkeit, die Liebe, die gegenseitige Hilfe?«

Seltsam fand Marcella die häufigen Aufrufe zu Spenden für Anschaffungen der Kirche.

»Zu dieser Zeit gehörte ich zur zweiten Gemeinschaft, und sie sammelten ständig Geld von uns für neue Kruzifixe und neue Meßgewänder. Jede Woche kauften sie neue Verkaufsständer, neue Bücher, neue Abendmahlskelche. Hundert Pfund pro Woche wurden für Blumen ausgegeben. Das ist nicht gerade bescheiden, dachte ich. Besonders die Geistlichen schienen mir zu viele Dinge zu besitzen. Manchmal putzte ich in der Pfarrei. Eines Tages öffnete ich Pater Alans Wandschrank und fand ein ganzes Regal mit Kaschmirjacken, Schuhen und anderen Kleidungsstücken. Ich dachte: Mein Gott, ich wußte nicht, daß ein Geistlicher so viele Sachen dieser Art besitzt. ›Das sind alles Geschenke‹, sagte er. Andererseits sagten sie uns, wir müßten alles verkaufen und den Armen geben. Später begannen sie mit Umbauarbeiten in der Kirche, ließen sie unterkellern, um Räume für ihre Gemeinschaftsmessen zu schaffen. Sie kauften in Italien Bodenfliesen für die Toiletten im Keller. Dann warb Pater Alan von der Kanzel aus um Spenden: ›Dies ist die ärmste Pfarrgemeinde in Westminster. Jeden Augenblick könnte es uns passieren, daß wir aus Geldmangel dichtmachen müssen.‹ Wie konnte das wahr sein, wenn zur gleichen Zeit italienische Fliesen für die Kellertoiletten bestellt wurden?«

Marcella besuchte die Treffen der Neokatechumenaten immer seltener, obwohl sie viele Freunde in den Gruppen hatte und der Gemeinde nach wie vor eng verbunden blieb; eine Reihe von Vorfällen habe sie dann, erzählt Marcella, in Depressionen gestürzt. Marcella:

»Es gibt in dieser Gegend eine Menge Stadtstreicher. Sie machten besonders den Frauen große Probleme, weil sie gewöhnlich betrunken und aggressiv waren. Sie hielten sich tagsüber oft in der Kirche auf, und wenn ich Pater Alan um Hilfe bat, antwortete er immer: ›Sie sind Kinder Gottes. In meines Vaters Haus gibt es viele Wohnungen.‹ Ich sagte: ›Aber auch wir sind Kinder Gottes. Sie sind hier der Hausherr; Sie sollten ihnen sagen: Bis hierher und nicht weiter, Jungs, das war's.‹ Sie saßen im hinteren Teil der Kirche, tranken und urinierten. Der Gestank war fürchterlich, und sie gingen uns handgreiflich um Geld an, so daß sich die Frauen fürchteten, in die Kirche zu gehen. Ich dachte mir: Das ist nicht richtig, das ist keine Christlichkeit, andere Pfarrer würden so etwas nicht zulassen.
Einer der Männer war richtig krank. Er erschreckte mich … Er ging mehrmals in die Schwesternwohnung hinauf und bedrohte die Frau mit einer Axt. Eines Tages kam ich von der Arbeit und war sehr müde. Ich wollte der Kirche einen Besuch abstatten, wie ich es gewöhnlich tat, und dieser Kerl ging auf mich los. Er jagte mich tatsächlich durch

die ganze Kirche. Ich lief zur Pfarrei nebenan, ich hatte Angst. Der Neokatechumenaten-Pfarrer, Pater Tave Carroll, öffnete die Tür und fragte: ›Was ist los, Marcella?‹ Als ich ihm berichtete, antwortete er sehr beiläufig: ›Ach, wirklich?‹ und schloß die Tür.«

Marcella ging nach Hause und rief die Polizei an, die ihr sagte, sie könne nichts unternehmen, solange keine Gewalttat verübt worden sei. Die Mitarbeiterinnen der Frauenselbsthilfe waren über die Reaktion des Priesters so empört, daß sie sich an den Bischof wenden wollten, doch Marcella fühlte sich den Konflikten nicht gewachsen. Noch verheerender wirkte sich eine zweite Begebenheit aus:

»Ich hatte gleich zwei Trauerfälle innerhalb einer Woche – meine mir am nächsten stehende Tante und meine beste Freundin starben. Das war ein Tiefschlag. Davor hatte ich mich immer an Pater Alan um Rat und Hilfe gewandt, und er war immer nett gewesen. Aber er veränderte sich, je mehr er dort hineingeriet. ›Ich kann damit nicht fertig werden‹, sagte ich ihm, ›ich bin richtig niedergeschlagen.‹ Wir standen unterhalb der Treppe zur Pfarrei. Er blickte mich an und sagte: ›Marcella, du bist keine Christin, und ich möchte nicht mit dir sprechen.‹ Er wandte sich ab und stieg die Treppe hinauf. Ich stand da wie betäubt. Dann wurde ihm, glaube ich, klar, was er getan hatte, und er kam zurück, schlotternd, und sagte so etwas wie: ›Geh und glaube an die Auferstehung.‹ Das streckte mich richtiggehend nieder.«

Etwas später im Jahr – Marcellas Depressionen hatten sich verschlimmert – verreiste ihr Vater, und sie mußte für eine Zeit allein bleiben. Sie wandte sich an Pater Fudge und fragte, ob er jemanden von der Neokatechumenaten-Gemeinschaft schicken könne, der ihr beim Einkaufen helfen und ihr Gesellschaft leisten könne. Seine Antwort war barsch: »Marcella, wir produzieren hier keine Liebe.« Bei einer anderen Gelegenheit wandte sie sich wiederum um Rat an Pater Fudge. Er las eine Stelle aus dem Alten Testament. »Ich kann mich nicht erinnern, was es war, außer daß es von Gott handelte. Er sagte mir: ›Gott hat dir diese Depression gesandt, da du ansonsten eine noch schlimmere Prostituierte wärst als deine Schwester.‹ Er meinte damit die Tatsache, daß meine Schwester mit einem Mann zusammenlebte.«

Ende 1986 hatte Marcella das Gefühl, die Kirche an der Ogle Street nicht mehr besuchen zu können; da sie aber ihrer Gemeinde nicht den Rücken kehren wollte, schrieb sie an Kardinal Hume und schilderte einige der Vorfälle: »Es bereitet mir seit langer Zeit Kummer, daß wir Gemeindemitglieder nicht die seelsorgerische Fürsorge bekommen, die wir brauchen oder haben möchten, da diese Gruppen Pater Alans Zeit vollständig beanspruchen.«

Kardinal Hume antwortete prompt und freundlich mit Datum vom 24. Dezember. »Ich muß Ihnen in der Tat sehr für diesen Brief danken. Er ist wichtig und betrifft natürlich eine sehr heikle Angelegenheit. Ich werde auf jeden Fall mit dem für Ihr Gebiet zuständigen Bischof über Ihren Brief sprechen. Vielleicht können wir nach diesem Gespräch zusammen entscheiden, auf welchem Wege wir am besten helfen können.«

Einige Tage später erhielt Marcella einen Brief von John Crowley, dem neuernannten Bischof: »Der Kardinal hat mit mir über den Briefwechsel mit Ihnen gesprochen. Wenn Sie mir gestatten, die Angelegenheit Pater Fudge vorzutragen, dann will ich dies gern tun, aber ich brauche natürlich Ihre Erlaubnis, um ihm Ihren Brief zeigen zu können. Ich warte Ihre Antwort ab, ehe ich weitere Schritte unternehme.«

Marcella antwortete nicht. Sie hatte herausgefunden, daß Bischof Crowley kurz nach seiner Ernennung die Neokatechumenaten-Gemeinschaften bei ihrer Samstagabend-Eucharistie hinter verschlossenen Türen aufgesucht hatte, ohne daß jemand in der Gemeinde darüber informiert gewesen war. Bischof Crowley und Pater Fudge waren enge Freunde.

Um die Dinge wieder ins Lot zu bringen, wollte Marcella ein Zeichen setzen. Sie spendete 300 Pfund, die sie eigentlich für den Urlaub gespart hatte, für ein Kruzifix. »Pater Alan war erfreut. Er sagte mir, ich könnte selbst ein Kruzifix aus dem Katalog aussuchen. Ich entschied mich für eines, das eine Menge kostete; ich glaube, es waren 1600 Pfund. ›Weißt du, das ist nur der Preis für die Christus figur‹, sagte er mir. ›Das Kreuz kommt noch dazu.‹ Was ein Wink war, daß ich noch mehr spenden solle. Ich hatte nie zuvor so viel Geld gespendet, weder für die Armen noch für die Kirche, nicht einmal für meine eigene Familie. Immer wieder sagte ich zu ihm: ›Ich weiß nicht, ob ich das Richtige getan habe.‹ – ›Es ist niemand ärmer als Christus‹, antwortete er.«

Als das Kreuz eintraf, stellte Marcella fest, daß es nicht das war, das sie ausgesucht hatte, sondern eins in einem modernen Stil, der ihr nicht zusagte. Als sie Pater Fudge darauf ansprach, versicherte er ihr, er sei überzeugt, daß es das Kreuz ihrer Wahl sei. Später wurde er barscher und erklärte ihr: »Das ist meine Kirche, und ich mache darin, was ich will.« Marcella fühlte sich mißbraucht. »Was für ein schmutziger Trick! Ich bin Arbeiterin in einem Krankenhaus und verdiene wenig. Als ich meinen Freunden davon erzählte, sagten sie: ›Du bist ein Seelchen. Geh hin und hol dir dein Geld wieder.‹«

Marcella forderte ihren Scheck zurück. »Pater Fudge rastete aus. Er begann zu schreien und zu brüllen und warf mir eine Menge von Dingen an den Kopf. Er gab mir das Geld zurück, aber das war es dann: von dem Tag an war ich eine Ausgestoßene.«

In einem zweiten Brief an Kardinal Hume im Mai 1987 berichtete Marcella, daß Pater Fudge sie »krank, verrückt, eine Klatschtante und Wichtigtuerin« genannt habe, die »in gewisser Weise von einem bösen Geist besessen« sei. »Nie zuvor habe ich solche Unfreundlichkeiten von einem Geistlichen gehört … Er ist früher nie so gewesen, und ich frage mich wirklich, unter wessen Kontrolle er steht – wie ich gehört habe, soll er verschiedenen Katechisten der Bewegung Gehorsam geschworen haben.«

Kardinal Hume antwortete postwendend: »Es tut mir leid, daß Ihr Verhältnis zur Gemeinde an der Ogle Street Ihnen solchen Kummer bereitet. Ich verspreche Ihnen, daß ich ein weiteres Gespräch mit Bischof Crowley führen werde, doch zuerst muß es ihm gestattet sein, die Angelegenheit mit Pater Fudge zu diskutieren. Solange er diese Genehmigung nicht erhält, können wir nicht gut weiterkommen.«

Trotz ihrer Befürchtungen schrieb Marcella schließlich an Bischof Crowley und suchte ihn im März 1988 in seinem Büro auf.

»Als ich eintrat, wußte ich sofort, ich hatte verloren. Ich hatte ihm über
die Probleme in der Ogle Street geschrieben. Und nun, beim Besuch
in Landbroke Grove, fragte er: ›Sind Sie von weit her gekommen?‹
Er wollte nichts wissen. Ich erinnerte ihn daran, daß bei einem seiner
Besuche in unserer Kirche nur fünf Gemeindemitglieder anwesend
gewesen waren, darunter ich. Als ich damals die Kirche betreten
hatte, war sie voller Filipinos gewesen. Eine angeheuerte Menge
nach Neokatechumenatenart. Er murmelte nur: ›Ja, ja, ja.‹ Dann
sagte ich ihm: ›Pater Alan weiß nicht, ob wir Katholiken oder Prote-
stanten, Juden oder Christen sind.‹ – ›Ja, ja, ja.‹ Und dann sagte er:
›Die halbe Stunde ist um.‹ Ich sagte: ›Aber ich bin hier, um etwas zu
erreichen; Sie sind mein Bischof, Sie sollten mir helfen.‹ – ›Würden
Sie jetzt bitte gehen?‹ – Das war's.«

Der einzige Ratschlag, den der Bischof Marcella gab, lautete:»Um
Ihrer eigenen Genesung willen – halten Sie sich von der Gemeinde
fern.«
»Es war wie eine Amputation für mich«, sagt sie heute,»weil ich
diese Gemeinde liebte.« Pater Alan habe sie später an der Kirchen-
tür mit den Worten abgefertigt:»Wenn du uns nicht schlagen
kannst, schließ dich uns an, und wenn du das nicht kannst, geh zu
einer anderen Gemeinde.«
Die Neokatechumenaten sind, wie andere neue Bewegungen auch,
unter Druck anpassungsfähig. Wo ihre Gemeinden Mitglieder verlieren, weil die Geistlichen gewechselt haben oder die Opposition
zu heftig ist, schließen ihre Anhänger sich anderen NK-Gemeinschaften an. Die Geheimniskrämerei ist ein Hauptmerkmal. Außenstehende erhalten kaum Gelegenheit, sich ein Gesamtbild zu machen oder einen Dialog zu führen. NK-Mitglieder können nur
predigen, nicht zuhören. Ungeachtet aller Bekenntnisse zur friedli-
chen Koexistenz verfügen die Neokatechumenaten über einen prä-
zise ausgearbeiteten Operationsplan.
Die traditionellen Strukturen der Gemeindegruppen, erklärte mir
Gianpiero Donnini, werden von den Neokatechumenaten, wenn
sie erst einmal Fuß gefaßt haben, nach und nach verdrängt und
ersetzt. In einer NK-Gruppe, bekannt als Traditio, widmen sich die

Mitglieder, wenn sie das Glaubensbekenntnis abgelegt haben, der Evangelisation der Gemeinde, vor allem durch Hausbesuche. »Wir gehen von Haus zu Haus *wie die Zeugen Jehovas* [Hervorhebung vom Autor]«, erzählte Donnini; und Imelda Berger berichtete: »Der Direktor einer Grundschule, den ich gut kannte, wurde von zwei Mitgliedern der Neokatechumenaten aufgesucht. Sie drängten darauf, hereinzukommen und eine Passage aus dem Evangelium zu lesen. Sie ließen sich nicht abweisen, und als dieser Mann – einer der gütigsten und höflichsten Menschen – ein privates Telefonat führen wollte, rührten sie sich nicht vom Fleck, so daß er sehr deutlich werden mußte.« Die Besucher stellten sich als Repräsentanten der Gemeinde vor, die Neokatechumenaten wurden nicht erwähnt.

Die Traditio-Mitglieder wurden angehalten, in den Gemeindegruppen mitzuarbeiten und diese möglichst zu übernehmen: z.b. die Erstkommunions- und Konfirmationsklassen, die Vorbereitungsgruppen für Eheschließungen und Kindstaufen. Dieses Stadium wurde sowohl bei den Sacred Hearts in Cheltenham als auch bei St. Nicholas in Bristol erreicht.

Donnini wies auf zwei besonders beunruhigende Entwicklungen hin. Die Neokatechumenaten drängen darauf, die Kommunions- und Konfirmationsklassen von Ehepaaren aus den Gemeinschaften leiten zu lassen; erwartet wird, daß sie für die Kinder in den Klassen zu Ersatzeltern werden, sie zu sich nach Hause einladen, damit sie eine »wahre christliche Familie« erleben können. Um erfolgreich zu sein, widmen sie sich vorwiegend Kindern aus zerrütteten oder nichtchristlichen Elternhäusern. Neue NK-Gemeinschaften kümmern sich außerdem um die Wohnungen Verstorbener; sie lesen an der Bahre Psalmen und evangelisieren die Hinterbliebenen. Soviel Aufdringlichkeit erweist sich jedoch oft als taktlos und hat daher nicht immer Erfolg. Viele Hinterbliebene suchen jedoch gerade in schweren Stunden Beistand – sie fragen nicht, woher er kommt.

Berauscht durch ihre Erfolge verzichten die Bewegungen immer häufiger auf Vorsicht und Diskretion und setzen rücksichtslos ihre Interessen durch. Sie handeln nach dem Motto des vorkonziliären Katholizismus: Irrtümer sind ausgeschlossen.

Eine durch die Diözese ernannte Gemeindekatechistin aus Rom,
35 Jahre alt und Mutter von fünf Kindern, kritisiert Lehren und
Methoden der Bewegungen als fragwürdig:

»Den Neokatechumenaten zufolge brauchen Katechisten weder
Theologie noch Pädagogik noch Psychologie zu studieren – es
genügt, nach dem Wort Gottes zu leben und den Heiligen Geist
sagen zu lassen, was zu tun ist. Ich habe die Neokatechumenaten
und ihre Geistlichen mit den Themen Beichte und Sünde in die Enge
getrieben – Beichte oder nicht, wir sind immer Sünder. Es scheint,
daß Gnade nicht existiert. Wer hofft, sie zu seinem Vorteil in Anspruch
nehmen zu können, ist anmaßend und will wie Gott sein; er ist in den
Händen des Teufels. Gott aber will uns nicht anders haben, glaube
ich, er liebt uns so, wie wir sind – daher dürfen wir auch sündigen.
Die Neokatechumenaten singen Lobeshymnen mit unseren Brüdern,
erniedrigen sich ständig – einige von ihnen haben sogar ihre Ehepartner verlassen –, und ihre kleinen Kinder schlafen auf den Kir-
chenbänken, während die Eltern um den Altar tanzen.«

Florenz wurde inzwischen eine Festung der Neokatechumenaten.
Pater Alfredo Nesi, das Oberhaupt der »Opera della Divina Provvi-
denzia Madonnina del Grappa«, einer anerkannten katholischen
Wohltätigkeitsorganisation, schrieb 1991 einen offenen Brief an Don
Marco Calamandrei, Gemeindepfarrer von St. Bartolo in Tuto, Scan-
dici; er bezichtigte ihn der »vollständigen Okkupation« der Gemeinde. Don Calamandrei war einer der Neokatechumenaten-Gemeinde-
priester, die ihre Erfahrungen einer Gruppe von vierzig Bischöfen
und Kardinälen vortrugen, die anläßlich der Europäischen Synode
in Rom weilten.
»Vor zwanzig Jahren wurde die Gemeinde von siebzig Leuten gegründet, die sich in einer Garage trafen«, berichtete Calamandrei
stolz. »Heute kommen 1500 Leute zur Messe, und wir haben vierzehn Gemeinden, die insgesamt 600 Personen umfassen, von denen
50 Prozent unter vierzig sind, während es vor zehn Jahren nur
10 Prozent waren.«[1]
Pater Nesi hielt dagegen und bezeichnete die Präsenz der Neokate-

chumenaten in San Bartolo als »über- und außergemeindlich«, weil sie nicht aus Einheimischen rekrutiert worden seien – was eine Voraussetzung für eine Gemeinde sei. Zu »mindestens vier Fünfteln« bestehe die Gruppe »aus Adepten aus anderen Gemeinden in der Region, oder aus Florenz und Umgebung«. Das Ergebnis dieser »Okkupation« sei ein »Massenexodus« der Gläubigen gewesen, einschließlich der aktiven Teilnehmer am Gemeindeleben. Wie ernst die Lage sei, gehe aus der Tatsache hervor, daß »alle nicht den Neokatechumenaten angehörenden Katechisten, von denen einige auf viele Jahre des Dienstes und der Hingabe an die Gemeinde zurückblicken konnten, ausgegrenzt worden« seien. Von den 32 Personen, die »die verschiedenen Dienstleistungen der Gemeinde koordinieren«, seien nach dem offiziellen Jahrbuch für 1991/92 nur vier aus der Gemeinde selbst. 31 seien »stahlharte« Neokatechumenaten; nur einer, der Leiter der traditionellen Vereinigung »Apostolat des Gebets«, sei – aus Gründen, die auf der Hand liegen – kein NK-Mitglied. »Somit wird eine 7000 Mitglieder starke Gemeinde von 31 NK-Organisatoren geleitet, von denen nur drei aus der Gemeinde stammen; dazu kommt noch ein nicht den Neokatechumenaten angehörender Koordinator.« Der Grund und Boden, auf dem die Kirche von San Bartolo erbaut wurde, so Nesi, sei der Gemeinde von seiner Organisation geschenkt worden, gestützt auf »Gelder von ortsansässigen Leuten und Zuschüssen der Diözesan-Kurie, mit Sicherheit aber nicht auf Spenden aus den Reihen der Neokatechumenaten, obwohl diese über riesige Summen verfügen, wie andere moderne kirchliche Bewegungen auch«. Die Gemeinde trage moralische Verantwortung gegenüber den Menschen. So müsse es bleiben.

Bei einem Besuch in Italien im Dezember 1992 suchte ich in christlichen Buchhandlungen in Mailand nach Hintergrundmaterial über die Bewegungen. Die Regale waren voll mit Publikationen von Jaca Books und Città Nuova, den Hausverlagen von »Kommunion und Befreiung« und Focolare. Über die Neokatechumenaten konnte ich nichts finden. Ich wollte die Suche schon aufgeben, als mir ein unauffälliges Büchlein mit dem Titel *Die Ketzerei der Neokatechumenaten-Bewegung* in die Hände fiel. Es war eine faszinierende Lektüre. Bei meinem nächsten Besuch in Rom nahm ich Kontakt mit dem Autor auf. Pater Enrico Zoffoli lud mich zu einem Gespräch ein.

San Giovanni in Laterano ist eine der ersten Kirchen des Christentums und war einst Residenz des Papstes. Auf der der Basilika gegenüberliegenden Seite der Piazza befindet sich ein weiterer Wallfahrtsort, die Scala Sancta, die Heilige Treppe. Auf ihr soll Jesus in das Haus des Pilatus in Jerusalem gegangen sein; sie ist abgewetzt von den zahllosen Pilgern, die sie auf Knien erklommen haben. Die Treppe steht unter der Obhut des Passionisten-Ordens, der ganz in der Nähe ein Kloster betreibt. In dem Besucherzimmer wurde ich von Pater Zoffoli begrüßt. Mit seinem schneeweißen Haar, seinen funkelnden Augen und seinem höflichen Auftreten bot er das Bild eines älteren Cherubs; doch hinter der angenehmen Erscheinung verbarg sich die stahlharte Logik eines Apologeten des Katholizismus der alten Schule. Pater Zoffoli bekennt, ein Traditionalist zu sein – ein indirekter Beweis dafür, daß die Bewegungen inzwischen den linken und den rechten Flügel der katholischen Kirche gegen sich aufbringen. Pater Zoffoli hat zwar auch an den Methoden der Neokatechumenaten einiges auszusetzen, doch hauptsächlich zieht er gegen ihre Theologie zu Felde. In *Ketzerei* und einem zweiten Buch mit dem Titel *Die Herrschaft des Papstes und Kikos Katechese* weist er den Neokatechumenaten Irrtümer im Zusammenhang mit grundlegenden katholischen Doktrinen nach. Er hat Kiko Arguello wiederholt zu einer öffentlichen Debatte herausgefordert. Das Angebot wurde bislang nicht angenommen. Die Neokatechumenaten haben zwar alles getan, um Zoffoli in der katholischen Presse zu diskreditieren, sich aber nie gegen die Substanz seiner Vorwürfe verteidigt. Während ich mich mit Zoffoli unterhielt, bemerkte ich einen Herrn, der vor der Tür des Besucherraumes von einem Fuß auf den anderen trat. Später wurde er mir als Pater Marcello vorgestellt; er war ein begeisterter Anhänger der Neokatechumenaten und offenbar sehr unglücklich über die Schriften seines Mitbruders. Er steckte mir Ausrisse aus dem *Osservatore Romano* zu, Artikel, in denen der Papst die Neokatechumenaten lobte.

Eines Nachmittags, als ich im Besucherraum einige Dokumente studierte, trat ein jüngerer Pater ein, der eine schwarze Soutane mit dem Emblem des Passionisten-Ordens trug. Er stellte sich als Oberer der Klostergemeinschaft vor. Seine Angst war körperlich spürbar; er forderte mich zwar nicht direkt auf, das Haus zu verlassen, sagte aber, er wolle den guten Namen der Scala Sancta nicht beschmutzt sehen, das sollte ich bedenken.

Pater Zoffoli hat viele heimliche Förderer, aber wenige, die ihm offen Unterstützung gewähren. Der verstorbene Pater Giovanni Caprile, Herausgeber der maßgeblichen jesuitischen Monatsschrift *Civiltà Cattolica*, äußerte sich bewundernd über die Schriften Zoffolis, teilte ihm jedoch mit, er wage es nicht, *Die Ketzerei der Neokatechumenaten-Bewegung* zu rezensieren, da die Zeitschrift traditionell vom Vatikanischen Staatssekretär durchgesehen werde, ehe sie in Druck gehe. Eine Aktennotiz, die an alle Filialen der San-Paolo-Buchhandlung geschickt wurde, der größten katholischen Buchhandelskette in Italien, enthielt die Weisung, Pater Zoffolis Titel nicht ins Sortiment zu nehmen. Als der gute Pater ein Exemplar an den vatikanischen Staatssekretär schickte, ließ der Vatikan ihm die höchste Form der Bestätigung zukommen, zu der die päpstliche Diplomatie offenbar fähig ist: einen Dankeschön-Brief, der nicht nur unsigniert war, sondern nicht einmal den Erhalt des Musterexemplars bestätigte. Zoffoli stand ziemlich allein mit seiner öffentlichen Anprangerung der Bewegung in Italien; er wurde zur Zuflucht für all jene, die durch die Neokatechumenaten zu Schaden gekommen waren.

Geistliche – auch Bischöfe – in Italien wissen, daß der Einfluß der Neokatechumenaten auf die gegenwärtige Führung des Vatikans so groß ist, daß Kritik das Amt kosten kann. Don Paolo zum Beispiel, Priester in einer römischen Vorstadt, fürchtet, sein Gemeindebezirk könnte auf Drängen der Neokatechumenaten aufgelöst werden, weil er einen Beitritt zu der Bewegung abgelehnt und ihr Vorrücken in seinem Verantwortungsbereich aufgehalten hat. Paolo gehörte bis vor kurzem einer Gruppe von drei Gemeindepriestern an, die in einer Wohngemeinschaft zusammenlebte. Das Konzept erwies sich als erfolgreich. Doch plötzlich wurde einer der drei versetzt; sein

Nachfolger war NK-Mitglied. Der Neue machte von Anfang an deutlich, daß er nicht die Absicht hatte, seinen Alltag mit den beiden anderen zu teilen. Er nahm seine Mahlzeiten erst allein ein und lud dann immer öfter NK-Mitglieder in das Haus; er schrieb an das Römische Vikariat, die Wohngemeinschaft der Geistlichen wurde aufgelöst. Don Paolo zog in ein kleines Haus nahe der Gemeindekirche, das große Haus, in dem die Wohngemeinschaft gelebt hatte, wurde nur noch von den Neokatechumenaten benutzt. Don Paolo fühlt sich hilflos, da das Vikariat nach seiner Überzeugung unter der Kontrolle der Neokatechumenaten steht. Er hat seinen Widerstand aufgegeben.

Als 1985 die ersten Missionarsfamilien der Neokatechumenaten aus Italien in Hamburg eintrafen, wandten sie sich an die italienische Stadtmission, geleitet von dem ideenreichen Pater Quintano Legnan, der in einer Villa außerhalb des Stadtzentrums residierte und von dort aus sein Seelsorgeramt für Gastarbeiter versah. Die Mission hält nicht nur Messen ab, sondern führt auch Katechesen für Kinder und Erwachsene, Kurse in italienischer Sprache und Kultur für Kinder sowie gesellige Veranstaltungen durch. Sie ist gut ausgerüstet und gedeiht.

Pater Quintano war von den Missionarsfamilien, die in der NK-eigenen Presse wegen ihres Engagements und ihrer Opferbereitschaft lautstark gepriesen worden waren, nicht sehr beeindruckt. Der erste, den er traf, war Gigi Michelon, der mit Frau und sechs Kindern aus Italien gekommen war. »Er brauchte so schnell wie möglich Arbeit«, so Legnan, »wir verschafften ihm eine Stellung in einer Wäscherei.« Doch schon bald klagte er:

»Ich kann nicht acht Stunden am Tag arbeiten; ich kam her, um den Glauben zu lehren. Deshalb hat mich der Papst hierhergeschickt.« Sein Gemeindepriester, Pater Klockner, ein NK-Mitglied, fragte den Bischof, ob Michelon als Schulbusfahrer arbeiten könne, damit er die Abende für seine Aufgaben als Katechist zur Verfügung habe. Ich sagte ihm und den anderen: »Wenn der Papst Sie zum Missionieren hierhergeschickt hat, dann sollten Sie ein Beispiel für gute Arbeit abgeben, aber das tun Sie nicht.«

Eine ortsansässige italienische Familie, die Racciopis, trat der Bewegung bei und wurde von den Michelons für unbezahlte Dienstbotentätigkeiten ausgenutzt. Sie arbeiteten als Babysitter, bügelten und machten sauber, so daß die Michelons sich ganz ihren religiösen Aufgaben widmen konnten. Die Racciopis wurden auch zu Objekten einer anderen beunruhigenden Übung der Neokatechumenaten. »Sie exorzieren jene, die Probleme mit der Katechese haben«, erklärt Pater Quintano. »Die Racciopis sind mindestens dreimal exorziert worden.« Da ihre Kinder mit denen der Michelons Umgang hatten, bekamen die Racciopis mit, wie wenig Zeit Gigi und Maria aufgrund ihrer Verpflichtungen bei den Neokatechumenaten zu Hause verbrachten. Als sie eines Tages ihren Sohn Vito aus der Michelon-Wohnung abholten, wo sie ihn in Gesellschaft der Kinder Gigis gelassen hatten, fanden sie ihn in Tränen aufgelöst: Zwei der Michelon-Kinder waren unter Diebstahlverdacht von der Polizei mitgenommen worden.

Die ersten NK-Gruppen in Frankreich hatten sich im Gemeindebezirk Saint Germain des Prés am linken Seineufer in Paris etabliert. Die von ihnen inszenierten Kontroversen veranlaßten Kardinal Marty, den damaligen Erzbischof, die weitere Arbeit der Neokatechumenaten weitgehend zu unterbinden. Bis heute sind daher die Neokatechumenaten in dem von der französischen Bischofskonferenz herausgegebenen Verzeichnis zugelassener katholischer Organisationen nicht aufgeführt.

Als Zentrum der Neokatechumenaten-Bewegung für Paris gilt heute die Kirche Notre Dame de Bonne Nouvelle in Montmartre. Ihr Gemeindepriester, Antoine de Monicault, gibt zu, daß die NK-Gemeinschaften in vielen französischen Gemeinden auf Widerstand stoßen. Als ich ihn fragte, wie die Neokatechumenaten damit umgingen, antwortete er: »Es ist kein Problem, solange der Gemeindepfarrer überzeugt ist; wenn er jedoch Zweifel hegt, ist es ein Problem.« Über die Probleme, die die Bewegung andersdenkenden Gemeindemitgliedern bereitet, verlor er kein Wort. NK-Gemeinschaften gibt es heute in Gemeindebezirken von Paris, Montpellier, Toulon, Meaux, Straßburg, Nancy und Marseille.

Die katholische Kirche in den Niederlanden leidet seit über dreißig

Jahren an internen Konflikten. Trotz aller Bemühungen des Vatikans, die Situation zu neutralisieren, vor allem durch Ernennung konservativer Bischöfe, ist die Polarisierung zwischen links und rechts nach wie vor stark. In einer Bestandsaufnahme mit dem Titel *Die römisch-katholische Kirche in den Niederlanden im Jahr 1992*, von den sieben Bischöfen des Landes für einen Besuch beim Papst vorgelegt, wird den Bewegungen eine eher geringe Wirksamkeit unterstellt. Das entspricht nicht der Sicht der Bewegungen. Focolare zum Beispiel, das außerhalb der offiziellen Kirchenhierarchie arbeitet, unterhält sechs ständige Gemeinschaften, je eine für Männer und Frauen in Amsterdam, Amersfoort und Eindhoven sowie ein Mariapolis-Zentrum mit Sitz in Baak bei Zutphen. *Nieuwe Stad*, die holländische Ausgabe der internationalen Zeitschrift, kommt monatlich heraus. Die holländischen *focolarini* schätzen, daß auf ihren Großveranstaltungen – dem Sommer-Mariapolis und den Konzerten der internationalen Männer- und Frauenbands Gen Rosso und Gen Verde – 20 000 Menschen mit der Bewegung in Berührung gekommen sind.

Von den Bischöfen haben einige der Bewegung bereits Anerkennung gezollt: Kardinal Alfrink, der konservative Primas der Niederlande, und Bischof Bluijssen haben mehrere Male die holländische Mariapolis-Woche besucht. Das Selbstbewußtsein der niederländischen *focolarini* ist inzwischen so groß geworden, daß sie ihr bislang ehrgeizigstes Projekt in Angriff genommen haben: den Aufbau einer »Modellsiedlung« in der Art von Loppiano; ein Gelände dafür ist bereits gefunden im Landkreis Zeist bei Utrecht.

Die Neokatechumenaten haben in Bischof Bomers von der Diözese Haarlem einen Schutzpatron gefunden. Bomers hat den Ruf, ein liebenswürdiger und zugänglicher Mensch zu sein, doch wenn man ihn nach der Präsenz der Neokatechumenaten in seiner Diözese fragt, zeigt er sich verschlossen. Die Probleme, erklärt er, rührten daher, daß die Vorstellung herrsche, es handle sich um Missionare, die die Holländer evangelisieren sollten. Die Bewegung habe nicht richtig Fuß fassen können, weil bisher keine der ins Land gekommenen Missionarsfamilien der holländischen Sprache mächtig gewesen sei.

Bischof Bomers hilft der Bewegung beim Aufbau eines Seminars auf niederländischem Boden. Unglücklicherweise spricht auch von den Seminaristen keiner Holländisch – sie kommen aus Lateinamerika, Italien, Spanien, Polen und Ägypten. Bischof Bomers behauptet, die Neokatechumenaten seien noch in keiner niederländischen Pfarrgemeinde aktiv. Er habe, sagt er, Einladungen zu Eucharistiefeiern der Neokatechumenaten mit den Gemeinschaften und ihren Priestern angenommen und sei auch »zwei- oder dreimal« zu Bibellesungen gebeten worden.

»Meine eigene Einstellung ist die, daß ich weiß, daß sie den Papst hinter sich haben. Das Neokatechumenat ist ein Dienst, der den Diözesen und Gemeinden angeboten wird. Ich habe mit meinen eigenen Augen in Rom und auf Sizilien Gemeinden gesehen, die tot waren, nur noch eine Handvoll Mitglieder hatten und wieder zum Leben erweckt wurden. Ich habe gesehen, daß die Bibel im Zentrum ihrer Arbeit steht. Im Mittelpunkt steht das Bestreben, den Glauben zu leben. Es fällt mir auf, daß viele der Teilnehmer eine tiefgreifende Konversion durchgemacht haben. Hier fühlen sich noch nicht viele Menschen davon angesprochen, aber viele kennen es auch noch gar nicht. Diese Laien bringen große Opfer, um dem nachzustreben, was sie als ihre Berufung ansehen ... Ich werde ihnen eine faire Chance geben. Ich nehme eine Haltung des ›Abwartens und Sehens‹ ein.«

Während bei der Masse der holländischen Katholiken die religiöse Betätigung stetig nachläßt, besitzen die Bewegungen genug Entschlossenheit und Selbstvertrauen, um ihre Position zu festigen und auszubauen. Wie alle Sekten gedeihen sie in jedem säkularisierten Milieu, in dem wenig religiöse Kenntnisse oder Traditionen vorhanden sind. Die Rückendeckung durch einen Teil der Bischöfe des Landes verleiht ihnen jenes Maß an autonomer Handlungsfreiheit, das für ihr Funktionieren unverzichtbar ist.

Nirgendwo ist die zentrale Botschaft des Zweiten Vatikanischen

Konzils begeisterter aufgenommen worden als in Südamerika. Zu den Früchten gehörten die Befreiungstheologie und die Basisgemeinden, die Verkündung des Evangeliums als ein Mittel zur Stärkung der Kraft der Armen. So nimmt es nicht wunder, daß die Neokatechumenaten ebenso wie die anderen Bewegungen in Südamerika auf beträchtlichen Widerstand der liberalen Bischöfe gestoßen sind.

Im Jahr 1993 schrieb Monsignore Luis Alberto Luna Tobar, Bischof von Cenca in Ecuador, folgende Bemerkungen über die Neokatechumenaten nieder:

»Nach Überzeugung vieler zeichnet sich die von den Neokatechumenaten verkündete Lehre durch Lücken, doktrinäre Verzerrungen und das bewußte Weglassen theologischer Quellenangaben aus … [Sie legen] einen merklichen Widerwillen gegen jede Theologie [an den Tag], die nicht europäischen Ursprungs ist. Ihre Doktrin steht nicht in Wechselwirkung mit der Kultur, mit unserer Zeit und ihren Stimmen. Das ›ruhmreiche Kreuz‹ und der ›Diener Jahwes‹ sind keine Zeichen und Ausdrucksformen der Hoffnung, sondern der Qual. Der Platz, der dem Bösen und dem Teufel eingeräumt wird, geht über jedes gesunde theologische Maß hinaus und grenzt an kindische Angstmacherei und Flucht vor der Verantwortung. Den Begriff ›Gerechtigkeit‹ hört man von den Neokatechumenaten nie. Der Glaube steht dem Karma näher als der Gnade.«

Das Treffen europäischer NK-Führungskräfte 1980 in Amsterdam warf ein Schlaglicht auf die Verwischung der Trennlinie zwischen dem offiziellen Katechumenat der katholischen Kirche – d. h. dem Verfahren für die Aufnahme erwachsener Konvertiten in das katholische Bekenntnis – und dem sich in Europa ausbreitenden Neokatechumenat. Die Neokatechumenaten leisten mit der irreführenden Beschreibung ihres »Weges« als einer »Anwendung des offiziellen Katechumenats« dieser Begriffsverwirrung Vorschub. Auf den ersten Blick scheinen die Zeremonien der Neokatechumenaten denen der RCIA zu gleichen, doch in ihrer Zielrichtung könnten sie unterschiedlicher nicht sein. RCIA-Zeremonien finden nicht nur öffentlich statt, sondern sind auch bewußt darauf ausgerichtet, die Gemeinde einzubeziehen; dagegen laufen die NK-Riten hinter verschlossenen Türen ab; alle Gemeindemitglieder, die nicht einer NK-Gemeinschaft angehören, bleiben außen vor. In den RCIA-Riten wird die sich verfestigende Glaubensüberzeugung des einzelnen zum Ausdruck gebracht; die Rituale der Neokatechumenaten hingegen besiegeln nur den Zugriff auf die betreffende Person, der schon vorher in der Abgeschlossenheit der Gemeinschaften erfolgt ist: die Forderung, die weltlichen Besitztümer zu verkaufen, sich von Ehepartner und Kindern abzusetzen und den Katechisten unbedingten Gehorsam zu leisten.

Der Unterschied ist der, daß das RCIA-Verfahren zwei oder drei Jahre dauert, während der »Weg« der Neokatechumenaten bis zu zwanzig Jahren dauern und fast unendlich in die Länge gezogen werden kann. Bei der RCIA geht es darum, den Konversionswilligen in die Freiheit der katholischen Glaubensgemeinschaft aufzunehmen, die Neokatechumenaten wollen die Anwärter auf ihren eigenen schmalen »Weg« lotsen. Gerard Reniers, Nationaler Direktor für das offizielle Katechumenat in Frankreich, beklagte, daß die Neokatechumenaten den Wert aller pastoralen Tätigkeiten und katholischen Organisationen in Frage stellten, Jahrhunderte christlicher Tradition negierten und zum Sektierertum neigten.

Focolare schafft Strukturen, die unabhängig von der Kirche sind; sie gewinnt damit den Freiraum, der nötig ist, um »Charisma auszuüben«. Nach praktischen Maßstäben bildet Focolare eine separate Kirche, die unabhängig von den örtlichen Diözesen plant und von der römischen Zentrale der Bewegung gesteuert wird. Focolare beteuert verbal seine Loyalität zur Amtskirche und läßt sich hier und da auch zu einer symbolischen Dienstleistung für die Gemeinde herbei, etwa in der Jugendarbeit. Doch auch hierin sieht die Bewegung zuallererst die Chance, neue Anhänger zu gewinnen. Öffentliche Auseinandersetzungen meidet sie. *Focolarini* wirken, da ihnen in der Bewegung das Denken abgewöhnt wird, eher farblos als kämpferisch. Anders als die militanten Aktivisten von »Kommunion und Befreiung«, wirken *focolarini* auf Außenstehende – auch auf Vertreter der Amtskirche – harmlos oder weltfremd. In Wirklichkeit gilt *furbizia* (»Schlauheit«) unter Focolare-Mitgliedern als höchst erstrebenswerte Tugend; sie werden angehalten, ihre Ziele notfalls auch durch Intrigen und Heimlichkeiten zu erreichen.

Entgegen ihrer Selbstdarstellung haben Focolare und die anderen Bewegungen sehr viel Kapital aus der Identitätskrise geschlagen, in die die säkulare Geistlichkeit und die religiösen Ordensgemeinschaften in den Jahren nach dem Zweiten Vatikanischen Konzil geraten sind. In Zeiten der Ungewißheit findet der Fundamentalismus immer und überall Anklang. Heute strömen den Gemeinschaften immer mehr junge Menschen zu.

Focolare behauptet, mit ihrer »Spiritualität der Einheit« Angehörigen aller religiösen Orden helfen zu können, das Charisma ihrer Gründer zu erkennen. Doch die Anforderungen, die die Bewegung an die Zeit und die Energie von Ordensleuten stellt, sind so hoch, daß zwangsläufig die Aufgabenerfüllung in der Ordensgemeinschaft leidet. Das wiederum führt zu Verstimmungen bei Ordensschwestern und -brüdern, deren Loyalität einzig dem Orden gilt. Die Folge ist oft, daß etliche Ordensleute zu *focolarini* werden und dann starken Einfluß in den mächtigen und einflußreichen Institutionen der katholischen Kirche ausüben.

»Kommunion und Befreiung« gewann in seiner Frühzeit viel Nachwuchs für die säkulare Geistlichkeit und für die religiösen Ordensgemeinschaften. Daraus erwuchs eine breite Präsenz der Bewegung in den religiösen Gemeinschaften überall in Italien, die allerdings immer wieder von Gerüchten über eine drohende Spaltung überschattet wurde. Diese Gerüchte bestätigten sich, als die mit »Kommunion und Befreiung« verflochtene italienische Provinz der Schwestern der Himmelfahrt sich wegen unüberbrückbarer Gegensätze vom Gesamtorden lossagte. Der Vatikan gewährte der Splittergruppe sogleich den offiziellen Status einer neuen Ordensgemeinschaft – ein Signal amtskirchlicher Billigung und ein beunruhigender Präzedenzfall für andere Orden.

In der Vergangenheit waren die großen kirchlichen Ordensgemeinschaften die wichtigsten Träger der Missionsarbeit; sie wurden als Säulen der Mission bezeichnet. Dies versinnbildlichen auch die in die Nischen der Säulen des Petersdoms gestellten

Statuen ihrer Gründer. Jahrhundertelang waren die Orden die Arme der Kirche, die bis ans Ende der Welt reichten. Viele der überragenden und einflußreichsten Persönlichkeiten der Kirchengeschichte waren Söhne oder Töchter religiöser Gemeinschaften. Doch in jüngerer Zeit scheinen die Kinder immer unruhiger zu werden. Fast alle maßgeblichen Theologen, die in den letzten zwanzig Jahren mit dem Vatikan das Schwert gekreuzt haben, gehören einem religiösen Orden an. Leonardo Boff, einer der Vorkämpfer der Befreiungstheologie in Südamerika (der inzwischen den Priesterberuf aufgegeben hat), ist Franziskaner; der US-Amerikaner John J. McNeill war Jesuit, wurde aber wegen seiner liberalen Haltung zur Homosexualität aus dem Orden ausgeschlossen; der Holländer Edward Schillebeeckx, der das göttliche und menschliche Wesen Christi neu interpretierte, und der Amerikaner Matthew Fox, der von Kalifornien aus seine Schöpfungstheologie verbreitete, waren Dominikaner.

Nach dem Zweiten Vatikanischen Konzil war es in den Orden zu einer Austrittswelle gekommen; sie ging einher mit immer geringerem Interesse am Priesterberuf. Aber viele von denen, die den Orden die Treue gehalten haben, sind heute Aktivisten, die für grundlegende Reformen eintreten und an vorderster Front den Appell des Konzils zum Einsatz für Gerechtigkeit und Frieden umzusetzen versuchen. Ihre Radikalität hat zu heftigen Auseinandersetzungen zwischen den Orden und Johannes Paul II. geführt.

Im Oktober 1981, als der General des Jesuitenordens, Pedro Arrupe, einen Schlaganfall erlitten hatte, griff der Papst in Aufsehen erregender Weise in das Leben des 26 000 Mitglieder zählenden Ordens ein: Er ernannte den achtzig Jahre alten Paola Dezza SJ zu seinem persönlichen Gesandten mit dem Auftrag, »bis zur Wahl eines neuen Generalsuperiors die Leitung der Gesellschaft zu überwachen«. Es war das erste Mal in der 500jährigen Geschichte der Jesuiten, daß ein Papst die Ordensverfassung überging. Zwei Jahre lang verblieb der Orden in diesem Schwebezustand, bis der Papst im September 1983 das Zusammentreten der Generalkongregation und die Wahl eines neuen Generalsuperiors zuließ; gewählt wurde der Holländer Peter-Hans Kolvenbach.

Die Intervention Johannes Pauls wurde als Kritik am sozialen Engagement des Ordens gedeutet; es war nach Ansicht Roms zu politisch. Bei einer Unterredung mit den führenden Männern des Ordens am 27. Februar 1982 hob der Papst die Pflicht zur »Treue gegenüber der Obrigkeit und dem Papst in Rom« sowie die Notwendigkeit einer »echt priesterlichen Spiritualität« hervor.

Eine ähnliche Demonstration päpstlichen Durchsetzungswillens gab Johannes Paul im Mai 1985 mit einem Schreiben an 200 Delegierte aus 120 Ländern, die die rund 20 000 Mitglieder des Franziskaner-Ordens der Minderen Brüder repräsentierten und sich in Assisi versammelt hatten. Er rief dazu auf, sich von bestimmten, nicht näher bezeichneten »Theorien und Praktiken« zu trennen, die nicht zur Tradition der Franziskaner paßten; er ermahnte sie, zu bedenken, daß ihr Orden keine »Bewegung« sei, offen für »immer neue Optionen, die auf der hartnäckigen Suche nach einer Identität immer wieder durch neue ersetzt werden, als wäre diese Identität noch nicht gefunden«. Mit der Aufsicht der Versammlung hatte der Papst den Erzbischof Vincenzo Fagilo betraut, den Sekretär der Kongregation für die Ordensleute und Säkularinstitute.

In den frühen achtziger Jahren setzte der Vatikan immer wieder Ordensleute unter Druck, die sich politisch betätigten, in den USA zum Beispiel Robert Drinan, einen Jesuiten, und Arlene Violet, eine Sister of Mercy. Drinan kandidierte nicht mehr, nachdem er fünf Wahlperioden dem Repräsentantenhaus angehört hatte. Arlene Violet bat um Entbindung von ihren Gelübden; sie war nicht bereit, sich aus der Politik zurückzuziehen.

Nach der Machtergreifung der Sandinisten in Nicaragua gehörten vier Priester der Regierung an, drei waren Mitglieder eines religiösen Ordens. Im August 1984 wurden sie von der Kirche ultimativ aufgefordert, ihre Posten zur Verfügung zu stellen. Sie lehnten ab und wurden 1985 *a divinis* suspendiert. Fernando Cardenal war schon einige Monate vorher aus dem Jesuitenorden ausgeschlossen worden.

Am 7. Oktober 1984, mitten im amerikanischen Präsidentschaftswahlkampf, erschien in der *New York Times* eine ganzseitige Anzeige, in der eine oppositionelle katholische Position in der Abtreibungsfrage vertreten wurde:»Die letzten Päpste und die katholische Amtskirche haben den direkten Abbruch vorgeburtlichen Lebens als in jedem Falle moralisch verwerflich verurteilt. In der amerikanischen Gesellschaft ist der irrige Glaube verbreitet, dies sei die einzig legitime katholische Position in dieser Frage.« Unter den 97 Unterzeichnern der Anzeige waren 27 Ordensleute – 24 Nonnen und drei Mönche. Die vatikanische Kongregation für die Ordensleute und Säkularinstitute verlangte Widerruf und verkündete am 21. Juli 1986, bis auf zwei Unterzeichner hätten alle ihre »öffentliche Distanzierung von ... katholischen Positionen zur Abtreibung« zurückgenommen. Elf der Nonnen bestritten daraufhin kategorisch, je etwas Derartiges gesagt zu haben. Unterdessen war am 2. März 1986 eine zweite Anzeige in der *New York Times* erschienen, ein Aufruf zur Solidarität mit »allen Katholiken, deren Redefreiheit bedroht ist«; unter den tausend Unterzeichnern waren wiederum zahlreiche Priester und Nonnen. Dieses Mal kam aus dem Vatikan keine Reaktion.

Während sich in den vergangenen Jahren etliche Orden als Dorn im Fleisch des Vatikans entpuppt haben, empfehlen sich die neuen Bewegungen als Hüter der Orthodoxie. Der Vatikan bevorzugt daher die Bewegungen überall dort, wo es um die praktische Durchführung von Missionsprojekten wie die »neue Evangelisation« geht. Sichtbar wurde dies 1991 auf der Außerordentlichen Synode über Europa, bei der die Bewegungen aufgefordert wurden, sich an die Verwirklichung der päpstlichen Vision eines geeinten Europa »vom Atlantik bis zum Ural« zu machen. Die Orden kommen in diesen Plänen bisher so gut wie nicht vor.

Ein noch drastischeres Exempel seiner Vorliebe für die Bewegungen statuierte der Papst im Oktober 1992 in Santo Domingo, wo er die Jahrestagung der lateinamerikanischen Bischofskonferenz besuchte. Wie ich von einem aus Rom angereisten Tagungsgast erfuhr, hatte Johannes Paul für die Ordensgemeinschaften nur Lippenbekenntnisse übrig; er entschloß sich zu einer Besichtigungsfahrt zu dem noch im Bau befindlichen Redemptoris-Mater-Seminar der Neokatechumenaten; dies war sein einziger Termin außerhalb des offiziellen Besuchsprogramms.

Mein Gewährsmann für die Konferenz von Santo Domingo ist der Ansicht, daß die Option des Vatikans für die Bewegungen wirklichkeitsfremd ist:

»Alle müssen mitziehen, wenn die neue Perspektive für Lateinamerika greifen soll, auch Laien und Laienfamilien; doch die prophetischste Aufgabe fällt den Ordensleuten zu. Sie nicht mit einzubeziehen, heißt, einen Karren ohne Zugpferd zu haben. In manchen Gebieten in Südamerika ist die Dynamik der kirchlichen Basisgemeinden das bestimmende Element, und die sitzen in den Pfarrgemeinden und werden oft von Ordensleuten geleitet. Doch der Heilige Stuhl glaubt, er könne seine Projekte für eine neue Evangelisation besser mit den Bewegungen verwirklichen als mit den Orden .... Selbst in der Synode für Afrika ist wenig von den Orden die Rede gewesen, die doch die Architekten der Kirche in Afrika waren. Es ist interessant, Laien mit einzubeziehen, aber man kann deswegen die Ordensleute nicht ausblenden, die in der Praxis dann doch 90 Prozent der Aufgaben übernehmen müssen. Sie sind nicht von ungefähr die Hauptdarsteller – ihre Beteiligung ist substantiell. Man gewinnt manchmal den Eindruck, der Vatikan träume und bilde sich ein, diese Träume seien real.«

Die kirchlichen Orden mögen, räumt mein Gewährsmann ein, alt sein, aber sie sind gerade deshalb auch stabil und mit Personen und Aktivitäten fest in den Massenmedien, Universitäten und anderen Ausbildungsinstituten verankert. Zusammengenommen decken sie ein weit größeres Terrain ab als die Bewegungen. Das Problem ist, daß der Vatikan die Selbstdarstellung der Bewegungen für bare Münze nimmt.»Der Papst besucht ein Land, und die Bewegungen stehen parat und schwenken Fahnen und jubeln ihm zu, wogegen die religiösen Orden ihm wahrscheinlich eher einen kritischen Brief schreiben.«
Die Gründung von»Kommunion und Befreiung« im Jahr 1954 entsprang eher einem Zufall, die Geschichte der Bewegung enthüllt Grundsätzliches über die Entwicklung des Katholizismus in den letzten vier Jahrzehnten.

Der Priester Don Giussani aus Mailand, Lehrer am städtischen Berchet-Gymnasium (Liceo Classico), machte auf der Fahrt zu einem kurzen Urlaub an der Adria die Bekanntschaft mit einer Gruppe von Schulkindern; der Mangel an christlichem Wissen schockierte ihn. Er baute sofort nach Rückkehr an seiner Schule eine Gruppe auf, die das Interesse an religiösen Fragen wecken sollte. Fast zwanzig Jahre lang trug die Organisation den Namen Gioventu Studentesca (»Studentische Jugend«), abgekürzt GS.

Zu jener Zeit war die Katholische Aktion die offizielle Laien-Organisation der Kirche; sie beherrschte mit ihren Unterabteilungen für die einzelnen Altersgruppen und die gesellschaftlichen Bereiche das Leben in den italienischen Diözesen. Don Giussani wollte daher seine GS als eine Gruppe unter anderen in den Jugendverband der Katholischen Aktion, die GIAC, einbringen. Doch es gab sofort Meinungsverschiedenheiten.

Die GIAC betätigte sich im Rahmen der traditionellen Jugendclubs, die die meisten italienischen Pfarrgemeinden unterhielten, die GS aber wollte an den Schulen agieren. Don Giussani: »Wir müssen die jungen Leute dort erreichen, wo sie am stärksten von der Gesellschaft geprägt werden, also an der Schule, wo sich ihre Mentalität und ihre Kultur herausbilden.« Während GIAC-Aktivisten vielleicht eine Stunde pro Woche mit ihrer Gruppe zubrachten, bestand für die Mitglieder der GS die Möglichkeit täglichen Kontaktes.

Daraus ergab sich eine zweite Differenz: Die GS-Aktivisten hatten sehr viel engeren Kontakt mit den Jugendlichen; Giussani formulierte zwei Postulate. Er wollte »ihnen Jesus Christus als das Sinnzentrum ihres Lebens und als die vollgültige Erklärung für ihr Dasein nahebringen« und »sie im Namen Christi in ihrer eigenen schulischen Umgebung zusammenführen, als eine Methode, ihnen die christozentrische Anschauung zur Lebensphilosophie und zur zweiten Natur werden zu lassen«.

Don Giussani nahm sich vor, in seiner Bewegung – anders als in der Katholischen Aktion – das Prinzip der Koedukation zu praktizieren. Das ließ das Gerücht entstehen, die GS (später »Kommunion und Befreiung«) biedere sich den Katholiken an, die es mit der Tugend nicht so genau nehmen. Die GS wurde als Oppositionsgruppe wahrgenommen, der Konflikt mit der Katholischen Aktion war da.

In den fünfziger und sechziger Jahren wuchs die GS schnell – sehr zum Mißvergnügen der Mailänder Diözesenleitung, die nicht recht wußte, wie sie mit dieser »Schatten-Diözese« umgehen sollte. Am 6. Dezember 1966 schickte die Leitung der GS ein Schreiben an den Mailänder Kardinal Giovanni Colombo. Die beiden Verfasser, die GS-Priester Don Piero Re und Don Giovanni Padovani, protestierten gegen die Kritik an ihrer Organisation – in einer Zeitschrift hatte ein Priester der GS vorgeworfen, sie bringe »massenweise unreife Enthusiasten« hervor.

In dem Bemühen, dem zehnjährigen Tauziehen innerhalb der Katholischen Aktion ein Ende zu setzen, rang sich Kardinal Colombo Anfang 1966 zur offiziellen Anerkennung der GS als Missionsbewegung für den Bereich der weiterführenden Schulen durch: »Diese Bewegung gehört zu den beiden Jugendverbänden [dem männlichen und dem weiblichen] der Katholischen Aktion.« Die Katholische Aktion gab sich mit dieser Lösung zufrieden, Don Giussani und seine Gefolgsleute waren weniger glücklich. Denn die erste Generation der GS-Aktivisten, darunter die meisten Führungskader, hatte das Schulalter inzwischen hinter sich und studierte an den Universitäten. Und Kardinal Colombo hatte bestimmt, daß diese GS-Funktionäre sich dem Studentenverband der Katholischen Aktion, FUCI, anschließen müßten.

Die GS stellte an die Mitglieder so hohe Anforderungen, daß für einen überzeugten Aktivisten beide Alternativen – die Rückkehr in ein normales Leben oder der Übergang in eine andere Organisation – unvorstellbar waren. Viele GS-Aktivisten waren in der Hierarchie der Katholischen Aktion, namentlich der GIAC, aufgestiegen und steuerten einen Kurs gegen die neue KA-Führung, in der sie zu viele »katholische Intellektuelle« vermuteten. Die kirchlichen Instanzen hatten derweil den Antrag Giussanis abgelehnt, auch jene GS-Veteranen, die zu Universitätsstudenten herangewachsen waren, ihm weiter formell zu unterstellen. Daraufhin gründete GS 1965 im Alleingang das Charles-Péguy-Zentrum in Mailand als Treffpunkt für

Studenten und Doktoranden. Ähnliche Zentren in anderen Städten folgten bald.

Das war eine Kampfansage an den FUCI, der in der Folge ultimativ forderte, GS müsse seine Eigenständigkeit aufgeben und sich ihm anschließen. Aus den damaligen führenden Köpfen des FUCI ging später, in den siebziger Jahren, die katholische Linke Italiens hervor. Giussani warf diesen Kräften vor, sie errichteten einen »Dualismus« zwischen dem Geistlichen und dem Weltlichen, zwischen der Welt der Geschichte und Politik und der des Glaubens und der Hoffnung auf das ewige Leben. Die GS-Anhänger traten massenhaft in den FUCI ein – in der Hoffnung, allein durch die Macht der Zahl diesen Verirrungen entgegentreten zu können. Diese Konflikte wurden jedoch in den Schatten gestellt von einer internen Auseinandersetzung. Auslöser war die Studentenrevolte von 1968.

Schon 1965, als Don Giussani in die Vereinigten Staaten gegangen war, um eine akademische Arbeit über die protestantische Theologie Amerikas zu vollenden, hatte sich in der GS eine Identitätskrise angebahnt. Unter dem Einfluß einer starken Politisierung der Studenten beschlossen viele GS-Mitglieder, ihre theoretischen Überzeugungen in praktisches Engagement umzusetzen. Dieser Flügel scharte sich um Don Giovanni Padovani, der der GS 1968 den Rücken kehrte. Die GS verlor praktisch die Hälfte ihrer Mitglieder. Die verbliebenen Anhänger hielten zu Don Giussani. Ihr Schlachtruf lautete »Einheit und Autorität« – sowohl innerhalb der Bewegung als auch im Verhältnis zum Papst. Der »integristische« Ansatz Giussanis fand seinen Ausdruck im Konzept der »christlichen Tatsache« oder der Kirche als »lebendiger Erfahrung der von Gott bewirkten Befreiung, die bereits aus sich heraus politische Bedeutsamkeit besitzt«. Diese Konzepte fanden ihre Zusammenfassung in dem neuen Slogan der Bewegung: »Kommunion und Befreiung«.

Mit ihren Hochburgen an den Universitäten legte die »Kommunion und Befreiung« in den frühen siebziger Jahren ein atemberaubendes Wachstum an den Tag; unter den neuen Mitgliedern waren viele Enttäuschte aus den Reihen der extremen Linken. Getreu ihrer Devise »Ausdauer und Hartnäckigkeit« avancierte »Kommunion und Befreiung« zur prominentesten laizistischen Organisation Italiens.

Wichtig für ein Verständnis des aggressiven Stils der Bewegung ist die Definition eines christlichen »Faktums« oder »Ereignisses«. In der Praxis ist damit die sichtbare und kämpferische Verteidigung eines christlichen Standpunktes zu allen erdenklichen Themen gemeint – in Theologie, Moral, Gesellschaft, Politik und Kultur.

Nirgendwo wird die militante Haltung von »Kommunion und Befreiung« deutlicher sichtbar als bei ihrem Liebäugeln mit extremen Ideen; die Bewegung verbreitet Flugblätter, Zeitschriften und Pamphlete in hohen Auflagen. Der CL-eigene Verlag Jaca Books verlegte 1972 die erste italienische Ausgabe der theologischen Zeitschrift *Communio*. Sie war als Gegenstück zur angesehenen Zeitschrift *Concilium* gedacht, deren theologische Auffassungen den konservativen Kräften im Vatikan zu liberal waren.

Die treibenden Kräfte hinter der neuen Zeitschrift waren zwei führende Theologen: Henri de Lubac und Hans Urs von Balthasar, die der Bewegung nahestanden und aktiv in ihr mitwirkten. Als Co-Herausgeber der Zeitschrift fungierte Giuseppe Ruggeri, ein Theologe, der auch einer CL-eigenen Einrichtung angehörte, die den hochtrabenden Namen Istituto di Studi per la Transizione (»Studieninstitut für den Übergang«), abgekürzt Istra, trug.

Von den vielen Mailänder Theologen, die für *Communio* schrieben, war nur einer, Giacomo Contri, eingeschriebenes CL-Mitglied; das änderte sich, nachdem Ruggeri 1974 die Herausgeberschaft übernommen hatte. Nun rückten Männer wie der Philosoph Rocco Buttiglione und der Priester und Theologe Angelo Scola in die Redaktionsleitung – beide sollten später eine führende Rolle in der Bewegung und als Berater Johannes Pauls II. spielen. Sehr schnell machte sich in den Rubriken der Zeitschrift der polemische Stil von »Kommunion und Befreiung« bemerkbar.

»Kommunion und Befreiung« behauptet, das weitläufige wirtschaftliche Imperium, das von CL-Mitgliedern geleitet wird, gehöre nicht der Bewegung. Tatsache ist jedoch, daß ihre bedeutendsten Publikationen in Italien, *Il sabato* (der 1993 sein Erscheinen einstellte) und *30 giorni* der Bewegung als Sprachrohre für ihre leidenschaftlichen Kreuzzüge gedient haben. *Il sabato* war eine aktuellen Themen gewidmete Hochglanz-Wochenzeitschrift, *30 giorni* erscheint monatlich und befaßt sich vorwiegend mit kirchlichen Themen. 1987 beschloß die Holding-Gesellschaft, fremdsprachige Ausgaben von *30 giorni* herauszubringen; sie löste damit einen heftigen Streit innerhalb des internationalen Katholizismus aus. *30 giorni* berichtet über aktuelle Themen ausschließlich aus der Perspektive der konservativsten Kreise der römischen Kurie.

Während das Konzil eine neue Sicht der Kirche als Heimstätte des Volkes Gottes vorstellte, versetzt *30 giorni* seine Leser in die gute alte Zeit zurück, in der die Kirche sich noch durch Pomp und äußeren Glanz definiert hatte. *30 giorni* fällt in die in Italien gebräuchliche Kategorie einer »Meinungszeitschrift«; sie will die internationale Meinung in allen das Papsttum und den Vatikan betreffenden Fragen steuern oder korrigieren. Führende Gestalten der römischen Kirche erhalten die Zeitschrift kostenlos; auch internationale Zeitschriften wie *Time* oder *Newsweek* bekommen Exemplare. Extra- und Vorabdrucke werden zu kirchlichen Anlässen herausgebracht, etwa zu den Auslandsreisen des Papstes, zu den Synoden der Bischöfe der Welt oder zur Feier einer neuen Enzyklika – all dies in der Absicht, Einfluß auf die öffentliche Meinung zu nehmen.

Der traditionalistisch eingestellte US-amerikanische Jesuitenpater Joseph Fessio nutzte seine Teilnahme an der Synode über das Laientum im Jahr 1987 zu Diskussionen mit Alver Metalli von »Kommunion und Befreiung« über die Möglichkeit einer englischsprachigen Ausgabe der CL-Hauszeitschrift. Die Wahlverwandtschaft war offenkundig. Der von Pater Fessio geleitete Verlag Ignatius Press mit Sitz in San Francisco hatte bereits eine Reihe von CL-Büchern auf englisch herausgebracht und stand in dem Ruf, das bekannteste amerikanische Verlagshaus des rechten Katholizismus zu sein. Fessio zeigte sich von *30 giorni* beeindruckt: Die Zeitschrift war seiner Meinung nach gut geschrieben, ansprechend aufgemacht und bot einen Einblick in vatikanische Angelegenheiten, wie man ihn sonst nirgendwo erhielt. Am wichtigsten war aus seiner Sicht jedoch, daß die traditionalistischen Katholiken die orthodoxe Linie begrüßen würden.

Das Geschäft kam schnell zustande: Für eine feste Summe sollte der römische Verlag von *30 giorni* nicht nur die Beiträge für jede Ausgabe – schon fertig ins Englische übersetzt – liefern, sondern auch die grafische Gestaltung übernehmen. Nachdem Pater Fessio vergeblich nach Finanzierungsquellen in den USA gesucht hatte, entschloß er sich, eigene Mittel in das Projekt zu investieren und die Kundenkartei seines eigenen Verlags einzuspannen. Im Frühjahr 1988 erschien die Zeitschrift zum ersten Mal.

Die Geschäfte zwischen *30 giorni* und der Ignatius Press liefen auf Grundlage mündlicher Abmachungen zwischen den Chefs; schließlich genossen beide Partner innerhalb der katholischen Kirche einiges Ansehen. Doch in der vatikanischen Hierarchie vollzogen sich Veränderungen. Eine neue Holding-Gesellschaft für *Il sabato* und *30 giorni* wurde gegründet, das Istituto Editoriale Internazionale oder IEI. Der französische Millionär Rémy Montaigne, Ehemann einer Michelin-Erbin, pumpte nach Schätzungen rund eine Million Dollar, d. h. ein Drittel des Aktienkapitals, in das IEI. Montaignes eigener Verlag, dessen Zugpferde die beiden konservativen katholischen Wochenzeitschriften *Famille chrétienne* und *France-Catholique* waren, hatte schon 1987 die französische Ausgabe *30 jours* auf den Markt gebracht.

Zu diesem Zeitpunkt betrat ein Mann die Szene, der in den letzten Jahren zur umstrittensten Führerfigur von »Kommunion und Befreiung« geworden ist: Marco Bucarelli war Generaldirektor des IEI und Vizepräsident des Movimento Popolare, des politischen Flügels von »Kommunion und Befreiung«. Pater Fessio war erstaunt, als Bucarelli plötzlich eine um 50 Prozent höhere Lizenzgebühr forderte, als mit Metalli vereinbart, dazu auch noch die völlige redaktionelle Kontrolle über die englische Ausgabe. Die Verhandlungen dauerten zwei Jahre. Die redaktionelle Kontrolle verblieb in Rom, Ignatius Press wurde ein Vetorecht eingeräumt. Für den Fall einer Pattsituation wurde ein Schlichtungsverfahren vereinbart. 1990 stellten Pater Fessio und seine Leser eine beunruhigende Entwicklung fest. Ein Pater Andrew Bees aus dem englischen Lewes beklagte sich in einem Leserbrief über die mangelnde Ausgewogenheit der Zeitschrift:

»In letzter Zeit … wird nur noch alles in den schwärzesten Farben gemalt: Die Kirche sei an allen Fronten am Boden und im Niedergang, bedroht durch überall lauernde Freimaurer-Verschwörungen, kein Hoffnungsschimmer zu sehen. Es hat den Anschein, als würden die Personen, die man zitiert, gezielt wegen ihrer pessimistischen Haltung ausgewählt. … Mir bereitet es Bedenken, meine Gemeindemitglieder einer so geballten Ladung von Hoffnungs- und Trostlosigkeit auszusetzen – davon bietet ihnen die übrige katholische Presse schon genug.«

Auch die französische Ausgabe der Zeitschrift *30 jours* schlitterte in eine Krise. Die französischen Verleger lehnten den Druck der November- und Dezemberausgabe 1990 ab. Die umstrittenen Ausgaben enthielten maßlose Angriffe gegen Tadeusz Masowiecki, der bei den Präsidentschaftswahlen in Polen im November 1990 gegen Lech Walesa kandidierte. Walesa war ein guter Freund von »Kommunion und Befreiung« und hatte häufig ihren großen sommerlichen Zusammenkünften in Rimini beigewohnt. Die Bewegung unterstützte daher Walesa. Robert Masson, der französische Herausgeber, wollte in seiner Zeitschrift jedoch keine Unterstützung für einen der beiden Männer, sondern objektive Information über beide. Rom bestand darauf, daß die Zeitschrift unverändert und komplett erscheinen müsse.

Den französischen Journalisten, die in der römischen Zentralredaktion von *30 giorni* arbeiteten, war die Veränderung der politischen Linie der Zeitschrift schon früher aufgefallen. Im September 1990 hatte Antonio Socci die Nachfolge Alver Metallis als Chefredakteur angetreten. Metalli hatte sich durch geistige Flexibilität ausgezeichnet, Socci erklärte nach seiner Amtsübernahme, die Auslandsausgaben dürften »nicht um eine Zeile« von der italienischen Mutterzeitschrift abweichen.

Als Masson klar wurde, daß an eine Einigung mit IEI nicht zu denken war, teilte er seinen Abonnenten mit, warum die beiden folgenden Ausgaben in Frankreich nicht erscheinen sollten. *30 giorni* schlug im Februar 1991 mit einer Attacke auf die französischen Verleger zurück. Die Redaktion warf den Franzosen vor, sie weigerten sich, in einen »freien, aufrichtigen und offenen Dialog über kulturelle und historische Perspektiven« einzutreten. »Ausnahmslos alle Briefe, die wir von französischen Lesern erhalten haben, sprechen sich für die Linie aus, die die internationale Redaktionsleitung von *30 giorni* vertritt. Wir können daher keine Briefe veröffentlichen, die sich kritisch mit der internationalen Redaktionsleitung auseinandersetzen, selbst wenn wir es wollten – es liegen einfach keine vor.«

Der Leitartikel und die Leserbriefe erschienen auch in der englischen Ausgabe; allerdings hatte Pater Fessio vorher Kontakt mit Robert Masson aufgenommen und auch Briefe abgedruckt, die die Linie der Franzosen befürworteten. Einer dieser Briefe stammte von Monsignore Raymond Boucher, dem Erzbischof von Avignon, der den Widerstand gegen die Veröffentlichung der umstrittenen Artikel billigte – »aus Respekt vor einem Land, dessen Probleme, die bereits schwer genug sind, wir nicht noch verschärfen sollten«.

Im Februar 1991 hatte sich die Besorgnis Pater Fessios über den Kurs der Zeitschrift so verdichtet, daß er eine »Bemerkung des Verlegers der englischen Ausgabe« ins Blatt rückte, in der er fünf Aspekte eines beunruhigenden Trends aufzeigte:

1. Sich häufende Hinweise auf eine internationale Freimaurer-Verschwörung – was für nichteuropäische Leser zumindest einer gewissen Erklärung bedürfe. »Für uns«, erläutert Pater Fessio, »sind die Freimaurer so etwas wie die Rotarier – eine von vielen Wohltätigkeits-Vereinigungen für Geschäftsleute. Falls da wirklich finstere Dinge laufen sollten, müßte das schon gründlicher dokumentiert werden als durch bloße Behauptungen. Da wurde zum Beispiel darauf hingewiesen, daß man auf Dollarscheinen Freimaurer-Symbole findet. In jeder Ausgabe stand etwas über Freimaurer-Verschwörungen.«

Verschwörungstheorien, in deren Mittelpunkt die Freimaurer stehen, sind in Italien nichts Neues. Die Freimaurer waren die Schreckgespenster des Katholizismus, bevor ihnen die Kommunisten diesen Rang abliefen. Die Affäre um die Loge P2 in Italien verhalf den Spekulationen zu neuem Leben. Die Stimmungsmache gegen das

137

Freimaurertum wird vor allem von dem extrem rechten Flügel der italienischen Kirche geschürt. »Kommunion und Befreiung« veranstaltete regelmäßig Seminare über das Freimaurertum in der Wohnung des (inzwischen verstorbenen) CL-Universitätsdozenten Rosario F. Esposito; die Zulassung von Frauen zum Priesterberuf in der anglikanischen Kirche wurde schlicht zu einer Machenschaft der Freimaurer erklärt.[1]

2. Der Tanz um den Begriff Macht, dessen Vieldeutigkeit ebenfalls einer Erklärung bedürfe. »Das war ein Kultbegriff«, meint Pater Fessio, »den zu definieren sie ablehnten. Wenn sie über Ereignisse des Weltgeschehens berichteten, fügten sie oft hinzu, dahinter stecke ›die Macht‹.« Nach Auskunft von Gewährsleuten, die der Redaktion von *30 giorni* nahestehen, gingen die CL-Ideologen von der Existenz einer unsichtbaren, vorwiegend von wirtschaftlichen Interessengruppen betriebenen Verschwörung aus. Konkret stellte man sich »die Macht« als ein Bündnis zwischen Freimaurertum und internationalem Judentum vor.

3. Der zunehmende Anteil von Beiträgen zu rein italienischen Themen. Diese hätten für Leser in den USA und in Frankreich, die mit den Inhalten, namentlich den politischen, nicht vertraut waren, gründlich umgeschrieben werden müssen.

4. Die Häufung von Beiträgen, die explizit oder implizit Werbung für »Kommunion und Befreiung« machen. »Alles, was Giussani von sich gab, mußte gedruckt werden«, so Pater Fessio.

5. Die kaum verhüllten Meinungsäußerungen und Bewertungen in der Berichterstattung. »Ich selbst kenne die Gründe für diese Veränderungen nicht genau«, räumt Pater Fessio ein; sie seien jedoch zeitlich mit der »Ersetzung Alver Metallis durch Antonio Socci als Redaktionsleiter und mit dem Weggang von Robert Moynihan« zusammengefallen, der in Rom die Hauptarbeit für die englische Ausgabe geleistet hatte.

Hatte nun wirklich ein grundlegender Kurswechsel in der redaktionellen Linie der Zeitschrift stattgefunden, wie Fessio glaubt, oder war es eher so, daß die ausländischen Leser bis dahin nur von den schlimmsten Auswüchsen der CL-Weltanschauung bewahrt geblieben waren? Sicher ist, daß ungenierte Meinungsmache und die aufputschende Sprache der Zeitschrift perfekt mit dem Geist von »Kommunion und Befreiung« harmonieren.

Der Konflikt spitzte sich zu, als *30 giorni* beim Ausbruch des Golfkrieges eine antiamerikanische Position bezog. In einem Leitartikel von Pater Fessio in der Märzausgabe 1991 von *30 days* hieß es: »Wir üben keine Kritik an den Vereinigten Staaten, an Präsident Bush oder am Golfkrieg.« Die in *30 giorni* für die Anti-Kriegs-Polemik angeführten Gründe seien »intellektuell nicht zu rechtfertigen«.

»Es wird behauptet, eine Vorbedingung für einen gerechten Krieg – die Vermeidung unnötigen Blutvergießens – sei eindeutig nicht erfüllt, weil nach Angaben des *Osservatore Romano* am vierten Kriegstag bereits ›hunderttausend Tote in Bagdad‹ zu beklagen gewesen seien. Tatsächlich sprach das irakische Außenministerium zu diesem Zeitpunkt von 23 zivilen Opfern.«

»Es wird behauptet, eine andere Vorbedingung für einen gerechten Krieg, die ›begründete Aussicht auf einen gerechten Frieden‹, sei nicht erfüllt, weil der Papst erklärt habe: ›Probleme löst man nicht mit Waffengewalt.‹ Wäre dieses Argument stichhaltig, so wäre es der Beweis dafür, daß es noch niemals einen ›gerechten Krieg‹ gegeben hat und niemals einen geben wird.«

Die April-Ausgabe zeigte bereits drastische Konsequenzen. Auf der ersten Seite fand sich ein Leitartikel, in dem Pater Fessio seinen Entschluß begründete, Passagen aus 75 eingegangenen Leserbriefen (darunter 70 mit kritischer Tendenz) abzudrucken und dafür vier unzumutbar erscheinende Artikel aus der römischen Zentrale wegzulassen. Fessio vermittelte seinen Lesern eine Vorstellung davon, welche Lektüre er ihnen vorenthielt: »1. Einen Leitartikel, der mit den Worten ›Die Strategie des internationalen Freimaurertums ...‹ beginnt und auf die Behauptung hinausläuft, die Position des Papstes zum Golfkrieg, wie die Redaktion sie interpretiert, besitze für Katholiken dieselbe Verbindlichkeit wie dogmatische Definitionen des Glaubens; 2. ein Interview mit einem deutsch-jüdischen Philosophen, der den USA Imperialismus und – zwei Sätze später – Isolationismus vorwirft; 3. ein Interview über den ›kriegslüsternen Chor der Zustimmung‹ auf der Seite der ›Kriegsherren‹; und 4. einen Abriß bischöflicher Ansichten über den Krieg, in dem beispielsweise über Billy Graham gesagt wird, er verbreite ›antirömischen Geifer und Yankee-Ideologie‹ und betreibe eine ›hysterische Pro-Krieg-Kampagne‹.«

Pater Fessio versicherte seinen 30 000 Abonnenten, das Problem werde entweder dadurch gelöst, daß »die Redaktion in Rom wirksam internationalisiert wird, so daß eine echte Zusammenarbeit bei der Entscheidung über Themen und bei der Schlußredaktion möglich wird«, oder aber dadurch, daß »Ignatius Press gemeinsam mit den Verlegern anderer nationaler Ausgaben eine internationale katholische Zeitschrift herausbringt, die den Absichten und Bestrebungen der ursprünglichen *30 days* entspricht.«

Pater Fessio lehnte es ab, die Beiträge über den Golfkrieg abzudrucken; er berief sich auf einen Passus im Vertrag, der ein Schlichtungsverfahren vorsah. Doch Marco Bucarelli in Rom erklärte, falls die von Rom gelieferten Beiträge nicht abgedruckt würden, werde die Redaktion kein Material mehr für künftige Ausgaben liefern. Pater Fessio wurde daraufhin per Vorladung aufgefordert, innerhalb von 24 Stunden vor Gericht zu erscheinen. Die Italiener kamen jedoch mit ihrer Klage nicht durch; sie wurden verurteilt, 80 000 Dollar an Ignatius Press zu zahlen. Dem Verlag waren allerdings 200 000 Dollar zusätzlich Kosten entstanden.

Die unzufriedenen Verleger der Auslandsausgaben von *30 giorni* bringen inzwischen die unabhängige Monatszeitschrift *Catholic World Report* heraus; ihr römisches Redaktionsbüro liegt unweit der Via della Conciliazione, in unmittelbarer Nachbarschaft des Vatikans.

Das war noch nicht das Ende der Geschichte. Pater Fessio fand nach dem Abbruch der Beziehungen zur römischen Zentrale heraus, daß seine Zeitschrift in Amerika doppelt so viele Abonnenten hatte wie alle anderen nationalen Ausgaben zusammen. »Ich hatte nie verstanden«, sagt er, »warum sie keine Zahlen bekanntgaben, nicht einmal ihren eigenen Partnern. Wie sich herausstellte, hatten sie in Italien nur vier- oder fünftausend Abonnenten. Ich habe festgestellt, daß sie das Unternehmen mit Hilfe ihrer politischen Verbindungen finanzierten.«

»Kommunion und Befreiung« beschloß, weiterhin eine amerikanische Ausgabe ihrer Zeitschrift herauszubringen. Sie erschien in New Jersey. Ignatius Press praktizierte das branchenübliche Verfahren, seine Abonnentendaten für einmalige Nutzung zu verkaufen. Pater Fessio mußte schon bald erstaunt feststellen, daß die neue Verlagsleitung von *30 days* die Datei gekauft hatte. »Es war wie in einem Mafiakrimi. Ich flog nach New Jersey und erwirkte eine Verfügung gegen sie. Sie hatten sich die Daten unter falschem Namen beschafft.«

Papst Johannes Paul belohnte in den achtziger Jahren »Kommunion und Befreiung« für ihre Loyalität, indem er in den Auseinandersetzungen mit der Katholischen Aktion ihre Partei ergriff. Noch engagierter zeigte sich der Papst jedoch gegenüber den Gegnern der Neokatechumenaten. Das hat dazu geführt, daß die Bischöfe, besonders die italienischen, die im Vorzimmer des Vatikans sitzen, immer häufiger ihre Meinung für sich behalten. Ein Angriff auf die Neokatechumenaten wird mittlerweile einem persönlichen Angriff auf Papst Johannes Paul gleichgesetzt.

Dennoch ist der Widerstand nicht gebrochen. Kardinal Martini hat der Bewegung die Abhaltung weiterer Katechesen in seiner Mailänder Diözese verboten. Die Bischöfe von Umbrien ermahnten die Neokatechumenaten, sich an die herkömmlichen pastoralen Praktiken der Kirche zu halten. Der Bischof von Brescia, Monsignore Bruno Foresti, untersagte der Bewegung die Ansetzung neuer Katechesen und erklärte seinen Priestern, ehemalige Mitglieder der Bewegung hätten festgestellt, daß dort »ein pessimistisches Menschenbild, ein Klima der psychologischen Unterjochung, eine gewisse Aura der Exklusivität, eine gewisse Identifizierung der eigenen Gemeinschaft mit der Kirche als ganzer und eine Geringschätzung gegenüber der Religiosität anderer« gepflegt würden. Das Verbot wurde 1990 aufgehoben unter der Bedingung, daß die Bewegung sich der direkten Aufsicht des Bischofs unterstellt.

Der Vatikan ist indes bestrebt, der Lieblingsorganisation des Papstes alle Steine aus dem Weg zu räumen. Im Oktober 1991 versammelten sich in Rom 800 Mitglieder von NK-Gemeinschaften aus West- und Osteuropa und stellten sich den Bischöfen vor, die sich als Teilnehmer der Außerordentlichen Synode über Europa im

Vatikan aufhielten. Vierzig Bischöfe nahmen an der NK-Kundgebung teil, darunter Kardinal Glemp, der Primas von Polen, und Kardinal Lopez Rodriguez, der Primas von Santo Domingo und Präsident der lateinamerikanischen Bischofskonferenz. Papst Johannes Paul gab den Umgangston für die Veranstaltung vor; er empfing eine NK-Abordnung zur Audienz und pries die Neokatechumenaten als »unermüdliche und fröhliche Apostel der neuen Evangelisierung«.

Dieser Versuch, den Bischöfen die Bewegung schmackhaft zu machen, verlief so erfolgreich, daß das Experiment seither etliche Male wiederholt worden ist. Als sich die Mitglieder der lateinamerikanischen Bischofskonferenz 1992 in Santo Domingo trafen, demonstrierte der Papst seine Vorliebe für die Bewegungen dadurch, daß er das Neokatechumenaten-Seminar besuchte; nicht weniger als 150 südamerikanische Bischöfe wohnten einer Selbstdarstellung der Bewegung bei.

Die lateinamerikanische Bischofskonferenz fiel in denselben Zeitraum wie die Feiern zur Entdeckung des amerikanischen Kontinents. Viele der Teilnehmer waren im Wissen um die dunklen Seiten der Kolonisierung der Meinung, die Konferenz solle zu einer Kundgebung des Bedauerns über die im Namen Gottes begangenen Sünden genutzt werden. Etliche der 150 Bischöfe zuckten daher zusammen, als Kiko Arguello sofort frontal angriff: »Ihr, die ihr um Vergebung für die Sünden des Christoph Kolumbus bittet, solltet ihr nicht um Vergebung für eure eigenen Sünden bitten?« Arguello ist ein heftiger Gegner der Befreiungstheologie, die die strukturelle Gewalt in der Gesellschaft verurteilt; für ihn ist Sünde eine ausschließlich persönliche Sache.

Eine ähnliche Veranstaltung für 120 europäische Bischöfe fand im April 1993 in einem Hotel in Wien statt – auf Rechnung der Neokatechumenaten. Die Wahl war auf Wien gefallen, um den Osteuropäern die Teilnahme zu erleichtern. Eine Schlüsselrolle spielte Monsignore Paul Cordes vom Päpstlichen Rat für die Laien. »Uns wurde gesagt, es sei für die Bischöfe Osteuropas, und es sei sehr wichtig, ihnen das Zweite Vatikanische Konzil näherzubringen«, erzählte der holländische Bischof Bomers – und lachte. Geboten wurde eine Neuauflage der Veranstaltung von Santo Domingo: Den Bischöfen wurde eine NK-»*convivencia*« präsentiert unter der Leitung von Kiko Arguello und Carmen Hernandez. Den amtlichen Segen erhielt das Ereignis durch einen Brief des Papstes. »Der von den Neokatechumenaten beschrittene Weg«, schwärmte Johannes Paul, »kann sich den Herausforderungen des Säkularismus, des um sich greifenden Sektenwesens und des Nachwuchsmangels in der Priesterschaft gewachsen zeigen. Das Nachdenken über das Wort Gottes und die Teilnahme an der Eucharistie ermöglichen eine allmähliche Einführung in die heiligen Mysterien, die Schaffung lebender kirchlicher Zellen, die Erneuerung des Gemeindelebens.« Der den Neokatechumenaten angehörende Journalist Giuseppe Gennarini zitierte im *Osservatore Romano* positive Stimmen. Kardinal Sterzinsky von Berlin: »Ich hoffe, daß sich diese Zellen in vielen unserer Gemeinden bilden, um auf eine ganzheitliche Weise von der Fülle des Mysteriums Christi Zeugnis abzulegen.« Monsignore O'Brien, Hilfsbischof von Westminster: »Die Menschheit steht an einem Scheideweg: Sie hat feststellen müssen, daß die diversen Systeme und Ideologien nicht funktionieren und daß der einzige begehbare Weg vor uns der ist, der zu Gott führt: Das ist die Rolle des Neokatechumenats.« Monsignore Rypar, Vertreter von Kardinal Pio Laghi von der Kongregation für das Katholische Unterrichtswesen: »Wir haben erkannt, daß sich in der Kirche etwas vollzieht, das voll und ganz jenseits von uns ist und sich in menschlichen Begriffen nicht fassen läßt, sondern das nur einer direkten Intervention des Heiligen Geistes zugeschrieben werden kann.« Monsignore Cordes äußerte, die Neokatechumenaten übten einen gutartigen Einfluß auf die Bischöfe aus: »Zu den ersten Früchten dieser Zusammenkunft gehört die Erkenntnis, daß Jesus mächtig ist und daß er handelt.«

Diese offizielle Darstellung entspricht nicht der Wahrheit. Das Treffen war für viele Bischöfe ein desillusionierendes Erlebnis. Einige italienische Bischöfe wollten Fragen stellen, wurden aber daran gehindert. Als ein italienischer Bischof sich dennoch Gehör zu verschaffen versuchte, wurde er von Carmen Hernandez barsch zum Schweigen gebracht: »Sie haben der Bewegung nicht erlaubt, in Ihrer Diözese Fuß zu fassen oder zu wachsen. Sie können die Bewegung nur kennenlernen, indem sie mit ihr leben und sie akzeptieren. Wer sie nur von außen sieht, versteht nicht und kann niemals verstehen.«

Vom 28. bis 31. Januar 1994 fand in Rom vor 130 auf NK-Kosten eingeflogenen afrikanischen Bischöfen und Kardinälen eine weitere Aufführung des Schauspiels von Santo Domingo und Wien statt. Im Verlauf einer Audienz bezeichnete der Papst die Neokatechumenaten als ein »prädestiniertes Werkzeug« der Inkulturation in Afrika; dabei lehnt die Bewegung den Begriff der Inkulturation ab und verurteilt jeden Versuch, Einfluß auf ihre Katechesen, Lieder, Bilder oder Werte zu nehmen.

Ein italienischer Erzbischof bestätigt, wie breit die Kluft zwischen dem Papst und den Bischöfen im Gefolge der Neokatechumenaten-Affäre inzwischen geworden ist: »Viele italienische Bischöfe haben Kritik an der NK-Bewegung geübt – auch an hoher Stelle. Viele von ihnen haben bei ihren Besuchen *ad limina* mit dem Papst darüber gesprochen. Doch sobald man auf dieses Thema zu sprechen kommt, wischt der Papst es beiseite und schneidet ein anderes Thema an ... Der Papst kontrolliert alles und bestimmt alles. Viele Bischöfe sind zwar mit der Entwicklung nicht einverstanden, halten aber still, entweder aus Angst um ihre Karriere oder in Erwartung der ... finalen Lösung.«

1 Paul-Josef Cordes, *Den Geist nicht auslöschen*, Freiburg im Breisgrau 1990.
2 Ebd., S. 7.
3 Ebd.
4 Ebd.
5 Ebd., S. 13.
6 Ebd., S. 13 f. Vgl. H. U. von Balthasar, *Theodramatik III*, Einsiedeln 1980, S. 423-438.
7 *Avvenire*, 7. Dezember 1991.
8 »Il terzo incomodo«, *Il sabato*, 5. Dezember 1992, S. 99 f.

Kirchen in der Kirche

5

»Der Herr hat mein Rufen erhört und mich aus der Totengrube emporgehoben.« Ein Priester und ehemaliges NK-Mitglied, jetzt in einer Pfarrgemeinde im Norden von London tätig, beschrieb mit diesem Vers aus dem Buch der Psalmen seinen Abschied von der Bewegung.

Die Neokatechumenaten hatten sich ihm mit einwandfreien Referenzen vorgestellt: Der Hilfsbischof von East London, Victor Guazzelli, lud die Geistlichen aus seinem Gebiet zu einem Vortrag eines italienischen Katechisten ein. »Bei vielen Priestern gab es nach dem Zweiten Vatikanischen Konzil dieses Gefühl des Aufbruchs zu neuen Ufern«, erklärt der Priester. »Ich war auf der Suche nach einer Religion der Liebe und nicht der Angst, nach einem neuen Ideal für die Kirche, einer Explosion des Heiligen Geistes. Hier war etwas, das wie die Antwort auf alle Probleme aussah.«

Er zögerte nicht, die Katechisten in seinen Pfarrbezirk einzuladen und sie die einführenden Katechesen geben zu lassen. Als im Anschluß daran im Besinnungszentrum der Diözese eine *convivencia* stattfand, wurde per Abstimmung beschlossen, eine Gemeinschaft zu gründen. Von der ersten Minute an löste die Bewegung in der Gemeinde jedoch starke Polarisierungen aus. »Ich hielt damals diejenigen, die gegen sie waren, für muffig und konservativ. Sie befanden sich alle im Irrtum, weil sie nicht den Elan hatten, sich uns anzuschließen – den Neokatechumenaten. Heute weiß ich, daß sie recht hatten.«

Erste Bedenken kamen ihm, als er im Kreis seiner Gemeinschaft einer großen NK-Zusammenkunft in Rom beiwohnte. Zwar empfand er Kiko als einen eindrucksvollen Redner, aber irgend etwas störte ihn an dem Bericht, den der Gründer der Bewegung über eine

Privataudienz beim Papst gab. »Er erzählte uns, wie sie einander mit den Augen fixiert und einander angestarrt hatten – so etwas wie eine Kraftprobe des Willens. Da dachte ich zum ersten Mal: Das ist nicht richtig, das kann nicht richtig sein.«

Allmählich verdichteten sich die Zweifel an der von der Bewegung immer wieder beteuerten Loyalität zur Kirchenhierarchie. »Als Priester war man einfach nur ein Mitglied der Gemeinschaft. Ich war immerhin ein vom Bischof ernannter Gemeindepriester, aber das schien nicht zu zählen. Sie erwarteten, daß ich mich ihren Weisungen fügte ... Sie sagten, die Katechisten, die Laien waren, müßten die Gemeinschaften aufbauen. Wenn Priester es täten, liefe es falsch.«

Zunehmend spürte der Priester, wie er seine Loyalität teilen mußte zwischen den Forderungen der Neokatechumenaten und den Bedürfnissen der anderen Gemeindemitglieder. »Ich mußte 98 Prozent meiner Zeit für die Gemeinschaft aufwenden, zwei Prozent blieben für den Rest ... Aber wenn man Gemeindepriester ist, muß man für alle Gemeindemitglieder dasein. Man muß das Besuchsprogramm absolvieren, Hausbesuche machen. Doch wenn ein Priester von den Neokatechumenaten vereinnahmt wird, führt das dazu, daß er das Gros der Gemeindemitglieder vernachlässigt – das störte mich.« Die Kontrolle, die die Neokatechumenaten über ihn ausübten, untergrub die herkömmliche Kirchendisziplin. »Sie schufen sich ihr eigenes Recht. Ich war dem Bischof unterstellt; der Bischof ist mein Vorgesetzter, nicht die Katechisten sind es.« Allmählich wurden dem Priester die Umrisse einer mächtigen Hierarchie deutlich, die parallel zur kirchlichen existierte. »Ich hatte das Gefühl, daß hier eine hierarchische Struktur vorhanden war, über die ich nicht das Geringste wußte. Ich wußte nicht, wie sie funktionierte. Ich wußte nur, daß Kiko an der Spitze stand und daß er die Bewegung gegründet hatte. Ich wußte, es gab Katechisten, aber darüber hinaus wußte ich überhaupt nichts.«

Die Praktiken der Bewegung bereiteten ihm zunehmend Bedenken. »Die Gemeinschaft kümmerte sich nur um ihre eigenen Leute, und man befleißigte sich einer fast schon zwanghaften Konzentration auf die Gottesdienste. Die Katechisten nahmen offenbar an, sie seien über die traditionelle Kirchendisziplin erhaben, doch andererseits forderten sie von ihren Anhängern einen extrem hohen Grad an Loyalität.« Die Trennung kam, als er in einen anderen Pfarrbezirk versetzt wurde.»Im Moment meines Weggangs löste ich mich völlig von ihnen. Der Anführer der Gemeinschaft versuchte mit großer Ausdauer, mich zurückzuholen, aber ich wollte nicht und habe den Schritt zurück nie getan.« Wie viele Priester gibt es, denen eine solche Chance geboten wird?

In jeder Diözese, in der Neokatechumenaten aktiv sind, weisen sie dem örtlichen Bischof einen Ehrenplatz zu; doch das wirkliche Motiv für den verbal bekundeten Respekt vor der bischöflichen – wie auch vor der päpstlichen – Autorität ist für die Neokatechumenaten und für die anderen Bewegungen die Legitimierung ihrer fragwürdigen Praktiken. Und wenn die Kirche ihre Aufsichtspflicht vernachlässigt, ermuntert sie die Bewegungen zum Mißbrauch.

In der Diözese Clifton in Bristol konnten die Neokatechumenaten bis zu dem Augenblick, als Bischof Alexander durchgriff, fest darauf bauen, daß ihre Betätigung gestattet war. Bischof Alexander hatte nie eine NK-Katechese erlebt, deren Liturgie ist ein Geheimnis, in das nur die führenden Katechisten eingeweiht werden.

Viele NK-Rituale erfordern zwingend die Anwesenheit des Bischofs als Vertreter der Kirche. Wo dies nicht möglich ist, übernimmt der Gemeindepriester diese Rolle. Natürlich schlägt die Bewegung Kapital aus dem Gewicht, das die Anwesenheit des Bischofs der Veranstaltung verleiht. In manchen Fällen bringen sich Bischöfe aus tiefster Überzeugung ein, oft werden sie jedoch nur als Aushängeschilder benutzt. Die Rituale, für die man sie als Mitwirkende rekrutiert, sind in den von Kiko Arguello verfaßten Anweisungen in feierlichem, keinen Widerspruch duldendem Stil beschrieben. Ein italienischer Bischof beschwerte sich, daß ihm keine Möglichkeit gegeben wurde, das»Libretto« einer Zeremonie zu lesen – erst im Verlauf des Rituals lege ein Katechist ihm die Passagen vor, die er lesen solle. Der NK-Journalist Giuseppe Gennarini behauptet, die NK-Gemeinschaften hätten selbst in den Fällen, in denen ein Bischof ihnen »die Katechese verboten« und sie »in die Ecke gedrängt und in der Entfaltung behindert« habe, den schuldigen Gehorsam geleistet und »Entscheidungen akzeptiert, die ihren Tod bedeuteten«. Zahllose Beispiele belegen, daß dies nicht wahr ist.

Der heute im Ruhestand lebende Hugh Lindsay wurde, als er noch Bischof von Hexham und Newcastle war, von zwei Katechisten angesprochen, einem Spanier und einem Malteser. Als er sie nach ihren Qualifikationen für das Lehramt fragte, reagierten sie ungehalten; als er ihnen sagte, er könne ihnen keine Lehrbefugnis erteilen, gaben sie ihm nicht mehr die Hand. »Sie schüttelten beim Weggehen demonstrativ den Staub meines Hauses von ihren Schuhen.«

Im Jargon der Neokatechumenaten heißen Gemeindepriester und Bischöfe, die der Bewegung Steine in den Weg legen, »Pharaonen«. Dem inzwischen verstorbenen Erzbischof von Perugia erklärten Kiko und Carmen, er werde nie ein guter Erzbischof sein, solange er sich nicht zum Neokatechumenat bekenne und über mehrere Jahre dessen »Weg« praktiziere. Der Erzbischof beendete die Unterredung abrupt. Als er später einem Herzanfall erlag, machte in der Bewegung der Spruch die Runde, sein Tod sei die Strafe Gottes für seinen Widerstand gegen die Neokatechumenaten gewesen.

Ein anderer italienischer Erzbischof ist der Überzeugung, daß der Bewegung die Achtung vor dem Bischofsamt fehle. Ein Diakon seiner Diözese hatte eine Liebesbeziehung mit einer verheirateten Frau; nach einem Auslandsaufenthalt teilte er dem Erzbischof mit, er sei in ein Neokatechumenaten-Seminar eingetreten. Der Erzbischof äußerte sein Befremden, daß der Vorsteher des Seminars ihn nicht vorab konsultiert habe. Es handelte sich doch immerhin um einen Diakon seiner Diözese. »Was haben Sie damit zu tun?« entgegnete der angehende Priester. »Es ist unsere Angelegenheit.«

Auch Focolare und »Kommunion und Befreiung« geben sich große Mühe, auf Diözesenebene Priester und im Vatikan Bischöfe und Kardinäle für sich zu gewinnen. Wie die Neokatechumenaten verfügen sie überall über Förderer und Beschützer. Sie geraten jedoch weniger häufig in Konflikte, weil beide Organisationen eigene Strukturen unterhalten.

Gehorsam gegenüber der Kirchenobrigkeit ist eines der »zwölf

Gebote« Focolares, der »Punkte der Spiritualität«. Die Anregung dazu stammt aus dem Lukas-Evangelium: »Wer euch höret, der höret mich.« Die PR-Maschinerie der Bewegung arbeitet mit allen Mitteln an der Pflege der Beziehungen zur Hierarchie: Bischöfe werden zu den Mariapolis-Wochen in den diversen »Zonen« der Bewegung eingeladen, Mitglieder der römischen Kurie zu den internationalen Kongressen, die entweder in Castelgandolfo bei Rom oder in Loppiano stattfinden. Die Würdenträger werden in großem Stil »mit Liebe bombardiert« und mit Beifall überschüttet.

Focolare hat sich in der Kunst der Selbstdarstellung fünf Jahrzehnte lang geübt; die typischen »Aufführungen« der Bewegung sind oft nur an die Adresse eines einzigen prominenten Gastes gerichtet. Das Ziel ist, sie »hereinzubringen« (*prenderli dentro*), wie es in der Focolare-Sprache heißt.

Während es einerseits im Interesse der Bewegung liegt, bischöfliche Unterstützung zu gewinnen, werden auf der anderen Seite kritische Bischöfe öffentlich scharf verurteilt. Ich habe mitbekommen, wie *capizona* (»Zonenführer«) nach der Rückkehr von einer Unterredung mit einem Bischof berichteten, er habe »Chiara nicht verstanden« und sei dem »Ideal« noch nicht nähergekommen. Sogar über Papst Paul VI. wurde gesagt, er habe »das Ideal nicht verstanden«. Die Bewegung hat eigene Maßstäbe, an denen auch hohe Würdenträger der römisch-katholischen Kirche gemessen werden. Focolare hält sich selbst für die eigentliche Kirche und pflegt heftige antiklerikale Ressentiments. Das Wort *prete* (»Priester«) wird oft wie ein Schimpfwort verwendet. Viele Priester, die auf Diözesenebene die Verbreitung der Focolare-Ideen gefördert haben, wurden trotzdem nicht als Angehörige des inneren Kreises betrachtet; sie bleiben außen vor, weil sie *una mentalità da prete* hatten, eine Priestermentalität. Der Grund ist einfach. Von Priestern kann niemals eine so totale Unterwerfung unter die Bewegung erwartet werden wie von Leuten, die mit wenig christlichem Vorwissen zur Bewegung stoßen.

Diese Voreingenommenheit wurde in Loppiano besonders deutlich. Dort gab es einige Priester, die von ihrer Diözese freigestellt worden waren, um mit ganzer Kraft für die Bewegung arbeiten zu können.

Als ich in Loppiano war, hielten sich drei Priester dort auf. Sie versuchten nie, einen Vorteil aus ihrem Status zu ziehen. Sie besaßen eine Eigenschaft, die bei *focolarini* selten anzutreffen ist: Bescheidenheit. Die von ihnen unterrichteten *focolarini* gaben sich im Umgang mit ihnen respektvoll, doch hinter ihrem Rücken lachten sie. Wir sollten uns ja nicht von der Priestermentalität anstecken lassen. Sie waren gut genug, Messen zu lesen und Beichten abzunehmen, aber sonst kaum zu gebrauchen.

Das Bild, das in *30 giorni* von der Kirche gemalt wird, könnte auf eine unbedingte Loyalität von »Kommunion und Befreiung« zu den Bischöfen schließen lassen. Das Bild ist falsch. Die Bewegung unterstützt jene, die hinter ihr stehen, und verurteilt die, von denen sie nicht unterstützt wird. Don Giussani greift zu starken Worten, wenn er über Bischöfe spricht, die sich seiner Bewegung »widersetzen«:

>»Die Gläubigen, die sich durch die Bewegung in ihrem Glauben neu belebt fühlen, werden dennoch weiterhin ihren Glauben leben und werden dem Bischof vom disziplinarischen Gesichtspunkt aus gehorchen, freilich mit dem Wermutstropfen, daß sie nicht anerkannt werden ... Dieser Bischof ist kein Vater.«

Da der nachhaltigste Widerstand gegen »Kommunion und Befreiung« zunächst von der italienischen Bischofskonferenz ausging, hat die Bewegung von Anfang an versucht, an der Autorität dieser Versammlung zu rütteln. Die Bischofskonferenzen verkörpern den Versuch, das vom Zweiten Vatikanischen Konzil verkündete Prinzip der Kollegialität der Bischöfe in die Tat umzusetzen – die Idee, daß die Kirche nicht vom Papst im Alleingang geleitet wird, sondern in Abstimmung zwischen ihm und den Bischofskollegien.

Don Giussani kleidet seine Analyse der gegenwärtigen Probleme der Kirche in die für »Kommunion und Befreiung« typische Sprache:

>»In vielen ihrer Methoden der Anleitung, ob im pastoralen oder kulturellen Bereich, scheint die Kirche oft von so etwas wie einer neuen Aufklärungsmentalität hypnotisiert zu sein, von der Annahme

einer in letzter Analyse nahezu protestantischen Haltung, einer Position, in der die persönliche Deutung eine entscheidende Rolle spielt und die Moral tendenziell auf die Sphäre der sozialen Probleme reduziert wird, oder doch auf die für die Mehrheit am ehesten akzeptablen ethischen Themen.«

»In ein Programm übersetzt« werde diese Erkenntnis, so Don Giussani, »durch Formen einer zentralisierten Bürokratie auf der Ebene der örtlichen Kirchen, was in vielen Fällen de facto dazu führt, daß der Primat Petri stark verwischt wird«.

Als Kampfgefährte Don Giussanis betätigt sich Kardinal Ratzinger, der in Wort und Schrift die biblische und theologische Legitimität der Bischofskonferenzen in Frage stellt, jedoch der brisanten Frage ausweicht, welche Daseinsberechtigung die römische Kurie besitzt. In dem überwiegend negativen Bild, das »Kommunion und Befreiung« von der nachkonziliären Kirche zeichnet, spielen diese Organe eine Schlüsselrolle. Mit ihren Attacken hat die Bewegung sich zwangsläufig Feinde unter den Bischöfen der Welt gemacht, sie hat aber in Rom mächtige Verbündete.

Beobachter des Vatikan haben aufmerksam registriert, daß alle Bewegungen eine Politik der Infiltration betreiben; sie sichern sich die Unterstützung einzelner kirchlicher Würdenträger und hieven ihre Leute geschickt in Schlüsselpositionen im Vatikan.

Focolare hat sich von Anfang an bemüht, in die höchsten Ebenen der Kirchenhierarchie einzudringen. Neben den sieben »Farben«, die die verschiedenen Aspekte im Leben der Bewegung symbolisieren, gibt es zwei verborgene, nur den internen Mitgliedern bekannte Farben: »infrarot« und »ultraviolett«. »Infrarot« stand für das Einsickern der Bewegung in die kommunistische Welt hinter dem Eisernen Vorhang, »ultraviolett« steht für das Eindringen in Schlüsselfunktionen der Amtskirche und des Vatikans.

In dem Buch *Das Abenteuer der Einheit* behauptet Chiara Lubich, 700 Focolare freundlich gesonnene Bischöfe träfen sich regelmäßig, um die Beziehungen untereinander und zum Papst zu stärken. »Sie sind darin immer bestärkt worden, zuerst von Papst Paul VI. und jetzt von Johannes Paul II.«

Die genannte Zahl ist bemerkenswert hoch – demnach müßten rund 17 Prozent aller Bischöfe auf der Welt (es gibt etwas mehr als 4 000) der Bewegung angehören und sie aktiv unterstützen. Chiara Lubichs Rolle gegenüber den Bischöfen wurde oft mit der Marias gegenüber den Aposteln verglichen; sie soll in den siebziger Jahren einige Bischöfe mit Papst Paul VI. versöhnt haben. Einer davon sei Kardinal Suenens gewesen, der damalige Primas von Belgien, ein anderer Helder Camara, damals Erzbischof von Recife in Brasilien. Ich erinnere mich an eine Zusammenkunft im Mariapolis-Zentrum in Rom Ende 1972, bei der ein äußerst unglücklich wirkender Camara neben Chiara Lubich auf dem Podium saß und miterlebte, wie sie ihre Zuhörer bezauberte. Wie gering der Respekt der Bewegung vor den Mitgliedern im Bischofsrang ist, geht aus einer Geschichte hervor, die in einem internen Nachrichtenblatt der Bewegung geschildert wurde: Einer der namhaftesten Focolare-Bischöfe, der inzwischen verstorbene Klaus Hemmerle (Aachen), war auf der Synode über das Laientum 1987 in eine Schlüsselstellung gewählt worden. Der Papst habe zu Bischof Hemmerle in Gegenwart der Focolare-Gründerin gesagt: »Es ist allein das Verdienst der *focolarini*.«

Ein Brief vom 7. Dezember 1990, geschrieben von Antonio Santucci, Bischof von Trivento in Süditalien, verrät, wie weit das Engagement eines Bischofs für die Bewegung gehen kann. Santucci schildert zunächst seine ersten NK-Erfahrungen in seiner Zeit als Gemeindepriester in einem Vorort Roms zwischen 1973 und 1985; er habe anfänglich das Gefühl gehabt, »auf der Schneide einer Rasierklinge zu laufen«. Doch die Angst, einer Häresie zu erliegen, sei rasch verflogen. Die Bewegung habe eine Wirkung auf ihn ausgeübt: »Sie half mir, besser den wahren und guten Geist des Zweiten Vatikanischen Konzils zu verstehen, die Bedeutung des neuen Lebens, das die Taufe eröffnet (was ich schon vorher gewußt hatte, doch der Weg half mir, die erhabene Erkenntnis, ein Gotteskind zu sein, in mein tägliches Leben einzubringen) ... Die Wirklichkeit der Sünde, die dringliche Notwendigkeit der Evangelisierung, das Kreuz Christi, das der Ruhm Gottes und unsere Rettung ist.«

Kiko Arguello nannte den Bischof einen »von Begeisterung und gutem Willen erfüllten Bekehrten«. Inzwischen haben es prominente Priester aus den Reihen von »Kommunion und Befreiung« zu Bischofswürden gebracht: Der Theologe Angelo Scola ist heute Bischof von Grossetto, der Kanoniker Eugenio Corecco Bischof von Lugano. Im September 1990 veröffentlichte die vatikanische Tageszeitung *Osservatore Romano* einen Kommentar Coreccos, in dem dieser für Wolfgang Haas Partei ergriff, den rechtsextremen Bischof von Chur. Um Haas war in der schweizerischen Kirche ein heftiger Streit entbrannt, weil seine Diözese sich geweigert hatte, seine Ernennung zu akzeptieren.

Zu den Freunden und Förderern von »Kommunion und Befreiung« gehört auch, wie schon erwähnt, Kardinal Ratzinger, der mächtigste Mann in der Kirche nach dem Papst. Er ist überzeugt, daß die neuen Bewegungen der einzige positive Erfolg des Zweiten Vatikanischen Konzils sind. Beredte Fürsprecher von »Kommunion und Befreiung« sind Kardinal Jerome Hamer und Kardinal Giacomo Biffi, regelmäßige Teilnehmer der Versammlungen, Kardinal John O'Connor, Erzbischof von New York, und Kardinal Simonis von Utrecht, Primas der Niederlande.

Der Glaube der Bewegungen an eine hierarchisch geordnete Kirche, in der die Autorität unantastbar ist und Gehorsam als höchste Tugend gilt, ist zweifellos ehrlich. Doch da sie sich als die einzigen Garanten für die Zukunft der Kirche fühlen, zählt die eigene Hierarchie mehr als alles andere. Die bestehenden kirchlichen Machtstrukturen werden geschickt ausgenutzt, um Oasen der Autonomie zu schaffen. Mit charismatischen Führern an der Spitze ist die Bewegung möglich, ihrem obersten Bestreben zu frönen: der Selbstvergrößerung. Den wichtigsten Schutz gegen Widerstände jedweder Art bietet die offizielle Anerkennung durch die Instanzen der Kirche.

Wenn eine Bewegung oder Vereinigung nur in einer Diözese oder in einem Land aktiv ist, fällt es nach kanonischem Recht dem zuständigen Bischof oder der nationalen Bischofskonferenz zu, die offizielle Anerkennung zu verleihen. Operiert eine Bewegung hingegen international, ist der Heilige Stuhl zuständig. Der Päpstliche Rat für die Laien ist das vatikanische Gremium, dem es obliegt, »die Charismen der Bewegungen und der Laien-Vereinigungen zu beurteilen, und das heißt auch: die kirchliche Wahrheit aller schöpferischen Bestrebungen unter den Gläubigen in der Kirche zu beurteilen«. Präsident des Rates ist Kardinal Pironio, doch der eigentliche starke Mann ist, wie bereits dargelegt, Bischof Paul-Josef Cordes, der Vizepräsident. Focolare, älter als die beiden anderen Bewegungen, mußte um seine Anerkennung lange kämpfen,»Kommunion und Befreiung« und die Neokatechumenaten erhielten ihre Anerkennung sehr schnell. Bischof Cordes spielte in beiden Fällen eine wichtige Rolle.

Wenn man sich die Vorliebe des Papstes für Disziplin und Zentralismus vergegenwärtigt, erscheint es bemerkenswert, wie sehr der Rat für die Laien darum bemüht ist, den neuen Bewegungen ein Maximum an Freiheit zu verschaffen. Das geschieht offenbar auf direkte Veranlassung Johannes Pauls II. Bischof Cordes hat mir erzählt, der Papst habe nie irgendwelche Bedenken gegen die neuen Bewegungen geäußert, sondern immer nur ermunternde Worte gefunden. Der Rat habe gegenüber Bewegungen und Vereinigungen keine bestimmende, sondern eine koordinierende Funktion. Es sei nicht seine Aufgabe, den Bewegungen vorzuschreiben, was sie zu tun hätten; sie müßten vielmehr die Freiheit haben, ihrem Charisma zu folgen. Die zahlreichen Beschwerden über die Neokatechumenaten nahm Bischof Cordes nur pro forma zur Kenntnis. Der Vatikan räumt den Bewegungen soviel Spielraum ein, daß man nur den Schluß ziehen kann, ihr Aufstieg zu parallelen Kirchen vollziehe sich mit vorsätzlicher Billigung des Papstes. Warum aber begünstigt das Kirchenregime die neuen Bewegungen so auffällig? Die offizielle Version, die Ratzinger und Cordes vertreten, besagt, daß die Bewegungen dem päpstlichen Amt eine neue, größere Bedeutung verleihen. Die Bewegungen sind zudem – im Gegensatz zur Masse der katholischen Laienschaft – leichter kontrollier- und steuerbar. Das ist vermutlich auch der Grund dafür, daß Johannes Paul 1987 allen katholischen Laien die Mitgliedschaft in einer der Bewegungen empfohlen hat.

Opus Dei war die erste Organisation innerhalb der Kirche, die für sich keine in der Kirche gebräuchlichen Kategorien gelten ließ und sich gegen jede Definition ihrer Tätigkeit verwahrte. Opus Dei behauptete, keine Bewegung zu sein, obwohl es eine rasch wachsende Anhängerschaft fand. Opus Dei war auch kein Orden, obwohl es Mitglieder hatte, die ein Gelübde abgelegt hatten. Als die Kirche als neue Kategorie das »Säkularinstitut« einführte – definiert als eine Organisation, deren Mitglieder zwar ein Gelübde ablegen, aber weiter ihrer Berufstätigkeit und Lebensweise nachgehen –, war Opus Dei die erste Organisation, die nach Maßgabe dieser Kategorie anerkannt wurde. Das hinderte Opus Dei nicht daran, diese Einstufung abzulehnen. Die feierliche Vereinbarung zwischen der Organisation und den zölibatären Mitgliedern ist in ihren Augen kein »Gelübde«; die in Opus-Dei-Häusern zusammenlebenden Mitglieder bilden keine »Gemeinschaften«. Opus Dei beharrt darauf, daß seine Mitglieder durchweg Laien sind. Opus Dei will eine autonome Kirche innerhalb der Kirche sein.

Opus Dei sicherte sich diesen Status dadurch, daß es eine Armee von Gelehrten des kanonischen Rechts ausbildete, die in Rom und an der ordenseigenen Universität von Navarra im spanischen Pamplona das Feld beherrschte. Die Gelehrten haben sich der Aufgabe verschrieben, die einzigartige Unabhängigkeit des Opus Dei zu sichern und die Organisation aus der Vormundschaft der Kirche zu lösen. Einen wichtigen Etappensieg erzielten sie, als das Zweite Vatikanische Konzil in einem Dokument die Perspektive einer neuen Kirchenstruktur verkündete, die unter dem Begriff »persönliche Prälatur« lief und unter der man sich so etwas wie eine driftende Diözese vorstellte, definiert nicht durch geographische Zuordnung, sondern durch die konstituierenden Personen.

Als der Gründer von Opus Dei, Josémaria Escriva, 1975 starb, war seine Vision noch nicht Realität geworden. In Opus-Dei-Kreisen heißt es, er habe für die Verwirklichung seines Traumes »sein Leben gegeben«. 1982 sorgte Papst Johannes Paul II., ein Opus-Dei-Bewunderer, endlich für die Erfüllung des Traumes; hinter vorgehaltener Hand heißt es, dies sei aus Dankbarkeit geschehen, daß Opus Dei dem Vatikan geholfen habe, mit heiler Haut aus dem Skandal um die Banco Ambrosiano herauszukommen.

Der Mann an der Spitze von Opus Dei trägt den Titel »Prälat« und steht vom Rang her einem Bischof gleich. Der Nachfolger Escrivas, Alvaro de Portillo, der im März 1994 gestorben ist, wurde 1991 zum Bischof geweiht. Für die Bewegung bedeutete dies eine unkontrollierte Freiheit, Opus Dei kann seine Aktivitäten in völliger Autonomie entfalten – und auch in völliger Unsichtbarkeit. In jüngerer Zeit hat Opus Dei jedoch eine eindrucksvolle PR-Arbeit geleistet, um etwas gegen das Image eines »Geheimordens« zu tun. Nicht einmal die Kongregationen der römischen Kurie besitzen Weisungsbefugnis gegenüber Opus Dei.

Diesem Vorbild eifern die neuen Bewegungen nach. Da sie davon ausgehen, über ein von Gott verliehenes Charisma zu verfügen, können sie ihre Unverfälschtheit nur dadurch bewahren, daß sie sich gegen jede Einmischung von außen abschirmen.

Die einzige der drei Gruppen, die mit der Bezeichnung »Bewegung« leben zu können scheint, ist »Kommunion und Befreiung«. Bei ihrer Wiedergründung in den frühen siebziger Jahren wollte sie vermeiden, von der katholischen Aktion als rivalisierende Vereinigung betrachtet zu werden. Bewegung klang harmloser. In Wirklichkeit verhielt es sich anders. Nach schlechten Erfahrungen in der Vergangenheit wollte die neue Organisation auf Nummer Sicher gehen. Sie gab sich eine zentralistische Struktur mit einem Nationalen Rat an der Spitze (1985 in »Internationaler Rat« umbenannt), dem Don Giussani vorsteht und dem Vertreter der regionalen Räte oder »Diakonate« angehören. Die Bewegung bildete rasch Gliederungen in Schulen, Universitäten und am Arbeitsplatz.

»Kommunion und Befreiung« gründete nicht nur Firmen, Kindergärten und Schulen, sie bildete auch eine politische Gruppierung, die auf dem Höhepunkt ihrer Entwicklung wie eine eigenständige Partei agierte. Die wichtigsten Zweige waren jedoch die CLU für die Universitäten, die CLL für die Arbeiterschaft, die CLE für die im Schul- und Erziehungsbereich Tätigen und die CLS für Seminaristen.

Die Führungsfiguren der Bewegung werden nicht gewählt, sondern nach ihrer Loyalität ausgesucht. Die Eigenschaft, auf die es ankommt, heißt in der CL-Sprache *centratura* (»Zentriertheit«). Don Giussani definiert dies als »den Begriff der Erfahrung und daher auch der Treue; Kreativität, soweit sie aus den grundlegenden

Lehren der Bewegung und ihren Ausdrucksformen schöpft; die konkrete Fähigkeit, Gruppen zu führen«.[1] Solche Führungspersönlichkeiten werden vom Internationalen Rat als »Autoritäten« anerkannt und kooptiert. In der Sprache der Bewegung heißt das, sie werden »aufgerufen, sich mit dem Gründer die ›letztendliche Verantwortung‹ zu teilen«.[2]

Der CL-Bischof Eugenio Corecco hebt den »grundlegenden Unterschied« zwischen den herkömmlichen katholischen Vereinigungen und den neuen Bewegungen hervor; bei ersteren habe die Leitung »einfach die Aufgabe, die Wünsche der Mitglieder auszuführen. ... Bei den Bewegungen hingegen wird die Dynamik der Anhängerschaft angekurbelt«.

Alle Macht ist an der Spitze konzentriert. Von den örtlichen Vertretern wird erwartet, daß sie sich mit ihrem Vorgesetzten abstimmen. Detaillierte Anweisungen über Mitgliederwerbung, Lesungen, politische oder religiöse Aktivitäten werden den örtlichen Führern durch Rundschreiben erteilt. Von den Mitgliedern wird verlangt, regelmäßig den Gruppenzusammenkünften beizuwohnen. Die Begriffe »Treffen der Verkündigung« oder »Das klare Wort« stehen für die missionarischen Aktivitäten von »Kommunion und Befreiung«; die Gruppen müssen die Botschaft der Bewegung unter die Leute bringen, sei es durch die Verteilung von Flugblättern, sei es durch öffentliche Ansprachen. Ein wichtiger Bezugspunkt für alle Mitglieder ist die »Schule der Gemeinschaft«, bei der kleine Arbeitsgruppen einen Text studieren – fast immer eine Passage aus den Werken Don Giussanis. Die Hymnen der Bewegung werden bei Zusammenkünften und liturgischen Ereignissen gesungen.

In den letzten Jahren sind an der Seite der Bewegung zwei neue Institutionen aufgetaucht: die Brüderschaften und die sogenannten Memores Domini.

Die Brüderschaften wenden sich an Laien, die sich voll und ganz der Bewegung verschreiben möchten. Sie fördern die Bildung kleiner Gruppen aus Erwachsenen, die bereits im Beruf stehen. Die Mitglieder einer CL-Brüderschaft wohnen nicht zusammen, verbringen aber viel Zeit mit gemeinsamen Aktivitäten, die von der religiösen Betätigung bis zur Geldbeschaffung reichen. Jede Gruppe startet eine gemeinsame Aktivität, gewöhnlich ein kleines Geschäftsunternehmen. Das organisatorische Rückgrat von »Kommunion und Befreiung« bilden Priester in der Diözese Mailand; jeder Bruderschaft ist ein eigener Priester zugeordnet, der für sie die Messe liest, den Mitgliedern die Beichte abnimmt und mit Rat und Tat für sie da ist.

Kennzeichnend für die Brüderschaften ist ein starker missionarischer Akzent. Laut Statut sollen sie ihren Einfluß besonders in jenen »Glaubensumwelten« geltend machen, »die die Mentalität einer Person am stärksten beeinflussen, wie Familie, Schule, Universität, Arbeitsplatz, Wohnviertel, die kulturelle Welt«.

Während der Beitritt zur Bewegung ein relativ unscheinbarer Vorgang ist und immer wieder darauf hingewiesen wird, daß es keine Mitgliedsausweise, Beiträge oder Pflichtabonnements gibt, ist die Mitgliedschaft in den Brüderschaften hochgradig formalisiert: Der Kandidat muß beim Präsidenten Don Giussani und beim Zentralen Diakonat schriftlich um Aufnahme ersuchen. Die Brüderschaften haben in den zurückliegenden Jahren erstaunliche Mitgliederzuwächse erlebt: Von 3000 Mitgliedern 1982 über 12 000 1988 auf mehr als 25 000 Mitglieder 1993.

Die Brüderschaften spielen heute eine führende Rolle auf allen Leitungsebenen der Bewegung. Schon seit den frühen siebziger Jahren hat »Kommunion und Befreiung« einen Kampf um die offizielle Anerkennung durch die Kirche geführt. Die italienische Bischofskonferenz verlangte jedoch, eine Satzung vorzulegen, die die vielfältigen Aspekte und Aktivitäten der Organisation widerspiegeln sollte. »Ohne Satzung keine Anerkennung.« Die Brüderschaften boten dann einen Ausweg: 1980 wurden sie von Martino Matronola, dem Abt von Montecassino, anerkannt, am 11. Februar 1982 erklärte der Päpstliche Rat für die Laien in einem Erlaß die CL-Brüderschaften zu einer »Vereinigung Päpstlichen Rechtes, von jedermann als solche anzuerkennen«.

Während bei den Brüderschaften ein Hauch klassischen religiösen Lebens zu spüren ist, verkörpern die Memores Domini einen regelrechten religiösen Orden innerhalb von »Kommunion und Befreiung«. Seine Mitglieder leben in nach Geschlechtern getrennten

Gemeinschaften und legen eine Gelübde ab, in dem sie sich zu Armut, Keuschheit, Gehorsam und regelmäßigem Beten verpflichten. Die Memores verstehen sich als Laien, die ihr Leben Gott geweiht haben, für ihren Lebensunterhalt jedoch einem weltlichen Beruf nachgehen wie die *focolarini*. Der seltsame Name ihres Ordens wird in einer »Regel« erklärt: Das höchste Ziel der Ordensgemeinschaft sei die »Kontemplation, verstanden als Erinnerung, die beständig auf Christus gerichtet ist … und die Mission, das heißt die Leidenschaft, die Verkündigung Christi durch die eigene, von dieser Erinnerung verwandelte Person«.

Der zuständige Bischof teilt jeder Gemeinschaft ein Mitglied eines religiösen Ordens zu, ausgewählt aus einer vom Präsidenten der Memores Domini, Don Giussani, zusammengestellten Liste. Sie führen ein mit Gebeten und geistlicher Lektüre ausgefülltes Leben und halten jeden Tag eine Stunde und jede Woche einen halben Tag stille Zeit ein. Alle vier Monate findet ein zweitägiges geistliches Exerzitium statt, einmal im Jahr eine viertägige Zusammenkunft der Mitglieder. In den Memores-Gemeinschaften gilt das Bekenntnis der Bewegung zu Autorität und Gehorsam in verschärfter Form: »Die Achtung vor der Autorität im Sinne von Gehorsam ist fundamental.«[3] Interessenten müssen sich schriftlich bei Don Giussani bewerben und durchlaufen, wenn sie angenommen werden, eine dreijährige Probezeit. Fünfzig Novizen nimmt der Orden jährlich neu auf, die Mitgliederzahl liegt derzeit bei rund fünfhundert. Die Memores sind dabei, zur Vordenkertruppe von »Kommunion und Befreiung« zu werden, immer mehr ihrer Mitglieder übernehmen Führungsrollen in der Bewegung und in den Brüderschaften.

Die Bewegung Focolare, die amtlich eigentlich Opera di Maria (»Werk Marias«) heißt, ist der Alptraum eines jeden Kanonikers. Die Gründerin behauptet, sie habe nie vorgehabt, eine Bewegung ins Leben zu rufen, es sei alles das Werk des Heiligen Geistes gewesen. Neulingen wird erzählt, es sei nicht möglich, in die Bewegung »einzutreten«; sie verkörpere zunächst und vor allem etwas Geistliches; die Organisationsstruktur sei lediglich ein Gefäß für die Reinerhaltung dieser geistlichen Qualität, die Gott zum Nutzen der gesamten Kirche gestiftet habe.

In der Praxis sind die Aspekte der Geistlichkeit und der Bewegung untrennbar miteinander verflochten. Wie »Kommunion und Befreiung« verfügt auch Focolare über eine streng hierarchische Organisation. Weltweit gliedert sich die Bewegung in 66 »Zonen«, an deren Spitze jeweils ein männlicher und ein weiblicher *capozona* (»Zonenvorsteher«) stehen, die beide *focolarini* sind. Sie alle leben und arbeiten »hauptamtlich« für die Bewegung; ihre Residenz, genannt *»centro-zona«*, ist oft ein Anwesen von beachtlicher Größe. Die *capizone* regieren ihre Zonen mit Hilfe regionaler Unterzentralen und sind der Zentrale in Rom verantwortlich. Bis heute laufen alle Fäden bei der Präsidentin und Gründerin von Focolare, Chiara Lubich, zusammen. Der Begriff »die Zentrale« bezieht sich praktisch auf sie persönlich.

Chiara lebt in Rocca di Papa in den Albaner Bergen unweit Roms; hier in Grottaferrata und in Frascati befinden sich auch die Verwaltungszentren der Bewegung. Wie in allen totalitären und zentralistischen Organisationen zeigt sich auch bei Focolare, daß die in die Zentrale Berufenen sich eher durch Biegsamkeit und Orthodoxie auszeichnen als durch Charakter und persönliche Qualitäten.

Die Geschäfte von Focolare führt ein Kollegium, das als »Koordinierender Rat« bezeichnet wird; ihm gehören neben Chiara Lubich und ihrem Stellvertreter, einem geweihten Priester und *focolarino*, männliche und weibliche Räte an, die die verschiedenen »Aspekte« der Bewegung vertreten – ihre Finanzen, ihre missionarische Tätigkeit, ihr geistliches Leben usw. Die Mitglieder unterstehen verschiedenen Hierarchieebenen: Auf der obersten Stufe stehen die *focolarine* (weiblich) bzw. *focolarini* (männlich); sie geloben Armut, Keuschheit und Gehorsam und leben in Gemeinschaften. Sie sind die unumstrittenen Führer der Bewegung. Hinter ihnen stehen die verheirateten *focolarini*, die feierlich versprechen, in Armut, Gehorsam und Keuschheit – »unter Berücksichtigung des ehelichen Standes« – zu leben. Die verheirateten *focolarini* sind jeweils einer Focolare-Gemeinschaft zugeordnet (die Frauen der weiblichen, die Männer der männlichen Abteilung) und sollen soviel Zeit wie möglich dort verbringen. Theoretisch sind sie den zölibatär lebenden *focolarini* gleichgestellt, spielen jedoch innerhalb der Hierarchie keine vergleichbare Rolle. Die Gesamtzahl der *focolarine* und *focolarini*, Verheiratete mitgezählt, liegt bei 5 000.

Erst dann kommen die männlichen und weiblichen Freiwilligen, die sich verpflichten, der Bewegung treu zu dienen. Sie sind Laien, wohnen zu Hause und treffen sich regelmäßig in Gruppen. Von ihnen dürfte es weltweit rund 17 000 geben.

Die Jugendabteilung der Bewegung heißt »neue Generation«, kurz »Gen« genannt; auch hier gibt es eine strenge Geschlechtertrennung. Jugendliche und junge Erwachsene gehören zur Gen 2 (was bedeuten soll: zur zweiten Generation), Kinder zur Gen 3, Kleinkinder zu Gen 4. Sie müssen finanzielle Verpflichtungen übernehmen und Gelder sammeln für den Ausbau der Bewegung. Außer den Laien gehören auch Priester der Bewegung an. 1400 Geistliche sind eng mit der Bewegung verbunden – einige sind von ihren Bischöfen freigestellt worden, um vollberuflich für Focolare zu arbeiten; weitere 12 000 sind bekennende Focolare-Anhänger. Die jüngeren zählen zur Kategorie Gen S; das steht für »Generation der Seminaristen«.

Ein entschieden klerikales Gesicht verleiht der Bewegung die Gruppe der männlichen und weiblichen Mitglieder religiöser Orden. Auf der männlichen Seite kann Focolare 19 000 Gefolgsleute für sich reklamieren, auf der weiblichen 42 000. Von ihnen wird erwartet, daß sie die öffentlichen Großveranstaltungen der Bewegung, zum Beispiel die Marlapolis-Wochen, besuchen. Sie müssen an den regelmäßigen Zusammenkünften auf örtlicher Ebene teilnehmen und zu kleineren Veranstaltungen in den nationalen Mariapolis-Zentren reisen, Kurse und Bildungsprogramme besuchen. Nach dem Umzug des zentralen Ausbildungsinstituts ins schweizerische Montet wurden in Loppiano Schulen für die diversen Gen-Gruppen, für Priester, Ordensbrüder und -schwestern, freiwillige und verheiratete *focolarini* eingerichtet. Sie sind offen für Mitglieder aus allen Ländern.

Um die Mitgliedergruppen herum haben sich »Massenbewegungen« entwickelt, Anhängergruppen, deren Aufgabe es ist, die Botschaften der Bewegung einer großen Öffentlichkeit nahezubringen. Die verheirateten *focolarini* organisieren und leiten die Bewegung »Neue Familien«, die Freiwilligen inszenieren die »Neue Menschheit«, die Gen-Gruppen sind verantwortlich für die »Jugend für eine Vereinte Welt«; die Aktivisten von Gen 3 schließlich bestreiten Veranstaltungen wie »Jungen und Mädchen« oder »Kinder für eine Geeinte Welt«. Die Priester und Seminaristen sind für die Gemeinde-Bewegungen verantwortlich.

Höchste Autorität haben die *focolarini*. Ihre Wirkungsstätten, die Focolare-Zentren, sind nach Aussage der Focolare-Gründerin »Punkte der größten Wärme und des hellsten Lichtes: Sie sind, innerhalb der Bewegung, die Hüter der Flamme der Gottes- und Nächstenliebe, die nie erlöschen darf.«

Die totale Hingabe an die Bewegung ist unabdingbar für die Bewahrung der »Reinheit« der Botschaft. Das Auswahlverfahren ist daher in den letzten Jahren strenger geworden. Bewerber müssen von den lokalen Kadern vorgeschlagen werden und dann einen schriftlichen Antrag an die Gründerin einreichen. Deren Zustimmung ist aber nur noch Formsache. Die tatsächliche Entscheidung liegt bei den männlichen und weiblichen *capiramo* (»Zweig-Oberhäuptern«) vor Ort. Nach einer Probezeit von einem Jahr besuchen die meisten Kandidaten zwei Jahre lang eine der Schulen. Dann werden sie einer Focolare-Gemeinschaft zugewiesen und können nach zwei Jahren ein vorläufiges Gelübde auf Armut, Keuschheit und Gehorsam ablegen; dieses Gelübde wird fünf Jahre lang wiederholt, erst dann darf das endgültige Gelübde abgelegt werden.

Das Leben eines *focolarino* ist bis ins letzte Detail hinein fremdbestimmt. Er muß seinen Verdienst am Monatsende der Bewegung abliefern und für die kleinste Anschaffung die Erlaubnis des Vorgesetzten einholen. Jeder persönliche Kontakt muß als Chance gesehen werden, ein Mitglied zu werben. Auf den Versammlungen werden »Erfahrungen« mitgeteilt und Termine für zukünftige missionarische Aktivitäten festgelegt. Einmal im Monat zieht sich die Gemeinschaft zu einer »Klausur« zurück, die wiederum aus Erfahrungsberichten sowie aus dem »Augenblick der Wahrheit« besteht, einem Ritual, bei dem jedes Mitglied der Gemeinschaft den anderen erzählen muß, wo nach der eigenen Meinung die guten und die schlechten Seiten liegen; außerdem werden Ton- oder Videobänder mit Vorträgen Chiara Lubichs angehört bzw. angeschaut.

Genau wie die Neulinge müssen auch die *focolarini* ständig im Erlebnis der totalen Hingabe an die Bewegung *gebadet* werden; zweimal im Jahr werden sie zu vier- oder fünftägigen Klausuren nach Rom gefahren. Um sicherzustellen, daß der Tagesablauf eines *focolarino* von seinen Vorgesetzten kontrolliert werden kann, wurde die Methode der *schemetti* (»Plänchen«) eingeführt. Es sind Formulare, die schulischen Stundenplänen ähneln und von jedem Mitglied täglich ausgefüllt werden müssen; am Monatsende werden sie dem *capofocolare* ausgehändigt, der sie archiviert. Auf diesen Zetteln wird, wie ich mich aus der Zeit meiner Mitgliedschaft erinnere, über jeden Aspekt des Lebens Buch geführt. Alle Teile des täglichen Pflichtpensums mußten wir abhaken: Messe, Rosenkranz, Meditation, Beichte. Es waren Angaben zu machen über die Dauer der Schlafzeiten, über eingenommene Arzneien, über das wöchentliche Bad, über sportliche Aktivitäten, Veranstaltungen, Gespräche mit neuen Mitgliedern, über gekaufte Kleidungsstücke, Hausarbeiten, Fortbildungskurse oder Studienprüfungen.

Trotz der Gehirnwäsche, der man uns unterzogen hatte, protestierten viele gegen die *schemetti*. Die offizielle Antwort lautete, unsere Vorgesetzten könnten, falls wir einmal ein Problem bekämen, durch Prüfung der Formulare wahrscheinlich die Ursache unseres Malheurs erforschen. *Focolarini* werden umhergeschoben wie Bauern auf dem Schachbrett, normalerweise ohne vorher informiert zu werden; oft werden sie gezwungen, ihre Arbeitsstelle kurzfristig zu kündigen. Partnerschaft und beratende Gespräche sind in der Focolare-Welt Fremdwörter; daß ein *focolarino* sich gegen eine Versetzung wehrt, ist fast undenkbar.

Trotz dieses eisernen Griffes laufen der Bewegung immer wieder Leute davon. Ihren Anspruch auf die Person eines *focolarino* aber gibt die Bewegung nicht so ohne weiteres auf; zäh hält sie an denjenigen fest, die ihr den Rücken kehren möchten.

Da Focolare älter ist als die beiden anderen Bewegungen, fiel es seinerzeit dem Heiligen Offizium unter Kardinal Ottaviani zu, Erkundigungen über die Bewegung einzuziehen. In den fünfziger Jahren wurde versucht, die Bewegung zu definieren. Papst Pius XII. soll einen der frühen Entwürfe für eine Focolare-Satzung als eine »regoletta immacolata«, ein »unbeflecktes Regelchen«, bezeichnet haben. Er beschäftigte sich mehr mit den geistlichen Dingen als mit den Strukturen, denen das Hauptinteresse der zuständigen Aufsichtsinstanzen galt. Gegen Ende der fünfziger Jahre wurde der Focolare-Zweig für säkulare Priester, auch Lega genannt, vom Vatikan angewiesen, den Kontakt mit den Laien-*focolarini* für einige Jahre abzubrechen. Trotzdem wuchs die Bewegung weiter.

Als die Bewegung unter Papst Johannes XXIII. Anfang der sechziger Jahre die Anerkennung erhielt, wurde sie zunächst der männlichen Abteilung gewährt, die erst nach der weiblichen gegründet worden war. Zur praktischen Lösung des Problems kam es unter Papst Paul VI. Doch die Gründerin war mit der Anerkennung nur jeweils einzelner Teile ihrer Bewegung nicht zufrieden; sie arbeitete hartnäckig an neuen Statuten und Regeln, bis die ganze Bewegung anerkennungsfähig war.

Dieser Augenblick kam im Juni 1990 unter Papst Johannes Paul II. Im Gegensatz zu den anderen Bewegungen kann Focolare heute ein offiziell anerkanntes Statut vorweisen. Die Bewegung hat jede Freiheit und Befugnis, ihre Ziele zu verfolgen. Es ist jedoch nicht zu erwarten, daß Focolare den von Opus Dei gewählten Weg der persönlichen Prälatur einschlägt. Chiara Lubich hat Johannes Paul II. die Bestimmung abgerungen, daß die Präsidentschaft stets in den Händen einer Frau liegen muß.

Während Opus Dei für sich den Begriff der »Bewegung« ablehnt, weil er wenig ausgeprägte Strukturen suggeriert, finden die Neokatechumenaten, »Bewegung« klinge zu sehr nach Strukturen, deshalb wollen sie nicht so genannt werden. In Wirklichkeit verfügen die Neokatechumenaten, wie Focolare und »Kommunion und Befreiung« über eine ausgeprägte vertikale Hierarchie.

Pater José Guzman, der ranghöchste NK-Führer in Großbritannien, verwarf in einem Gespräch mit mir nicht nur die Bezeichnung »Bewegung«, er verneinte auch die Existenz einer NK-Philosophie. Wo keine Organisation existiert, gibt es nichts anzuerkennen und nichts zu prüfen. Das ist die Methode, sich Freiraum zu sichern.

Die Neokatechumenaten haben noch immer eine ziemlich einfache Struktur: Die Schlüsselfiguren, ausgestattet mit einer Aura wie die *focolarini* und die Memores Domini, sind die Katechisten, die in ihrer Mehrzahl nicht zölibatär leben, sondern verheiratet sind. Der Katechist, der eine Gemeinschaft evangelisiert, bleibt ihr übergeordnet, auch wenn er sie später nur noch gelegentlich besucht; er ist ihr Verbindungsglied zur Zentrale der Bewegung. »Verantwortliche« werden aus jeder Gemeinschaft heraus benannt und mit der Führung der alltäglichen Geschäfte betraut. »Wandernde Katechisten« arbeiten in Gruppen, die die Botschaft des Neokatechumenats in die Missonsgebiete tragen: »Jede Gruppe besteht aus einem Paar mit seinen Kindern, einem jungen Mann und einem Hilfsgeistlichen wie eine kleine Wallfahrtskirche.«[4]

In jedem Land, in dem missioniert wird, ist das »Nationale Team« die höchste Instanz; es koordiniert die Aktivitäten auf örtlicher Ebene und kommuniziert direkt mit den Gründern Kiko Arguello und Carmen Hernandez in Rom. Die wandernden Katechisten nehmen an den regelmäßigen Einstimmungsveranstaltungen in Italien teil, zu denen sie einmal im Jahr aus aller Welt anreisen. Schwer begreiflich ist es, daß es der Bewegung bisher gelungen ist, sich auf höchster Ebene eine Katechese absegnen zu lassen, die von vielen Fachleuten als ketzerisch, weil unvereinbar mit grundlegenden katholischen Dogmen, verurteilt worden ist.

Schon zu einem frühen Zeitpunkt ihrer Entwicklung hatte die Bewegung die Aufmerksamkeit von Monsignore Casimiro Morcillo, Erzbischof von Madrid, erregt. Er war beeindruckt von der Arbeit Kiko Arguellos und Carmen Hernandez' mit den Armen und Zigeunern in der Bruchbudenvorstadt Palomeras Altas. Die beiden hatten ihn um Hilfe gebeten, als die Polizei mit dem Abriß einiger Hütten drohte. Als der Erzbischof sah, welche Gebetskultur die beiden den Menschen beigebracht hatten, bat er den zuständigen Gemeindepriester, ihnen seine Kirche für ihre wöchentliche Eucharistie zur Verfügung zu stellen. Später nahm er für sie Partei, als die von den Neokatechumenaten übernommene Osterwache in einigen Gemeinden für Ärger sorgte. Er war überzeugt, daß die von ihnen propagierte Nachtwache auf der Linie der von der Kirche geförderten liturgischen Reformen lag.

Als Arguello und Hernandez 1968 nach Rom gingen, hatten sie ein

Empfehlungsschreiben des Erzbischofs im Gepäck, gerichtet an den Kardinalvikar der Diözese Rom, Kardinal Dell'Acqua. Dieser gab Kiko und Carmen die Erlaubnis, in den Pfarrgemeinden seiner Diözese mit Katechesen zu beginnen – unter der Bedingung, daß der jeweilige Gemeindepriester damit einverstanden sein müsse. Nach schleppenden Anfängen entstand schließlich die erste NK-Gemeinschaft im Gemeindebezirk der Kanadischen Märtyrer. Weitere folgten.

In den siebziger Jahren erhob einer der römischen Hilfsbischöfe Bedenken gegen die Exorzismus-Rituale, die die Neokatechumenaten in einer ihrer »Prüfungen« zelebrierten. Er erstattete der für liturgische Fragen zuständigen vatikanischen Kongregation für die Disziplin der Sakramente und den Gottesdienst Bericht. Daraufhin wurde Kiko vor ein Gremium zitiert, dessen Vorsitzender der Sekretär der Kongregation war und dem Experten angehörten, die bis vor kurzem an der Ausarbeitung der *Ordo initiationis christianae adultorum* (OICA oder RCIA) beteiligt gewesen waren, der offiziellen kirchlichen Katechese-Anweisung für Erwachsene, die sich auf die Taufe vorbereiteten.

Die Kongregation entschied, es sei zulässig, ja sogar förderungswürdig, daß bestimmte Rituale aus der *Ordo* beim erneuten Ablegen von Taufgelübden durch bereits getaufte Katholiken angewandt werden. Sie veröffentlichte ein Dokument mit dem Titel »Überlegungen zu Kapitel 4 der OICA«, in dem es unter anderem hieß: »Ein ausgezeichnetes Beispiel hierfür sind die ›Gemeinschaften der Neokatechumenaten‹«, die in Madrid ihren Ausgang genommen haben. Die Untersuchungen waren sehr oberflächlich durchgeführt worden. Offizielle Zeremonien, wie sie im Beisein eines Bischofs begangen werden, sind eine Sache; doch wie stand es um die Prüfungen und um die kollektiven Beichten hinter verschlossenen Türen? Keine Untersuchung hat sich bislang mit den Methoden und Techniken der Neokatechumenaten befaßt.

Einer der heikelsten Punkte bei den Neokatechumenaten ist die Katechese. Als die Bewegung sich erstmals an Kardinal Dell'Acqua gewandt hatte, hatte dieser sie mit dem Generalvikar seiner Diözese, Monsignore Ugo Poletti, zusammengebracht, der schnell zu einem der ersten Förderer der Neokatechumenaten wurde. Poletti trat Anfang der siebziger Jahre die Nachfolge Dell'Acquas an. Der neuernannte Kardinal stellte den Kontakt zu Monsignore Giulio Salimei her, dem damaligen Direktor des Katechistischen Amtes der Diözese Rom. Er wurde zu einem wichtigen Verbündeten und ist heute Hilfsbischof von Rom und Rektor des Redemptoris-Mater-Seminars der Neokatechumenaten.

Während die Neokatechumenaten für ihre liturgischen Praktiken offizielle Rückendeckung erhielten, ernteten sie in den einzelnen Gemeinden Kritik; Poletti kam auf die Idee, eine Unterredung zwischen der NK-Führung und der Kongregation zu arrangieren, die unter anderem für Fragen des Katechismus zuständig ist. Hier kam den Neokatechumenaten ein glücklicher Umstand zu Hilfe: Der Amtsträger, der zu ihrem Gesprächspartner auserkoren wurde, war Monsignore Massimino Romero, den sie schon von Spanien her kannten.

Aus einer Schilderung Kikos geht hervor, wie stark seine Nerven flatterten, als er die Papiere über die NK-Katechese an Romero aushändigte; er hatte sich nach Kräften bemüht, die Bedeutung dieser Papiere herunterzuspielen. »Wir erklärten, es handle sich lediglich um fotokopierte Blätter, die nicht einmal korrigiert seien, weil wir ihnen keinen zu formellen Status geben wollten; es seien Entwürfe, denn wir wollten keine Katechisten heranbilden, die fertige, von anderen geschriebene Texte wiedergeben.«

Von NK-Mitgliedern, die eine Katechese durchlaufen hatten, wurde mir später bestätigt, daß die »fotokopierten Blätter« wortgenau die Texte enthielten, die sie in den Veranstaltungen gehört hatten.

Die Kongregation verlangte die Herausgabe aller Dokumente; erstaunlicherweise fiel das Urteil positiv aus.

1986 kam für die Neokatechumenaten die härteste Bewährungsprobe. Kiko wurde vor die Kongregation für die Glaubenslehre zitiert, an deren Spitze Kardinal Ratzinger stand. Kiko mußte einen Fragebogen ausfüllen zu den Themen Hermeneutik (Deutung biblischer Texte), Pastoraltheologie und Glaubenslehre. Carmen Hernandez, die von Theologie mehr versteht, durfte Kiko nicht begleiten. Wenig später wurde Kiko noch einmal zu einer Unterredung mit Kardinal

Ratzinger bestellt. »Bei diesem Treffen«, berichtete Kiko, »sagten sie uns, sie hätten alles studiert, hätten einige Nachforschungen angestellt und wollten uns helfen.«

Zu diesem Zeitpunkt hatte der Papst bereits mehreren NK-Gemeinschaften in Rom offizielle Besuche abgestattet und sich höchst positiv über die Bewegung geäußert. Kiko nutzte die Gelegenheit, Ratzinger um das zu bitten, was die Bewegung am dringendsten brauchte: offizielle Anerkennung durch den Papst. Er schlug vor, der Papst soll ein »Breve« veröffentlichen, mußte sich aber sagen lassen, daß dies nicht mehr üblich sei. Der Papst ernannte dann Monsignore Cordes vom Päpstlichen Rat für die Laien zu seinem persönlichen Gesandten, zum Verbindungsmann zu den Neokatechumenaten.

Im September 1990 war Kiko am Ziel: Der Papst sprach den Neokatechumenaten seine schriftliche Anerkennung aus. Er verfaßte ein persönliches Schreiben an Monsignore Cordes:

»Ich erkenne den Weg der Neokatechumenaten als ein Programm zur katholischen Bildung an, wertvoll für die heutige Gesellschaft und Zeit. Es ist daher mein Wunsch, daß meine Brüder im Episkopat – zusammen mit ihren Kirchenältesten – diese Arbeit für die neue Evangelisation wertschätzen und unterstützen mögen, damit sie gemäß den Vorgaben der Gründer durchgeführt werden kann, im Geiste des Dienstes für den Bischof, in der Gemeinschaft mit ihm und unter dem Vorzeichen der Einheit der einzelnen Kirche mit der universellen Kirche.«

Besonders lobenswert fand der Papst den missionarischen Eifer der Bewegung:

»Solche Gemeinschaften machen das Zeichen der missionarischen Kirche in den Pfarrgemeinden sichtbar … Die neue Vitalität, die die Gemeinden beseelt, der missionarische Impuls und die Früchte der Bekehrung, die aus der hingebungsvollen Arbeit der Wanderer erwachsen und in jüngerer Zeit auch aus der Arbeit der Familien, die in den entchristlichten Zonen Europas und der ganzen Welt evangelisieren ... die aus diesem Weg entstandenen Berufungen zum religiösen Leben und zur Priesterschaft sowie die Geburt von Seminaren in den Diözesen – wie dem Redemptoris Mater in Rom –, in denen Priester für die neue Evangelisation herangebildet werden.«

Dieser Brief dient den Neokatechumenaten seither als Anerkennungsschreiben. »Das großartig Neue an diesem Brief des Heiligen Vaters«, schwärmt Kiko Arguello, »ist, daß er im Neokatechumenat eine katechumenale Form der Christianisierung für Erwachsene anerkennt und damit den Diözesen eine konkrete Form der Evangelisation anbietet, ohne daß eine Verwandlung in einen religiösen Orden, eine besondere Vereinigung oder eine Bewegung stattfindet.«

Nach Darstellung von Cordes ging die Anregung zu dem Brief von Johannes Paul selbst aus, und zwar im Verlauf einer Privataudienz am 25. Juli 1990. Daß der Brief eine Reaktion auf eine ausdrückliche Bitte war, läßt sich aus der Wendung schließen: »In Bejahung der an mich gerichteten Bitte.« Der Brief trägt das Datum des 30. August 1990. Wie jedermann in Italien weiß, ist auch der Vatikan im August in Ferien. Kardinal Pironio, Präsident des Rates für die Laien und Bischof Cordes übergeordnet, aber hätte den Brief schon aus Gründen der Etikette vor der Veröffentlichung lesen müssen; tatsächlich erfuhr er erst später davon.

Der Brief wurde nie im *Osservatore Romano* veröffentlicht und von Radio Vatikan mit keinem Wort erwähnt. Dies könnte ein Indiz für Widerstand innerhalb des Vatikans sein.

Am 19. September 1990 gab jedoch die vatikanische Presse erstmals die Existenz des Briefes bekannt. Als er später in den *Acta* publiziert wurde, der offiziellen Sammlung päpstlicher Dokumente und Reden, war eine Anmerkung, die seinen Inhalt relativierte, rätselhafterweise verschwunden. Sie lautete:

»Wenn der Heilige Vater den Weg der Neokatechumenaten als ein gültiges Programm katholischer Bildung anerkennt, tut er dies nicht in der Absicht, den örtlichen Bischöfen bindende Vorschriften zu geben, sondern nur, sie dazu zu ermuntern, den Neokatechumenaten-Gemeinschaften sorgsame Aufmerksamkeit zu widmen, es gleichwohl aber dem Urteil der Bischöfe selbst zu überlassen, ihr Handeln an den individuellen pastoralen Bedürfnissen jeder Diözese auszurichten.«

Aus dem Vatikan verlautete, die Anmerkung sei damals hinzugefügt worden, um den Papst vor einem »Gesichtsverlust« wegen zu großen Übereifers zu bewahren. Zum Zeitpunkt der Niederschrift dieses Buches fungiert die Neokatechumenaten-Bewegung, zwischenzeitlich durch weitere Gesten päpstlicher Billigung gestärkt, als eine schnell wachsende, fanatische Organisation innerhalb der Kirche, die es nicht nötig hat, Rechenschaft über ihr Innenleben abzulegen, etwa über die Rekrutierung ihrer Führer, über die inneren Strukturen und über die Herkunft der Finanzmittel.

Die neuen Bewegungen pochen mit Nachdruck darauf, daß sie Laien-Organisationen sind; doch das ist eine fragwürdige Behauptung. Keine von ihnen kann eine überwiegend mit Laien besetzte Führungsebene vorweisen. Bei »Kommunion und Befreiung« sind der Gründer und die meisten Führungskader Priester. Die beiden NK-Gründer bezeichnen sich zwar gerne als Laien, sind aber Ordensleute, die die Arbeit für die Bewegung zu ihrem Beruf und Lebensinhalt gemacht haben. Die Gründerin und Präsidentin von Focolare ist eine zölibatär lebende Ordensfrau, die hauptamtlich für die Bewegung arbeitet, in einer Focolare-Gemeinschaft lebt und nie ein normales Leben kennengelernt hat.

Auch auf den unteren Ebenen der Führungshierarchie sind Laien eher die Ausnahme als die Regel. In allen Teilbereichen von Focolare spielen *focolarini* eine unumstrittene Führungsrolle; ihre Autorität ist höher als die der in der Bewegung tätigen Priester oder der Mitglieder aus dem Ordensbereich. Ihre Gelübde und ihre spezielle Art des Gemeinschaftslebens machen Focolare de facto zu einem religiösen Orden, so sehr die Führer der Bewegung dies auch bestreiten mögen.

Auch in der mittleren Führungsebene von »Kommunion und Befreiung« läßt sich eine Tendenz zum Rückgang des Laien-Einflusses feststellen: Die Memores Domini, die zölibatär und in Wohngemein-schaften leben, verkörpern eine Spielart klösterlichen Lebens. Dies gilt in eingeschränktem Maß auch für die Brüderschaften.

Die in der Missionsarbeit tätigen Gemeinschaften der Neokatechu-menaten weisen neben verheirateten Paaren auch zölibatär leben-de männliche und weibliche Mitglieder auf. Die aus den NK-Semina-ren hervorgehenden Priester werden in zunehmendem Maß die einflußreicheren Positionen in den Missionsgebieten der Bewegung einnehmen. Die Art und Weise, wie die Bewegungen das Leben ihrer Mitglieder bis ins letzte Detail hinein spiritualisieren, führt zum Verlust eines wesentlichen Merkmals einer laizistischen Bewegung: des Eingebundenseins in das gesellschaftliche Leben und des tägli-chen Umgangs mit nichtchristlichen Mitmenschen. Die Mitglieder der Bewegung leben in dem Bewußtsein, anders zu sein, sie wollen auch andersartig wahrgenommen werden.

Immer häufiger findet man daher anstelle des Attributs »laizistisch« den Begriff »kirchlich«; das ist ein indirektes Eingeständnis der Tatsache, daß alle drei Bewegungen sich die Loyalität und die Dienste aller Gruppen innerhalb der katholischen Kirche gesichert haben – der säkularen Geistlichkeit, der Ordensschwestern und -brüder, nicht zuletzt auch der Bischöfe und Kardinäle. Die kirchli-che Komponente wird gepflegt, ihr Anteil und ihr Einfluß wachsen kontinuierlich. Das trägt dazu bei, daß die Bewegungen fast den Charakter eigenständiger Kirchen bekommen.

Noch bedenklicher ist der Umstand, daß jede der Bewegungen sich eine eigene Priesterkaste heranzieht; anstelle von Männern, die ihre Ausbildung zum Priester durchliefen, bevor sie in Kontakt mit der Bewegung kamen, sind es jetzt zunehmend »Eigengewächse«, die häufig schon von Kindesbeinen an unter der Obhut der Bewegung standen und kein anderes Leben kennen als das eines fremdbe-stimmten Novizen. Unter den Kandidaten für die Priesterschaft wählen die Führer der Bewegung häufig diejenigen zur Weihe aus, die sich durch Fügsamkeit und orthodoxes Denken auszeichnen. Menschliche oder geistige Qualitäten sind weniger gefragt. Mit ihrer absoluten Loyalität zur Bewegung bilden diese Priester das Herz-stück einer künftigen alternativen Hierarchie.

»Kommunion und Befreiung« hat der Kirche viel Nachwuchs für den Priesterstand geliefert; viele der weiblichen Mitglieder sind in bestehende religiöse Ordensgemeinschaften eingetreten, bevorzugt in klösterliche Orden. Die Kandidaten für das Priesteramt absolvierten die Seminare auf Diözesenebene.

1985 erhielten sechs CL-Priester aus den Reihen der Missionsgemeinschaft »Paradies« in der Diözese Bergamo eine Ordination in der Diözese Rom; dies geschah in Absprache zwischen ihrem Bischof und dem damaligen Kardinalvikar von Rom, Kardinal Ugo Poletti. Die sechs gründeten in Rom die Priesterbruderschaft von St. Charles Borromeo. Bald darauf wurde die Bruderschaft von Poletti als offizielles Organ der Diözese anerkannt; ausdrücklich in diese Anerkennung eingeschlossen war die Verfassung, die die Bruderschaft sich gegeben hatte; ihr Oberhaupt war Don Massimo Camisasca, einer von Don Giussanis engsten Vertrauten.

Noch im selben Jahr gab die Bruderschaft bekannt, daß sie ein eigenes Seminar unter Camisasca als Rektor gegründet hatte. Der Seminarbetrieb begann mit vierzehn Seminaristen aus Italien, Argentinien, Irland und den USA. In einem Bericht von Radio Vatikan über die Eröffnung hieß es, die Priesterbruderschaft konzentriere sich auf Länder, in denen »die Entchristlichung der modernen Gesellschaft« weit fortgeschritten sei und die Notwendigkeit einer »neuen Evangelisation« bestehe.

Focolare kann sich seit seinen Anfängen auf die Loyalität von Priestern aus Diözesen und Ordensgemeinschaften stützen; dennoch mühte sich die Bewegung schon zu einem frühen Zeitpunkt, Priesteranwärter direkt aus den Reihen der *focolarini* zu rekrutieren; nur ihnen traute man das richtige Verständnis für das »Ideal« zu. Die Bewegung ist der Ansicht, nur Priester, die *focolarini* sind, könnten den seelsorgerischen Bedürfnissen der Mitglieder gerecht werden. Der erste Vertreter der neuen Priestergilde war Pasquale Foresi, ein Sohn des christ-demokratischen Abgeordneten Palmiro Foresi.

Pasquale traf 1949, im Alter von 20 Jahren, erstmals auf die Bewegung. Die knapp zehn Jahre ältere Chiara Lubich beförderte den jungen Mann sehr bald zum Oberhaupt der männlichen *focolarini*, die zu dieser Zeit bereits in Gemeinschaften lebten und von denen viele älter und erfahrener waren. Sie verlieh ihm den Namen Chiaretto, was man sinngemäß mit »Chiaras kleiner Bruder« übersetzen könnte. Er war dazu ausersehen, die spirituellen Gedanken Chiara Lubichs in konkrete Projekte und in die Sprache der Theologie zu übersetzen – im Jargon der Bewegung war er die »Inkarnation«. Don Pasquale Foresi ist eine tragische Figur. Er war zweifellos sehr begabt als Theologe und als Administrator; es heißt, sogar der Vatikan habe sich um seine Mithilfe bei der Ordnung der finanziellen Angelegenheiten bemüht. Doch Ende der sechziger Jahre war Pasquale nicht mehr in der Lage, die Führungsrolle wahrzunehmen, die ihm in der Bewegung zugedacht war. Er litt darunter, daß er übergewichtig, linkisch und fast krankhaft schüchtern war. Es wurde erzählt, er habe falsche Medikamente gegen eine Herzschwäche erhalten und davon Depressionen bekommen. Er war schon mit Anfang vierzig ausgebrannt.

Viele *focolarini* folgten dem Beispiel Don Foresis und ließen sich zu Priestern weihen. Ich kenne keinen einzigen Fall, in dem ein *focolarino* selbst die Entscheidung traf. In aller Regel ist es so, daß nur *focolarini*, die sich schon viele Jahre in leitenden Positionen bewährt haben, von der Zentrale zur Priesterausbildung auserkoren werden. Ein immer größerer Teil der männlichen *capizona* rekrutiert sich bereits aus Priestern. Auf diese Weise entsteht eine klerikale Hierarchie eher traditionellen Musters, aber parallel zu der Amtskirche. Anwärter auf die Priesterwürde werden als externe Studenten eines Seminars in der Diözese eines Focolare-Bischofs immatrikuliert. Während sie offiziell seiner Diözese unterstellt sind, stehen sie in der Praxis der Bewegung zur Verfügung.

Unter den Mitgliedern der Neokatechumenaten gibt es zwar Tausende von Gemeindepriestern, doch hat auch diese Bewegung damit begonnen, ausgesuchte Mitglieder in die Priesterausbildung zu entsenden. Einen Aufschwung nahm diese Entwicklung in den zurückliegenden Jahren nach der Einrichtung der Redemptoris-Mater-Seminare, die sich, wie gesehen, kräftiger päpstlicher Förderung erfreuen. 1993 verfügte die Bewegung über 24 Seminare in 20 Ländern, an denen 850 Seminaristen studierten. Dazu kamen 1 500

Anwärter, die an den landesweit betriebenen Bildungszentren der Bewegung Vorbereitungslehrgänge absolvierten. 37 aus der Bewegung hervorgegangene Priester und 23 Diakone sind bereits ordiniert worden.

Die Zahl der von den Neokatechumenaten produzierten Priesteranwärter ist in der Tat phänomenal: Bei Großveranstaltungen der Bewegung melden sich manchmal Tausende. Mädchen werden angehalten, sich für ein klösterliches Leben zu entscheiden – auch hier sind die Zahlen beeindruckend. Da der Nachwuchsmangel im priesterlichen und klösterlichen Bereich zu den drückendsten Problemen der Kirche gehört, verfehlen solche Zahlen ihre Wirkung auf Papst Johannes Paul II. nicht. Von 29 Priestern, denen der Papst am 2. Mai 1993 im Petersdom feierlich die Weihe erteilte, hatten 16 das NK-eigene Diözesankolleg Redemptoris Mater besucht.

Alle NK-Priester haben den vollen zwanzigjährigen »Weg« des Neokatechumenats zurückgelegt, der fast doppelt so lange dauert wie die Jesuitenausbildung und für viele schon im Alter von dreizehn Jahren begann. Ihr vorgesehenes Arbeitsgebiet sind die Pfarrgemeinden; in diesen Gemeinden wird bald nur noch eine Richtung des Katholizismus zum Zuge kommen, die der Neokatechumenaten.

Auf der Synode über das Laientum im Jahr 1987 erläuterte der nicaraguanische Bischof Monsignore Abelardo Mata Guevara, der dem Orden der Salesianer angehört, die Sorgen vieler Bischöfe:

> »Den Bischöfen bereitet der Umstand Kopfzerbrechen, daß junge Priester, die ihre Berufung im Rahmen der Spiritualität einer bestimmten Bewegung entwickelt haben, weiterhin von dieser Bewegung in Beschlag genommen werden können; ebenso besorgniserregend ist die Tatsache, daß für separate Seminare geworben wird, in denen alle jungen Leute mit Interesse für den Priesterberuf, die aus einer der Gemeinschaften der Neokatechumenaten kommen, studieren, mit dem Ziel, danach ihrer Gemeinschaft zu dienen.«

Der Charakter dieser Seminare ist international und missionarisch, auch wenn die Priester jeweils einer bestimmten Diözese zugeordnet sind; sie sind angehalten, »für die ganze Welt, bis ans Ende der

Erde«, zu wirken. Da in den meisten Ländern der Welt das Interesse an der Priesterlaufbahn zurückgeht, ist zu befürchten, daß immer neue Wellen von Absolventen der NK-Seminare die verwaisten Pfarrgemeinden übernehmen. Das könnte tiefgreifende Folgen für die katholische Kirche haben. Indem die Bewegungen ergebene Gefolgsleute zu Priestern machen, verschaffen sie sich eine eigene, parallele Hierarchie. Sie produzieren damit ein Reservoir an »treuen« Geistlichen, auf das die Kirche zurückgreifen kann und aus dem die Bischöfe, Kardinäle und sogar die Päpste des nächsten Jahrhunderts hervorgehen könnten.

Auch wenn der Papst nicht in so langen Zeiträumen denkt: Er hat schon Angehörige aller drei Bewegungen zu Bischöfen geweiht und sie durch die Berufung auf privilegierte Beraterposten im Vatikan ausgezeichnet. Für alle, die glauben, die einzige Antwort auf den Nachwuchsmangel im Priesterbereich sei eine Lockerung des Zölibatgebotes oder gar die Zulassung von Frauen, hat der Papst nur eine Antwort: »Kommunion und Befreiung«, Focolare, Neokatechumenaten.

1 Comunione e Liberazione, Interviews mit Don Luigi Giussani, S. 164.
2 Vitale und Pisoni, *Comunione e Liberazione*, S. 88.
3 Vitali und Pisoni, *Comunione e Liberazione*, Mailand 1988, S. 129
4 Giuseppe Gennarini, *Avvenire*, 30. Dezember 1986.
5 Ein Faksimile-Abdruck des Briefes findet sich in *Il cammino Neo-catechumenale*, Edizioni Paoline, Rom 1993.

Ein mächtiger Fürsprecher 6

Rom ist nicht mehr der seit Jahrhunderten vertraute Sitz der katholischen Kirchenführung. Seit Beginn der Amtszeit des Papstes Johannes Paul II. sind in immer neuen Wellen Gruppen und Bewegungen jeder Schattierung in die Stadt geschwappt, darunter einige mit abenteuerlichen Zügen. Manche Führer lockte die Aussicht auf hochkarätige Patronage, die sie nur in Rom finden konnten und die der gegenwärtige Hausherr im Vatikan nur allzu bereitwillig gewährt. Andere suchten die Fürsprache von Enthusiasten, die an den vatikanischen Kollegien, Universitäten oder Kongregationen studieren, lehren und arbeiten.

Das Spektrum ist breit: Da gibt es die stramm rechten Legionäre Christi, einen 2500 Mitglieder zählenden, in Mexiko gegründeten Priesterorden, dessen Mitglieder ihr Haar gescheitelt tragen und immer zu zweit durch die Stadt gehen. Da sind die Anhänger des afrikanischen Erzbischofs Milengro, die mit ihren Exorzismus- und Heilungsgottesdiensten exotische Ekstasen produzieren.

Die neuen Bewegungen – es gibt Dutzende – verdrängen nicht nur traditionelle Organisationen wie die religiösen Orden aus ihren angestammten Rollen, sondern übernehmen auch ihre Gebäude. Heute hört man in den ehrwürdigen Basiliken Roms eher das Gemurmel einer vielsprachigen Kongregation als das Klickern von Rosenkranz-Perlen, eher den Klang einer Gitarre als das Rascheln einer Soutane. Seit vor fast 2000 Jahren die geheimnisvolle neue Religion aus Griechenland und Asien in Rom auftauchte, hat die Ewige Stadt eine so bunte Invasion wie heute nicht mehr erlebt.

Bischof Paul Cordes beginnt sein Buch *Den Geist nicht auslöschen* mit einem Kapitel, das die Überschrift »Verlaßt euer Land« trägt. Im Vorwort versichert der Monsignore, seine Themen seien die neue

Evangelisation und die »Charismen«, die der Oberhirte der Kirche »den Männern und Frauen gegeben hat, die die gute Botschaft laut und deutlich verkünden, die ihre Kraft in der Welt spürbar machen«. Doch dann befaßt Cordes sich ausschließlich mit den Problemen, die die großen religiösen Orden der Vergangenheit, die Franziskaner oder die Jesuiten, bewältigen mußten.

Um die verschlüsselte Sprache dieses Buches verstehen zu können, muß der durchschnittliche Leser vor allem die Probleme kennen, denen die neuen Bewegungen gegenüberstehen.

Cordes stellt die These auf, es sei ein gemeinsames Merkmal der großen Ordensgründer gewesen, daß sie zu Beginn ihrer Mission ihre ursprüngliche Wirkungsstätte verlassen hätten; die Parallele zu Bewegungen wie Focolare, Neokatechumenaten oder, vor ihnen, Opus Dei ist deutlich. Sie alle verlegten ihre Zentrale kurz nach ihrer Gründung. Der Autor sagt nicht, daß die Gründer der neuen Bewegungen, anders als ihre erhabenen Vorgänger allesamt nach *Rom* übersiedelt sind, weil sie glaubten, nur dort die notwendige Schubkraft für eine weltweite Expansion finden zu können.

Als Johannes Paul II. im Jahre 1978 den päpstlichen Thron bestieg, fand er viel Unerledigtes vor: eine fast universelle Opposition in der katholischen Laienschaft gegen die Enzyklika *Humanae vitae* Pauls VI. zur Empfängnisverhütung, die Tür und Tor öffnete für einen moralischen Relativismus; plötzlich wurden auch die Verdikte gegen Homosexualität, Masturbation oder vorehelichen Geschlechtsverkehr in Frage gestellt. Kritische Theologen brachten unter dem Eindruck des Zweiten Vatikanischen Konzils als gesichert geltende Weisheiten ins Wanken. Protestantische Sekten machten in Südamerika der katholischen Kirche Mitglieder abspenstig. Die Säkularisierung der katholischen Länder in Europa manifestierte sich im schwindenden Einfluß der Kirche auf die Politik und in der Flucht vieler Katholiken aus dem aktiven Bekenntnis. Der Vorgänger von Johannes Paul, Papst Paul VI., war von vielen Gläubigen der Unentschlossenheit gezogen worden, weil er keine raschen Lösungen für die drängenden Probleme gefunden hatte. Mit seiner Intelligenz und seinem Verständnis der westeuropäischen Mentalität hatte Paul erkannt, daß es sich um tiefgreifende Veränderungen innerhalb der Kirche und der Gesellschaft handelte und daß die Katholiken Mittel und Wege finden mußten, einen unverwechselbaren religiösen Beitrag in einem pluralistischen Kontext zu leisten.

Ein schwieriges Werk.

Vom ersten nichtitalienischen Papst seit Jahrhunderten erwarteten viele, er würde frischen Wind in die Kirche bringen. Das war ein Irrtum. Der neue Papst verwarf den analytisch-einfühlsamen Ansatz, mit dem Paul VI. den disziplinarischen Problemen zu Leibe gerückt war; er setzte auf Interventionismus. Paul VI. hatte im Verlauf seines dreizehnjährigen Pontifikats die Zurückversetzung von 30 000 Priestern in den Laienstand sanktioniert und ihnen damit die Möglichkeit gegeben, mit dem Segen der Kirche zu heiraten. Johannes Paul verurteilte diese »administrativen Lösungen« und setzte eine Politik durch, die heiratswillige Priester zwang, ohne die Kirche zu heiraten und sich *danach* um die Versetzung in den Laienstand zu bemühen.

Mit ähnlicher Entschiedenheit trat der selbstbewußte neue Papst auch gegenüber kritischen religiösen Orden und Theologen auf. Er ernannte einen Mann seiner Wahl zum Interims-Gouverneur des Jesuitenordens, er disziplinierte angesehene Theologen; er rief Bischöfe und Bischofskonferenzen zur Ordnung.

Johannes Paul stellte alsbald einen Aktionsplan für Kirche und Welt auf. In der Arena der internationalen Politik konnte er aus dem Ansehen Kapital schlagen, das seine drei Vorgänger dem Papsttum verschafft hatten. Bei seinem Polenbesuch im Juni 1979, dem ersten nach seiner Wahl zum Papst, setzte er Entwicklungen in Gang, die ein Jahrzehnt später im Zusammenbruch des Kommunismus kulminierten.

In seiner ersten Enzyklika, *Redemptor hominis* (»Erlöser des Menschen«), verkündete er sein Programm für die Kirche. Es war spektakulär. Durch eine umfassende missionarische Kampagne soll bis zum Jahr 2000 eine einige Welt geschaffen werden. Der Name für diese Kreuzzugsidee: »Neue Evangelisation«. Doch je öfter der Papst seine Idee erläuterte, desto deutlicher wurde seine dualistische

Sicht des Verhältnisses zwischen Kirche und Welt. Die westliche Gesellschaft definierte Johannes Paul als eine »Zivilisation (oder Kultur) des Todes«, weil sie Dinge tolerierte wie Scheidung, Empfängnisverhütung, Homosexualität, Abtreibung und Euthanasie. Für ihn, unter einem totalitären Regime aufgewachsen, zählten die Errungenschaften der westlichen Nachkriegswelt nicht viel: Toleranz, Minderheitenschutz, Gleichberechtigung der Frau, Rede- und Pressefreiheit, gesellschaftliches Verantwortungsbewußtsein, demokratische Grundüberzeugungen. Der als negativ wahrgenommenen Realität setzte der Papst die Vision einer »Zivilisation (oder Kultur) der Liebe« entgegen, in der christliche Werte wieder einen festen Platz im persönlichen und öffentlichen Leben einnehmen sollten.

Im weiteren Verlauf des Jahrzehnts forderte Johannes Paul ein neues, geeintes Europa »vom Atlantik bis zum Ural«; seine »Zivilisation der Liebe« lief immer klarer auf die Restaurierung einer mittelalterlichen Vorstellung vom europäischen Kontinent hinaus.

Um sein Ziel zu erreichen, mußte der Papst Menschen finden, die seine Schwarzweißsicht der westlichen Gesellschaft teilten. Frühere Päpste hatten sich stets religiöser Orden bedient, um ihre Pläne in die Tat umzusetzen. Doch die Orden, die es gab, erschienen Johannes Paul nicht fügsam genug und zu unerfahren in der Politik und in der Medienlandschaft. Da traf es sich gut, daß die Divisionen, die sich für die Verwirklichung der päpstlichen Visionen eigneten, schon Gewehr bei Fuß standen, direkt vor der Haustür des Papstes: Es waren die neuen religiösen Bewegungen.

Beide Seiten konnten sich von einem Bündnis Vorteile versprechen. Die Bewegungen stellten ein ergiebiges Reservoir für den Priesterberuf, streng geschlechtergetrennt und zölibatär; sie vereinigten in sich alte und neue Formen religiösen Lebens; sie lehnten die Empfängnisverhütung ab und traten im politischen und persönlichen Leben kämpferisch auf. Sie erwiesen sich als wirksame Werkzeuge im Kampf gegen die Säkularisierung des modernen, großstädtisch geprägten Europa und waren bereit, in theologischen Fragen die Partei des Papstes zu ergreifen. Sie hatten Einfluß nicht nur auf Priester und Gläubige, sondern auch auf Bischöfe. Sie hatten ihre

Zentralen in Rom, an der Spitze standen charismatische Führer, denen die Mitglieder Gehorsam gelobt hatten.

Diese Bewegungen vereinigten in sich alles, was ein Papst benötigte, um seine ehrgeizigen Pläne verwirklichen zu können: einen grenzenlosen Enthusiasmus, eine hohe Mobilität, eine breite Mitgliederbasis, ein globales Aktionsfeld.

Schon in seiner Zeit als Bischof von Krakau hatte Karol Wojtyla »Kommunion und Befreiung«, Focolare und die Neokatechumenaten gekannt und gefördert; alle drei waren im katholischen Polen lange vor dem Niedergang des Kommunismus etabliert. Johannes Paul begriff schnell, welche wertvollen Dienste sie ihm in seiner neuen Rolle als Papst leisten konnten.

Aber auch die Bewegungen hatten ihre Pläne; die besondere Beziehung zum neuen Papst brachte viele potentielle Vorteile.

Die Gruppe »Kommunion und Befreiung« hatte durch ihr osteuropäisches Studienzentrum gute Beziehungen zu Kardinal Wojtyla. Der Leiter des Studienzentrums, Francesco Ricci, war der Verfasser des biographischen Abrisses über den neuen Papst, den das italienische Fernsehen am Abend seiner Wahl sendete.

Drei Monate später empfing der Papst den CL-Gründer Don Giussani zu einer Privataudienz. Giussani veröffentlichte einen Bericht über die Audienz in der Hauszeitschrift der Bewegung:»Meine Freunde, laßt uns diesem Mann dienen, laßt uns mit unserer gesamten Existenz Christus in diesem großen Manne dienen.«

Der radikal denkende Traditionalist Giussani hatte zwischen den Formulierungen und Vorstellungen des neuen Papstes und denen seiner eigenen Bewegung eine spontane Affinität entdeckt:»Es war die Begegnung, bei der die Botschaft, die der Bewegung Leben einhauchte, neu verkündet wurde, bei der sie eins wurde mit dem lebendigen Zeugnis des Oberhaupts der Kirche selbst.«

Beide trafen sich in der Überzeugung, Jesus Christus sei die Antwort auf die Probleme. Sie hielten nichts von dem Aufruf des Zweiten Vatikanischen Konzils an die Katholiken, mit allen Menschen guten Willens für eine gerechtere Gesellschaft zusammenzuarbeiten. »Kommunion und Befreiung« kreierte das Schlagwort »Präsenzialismus« und gründete eigene Schulen, Kulturzentren, Zeitschriften und Firmen – sogar eine eigene politische Partei, das Movimento Popolare. 1980 erklärte der neue Papst einer Delegation von CL-Mitgliedern:»Die Art und Weise, wie ihr an menschliche Probleme herangeht, ähnelt der meinen. Tatsächlich ist es dieselbe.« Schon ein Jahr vorher, im März 1979, hatte er zu CL-Studenten gesagt:»Die Befreiung, nach der die Welt sich sehnt, heißt – so habt ihr es dargelegt – Christus. Christus lebt in der Kirche; die wirkliche Befreiung der Menschheit liegt daher in der Erfahrung der kirchlichen Gemeinschaft; diese Gemeinschaft zu bauen, ist daher der wesentliche Beitrag, den wir Christen zur Befreiung aller Menschen leisten können.«

Diese Sicht der Dinge ist weit von der Vision des zweiten Konzils entfernt, die Welt zu einer»gerechteren und brüderlicheren« Stätte zu machen. Sie greift zurück auf die ältere Vision: Das Christentum als ein konkret erfahrbares Königreich. Sie zeigt einen Mangel an Verständnis für die pluralistische Gesellschaft von heute. Wie die anderen Bewegungen sah und sieht»Kommunion und Befreiung« die zentrale Botschaft in der eigenen praktischen Existenz als Bewegung: in dem»Bewußtsein, daß unsere Einheit das Werkzeug für die Wiedergeburt und Befreiung der Welt ist«, um Don Giussani zu zitieren. Der Papst bestärkte am 29. August 1982 diese Auffassung: »Die Zivilisation der Liebe! ... Baut an dieser Zivilisation, ohne je nachzulassen. Es ist diese Aufgabe, die ich euch heute anvertraue; arbeitet dafür, betet dafür, leidet dafür.«

»Kommunion und Befreiung« dankte dem Papst mit furchtloser Loyalität. Die Medien bezeichneten»Kommunion und Befreiung« daher bald als eine»johannpaulinische« Bewegung.»Kommunion und Befreiung« wurde offiziell durch den Heiligen Stuhl als eine Vereinigung Päpstlichen Rechts anerkannt. Der Papst hatte, wie aus dem Text des amtlichen Dekrets hervorgeht, direkt interveniert, um die ablehnende Haltung des damaligen Präsidenten der italienischen Bischofskonferenz, Kardinal Ballestrero, zu überwinden.

Den größten Triumph von»Kommunion und Befreiung« markierte jedoch der Zweite Konvent der italienischen Kirchen, der im April 1985 in Loreto stattfand. Vorausgegangen war eine langwierige

Kraftprobe zwischen CL und der offiziellen italienischen Laienbewegung Katholische Aktion, die die Unterstützung der italienischen Bischofskonferenz genießt.

Die CL-Wochenzeitschrift *Il sabato* wurde 1978 von einer Gruppe einflußreicher Journalisten gegründet, von denen einige bis dahin bei der katholischen Tageszeitung *Avvenire* gearbeitet hatten. Sie sollte die CL-Forderung nach einer sichtbaren katholischen Präsenz in der italienischen Politik und Gesellschaft propagieren. Nach der Wahl Johannes Pauls im September 1978 erklärte *Il sabato*, sie werde sich künftig am Magisterium und am Programm des neuen Papstes orientieren. CL stürzte sich in die Pro-Leben-Kampagne, die dem Volksentscheid von 1981 über die Strafbarkeit der Abtreibung in Italien vorausging. Als deutlich wurde, daß nur ein Drittel der Befragten in dieser Frage der Auffassung der Kirche zustimmte, bezog die Katholische Aktion eine Position des »Rückzugs«; sie akzeptierte, daß die Kirche künftig nicht mehr die Macht haben sollte, der Bevölkerung ihren Willen aufzuzwingen, sondern pluralistische Verhältnisse akzeptieren mußte. *Il sabato* dagegen rief sofort zu einer neuen Runde der Anti-Abtreibungs-Kampagne auf. Der Papst übte heftige Kritik am Prinzip des Pluralismus und betonte in einer Rede vor der italienischen Bischofskonferenz 1982 in Assisi, die Kirche müsse eine »gesellschaftliche Kraft« bleiben.

Der Verlag *Litterae communionis* veröffentlichte 1983 ein Büchlein mit dem Titel *Die italienische Kirche und ihre Optionen*. Darin wurde das Konzept der »religiösen Wahlfreiheit«, das die Katholische Aktion und die italienische Bischofskonferenz in ihrem Zehnjahresprogramm »Kommunion und Gemeinschaft« vorgestellt hatten, scharf attackiert. Das Konzept befürwortet eine Trennung zwischen Glaubensdingen und weltlichen Angelegenheiten; in letzteren sollten überzeugte Christen als Individuen oder als Gruppen in Zusammenarbeit mit anderen ihre Beiträge zur gesellschaftlichen Entwicklung leisten.

Dieser Meinung stellte »Kommunion und Befreiung« die Option eines »allumfassenden Engagements, auch in allen Bereichen der Gesellschaft und Kultur« entgegen und berief sich dabei auf den Papst.

In *Die italienische Kirche und ihre Optionen* wird der Eindruck erweckt, die italienische Kirche müsse die vom Zweiten Vatikanischen Konzil ausgegangenen Botschaften völlig überdenken. Zur Freude der Bewegung berief der Papst 1985 eine außerordentliche Bischofssynode zu genau diesem Thema ein. »Kommunion und Befreiung« fühlte sich bestätigt.

Im April 1985 fand in Loreto die Zweite Konvention der italienischen Kirche zum Thema »Christliche Wiederversöhnung und die Gemeinschaft der Menschen« statt. Der Papst hatte das letzte Wort in der Frage der »religiösen Option« und schlug sich auf die Seite von »Kommunion und Befreiung«. Zweitausend Delegierte hörten vom Papst die Mahnung, sie dürften sich »nicht mit der Entchristlichung des Landes abfinden«. Die katholischen Bewegungen müßten ein entscheidendes Zeugnis ablegen, durch »ein neues vereintes Bemühen … im gesellschaftlichen und politischen Bereich, von der Inswerksetzung eigenständiger Aktivitäten in den Bereichen Erziehung, Fürsorge und soziale Solidarität bis zur Einheit in den Augenblicken bedeutender politischer Wahlentscheidungen, die über das Geschick eines Landes entscheiden können«.[1]

Der Papst ließ keinen Zweifel daran, daß er den Bewegungen eine Schlüsselrolle bei der Erreichung seines visionären Zieles zudachte; er umschrieb ihre Aktivitäten als »privilegierte Wege zur Bildung und Förderung einer aktiven Laienschaft, die sich ihrer Rolle in der Kirche und der Welt bewußt ist.«

»Kommunion und Befreiung« saß damit fest im Sattel. Im folgenden Jahr wurden der Präsident und der Sekretär der italienischen Bischofskonferenz und der Präsident der Katholischen Aktion (ein Laie) und sein persönlicher Assistent (ein Kleriker) abgelöst.

In einer Rede vor CL-Priestern am 12. September 1985 in Castelgandolfo bekräftigte der Papst die Botschaft von Loreto: »Beteiligt euch mit Hingabe an dieser Aufgabe der Überwindung der Trennung zwischen Evangelium und Kultur … Empfindet die Größe und Dringlichkeit einer neuen Evangelisierung eures Landes! Seid die ersten Zeugen dieses missionarischen Impetus', den ich eurer Bewegung verliehen habe!«

Eine starke Affinität zeigte und zeigt Johannes Paul II. auch gegenüber Focolare. Focolare war die arrivierteste unter den neuen Bewegungen; sie hatte die größte internationale Verbreitung und pflegte eine traditionalistische Auffassung vom Papsttum. Chiara Lubich kleidete das in die Worte der Katharina von Siena: »Süßer Christus auf Erden«. Bestandteil jeder Großveranstaltung im Mariapolis-Zentrum von Rocca di Papa war eine Generalaudienz im Vatikan. In einem der Gen-Lieder der späten sechziger Jahre, das den Titel »Ein Führer« trug und dem Papst gewidmet war, hieß es: »Die Welt will einen Führer / Einen Mann, der uns weit führen wird / Ein Ideal, das nicht vergeblich ist / Das Haß, Hunger und Krieg beseitigen wird / Diesen Führer finden wir in dir, Vikar des Herrn, Vater der Menschheit.«

Chiara Lubich hatte mehrere Privataudienzen bei Paul VI. Sie hatte ihn bereits in den fünfziger Jahren kennengelernt, als er im vatikanischen Staatssekretariat beschäftigt war. Auch zu Johannes Paul II. fand sie schnell einen persönlichen Draht. In den Augen des neuen Papstes war Focolare die Verkörperung der Vision, die er mit dem Zweiten Vatikanischen Konzil verbunden hatte. In moralischen und theologischen Fragen traditionalistisch, bediente diese Bewegung sich moderner Techniken und Methoden. Die Mitglieder waren überwiegend Laien, doch waren auch geweihte Priester und Angehörige von Ordensgemeinschaften vertreten, alle eingebunden in eine streng hierarchische Struktur.

Von Anbeginn seines Pontifikats hat Johannes Paul die Einladungen von Focolare angenommen und ihre Großkundgebungen besucht: das »Genfest« der Focolare-Jugend 1980 im römischen Flaminio-Stadion mit anschließender Messe auf dem Petersplatz, die Kundgebung der »Bewegung Neue Familien« 1981 im Palaeur (einer Großveranstaltungshalle in einem Vorort Roms) und den Kongreß der säkularen und klösterlichen Priester der Bewegung im Jahr 1982, in dessen Verlauf der Papst mit den 7000 Teilnehmern eine Messe in der Halle Pauls VI. im Vatikan feierte – eine Veranstaltung, die der *Osservatore Romano* als »historisch« rühmte.

Nachdem der Papst die außerordentliche Zugkraft der Bewegung erlebt hatte, kam es zur vielleicht spektakulärsten Demonstration päpstlichen Wohlwollens, die einer Bewegung je widerfuhr. Johannes Paul II. überließ den weitläufigen Audienzsaal in seiner Sommerresidenz Castelgandolfo Focolare zur exklusiven Nutzung. Nach umfangreichen Umbauten fungiert der Saal seit Mitte der achtziger Jahre als Mariapolis-Zentrum, in dem die Bewegung ihre wichtigsten internationalen Zusammenkünfte abhält – Tür an Tür mit dem Papst, wenn er gerade anwesend ist. Wie »Kommunion und Befreiung« schlug auch Focolare aus dem Wohlwollen des Papstes Kapital. Als Johannes Paul den päpstlichen Thron bestieg, hatte Focolare schon zwei Jahrzehnte vom Charisma der Einheit gesprochen, die spontane Bejahung dieses Konzepts durch den Papst war daher höchst willkommen: »Auf eurer Seite ist ein neues Charisma, ein Charisma für unsere Zeit; ein sehr einfaches und attraktives Charisma, weil Wohltätigkeit die attraktivste und einfachste Sache in unserer Religion ist.« Focolare legt großen Wert auf »Bestätigungen«; hochgestellte Persönlichkeiten sollen versichern, daß die Bewegung wirklich wunderbar ist. In einem Bericht über den Papstbesuch in Deutschland 1987 findet sich der Hinweis: »Für uns standen in Münster 700 Plätze zur Verfügung und 200 in München bei der Seligsprechung von Pater Mayer.« Zwischen den Zeilen des Berichts ist zu lesen, daß Focolare die treibende Kraft war:

»An einigen der wichtigen Zusammenkünfte nahmen auch die *capizona* teil, ebenso wie unsere Bischöfe Hemmerle und Stimpfle und unser Priester Wilfried Hagemann. Es war eine große Freude, festzustellen, daß beim ökumenischen Treffen in Augsburg die Persönlichkeiten, die mit dem Heiligen Vater die Liturgie zelebrierten, Freunde der Bewegung waren, die in einer tiefen und persönlichen Beziehung zu Chiara stehen, wie die evangelischen Bischöfe Hanselmann und Kruse. Damit nicht genug, leitete der Papst seine Predigt mit einem Zitat aus Matthäus 18, 20 ein, das die Grundlage für den Ökumenismus der Bewegung bildet.«

An anderer Stelle wird der Gleichklang zwischen dem Papst und der Bewegung suggeriert:

»Ein Meer weißer Halstücher, das übliche Zeichen für die Anwesenheit der Bewegung, begleitete den Papst überall. Die Zeichen des Grußes, der Anerkennung, die Augenblicke des persönlichen Kontakts unterstrichen einmal mehr die besondere Liebe des Papstes zu uns.«

In den letzten Jahren hat die Bewegung ein Motiv aus dem Denken Johannes Pauls aufgegriffen und daraus ein verschlüsseltes Symbol für das Einvernehmen zwischen Papst und Focolare gemacht. In ihrem Buch *Das Abenteuer der Einheit* zitiert Chiara Lubich aus einer Rede, die der Papst im Dezember 1987 vor den Mitgliedern der römischen Kurie gehalten hatte: »Der marianische Aspekt der Kirche ist dem petrinischen vorgeordnet, wenngleich sie unbedingt zusammengehören und einander ergänzen.«

Chiara schildert die Erregung, die diese Worte bei ihr auslösten. Die Bewegung hatte sich stets als Verkörperung des marianischen Elements in der Kirche gesehen und zur Selbstcharakterisierung sogar den fragwürdigen Ausdruck »der mystische Leib Marias« verwendet. Chiara Lubich wies nun darauf hin, daß Johannes Paul im »marianischen Profil der Kirche nicht nur eine geistliche oder mystische Realität sieht, sondern auch eine historische Realität, und er bezeugt das mit Tatsachen. Er weiß zum Beispiel, daß unsere Bewegung als das ›Werk Marias‹ definiert worden ist, und er zögert nie, ihre marianische Präsenz in der Kirche hervorzuheben.«

Die Hingabe des Papstes an die Jungfrau Maria ist so bekannt wie sein Hang zum Mystischen. Das weibliche Element in Focolare korrespondiert daher aufs beste mit Johannes Pauls romantischer Sicht des weiblichen Geschlechts als des »Herzstücks der Menschheit«, das gleichwohl weder Zugang zum Priesteramt noch zu den Machtpositionen der Kirchenhierarchie erhalten soll. Am 6. März 1994 bezeichnete der Papst vor 5000 auf dem Petersplatz versammelten Mitgliedern der Bewegung »Neue Familien« die Focolare-Gemeinschaften als von dem »weiblichen Genius Chiaras« erfundene Familien. Das Konzept des marianisch-petrinischen Dualismus ist zum wichtigsten Bindeglied für die Beziehungen Focolares zum Heiligen Stuhl geworden. Als Chiara Lubich 1988 gebeten wurde, ein

Kapitel zu einem Buch über den Papst beizutragen, entschied sie sich für das Thema »Die petrinische Dimension und die marianische Dimension«.

Die Neokatechumenaten haben derzeit das engste Verhältnis zu Johannes Paul II. Das könnte als Indiz dafür gedeutet werden, daß im Vatikan ein Stimmungsumschwung stattgefunden hat: von der kämpferischen und optimistischen Einstellung der Anfangszeit des Pontifikats von Johannes Paul II., symbolisiert durch das aggressive Auftreten von »Kommunion und Befreiung« und die Inbrunst der *focolarini*, zu der eher düsteren dualistischen Weltsicht der Neokatechumenaten.

Kiko Arguello und Carmen Hernandez waren 1968 nach Rom umgezogen. Die NK-Doktrin, wie sie heute praktiziert wird, nahm erst nach diesem Umzug Gestalt an. Die in Rom ansässigen Gemeinschaften legten als erste erst nach Durchlaufen des kompletten »Weges« zum Katechumenat – also nach zwanzig Jahren – ihr Taufgelübde ab.

Als Johannes Paul 1978 den päpstlichen Thron bestieg, verkündete er seine Absicht, persönlich die Pfarrgemeinden seiner eigenen Diözese aufzusuchen, deren Entchristianisierung seit langem beklagt worden war. Das war ein Geschenk des Himmels für die Neokatechumenaten und reicher Lohn für den Umzug in die Ewige Stadt. 1980 war Rom bereits zum Schaufenster der Neokatechumenaten geworden; viele der dortigen Pfarrgemeinden konnten mehrere NK-Gemeinschaften vorweisen. Der Papst zeigte sich freudig überrascht, als er in den Gemeindebezirken auf diese begeisterungsfähigen jungen Gemeinschaften mit ihren Liedern, ihrer Liturgie und ihrem unverwechselbaren Dekor traf. In jeder Gemeinde verabredete Johannes Paul Treffen mit den NK-Gemeinschaften und gelangte so zu der Überzeugung, in ihnen die eigentliche Seele der jeweiligen Gemeinde vor sich zu haben. Wegen der räumlichen Nähe waren die Neokatechumenaten für ihn sichtbarer als andere Gruppen. Es entwickelte sich eine wechselseitige Beziehung. Während ein anderer Papst sich vielleicht verwundert gefragt hätte, wo diese begeisterungsfähigen, stets zum Feiern aufgelegten Gruppen ihren Platz im Leben der Kirche finden sollten, ließ Papst Johannes

Paul sich von ihrem Schwung anstecken. Am 7. Januar 1982 präsentierte Kiko Arguello dem Papst 300 Katechisten aus über 70 Ländern der Erde, die zum Jahrestreffen der Neokatechumenaten nach Rom gekommen waren. Er erklärte dem Papst, er habe die Gruppe dazu bewogen, einen Treueeid abzulegen, indem er gefragt habe: »Anerkennt ihr, daß der Bischof von Rom, Petrus, der Fels ist, auf den Christus diese Kirche gebaut hat?« und: »Gelobt ihr Gehorsam und Treue zu Petrus und all den Bischöfen der Kirche, die mit ihm in Kommunion sind?« Alle 300, versicherte er dem Papst, hätten die Frage mit ja beantwortet. Außerdem hätten, fuhr er fort, alle ihre Bereitschaft bekundet, ihr Leben in den Dienst der Kirche zu stellen – »mitzuhelfen bei der stetigen Erneuerung des Zweiten Vatikanischen Konzils durch den Weg des Neokatechumenats, der die Taufe der Christen erneuert«. Dann bekräftigte Arguello diesen Eid: »Deshalb, Vater, würde ich gerne in ihrer aller Namen – wenn Ihr es mir erlaubt – vor Euch niederknien, und alle diese Brüder mit mir, als kleines Zeichen unserer vollkommenen Treue zu Petrus.«

Während des Katechumenats absolviert jede NK-Gemeinschaft einen Rombesuch, bei dem sie am Grab des heiligen Petrus ihre Gefolgschaft gelobt. Einer Gruppe aus Madrid, die der Papst im März 1984 zur Audienz empfing, erklärte er: »Ich bin dankbar für diesen Besuch am Grab des ersten Apostels, denn ich sehe darin ein Zeugnis der Anhänglichkeit an den Nachfolger Petri, eine Garantie kirchlicher Treue.«

Ein anderer Aspekt des Neokatechumenatentums stand im Mittelpunkt am Palmsonntag 1988. Tausende junger Neokatechumenaten, die am dritten Weltjugendtag teilgenommen hatten, wurden an diesem Tag vom Papst in dem nach Paul VI. benannten riesigen Audienzsaal des Vatikans empfangen. Seminaristen des Redemptoris-Mater-Seminars in Rom marschierten im Prozessionszug ein, ein ganz aus Holz geschnitztes Kruzifix in Lebensgröße vor sich hertragend, ein Geschenk der ecuadorianischen NK-Gemeinschaft. Als dieses Wahrzeichen, Kikos Lieblingssymbol, vor der Versammlung aufgebaut war, verkündete Kiko die Botschaft vom »ruhmreichen Kreuz« und schloß mit den Worten: »Was anders bleibt zu tun übrig, als dieses Wasser in die Wüste der Welt zu tragen?« Alle jungen

Männer, die einen Drang zum Priesterberuf in sich spürten, und alle jungen Frauen, die sich einem Leben im Kloster verschreiben wollten, sollten jetzt vortreten und vor dem Papst niederknien. 65 Freiwillige folgten dem Aufruf.

Viele Katholiken halten eine solche Art der Rekrutierung für fragwürdig; sie ist allenfalls geeignet für die Auswahl von Teilnehmern an einer Wallfahrt, nicht aber für die Entscheidung über eine lebenslange Berufung. Der Papst aber billigte das Verfahren: »Wenn ein Knabe oder ein Mädchen es fertigbringen, sich vor alle hinzustellen und zu dem gekreuzigten Christus zu sagen: ›Sieh her, ich gehöre dir‹, dann bedeutet das, daß Gott euch liebt, daß er euch ruft. Priesterliche und klösterliche Berufungen sind ein Beweis für den echten Katholizismus der örtlichen Kirchen und Gemeinden ... Ich habe vom Herzen her gesprochen.«

Der NK-Journalist Giuseppe Gennarini faßte in seinem Bericht das Geschehen unter der Überschrift zusammen: »65 sagen: ›Hier bin ich.‹«

Ein neues Element verkörpern die »Missionarsfamilien«, die seit den frühen achtziger Jahren, zu Teams wandernder Katechisten zusammengestellt, in alle Welt ausgesandt werden. Öffentlichkeitswirksam baten sie den Papst, den ersten Schwarm, bestehend aus zwölf Familien, »hinauszuschicken«. Am 28. Dezember 1986 wurde eine vom Papst zelebrierte Messe in Castelgandolfo veranstaltet, in deren Verlauf Johannes Paul »Missionarskreuze« überreichte. Die Messe war der Beginn einer Tradition. Heute schickt der Papst Jahr für Jahr eine neue Gruppe von NK-Familien in die Welt.

Am 31. Dezember 1986, zum Fest der Heiligen Familie, besuchte der Papst das internationale Zentrum der Bewegung in Porto San Giorgio an der italienischen Adriaküste. In einer Messe überreichte er das Missionarskreuz an 72 Familien und verurteilte die Verunglimpfung der Familie: »Heutzutage wird viel getan, um diese Zerstörungen zu normalisieren, zu legalisieren; tiefgreifende Zerstörungen, eine tiefe Zerstörung der Menschheit.« Der Kampf gegen diese Zerstörungen sei »das grundlegendste und wichtigste Anliegen der Kirche: für die geistliche Erneuerung der Familie, der menschlichen und christlichen Familien in allen Völkern, in allen Nationen, besonders vielleicht in unserer westlichen Welt, die fortgeschrittener ist, stärker geprägt von den Zeichen und Segnungen des Fortschritts, aber auch von den negativen Seiten dieses einseitigen Fortschrittes.«

Wie wichtig der Papst die Missionarsfamilien der Neokatechumenaten nimmt, ergibt sich aus dem amtlichen Bericht über die Laien-Synode von 1987, den er unter dem Titel *Christifideles laici* herausgeben ließ: »Sogar verheiratete christliche Paare entbieten, dem Vorbild Aquilas und Priscillas nacheifernd (vgl. Apostelgeschichte 18, Römer 16, 3 ff.), ein tröstliches Zeugnis leidenschaftlicher Liebe zu Christus und der Kirche, durch ihre wertvolle Präsenz in Missionsländern.«

Der Papst wurde zum besten Schutzschild in den zahlreichen Kämpfen der Neokatechumenaten, die immer wieder behaupten, sie seien im Auftrag des Heiligen Stuhls unterwegs. Johannes Paul sei »ihr Papst«.

Pater José Guzman, Oberhaupt der Neokatechumenaten in Großbritannien, zeigte mir bei einer Unterredung ein Exemplar von *Christifideles laici*, in dem er die Passagen angestrichen hatte, die der Papst, so Guzman, auf Anregung Kiko Arguellos in den Bericht aufgenommen hatte. Aus den Vorträgen, die Papst Johannes Paul in den frühen achtziger Jahren vor CL-Mitgliedern gehalten hat, destillierte Monsignore Giussani eine Theorie des Stellenwerts und des Standortes der kirchlichen Bewegungen innerhalb der Kirche, eine Theorie, für die er den Begriff »Movimentalismus« vorschlug. Für Giussani bilden Bewegungen einen »wesentlichen« Teil des Lebens des einzelnen Christen; sie sind »ein sicheres Mittel, um die Beziehung zwischen Gott und dem Menschen, für die Christus steht, in der Gegenwart zu pflegen. Es ist das Mittel, durch das die Wirklichkeit Christi und seines Mysteriums in die Geschichte, in die Kirche, in euer Leben getreten ist, auf eine Weise, die evokativ, überzeugend, erleichternd, formend wirkt und sich als existentiell wahr erweist.«

Inspiriert hatte diese Überlegungen der Papst selbst auf einer Versammlung von CL-Priestern im September 1985: »Die Gnade der Sakramente findet ihre expressive Form, ihren konkreten geschichtlichen Einfluß durch die diversen Charismen, die für ein persönliches Naturell und für eine persönliche Geschichte charakteristisch sind.«

Giussani formulierte: »Christus erreicht die Person auf eine überzeugende, praktische und wirksame Weise in der Geschichte, durch die Begegnung seiner Gnade mit einem persönlichen Naturell (d. h. zum Beispiel mit dem Begründer einer bestimmten Bewegung), das seine Wirklichkeit auf eine überzeugende und interessante Weise darstellt.« Die Botschaft suggeriert, daß Katholiken, die keiner der Bewegungen angehören, Gläubige zweiter Klasse sind.

Die »Bewegungen«, erklärt Don Giussani, »sind am vollständigsten vom Heiligen Stuhl verstanden und geschätzt worden.« Kardinal Joseph Ratzinger hat inzwischen den Papst zum Vorreiter der neuen Bewegungen erklärt. Unvermittelt, so Ratzinger, habe die katholische Kirche den Pluralismus für sich entdeckt – in Gestalt der Bewegungen. Die verkalkten Bischöfe seien zu konservativ, und »selbst heute«, sagt Ratzinger, »sehen wir bestimmte Arten von Bewegungen, die sich nicht auf das bischöfliche Prinzip reduzieren lassen, sondern sowohl theologisch als auch praktisch Rückhalt im Primat des Papsttums finden«.

Ratzinger und Cordes haben die theoretisch begründete Forderung nach einer stärkeren Zentralisierung des Papsttums aufgestellt. Sie stützen sich in ihrer Argumentation auf die Bewegungen. In einem Vortrag, den Cordes zum Thema »Die ›Communio‹ in der Kirche« im März 1987 vor der Zweiten Internationalen Konferenz kirchlicher Bewegungen hielt, betonte der Bischof, das Papsttum sei dabei, die Kirche vor den »absolutistischen Tendenzen der örtlichen Kirchen« zu retten. Cordes zieht historische Parallelen zu der Amtszeit Papst Gregors VII. (1073–85) und zum Aufstieg des Franziskaner- und des Dominikanerordens im 13. Jahrhundert. Diese Perioden hätten eine »extrem hohe Bedeutung« für die heutige Situation der Kirche. Er zitiert Kardinal Ratzingers Aufsatz »Pluralismus als Frage für die Kirche und für die Theologie«: »Die beiden großen Impulse, die die Lehre vom Primat zu voller Blüte führten – will sagen, das Ringen um die … Freiheit der Kirche vom Staat unter Gregor VII. … und die Kontroverse um die Bettelorden im 13. Jahrhundert –, rühren nicht von einer Sehnsucht nach Einheit her, sondern aus der Dynamik pluralistischer Bedürfnisse.« Die Entwicklung der Betteloren aus klösterlichen Gemeinschaften zu Bewegungen, die ihre Weisungen von Großmeistern erhielten, die unmittelbar dem Papst Gefolgschaft schuldeten, sei bemerkenswert: »Dieser von den Mönchen auf diese Weise provozierte Zentralismus hatte natürlich seine Rückwirkungen auf das Verständnis der Kirche der Gläubigen im allgemeinen: Die Sendung Petri trat mit größerer Klarheit hervor.« Diese historischen Parallelen sind bemerkenswert. Gregor VII. und Innozenz III. (1198–1216), der den Franziskanerorden anerkannte, trieben den größten Mißbrauch mit der päpstlichen Macht, den wir aus der Geschichte der katholischen Kirche kennen. Mutet es schon seltsam an, daß Gregor VII. in einem Atemzug mit dem Aufstieg der Betteloren im 13. Jahrhundert genannt wird, so erscheint es noch eigenartiger, daß Cordes ausgerechnet ihm eine »äußerst hohe Bedeutung« für die heutige Zeit bescheinigt. Dieser Papst hat sich bleibenden Ruhm erworben durch die Ausweitung des päpstlichen Machtanspruchs auf den weltlich-politischen Bereich, exemplifiziert in dem Bannstrahl gegen den Kaiser des Heiligen Römischen Reiches, Heinrich IV. Zu den Machtbefugnissen, die Gregor für das Papsttum reklamierte, gehörte, »daß der Papst der einzige sei, dem alle Fürsten die Füße küssen müssen …; daß er Kaiser absetzen kann …; daß der Papst die Untertanen ungerechter Männer von ihrer Gefolgschaft entbinden kann …; daß über ihn selbst niemand richten darf …; daß die römische Kirche niemals geirrt hat und nach dem Zeugnis der Heiligen Schrift auch in alle Ewigkeit nicht irren wird«. Innozenz III. genügte der Titel eines »Stellvertreters Christi« nicht. Er nannte sich »Stellvertreter Gottes«.

Die Bewegungen demonstrieren ihre Hingabe an den Papst auf vielfache Art. »Kommunion und Befreiung« und Focolare treten in ihren Zeitschriften und Publikationen vorbehaltlos auch für die unpopulärsten Standpunkte Johannes Pauls ein. Sie haben ihre Präsenz in Osteuropa nach dem Zerfall des Kommunismus ausgebaut, sie führen einen Kreuzzug gegen nichtkatholische Sekten, sie organisieren medienträchtige Großereignisse, bei denen der Papst als Gaststar auftritt. »Kommunion und Befreiung« ist nach wie vor die wichtigste traditionalistische Denkfabrik für den Vatikan. Ihr einstiger Hausphilosoph Rocco Buttiglione, der Polnisch lernte, um die frühen Schriften Johannes Pauls im Original studieren zu können, ist Berater des Papstes und hat zusammen mit dem CL-Bischof Angelo Scola Johannes Paul bei der Ausarbeitung der umstrittenen Moral-Enzyklika *Veritatis splendor* geholfen, von der es heißt, ihre erste Fassung sei so radikal gewesen, daß sie mehrmals abgeschwächt werden mußte.

Die Bewegungen transportieren auch die reaktionärsten Botschaften Johannes Pauls II. Sie stellen ihm ergebene männliche und weibliche Laien zur Verfügung und eine beträchtliche Gefolgschaft von Priestern und Ordensleuten. Doch was ist mit den Millionen Katholiken, die keiner Bewegung angehören und die für die Botschaft des gegenwärtigen Papstes unempfänglich sind? Und was ist mit den Bischöfen, die am besten über die besonderen Bedürfnisse der örtlichen Gemeinden Bescheid wissen und nun miterleben müssen, wie die Bewegungen über ihre Köpfe hinweg aus ihren Zentralen in Italien gelenkt werden?

Was sich hier entwickelt, entspricht nicht der vom Zweiten Vatikanischen Konzil beschworenen Vision blühender lokaler Kirchen, die im Einklang miteinander und mit dem Heiligen Stuhl stehen. Es entsteht das Bild einer *Kraken*-Kirche, die nur aus Kopf und Armen besteht. Und alle Anzeichen sprechen dafür, daß dieses Ungeheuer wächst, während die Krise des Glaubens den Rest der katholischen Diaspora lähmt. Schon heute zeigt dieser Schößling eine Stärke, die einen das Fürchten lehren kann.

---

1 Vitali und Pisoni, *Comunione e Liberazione*, S. 133.

Kirche des Triumphs

»In der ganzen Stadt wimmelt es von Katholiken«, sagte mir der Taxifahrer, als ich am Abend des 12. August 1993 in Denver (Colorado) gelandet war. Ich mußte das Taxi mit vier anderen Fahrgästen teilen.

Auf unserer Fahrt zur Innenstadt sahen wir große Gruppen von Jugendlichen; sie waren auf dem Rückweg vom Mile-High-Stadion, wo Papst Johannes Paul II. den Sechsten Weltjugendtag eröffnet hatte. Endlich erlebte ich einmal dieses alle zwei Jahre stattfindende Großereignis, das Hunderttausende junger Menschen aus aller Welt anzieht. Denn diese Jugendtage zeigen etwas von dem Pastoralstil des Papstes: Sie greifen auf moderne Technik zurück, sind kommerzialisiert und bieten Unterhaltung. Sie verkörpern die »Neue Evangelisation«.

Ende 1983 hatten die Jugendabteilungen der neuen Bewegungen vom Päpstlichen Rat für die Laien den Auftrag erhalten, in unmittelbarer Nähe des Petersplatzes in Rom das Jugendzentrum San Lorenzo aufzubauen, um den jüngeren Besuchern der Ewigen Stadt ein christliches Willkommen entbieten zu können. Der erste Weltjugendtag, von den Bewegungen organisiert, fand am Palmsonntag 1984 in Rom statt. Die Veranstaltung gefiel dem Papst so gut, daß er beschloß, sie zu einem der Markenzeichen seiner Amtszeit zu machen: 1985 in Rom, 1987 in Buenos Aires, 1989 im spanischen Santiago di Compostela, 1991 im polnischen Tschenstochau. Der päpstlichen Schlußmesse 1991 wohnten nach Schätzungen 1,5 Millionen Menschen bei.

Heute gehören die Jugendtage zu den wichtigsten Ereignissen der katholischen Kirche. In Denver trat die halbe römische Kurie auf; dazu kamen zahlreiche Bischöfe und Kardinäle und das gesamte

Episkopat. Obwohl die Veranstaltung als persönlicher Beitrag Johannes Pauls zu seinem Pontifikat galt, stand sie stark im Zeichen der neuen Bewegungen.

Die größten Ähnlichkeiten im Ablauf bestehen zu den von Focolare inszenierten »Genfesten«. Es gehört zur Selbstdarstellung der *focolarini*, daß bei diesen Festen nichts geplant, sondern alles spontan erscheint. Es begann am 1. Mai 1971 in Loppiano, ich habe es miterlebt. Da wir die über tausend Besucher beim besten Willen nicht in einen unserer Säle zwängen konnten, beschlossen wir eine Veranstaltung in einem Amphitheater, das sich auf dem Gelände des Männerdorfes von Campogiallo befand. Vorgeführt wurden Lieder und Tänze, vorgelesen wurde aus den Schriften Chiaras und des Papstes. Im Kern war dies bereits das Vorbild für die Weltjugendtage. Im Jahr darauf fand an gleicher Stelle unter der neuen Bezeichnung Genfest eine bereits sehr viel ehrgeizigere Veranstaltung statt mit dreitausend Besuchern. Bald wurden in der ganzen Welt Genfeste gefeiert.

Im Juni 1975 wurde im Palaeur, in einem überdachten Sportstadion mit 60 000 Plätzen, das erste wirklich internationale Genfest abgehalten, auf dem die beliebten Musikbands der Bewegung, Gen Rosso und Gen Verde, spielten, Gruppen aus aller Welt sangen, tanzten und »Erfahrungen« zum besten gaben. Chiara Lubich war die Hauptrednerin.

Die internationalen Genfeste etablierten sich, als die großen »Familienzusammenkünfte« der Focolare-Jugend.[1] Das Wichtigste war, daß Focolare sich selbst, dem Papst und der Welt demonstrierte, welch große Zahl von Menschen die Bewegung mobilisieren konnte. Die Größe der Veranstaltungen bestärkte die Focolare-Führer in ihrer Überzeugung, daß sie dabei waren, ein neues Zeitalter einzuläuten.

»Kommunion und Befreiung« hatte schon zwei Jahrzehnte zuvor seine erste Massenveranstaltung inszeniert. Im August 1980 hieß das Ereignis »Freundschaftstreffen zwischen den Völkern«. Es findet seither alljährlich in Rimini statt und zieht Zehntausende von Teilnehmern an. Geboten werden Ausstellungen, Musik- und Sportveranstaltungen. Schlagzeilen machen die Veranstaltungen jedoch, zumindest in Italien, mit den prominenten Gastrednern. 1982 war es der Papst. Die Treffen, gedacht als Antwort auf die »Feiern der Einheit« der Kommunistischen Partei Italiens, entwickelten sich zu einem Höhepunkt in Italien und bewirkten genau das, was »Kommunion und Befreiung« sich erhofft hatte: über die Bewegung wurde gesprochen. Die Leitworte zielen auf Provokation. »Menschen, Affen und Roboter« war das Motto für das Treffen 1983, »Das Biest, Parsifal und Superman« für das Treffen 1985. Es machte sogar den Papst ratlos.

Die Neokatechumenaten haben bislang noch keine eigene Massen-Jugendveranstaltung kreiert, bewogen aber Zehntausende ihrer Jungmitglieder zur Teilnahme an den Weltjugendtagen. So reisten 1991 allein aus Italien 50 000 NK-Mitglieder zum Weltjugendtag nach Polen.

Die Veranstaltung von Denver stellte sie vor eine schwerere Aufgabe. Da die Neokatechumenaten den größten Teil ihres Fußvolkes aus anderen Erdteilen herbeischaffen mußten, entstanden hohe Kosten. Das aber hinderte Kiko Arguello nicht daran, am 28. März 1993 vor einer Gruppe von 8000 im Vatikan versammelten italienischen Jungmitgliedern dem Papst zu versprechen, sie würden in Denver mit nicht weniger als 50 000 Leuten antreten. Der Papst runzelte die Stirn und leitete seine Rede mit der Frage ein: »Doch wo werden diese Neokatechumenaten genügend Geldmittel finden?« Am Ende seiner Rede hatte jedoch die Zuversicht gesiegt: »Ich wünschte, ihr alle könntet nach Denver kommen. Auch wenn ihr nicht über große Reichtümer verfügt, werdet ihr einen Weg finden. Ich weiß nicht wie, aber ihr werdet es schaffen.«

Der Weltjugendtag in Denver war der erste, der in einem nichtkatholischen Land stattfand; ein gewisses Risiko war also gegeben. Die Bewegungen aber erwiesen sich als zuverlässig. Die Kirche hat einen Propagandaapparat, um den ihre Gegner sie beneiden. Denver erlag alsbald dem Papst-Fieber. Sogar der Präsident kam, um dem Pontifex seine Aufwartung zu machen. Die örtlichen Radiosender starteten eine Plakataktion, die ihre Stars Arm in Arm mit dem Papst zeigten; Kaufhäuser in der Haupteinkaufsstraße bestückten ihre Schaufenster mit Johannes-Paul-Devotionalien. Es gab ein päpstliches Bier, Ale Mary genannt; bei McDonald's wurden Bischofsmützen-Attrappen verteilt, das Geschichtsmuseum des Staates Colorado zeigte eine Ausstellung mit Schätzen des Vatikans. An den ersten beiden Tagen spielte sich das Geschehen im Denver City Center ab. Dann begann der Auszug zum Cherry Creek State Park, der 25 Kilometer außerhalb der Stadt liegt. Hier war der einzige Platz weit und breit, der groß genug schien, die 189 000 registrierten Teilnehmer und die Besucher der Abschlußmesse am 15. August aufzunehmen. Am Ende erhielten 20 000 die Erlaubnis, die 25 Kilometer lange »Wallfahrt« zu Fuß zu machen. Das Pressezentrum befand sich im Ballsaal des Radisson-Hotels in der Innenstadt von Denver. Zu meinem Erstaunen konnte ich unter den Bergen von Informationsmaterial nicht das Geringste über die Bewegungen finden. Ich fragte einen der Pressebeauftragten der US-amerikanischen Bischofskonferenz; er hatte noch nie etwas von den Bewegungen gehört. Später drückte mir im Stadtzentrum jemand ein Flugblatt in die Hand, auf dem zu einem »Jugendfest« eingeladen wurde. Das klang vertraut. Focolare hatte von vornherein mit einem großen Andrang gerechnet und die Currigan Hall gemietet, eine Halle im Messegelände der Stadt. Das Dauerlächeln der *focolarini*, die am Eingang die Programme verteilten, war mir auf unheimliche Weise vertraut. Ich erkannte einige von ihnen sogar wieder und bemerkte, daß sie vorzeitig gealtert waren. Geboten wurden Gesprächsrunden und Erfahrungsberichte, aufgepeppt durch Lieder und Tanzdarbietungen. Der Höhepunkt der Veranstaltung bestand aus zwei Nummern, einer mimisch-tänzerischen Darstellung des Lebens der Chiara Lubich, untermalt mit Musik, und Vorträgen über die »Geschichte des Ideals« und über die Musterdörfer der Bewegung.

Das ist die Formel: Lieder, Bekenntnisse, Vorträge, Fahnen. Der Weltjugendtag mit dem ersten Auftritt des Papstes im Cherry Creek State Park lief ähnlich ab. Es war erstaunlich, wie schnell die Veranstalter des Jugendfestes ihr junges Publikum in ihren Bann schlagen konnten. Doch es zeigt sich auch eine Tendenz zur Fossilisierung: Die Bewegung gibt die Parole aus, die Darbietungen stammten nicht von Menschenhand, sondern seien eine Frucht von »Jesus inmitten«. Sie werden kanonisiert, festgeschrieben, für unveränderlich erklärt. Wie würden sie in 25 oder gar 50 Jahren wirken?

Von den Neokatechumenaten hatte ich noch immer nichts entdeckt. Hatte Kiko bei seinem Versprechen an den Papst den Mund zu voll genommen? In der Stadt wimmelte es von jungen Katholiken aus aller Welt. Sie schlenderten durch die Straßen, diskutierten in den Cafés, inspizierten die Läden, versammelten sich vor der Bühne des Civic Center Parks oder sichteten das Angebot der Stände auf dem »Markt«.

Auch im Pressezentrum war nicht herauszufinden, was die Neokatechumenaten zum Veranstaltungsprogramm beisteuerten. Am Morgen des 14. August 1994 begann der lange Marsch vom Stadtzentrum zum Cherry Creek State Park. Das Rahmenprogramm war für 16 Uhr angesetzt, es sollte den Auftritt des Papstes vorbereiten und einen vierstündigen Gottesdienst. Danach wollten die meisten Anwesenden die Nacht an Ort und Stelle verbringen und die Rückkehr des Papstes zur Frühmesse am nächsten Morgen erwarten. Die Veranstaltung sollte so den Charakter einer Pilgerfahrt wahren.

Als ich eintraf, wälzten sich schon Ströme von Wallfahrern durch die Eingänge auf das weitläufige, an beiden Seiten von McDonald's-Imbißwagen begrenzte Gelände. Ich wanderte zwischen den vielen Menschen umher. Die Bühne – die größte, die je in den Vereinigten Staaten aufgebaut wurde – stand auf einer Anhöhe. Als ich die erreicht hatte, entdeckte ich vertraute Motive und Symbole – Fahnen mit aufgedruckten Madonnenbildern, Messing-Kruzifixe mit Christusfiguren. Plötzlich tauchten Banner auf: kleine zuerst, mit denen NK-Gemeinschaften ihre Herkunft anzeigten, dann größere mit Parolen wie: »Die Neokatechumenaten-Gemeinschaften Australiens grüßen den Papst«. Transparente versprachen dem Papst Unterstützung: »Auf diesen Fels will ich meine Kirche bauen« oder »In Camino con Pietro« (»Auf den Weg mit Petrus«). Ich war bald in einem Bereich, in dem nur Neokatechumenaten-Gruppen anzutreffen waren: Sie hatten sich so nahe wie möglich an der Bühne versammelt. Die Flamenco-Akkorde der Kiko-Arguello-Lieder erklangen. »Wir sind der Weg, die Wahrheit und das Leben«, skandierte eine Gruppe. Einen Tag später erfuhr ich in einem Gespräch mit einem englischen NK-Priester, daß nach offiziellen Zahlen 40 000 Neokatechumenaten am Weltjugendtag teilgenommen hatten. Der Papst konnte zufrieden sein.

Als der Hubschrauber des Papstes in Sicht kam, brach ein wildes Tohuwabohu aus; es war ein massenpsychologisches Phänomen, das ich nur zu gut kannte. Immer wenn ein Besuch Chiara Lubichs in Loppiano angekündigt war, hatte sich die gespannte Erwartung zu einem Fieber gesteigert. Selbst wenn man die zierliche Person bei ihrem Erscheinen gar nicht sehen konnte, wurde man von der emotionalen Welle mitgerissen. Die Menschen kletterten auf die Stühle, um besser sehen zu können.

Der Hubschrauber kreiste in geringer Höhe über der jubelnden Menschenmasse, nervöse Sicherheitskräfte suchten den Himmel ab. Wer wußte, wie viele Neokatechumenaten sich in der Menge befanden, wunderte sich nicht darüber, daß sie mit ihrer Begeisterung alle mitrissen.

Der Papst hielt seine Predigt in der Abenddämmerung. Aus der schweigenden Menge stieg ein NK-Banner nach dem anderen empor – eine wohlinszenierte symbolische Geste: eine Girlande aus Wimpeln schmückte eine Mauer, die das Gelände auf einer Seite begrenzte, eine andere spannte sich von einem Lautsprecherturm in der Mitte des Areals zur Bühne. Sie übermittelten dem Papst eine persönliche Botschaft – ein Gelöbnis der Treue: »Wir sind hier, und wir sind viele Tausend.«

Hier war keine aktive und engagierte Laienschar versammelt, wie das Zweite Vatikanische Konzil sie gefordert hatte. »Kommunion und Befreiung« tritt für die »Dynamik der Gefolgschaft« ein; Focolare und die Neokatechumenaten lassen keine kritischen Fragen zu und fordern die totale Unterordnung unter ihre »Charismen«. Der Weltjugendtag folgte diesem Muster. Die einzige Gelegenheit, selbst ihre Stimme zu erheben, bot sich den jungen Leuten bei den Veranstaltungen eines Internationalen Jugendforums. Dieses hatte jedoch seine Beratungen bereits abgeschlossen (und mit dem Siegel strengster Geheimhaltung versehen), ehe die normalen Teilnehmer überhaupt angekommen waren. Die 270 Heranwachsenden aus aller Welt, die dem Forum angehörten, repräsentierten eine von der Kirchenleitung getroffene Auswahl. Ihre Abschlußerklärung, die 600 Wörter umfaßte und als »Verkündigung« vorgestellt wurde, lohnte die Lektüre kaum. Sie enthielt nicht einmal einen Ansatz von Kritik oder Aufsässigkeit.

»Aus unserer christlichen Erfahrung heraus wollen wir der Jugend der ganzen Welt unseren Wunsch mitteilen, eine neue Gesellschaft zu bauen, eine Gesellschaft der Liebe ... Wir danken Papst Johannes Paul II., dem Nachfolger Petri, für seine ermutigenden Worte und geloben ihm, daß wir die neuen Apostel und die lebendigen Steine der Kirche sein werden. Von einem sind wir überzeugt: Mit Christus können wir die Welt verändern. Doch bevor wir die Welt verändern können, muß jeder einzelne von uns sein Herz durch Demut verändern.«

Eine Auseinandersetzung mit den konkreten Problemen der Welt fand nicht statt. Das Dokument verweilt lieber im sicheren Hafen einer unverbindlichen Fröhlichkeit.

Die zentrale Botschaft des Weltjugendtages war sicherlich die, daß eindringlich das Ideal des Zentralismus beschworen wird. Der Papst wird nicht als Mensch aus Fleisch und Blut präsentiert, sondern als eine überhöhte, jeglicher Realität entrückte Medien-Persönlichkeit. Die Kirche erscheint als das ferngesteuerte Fußvolk dieser entrückten Figur, die ihren Anhängern nur mit Hilfe riesiger Lautsprechertürme und Videowände nahegebracht werden kann. Die Illusion wird genährt, daß der Papst mit jedem einzelnen Teilnehmer des Jugendtages persönlich in Kontakt stehe. Nicht Woodstock, sondern Popestock, wie ein Teilnehmer sagte.

Mit besonderer Freude verbreiten die Bewegungen Zahlen über ihre Missionserfolge. Das gilt vor allem für die Neokatechumenaten und für Focolare. Wachstumsraten sind für sie ein Beweis für die Richtigkeit ihres Weges.

Don Gino Conti ist ein älterer Priester aus Rom, der sich mit den theologischen Schwachstellen der Neokatechumenaten beschäftigt hat. Als seine Nichten, die überzeugte NK-Mitglieder sind, zu ihm sagten, die Bewegung müsse auf dem richtigen Weg sein, da sie doch in Italien bereits 80 000 Mitglieder zähle, erwiderte er: »In diesem Fall müssen die Zeugen Jehovas, die 800 000 Mitglieder haben, zehnmal mehr im Recht sein als ihr.«

Dieses Argument nehmen die Bewegungen nicht zur Kenntnis. Nach ihrer Überzeugung sprechen Statistiken eine klare Sprache. Sie flößen einerseits den Mitgliedern das triumphale Gefühl ein, einer siegreichen Partei anzugehören, und beweisen andererseits Außenstehenden, daß die Botschaft der Bewegung auf fruchtbaren Boden fällt.

Der missionarische Drang der Bewegungen wird nicht zuletzt an ihrem Sendungsbewußtsein deutlich. Nur daraus läßt sich ihr rasantes Wachstum erklären. Focolare hatte sich fünf Jahre nach seiner Gründung bereits über ganz Italien ausgebreitet. Im Verlauf der fünfziger Jahre etablierte sich die Bewegung in den meisten europäischen Ländern und setzte zugleich die Keime für eine noch weiterreichende Verbreitung, indem sie zahlreiche Mitglieder von Missionsorden anwarb, die das Focolare-Evangelium in alle Welt trugen. In den sechziger Jahren gingen diese Keime auf: In zahlreichen Ländern der Erde entstanden Focolare-Gemeinschaften. Mitte der sechziger Jahre, nur zwanzig Jahre nach ihrer Gründung, hatte die Bewegung in Asien, Afrika, Nord- und Südamerika feste Wurzeln geschlagen, besonders in Südamerika. Aus allen diesen neu erschlossenen Gebieten oder »Zonen« strömten den diversen Zweigen der Bewegung »Berufene« zu, vor allem Vollzeit-*focolarini*. Nach und nach eröffnete die Bewegung Niederlassungen selbst in den abgelegensten Ländern, so daß sie heute nach Schätzungen in fast 200 Ländern mit aktiven Gemeinschaften vertreten ist.

Der Aufstieg der Neokatechumenaten, als Bewegung zwanzig Jahre nach Focolare entstanden, war vielleicht noch erstaunlicher. 1964 in Madrid gegründet, verlegte die Bewegung ihr Hauptquartier vier Jahre später nach Rom. Anfang der achtziger Jahre hatte sie in allen bedeutenderen europäischen Ländern Wurzeln geschlagen und war auf allen fünf Kontinenten präsent.

Bei »Kommunion und Befreiung« verlief die internationale Ausbreitung langsamer. Das ehrgeizige Programm, das die Bewegung in Italien verfolgte, verlangte eine Konzentration der Kräfte. Doch der Drang nach Wachstum war immer vorhanden. Schon 1961 bezeichnete »Kommunion und Befreiung« die Missionstätigkeit in Übersee als eine natürliche Fortsetzung ihrer täglichen Arbeit: »Die Missionsarbeit passiert zuerst und vornehmlich hier, wo man sein alltägliches Leben lebt.«

Die Bewegung stützte sich zu dieser Zeit hauptsächlich auf Gymnasiasten; nur eine Handvoll Mitglieder studierte an der Universität. Dennoch nahm sie ihr erstes Missionsprojekt in Angriff, eine Station im brasilianischen Belo Horizonte. Einige der besten Köpfe der Bewegung kamen aus Italien, doch als sie in Brasilien mit Armut und Ungerechtigkeit in einem nie zuvor erlebten Ausmaß konfrontiert wurden, erkannten sie, daß die Bewegung nicht politisch genug war, um sich der sozialen Probleme Brasiliens annehmen zu können. Alle Aktivisten der ersten Stunde, mit Ausnahme eines einzigen, kehrten der Bewegung Mitte der sechziger Jahre den Rücken und wandten sich radikaleren Konzepten für die Auseinandersetzung mit den sozialen Problemen zu. Die besagte Ausnahme war Pigi Bernareggi, der einmal GS-Vorsitzender in Italien gewesen war, seinem Glauben treu blieb und Priester in der Diözese Belo Horizonte wurde. Er verkörperte die Kontinuität, die die Bewegung brauchte und durch die sie heute in Brasilien fest verankert ist. 1969 verschaffte sich die Bewegung ein Standbein in Afrika, als drei ihrer Mitglieder sich zu einem Einsatz in Uganda bereit erklärten. Dort entstand ein Ableger von »Kommunion und Befreiung«, bekannt geworden unter der Bezeichnung CCL (»Christ is Communion and Life«), der das Charisma, die Autorität und die Lehren der italienischen Mutterbewegung voll anerkannte. Der Name der Mutterbewegung wurde allerdings wegen seiner politischen Anklänge als zu agitatorisch für ein Land mit so instabiler politischer Verfassung erachtet.

In Europa hatte sich »Kommunion und Befreiung« schon in den sechziger Jahren in der Schweiz etabliert, wo es heute mit Niederlassungen in Freiburg, Zürich, Bern und Genf vertreten ist. Mitte der siebziger Jahre faßte die Bewegung auch in Spanien Fuß.

Sie unterhält dort derzeit Arbeiter-, Schüler- und Studentengruppen.

Den eigentlichen Anstoß für eine aktive Expansionspolitik lieferte Johannes Paul II. 1984 zum 30. Gründungsjahrestag der Bewegung: »Geht hinaus in alle Welt und bringt ihr die Wahrheit, die Schönheit und den Frieden, die sich in Christus dem Erlöser finden ... Das ist die Aufgabe, mit der ich euch hier und heute betraue.« »Kommunion und Befreiung« nahm diese Aufforderung wörtlich. Sie ist heute in über dreißig Ländern vertreten. Ihre politische Aktivität in Italien hat sie, wenn auch nur vorübergehend, zurückgeschraubt. Don Giussani rechnet mit Ergebnissen, die »in keinem Verhältnis zur Bescheidenheit ihrer Zahl stehen«.

In dem bislang einzigen NK-Buch, das Informationen über die Struktur der Neokatechumenaten präsentiert, wird die Zahlenbesessenheit teilweise bis ins Groteske gesteigert.[2] In einem Kapitel mit der Überschrift »Einige Früchte des Weges der Neokatechumenaten« werden als Beweis für die Wirksamkeit der Bewegung die Resultate mehrerer Erhebungen referiert. Wir bekommen Tabellen, Grafiken und Listen vorgesetzt, die einen wissenschaftlichen Anstrich verleihen sollen. Aus einer Tabelle geht hervor, daß nur zehn Gemeinschaften den 20jährigen Turnus vollständig durchlaufen und das Taufgelübde erneut abgelegt haben. 185 haben die Stufe erreicht, die als das »Shema« bezeichnet wird und gewöhnlich innerhalb der ersten drei Jahre erreicht wird. Das läßt auf eine Expansion in den neunziger Jahren schließen. Über 5000 NK-Mitglieder bekleiden einflußreiche Stellungen; dazu gehören 1887 Beamte, 907 Geschäftsleute, 557 Lehrer, 193 Ärzte, 46 Universitätslehrer und 41 Mitarbeiter akademischer Forschungseinrichtungen. Die Diözese hat 32 Missionarsfamilien hervorgebracht, die in Norwegen, Frankreich, Deutschland, Österreich, Holland, Rußland, Serbien, den USA, El Salvador, China, Japan, der Elfenbeinküste und Australien aktiv sind. 86 wandernde Katechisten sind in Italien, der Türkei, Ägypten, Indien, Korea, Zaire und Uganda tätig. Daß die Bewegung von sozialer Verantwortung wenig hält, geht aus zwei Zahlen hervor: 3500 Mitglieder bekleiden eine religiöse Funktion, in der Erwachsenenkatechese zum Beispiel oder in der Vorbereitung auf die verschiedenen Sakramente wie Taufe, Kommunion, Konfirmation, Heirat. Nur 479 Mitglieder betätigen sich in der gemeindlichen Fürsorge, also in der Arbeit mit Armen und Kranken. Sichtlich stolz sind die Neokatechumenaten auf die Geburtenrate ihrer Mitglieder; sie erreicht fast das Dreifache des italienischen Landesdurchschnitts. In absoluten Zahlen: 2585 NK-Ehepaare haben 8040 Kinder zur Welt gebracht. Fast alle treten mit vierzehn in eine NK-Gemeinschaft ein. Sie sind die Zukunftshoffnungen der Bewegung und werden als wichtigstes Reservoir für den Priesternachwuchs bezeichnet.

Während die Neokatechumenaten statistische Zahlen benutzen, setzt Focolare auf eine rauschhafte Sprache, die mehr mit moderner PR-Propaganda gemein hat als mit Wissenschaft. Neuigkeiten aus dem Innenleben der Bewegung werden in einem schwärmerischen Ton besungen, der mehr nach Wunschdenken klingt als nach sachlicher Darstellung von Fakten. Wie in totalitären Organisationen üblich, wird auch bei Focolare großer Wert darauf gelegt, daß die Bewegung sowohl von den Mitgliedern als auch von Außenstehenden als perfekt und erfolgreich wahrgenommen wird.

Die Verbreitung von Neuigkeiten in der Mitgliederschaft – das *aggiornamento*, wie diese Praxis in der Bewegung genannt wurde, lange bevor der Ausdruck unter Papst Johannes XXIII. zum Schlagwort für die Modernisierung der Kirche avancierte – ist von grundlegender Wichtigkeit. Was an neuen technischen Kommunikationsmitteln auf dem Markt erschien, wurde benutzt, um das interne Kommunikationssystem der Bewegung effizienter zu machen. Jedes Mitglied soll miterleben können, was in der Bewegung weltweit vor sich geht. Dies ist eine der wirksamsten Methoden, die Unterordnung des einzelnen unter die Organisation zu sichern. Die Mitglieder warten ungeduldig auf die *aggiornamenti*, mit denen sie sich identifizieren können. Das eigene Leben, die Gefühle und Probleme verblassen zur Bedeutungslosigkeit im Vergleich mit den Erfolgen erfolgreicher weltweiter Aktivität.

Anfang der achtziger Jahre wurden die alle 14 Tage stattfindenden Telefonkonferenzen Chiara Lubichs mit den fünfzig Focolare-Zentren in aller Welt eingeführt; das Telefon dient auch als Übertragungsmedium für *aggiornamenti*, der Akzent liegt hier auf den Taten Chiara Lubichs. Die Nachrichtenübersicht, die von der langjährigen Privatsekretärin Chiara Lubichs, Eli Folonari, verlesen wird, ist bezeichnend für den Stil der *aggiornamenti*. So beschreibt Eli Folonari in der Telefonkonferenz vom 14. Mai 1987 in einer Sprache von charakteristischer Extravaganz die »Explosion von Früchten, die die in der ganzen Welt veranstalteten Genfeste hervorgebracht haben«:

> »In der Zone Sao Paulo in Brasilien trommelten die 3000 jungen Leute, die in die Vorbereitungen zu ihrem Genfest einbezogen waren, 9000 Freunde für einen Tag im Sportstadion der Universität von Cantina zusammen, einen Tag, der erfüllt war von Freude und Feiern und in den Herzen der Vielen den Wunsch erweckte, die Welt in das Königreich Gottes zu verwandeln. In Caserta bei Neapel erklärten 6000 sich für uns, desgleichen 5000 in Turin, die zum Ausdruck brachten, daß sie ihr Leben der Botschaft Chiaras gewidmet haben ... In Bogota waren es 1500, alle sehr glücklich und angesteckt von der festlichen Atmosphäre, zu der sie ihrer Empfindung nach alle einen persönlichen Beitrag geleistet hatten. In Jerusalem erlebten 250 Christen aus verschiedenen Kirchen zusammen mit Moslems die Schönheit und den Reichtum dieses Lebens. Im englischen Walsingham waren es 500 Jugendliche, die nach zwei Tagen mit Workshops und dem Genfest wirklich als andere Menschen von dannen gingen ... In Lissabon reisten die 3700 Teilnehmer in der Gewißheit ab, daß eine geeinte Welt keine Utopie ist.«

In ihrem Nachrichtenüberblick vom 23. Februar 1989, in dem sie über Gen-Kongresse in aller Welt berichtete, zog sie noch stärkere Register:

> »Auf den Azoren fand ein Mädchentag mit 500 Teilnehmerinnen statt, *die uns alle weitgehend erlagen.* Die Schulung für Gen-2-Knaben in Hongkong war *tiefgehend.* Die Gen-2-Mädchen von Mexiko waren *Feuer und Flamme* ... die Gen-2-Knaben aus Österreich wa-

ren *glücklich*. Die Gen-Mädchen aus Peru, Ecuador und Kolumbien verließen ihre Schulungen mit einer *Seele, die offen ist für die endlosen neuen Ufer*, zu denen sie berufen werden.«

In dem Rückblick auf die alljährlichen Mariapolis-Wochen sagte Eli Folonari in der Telefonkonferenz vom 8. Juni 1989:

»Für viele der Teilnehmer – es waren mehr als 23 000 – erwies sich der Weg Marias als eine umwerfende neue Realität. Sie empfanden die Gewißheit, einen Weg gefunden zu haben, der sie zur Heiligkeit führen konnte. Jedes Ereignis im Leben jeder Person wurde in einem neuen Licht gesehen und wertvoll gemacht.«

Focolare-Veranstaltungen dürfen nicht bloß erfolgreich, sie müssen epochemachend sein; der Zwang, Superlative produzieren zu müssen, führt zu einer aufgeblasenen Sprache. Sollen wir wirklich glauben, daß die 100 Mitglieder der Kirche von England, die an einem sonntäglichen Kommunions-Gottesdienst den Vorträgen einer Gruppe von *focolarini* lauschten, von der Begegnung mit dem Focolare-Ideal »entflammt« wurden? Auf den Kongressen für Ordensleute, die im Juni 1988 in Italien stattfanden, wurde ein Vortrag verlesen, den Chiara Lubich vor Ordens-Oberleuten gehalten und in dem sie nach Focolare-Überzeugung »die Antwort gegeben hatte, die die Kirche heute für das religiöse Leben braucht«. Don Silvano Cola, Leiter der Priestersektion von Focolare, erklärte auf einer Asienrundreise, in Relation zu den sozialen Problemen dieses Erdteils erscheine die Bewegung »als eine Oase reinsten Quellwassers ..., die einzige Arznei, die in der Lage ist, die sozialen, politischen und religiösen Klüfte, die bestehen, zu schließen«. Und über die Jahreskonferenz 1988 der *capizona* in Rom lesen wir:

»Dieses Jahr zeichnet sich durch das besondere Kennzeichen eines überwältigenden Lichts aus. Am 17. Oktober zeigte uns Chiara in einer Stunde, die sie selbst eine Stunde der Gründung nannte, das Werk [d.h. das Werk Marias – so lautet der offizielle Name von Focolare] in einer ganz neuen Schönheit: das Innere als ein ganzes

Gewebe aus Berufungen und tragenden Strukturen, das Äußere einfach als ein erneuertes Christentum, ein Geist, der die Welt erneuern kann. Das Werk Marias bezeugt auf eine konkretere Weise die Anwesenheit Marias in der Kirche und in der Welt von heute.«

In einem Interview, das sie 1991 gab, erklärte Chiara Lubich auf die Frage, weshalb sie lieber im Hintergrund wirke:»Wenn ich an Maria denke, an sie, die alle Dinge in ihrem Herzen bewahrte, frage ich mich, ob sie das Rampenlicht und die exzessive Pflege des eigenen Bildes als passend empfunden hätte.« Dies ist eine recht extravagante Begründung für Bescheidenheit; die Gründerin muß sich gar nicht um ihr Image kümmern, das tun Millionen Anhänger.

Immer wenn ein Focolare-Treffen stattfindet, stehen *aggiornamenti* im Mittelpunkt, vorgetragen in der aufgebauschten Sprache der Bewegung. Neuigkeiten werden im persönlichen Gespräch oder über Telefon ausgetauscht.

Die Zeitschrift *Città Nuova* bringt heute die Botschaft der Bewegung einem allgemeineren Publikum nahe, Rundschreiben informieren die Mitglieder über die aktuellen Aktivitäten der Bewegung. Schon in den fünfziger Jahren war das Centro Santa Chiara gegründet worden, ein Kommunikationszentrum mit der Aufgabe, Tonbänder mit Chiara-Vorträgen und Nachrichten aus der Bewegung zu verschicken. Später wurden auch Diavorträge und Filme produziert. Heute werden die Ereignisse auf Videoband aufgezeichnet, die weltweit bei Focolare-Veranstaltungen vorgeführt werden; damit ist sichergestellt, daß künftige Generationen einen unmittelbaren Eindruck von der Gründerin gewinnen können. Die Mitglieder werden systematisch dazu erzogen, ihre eigenen Gefühle und Sorgen abzuwerten und sich ganz mit den Interessen der Bewegung zu identifizieren. Wenn *focolarini* sich mit Außenstehenden unterhalten, tun sie so, als interessierten sie sich für die Lebensumstände ihrer Gesprächspartner – ihre Familie, ihren Beruf, ihre Probleme. Aber erst wenn sie die neuesten Nachrichten aus der Bewegung verkünden, wird ihre Begeisterung spürbar. Für ihr Gefühlsleben sind die Geschicke der Institution wichtiger als die persönlichen Belange. Das Ergebnis dieser »Entpersönlichung« ist kollektiver Größenwahn. Da der Expansionsdrang von Focolare keine Grenzen kennt, überrascht es nicht, daß die Führer der Bewegung ein brennendes Interesse daran haben, die Massenmedien für ihre Zwecke einzuspannen. In dem Buch *Das Abenteuer der Einheit* fragt Franca Zambonini, warum über Focolare in der Presse weniger zu lesen ist als über »Kommunion und Befreiung«. Chiara Lubich antwortete:

> »Das ist so gewollt. Historisch reicht das bis in die Anfänge der Bewegung zurück und ist nie revidiert worden, obwohl das Zeitalter der Massenmedien angebrochen ist. Ich weiß noch, wie sehr mich die Worte eines heiligen Priesters, Don Giovanni Calabria, beeindruckten, … der in seinem Veroneser Dialekt für ›taneta e buseta‹ warb, was im Grunde nichts anderes heißt als Bescheidenheit und Unauffälligkeit, sich nicht in den Vordergrund zu drängen, kein Aufsehen zu erregen.«

Die heutigen Erfolgsmeldungen über Presse- und Medienkontakte in den Telefonkonferenzen sprechen jedoch eine andere Sprache. Chiara Lubich hat inzwischen einen gesunden Instinkt für den Umgang mit den Medien entwickelt. Nachdem die Stadt Augsburg Focolare für ein Friedensfestival ausgezeichnet hatte, zeigte sich Chiara bei der Begegnung mit der Presse von ihrer lockeren Seite. Offizielle Mitteilung:

> »Um 16 Uhr nachmittags stellte sich Chiara in der Halle des Mariapolis-Zentrums von Ottmaring einer Pressekonferenz mit 23 Journalisten, die 23 Nachrichtenagenturen vertraten (darunter 7 Hausagenturen der Bewegung). Chiara beantwortete ihre Fragen sehr spontan, und so entstand eine ganz besondere Atmosphäre mit der Folge, daß am Schluß der Konferenz allgemeiner Beifall aufbrandete.«

Die Nachrichtenübersichten der Bewegung sind gespickt mit Hinweisen auf Zeitungs-, Radio- und Fernsehinterviews, die Chiara Lubich oder andere Funktionäre der Bewegung in aller Welt gegeben haben. Ein Beispiel hierfür ist das »Wort des Lebens«: ein Bibelspruch, der jeden Monat neu aus einem der Evangelien ausgewählt und als Monatsmotto verkündet wird, garniert mit Empfehlungen Chiaras, wie er in die Tat umgesetzt werden kann. Der Kommentar bedient sich der Standardformeln. Das »Wort des Lebens« wird in einer Auflage von über drei Millionen Exemplaren monatlich gedruckt und regelmäßig von 16 Fernseh- und 217 Hörfunksendern in aller Welt ausgestrahlt. Einen publizistischen Meilenstein setzte Focolare mit dem Genfest 1990, das durch die staatliche italienische Fernsehgesellschaft RAI über Satellit weltweit ausgestrahlt wurde. Das Familienfest der Bewegung am 5. Juni 1993 soll weltweit fast 700 Millionen Zuschauer erreicht haben.[3] Die Technik war wieder von RAI bereitgestellt worden. Das Fest konnte sich mit dem Status einer offiziellen »Vorbereitungs-Veranstaltung« für das von den Vereinten Nationen proklamierte Jahr der Familie (1994) schmücken. Einer der Stars des Spektakels war Henry J. Sokalski, UN-Koordinator für das Jahr der Familie. In der Liste der Gastredner fanden sich Oscar Luigi Scalfaro, Präsident der Italienischen Republik, Egon Klepsch, Präsident des Europäischen Parlaments, und Bartholomäus I., Ökumenischer Patriarch von Konstantinopel. Der Hauptredner war Papst Johannes Paul II.; seine Ansprache wurde in einer aufwendig inszenierten Live-Schaltung aus seinem Büro übertragen. Um den familiären Anstrich zu unterstreichen, ließen die Regisseure auf dem Mosaikfußboden der päpstlichen Gemächer Kinder spielen. Die Bewegung feierte dieses Ereignis mit einer Orgie von statistischen Zahlen: 13 Satelliten seien aufgeboten worden, um die »Worldvision« möglich zu machen, 150 Länder, von Tierra del Fuego bis Sibirien, seien in den Genuß der Übertragung gekommen, über 200 Fernsehanstalten hätten sich angeschlossen.

Vor der Fernsehübertragung waren die Zuschauer von den Führungsfiguren der Bewegung »Neue Familien«, Annamaria und Danilo Zanzucchi, auf das Ereignis eingestimmt worden: »Wir wollen heute hier bei uns erleben, wie es auf der Welt zugehen könnte, wenn die Menschheit eine Familie wäre. Daher möchten wir gerne an diesem Morgen vor euch allen die Einheit zwischen uns neu bekräftigen.« Es folgten Pantomimen und Lieder, dargeboten von dem Familienfest-Ensemble, das aus 100 Mitgliedern anderer Focolare-Bands bestand. Der direkt übertragene Teil des Programmes enthielt dann

Live-Einspielungen aus allen fünf Kontinenten. Im Mittelpunkt der Schaltung nach Brüssel stand die Grußbotschaft des Präsidenten des Europäischen Parlaments, Egon Klepsch, gehalten in Anwesenheit von Prinz Albert und Prinzessin Paola von Belgien (inzwischen zum Königspaar avanciert).

Der BBC-Korrespondent in Rom, David Willey, zeigte sich nicht beeindruckt. Die Teilnehmer seien ihm vorgekommen, als hätten sie eine Gehirnwäsche hinter sich; er registrierte eine Selbstbestätigungseuphorie und eine Neigung, Erfolgserlebnisse aus der »Bekehrung der Gleichgesinnten« zu schöpfen. Überrascht zeigte sich Willey, daß Chiara Lubich nicht anwesend war. Sie hatte seit fast einem Jahr ihr Refugium in der Schweiz nicht mehr verlassen. Ihre »entleibte Stimme« über Tonband sei fast geisterhaft durch das weite Rund des Stadions gehallt.

Mit dem Familienfest setzte Focolare einen Meilenstein in der Geschichte des katholischen »Tele-Evangelismus«. Eine Nutzung der Massenmedien gehört ins neue Konzept von Massenbewegungen wie »Jugend für eine Geeinte Welt«, »Neue Menschheit« oder »Neue Familien«.

Als ich in Loppiano lebte, benutzte man dort für unterschiedliche Zwecke auch unterschiedliche Namen und Briefköpfe. Die Bewegung firmierte unter »Istituto Internazionale Mistici Corporis« (»Internationales Institut des Mystischen Leibes«), wenn sie sich vom religiösen Aspekt Vorteile versprach; sie nannte sich »Centro Internazional di Cultura e di Esperienze Sociali« (»Internationales Zentrum für Kultur und soziale Erfahrungen«), wenn es um weltliche Dinge ging. Die Folgen lassen sich am Beispiel des Familienfestes zeigen: Die Bewegung gab sich hier einen weltlichen Anstrich und konnte so die Unterstützung der Vereinten Nationen und der Europäischen Union gewinnen.

Das UN-Weltforum für Organisationen der Familienbetreuung war vom 28. November bis zum 2. Dezember 1993 in Malta zusammengetreten, um den Startschuß für das UN-Jahr der Familie zu geben. Einer der Tagesordnungspunkte war die Verleihung einer offiziellen UN-Auszeichnung an die Bewegung »Neue Familien«. Wissen die Vereinten Nationen oder die Europäische Union, mit wem sie sich eingelassen haben? – Focolare propagiert die denkbar konservativsten Werte: Ablehnung der Geburtenkontrolle, kategorisches Nein zur Sterilisierung selbst in Fällen, in denen sie medizinisch geboten ist; völlig restriktives Scheidungs- und Abtreibungsrecht. Daß Papst Johannes Paul II. dem Familienfest seinen Segen geben würde, war vorauszusehen. Er stellte sich nicht nur als Redner für die TV-Direktübertragung zur Verfügung, sondern las auch eine Messe auf dem Petersplatz: »Von Christen wird etwas Besonderes verlangt, etwas, das aus dem Glauben und aus der Würde des Sakraments herrührt, die Christus auf diese natürliche Einrichtung übertragen hat. Es ist eine Frage des Zeugnisablegens für die Wahrheit und die Treue zur Liebe in der Ehe und der ehrlichen Offenheit für das Geschenk des Lebens.« Im Klartext heißt das: Nein zu Scheidung und nein zur Empfängnisverhütung.

Schon bevor Focolare die immensen Möglichkeiten der elektronischen Massenmedien für sich entdeckte, hatte sich die Zeitschrift *Città Nuova* zu einer ansehnlichen Publikation entwickelt. Heute erscheint sie als Hochglanzmagazin mit dreißig Lizenzausgaben. Das italienische Verlagshaus der Bewegung *Città Nuova Editrice* wurde 1992 von dem politischen Wochenmagazin *Panorama* als ein »hochangesehenes« Verlagsinstitut bezeichnet; zunächst nur als Instrument für die Verbreitung der Werke Chiara Lubichs gedacht, hat der Verlag inzwischen an Glaubwürdigkeit gewonnen, weil er bisher unzugängliche Werke der Kirchenväter herausbringt und wissenschaftlich bearbeitet. In letzter Zeit hat der Verlag diese Reputation freilich benutzt, um die Bewegung durch die Veröffentlichung theologischer Studien zu den Lehren Chiara Lubichs zu fördern. Es gibt Schriftenreihen zu Themen wie Psychologie, Naturwissenschaft, Politik, Soziologie, Kinderliteratur, ein Buch über natürliche Geburtenkontrolle und einen Band mit Kosmetiktips. Die britische Tochter *New City* hat unlängst exakt nach dem Rezept des Mutterverlages mehrere Bände mit Werken der Kirchenväter herausgebracht. Den Auslandstöchtern wird oft ein Vorkaufsrecht für die attraktivsten Titel aus dem Programm der italienischen Città Nuova eingeräumt.

»Jaca Books«, der Hausverlag von »Kommunion und Befreiung«, gehört ebenfalls zu den großen religiösen Verlagshäusern in Italien.

Die Liste der Hausautoren spiegelt die Vorlieben des CL-Gründers Don Giussani wider: C.S. Lewis, Charles Péguy, Paul Claudel und Hans Urs von Balthasar. Zu Wort kommen Freunde der Bewegung wie die Kardinäle Joseph Ratzinger und Inos Biffi (Bologna). Mitglieder der Bewegung sitzen in Schlüsselstellungen der Zeitungs- und Zeitschriftenredaktionen und der Radio- und Fernsehgesellschaften. Darüber hinaus hat »Kommunion und Befreiung« einen eigenen Zeitschriftenverlag aufgebaut. Das Flaggschiff unter den Publikationen ist die Zeitschrift *30 giorni* mit vier fremdsprachigen Ausgaben. Die Mitgliederzeitschrift der Bewegung hat sich kürzlich den italienischen Namen *Tracce* (»Spuren«) zugelegt. Eine Zeitschrift mit dem fast identischen Namen *Traccia* (»Zeichen«) veröffentlicht die gesammelten Reden des Papstes.

Seit den frühen achtziger Jahren gibt »Kommunion und Befreiung« die Wochenzeitschrift *Il Sabato* heraus. Sie muß sich hinter italienischen Zeitschriften wie *Panorama*, *Epoca* oder *Europeo* nicht verstecken. *Il Sabato* gibt sich den Anstrich eines aktuellen politischen Nachrichtenmagazins und legt Wert auf gut recherchierte und gut geschriebene Beiträge. Immer wieder aber tauchen Artikel zu dem CL-Lieblingsthema Freimaurer auf.

Die Neokatechumenaten haben bislang nur geringen Einfluß in den Medien. In ihrer Hochburg Rom arbeiten 24 Journalisten und 16 TV-Mitarbeiter. Vielleicht hat die kategorische Forderung der Neokatechumenaten nach völligem Verzicht auf weltliche Werte zur Folge, daß es Leute mit profanen Berufen nicht in die Bewegung zieht. In der katholischen Medienszene Italiens können sich Neokatechumenaten fast nur auf Giuseppe Gennarini stützen, der in der katholischen Tageszeitung *Avvenire* oder im vatikanischen *Osservatore Romano* regelmäßig über die Bewegung schreibt. Auch unter den Mitarbeitern von Radio Vatikan soll es mehrere NK-Mitglieder geben. »Radio Maria« spielt regelmäßig die Lieder Kiko Arguellos und attackiert Kritiker der Bewegung.

Johannes Paul II. ist der erste Medienpapst. Er ist nicht nur geübt im Umgang mit Journalisten, er fühlt sich in ihrer Gegenwart ausgesprochen wohl. Der Aufbau eines weltweiten katholischen Medien-

und Fernsehimperiums ist eines der wichtigsten Ziele seiner Amtszeit; bisher hat er es jedoch versäumt, katholische Fachleute und Künstler für seine Vorstellungen zu gewinnen. Er ist den populistischen Weg gegangen und führt einen erbitterten Medienkrieg gegen alles, was nicht katholisch ist. Ein weiterer Schwerpunkt der katholischen Medien ist, den persönlichen Wünschen des Papstes entsprechend, die Verstärkung des Einflusses in Rußland und den ehemals kommunistischen Ländern. Die in den Niederlanden ansässige katholische Mediengruppe, *Lumen 2000* hat zum Beispiel in Rußland eine Million Bibeln verteilt und in Litauen eine Ausgabe der amerikanischen Jugendzeitschrift *You* herausgebracht. In Sibirien wurde ein Evangelisierungs-Institut gegründet. Mit Hilfe der von Pater Werenfried van Straaten geleiteten Organisation »Hilfe für die Kirche in Not« strahlt *Lumen 2000* seit 1988 Rundfunksendungen in das Gebiet der ehemaligen Sowjetunion aus. Doch dieses Projekt nimmt sich bescheiden aus im Vergleich zu dem, was Focolare, »Kommunion und Befreiung« und die Neokatechumenaten durch ihre Präsenz bewerkstelligen. Denn Amtskirche und Bewegungen haben seit Anfang an einen gemeinsamen Feind: den Kommunismus.

In den sechziger und siebziger Jahren, in denen ich der Bewegung angehörte, vollzog sich die missionarische Arbeit im Osten unter strengster Geheimhaltung. Die oberste Statthalterin der Bewegung dort war Natalia Dallapiccola. In Loppiano flüsterte man, Natalia passiere mehrmals jährlich die Grenze zwischen West- und Ostdeutschland; den Grenzern spiele sie ein harmlos-frommes Dummerchen vor, das mit Rosenkranz und Gebetbuch winke. Auch Liliana Cosi, eine Ballerina an der Mailänder Scala, die insgeheim zugleich hauptamtliche *focolarina* war, soll gemeinsam mit Vale Ronchetti auf ihren Moskaureisen geheime Kontakte geknüpft haben. In Rom lief unter der Regie der Bewegung als geheime Kommandosache auch ein Programm *Incontri Romani* (»Römische Begegnungen«), das speziell darauf zugeschnitten war, Verbindungen zu Besuchergruppen aus Osteuropa zu knüpfen.

Nach dem Fall der Berliner Mauer und dem Zusammenbruch des Kommunismus lüftete Focolare vorsichtig den Schleier des Geheimnisses. Erste Kontakte nach Osten waren über den DDR-Theologen Hans Lubscyk gelaufen, der die Bewegung 1957 im westdeutschen Münster kennengelernt hatte. Zwei *focolarini* der ersten Stunde, Aldo Stedile und Vale Ronchetti, hatten ihn im Jahr darauf in Leipzig besucht, als Chruschtschow dort die Leipziger Frühjahrsmesse besichtigte. Die *focolarini* knüpften über Lubscyk erste Verbindungen. Da sich zu dieser Zeit viele DDR-Ärzte in den Westen absetzten, war es für ausländische Ärzte relativ leicht, in der DDR Arbeit zu finden. 1961 eröffneten zwei *focolarini*, beide Mediziner, das erste Männer-Focolare in Leipzig. Ein Frauen-Focolare folgte 1962, gegründet von einer Ärztin und einer Krankenschwester.

Natalia Dallapiccola, Chefin der Bewegung in der »verbotenen Zone«, gesellte sich als »Haushälterin« zu den beiden. Chiara Lubich erkundete das östliche Terrain 1961 höchstpersönlich bei einem Besuch entfernter Verwandter in Budapest. 1969 reiste sie auf Einladung des Ostberliner Erzbischofs Kardinal Bengsch in die damalige Hauptstadt der DDR. Von dort habe sie dann, so wird erzählt, sehr schnell ein Netz über das gesamte kommunistische Imperium gespannt. Ihr Prinzip, kleine Zellen zu bilden, und ihr Talent zur Geheimnistuerei seien dabei äußerst nützlich gewesen.

»Kommunion und Befreiung« und die Neokatechumenaten hatten, als der Kommunismus in sich zusammenfiel, im Osten noch kaum Fuß gefaßt, lediglich in Polen waren sie stark vertreten. »Kommunion und Befreiung« arbeitete schon in den siebziger Jahren eng mit der »Licht-und-Leben«-Bewegung des Paters Franziseck Blachnickij zusammen, die von Karol Wojtyla, Erzbischof von Krakau, protegiert wurde. Der Papst war also mit den Bewegungen bereits vertraut, als er den Heiligen Stuhl bestieg.

Nach dem Zusammenbruch des Kommunismus hatten die religiösen Bewegungen plötzlich völlige Handlungsfreiheit. Alle Sekten dieser Welt versuchten das ideologische Vakuum zu besetzen. Die katholischen Sekten hatten den Vorteil, daß sie schon Vorarbeit geleistet hatten. So sind die Neokatechumenaten heute in Polen mit 500 Gemeinschaften solide repräsentiert; es gibt Pfarrgemeinden, in denen 13 oder 14 Gemeinschaften mit jeweils 40 bis 50 Mitgliedern bestehen. Tausende Katechisten und zwölf wandernde Teams verbreiten die Botschaft der Bewegung. In den katholischen Gemeindebezirken von Moskau werden die Einführungs-Katechesen der Neokatechumenaten nicht einmal jährlich abgehalten, sondern alle zwei Monate. Schon sind drei Seminare – in Berlin, Jugoslawien und Polen – errichtet worden, um die Evangelisierung Osteuropas voranzutreiben. Die ökumenische Situation im östlichen Europa ist heikel. Das Verhältnis zwischen der katholischen und der orthodoxen Kirche ist gespannt, auch wenn der Vatikan beteuert, es gehe nur um die Fürsorge für die Katholiken und nicht um missionarische Ziele. Eine Karikatur, die 1992 in einer Moskauer Zeitung erschien, zeigt eine Reihe von Männern, die in einem Fluß mit dem Namen »Das russische Volk« angeln. Im Hintergrund steht eine anonyme Gruppe »Religiöse Orden«, im Vordergrund symbolisieren vier Figuren das Opus Dei, die Neokatechumenaten, die *focolarini* und »Kommunion und Befreiung«. Jeder Angler hat eine Kiste bei sich, auf der der Name des Gründers zu lesen ist. Der Patriarch von Moskau steht da mit einer abgebrochenen Rute, auf seine Kiste ist »Hilfe!« geschrieben. Christus aber schwebt auf einer Wolke, an seinem Angelhaken hängt das Evangelium und er fragt: »Was wird aus mir?«

Auf dem Grab des Kommunismus feiern die Bewegungen seit Anfang der neunziger Jahre einen der größten Triumphe der katholischen Kirche. In einer Zeit, in der die Kirche im Westen auf dem Rückzug ist, trotzen die Bewegungen mit der Losung, Erfolg habe nur, wer expandiere und ständig neue Anhänger gewinne. Dafür seien alle Mittel einzusetzen. Mit ihren Paukenschlägen haben die Bewegungen so das Wohlwollen zahlreicher hoher kirchlicher Amtsträger auf sich gezogen. Gefährlich wird es jedoch, wenn die Organisationen und ihre Führer glauben, was in ihren PR-Veröffentlichungen steht. Sie verirren sich in eine Welt des Wunschdenkens, in der die wahren Probleme der Kirche und der Welt nicht mehr gesehen werden. Der Theologe Bruno Secondin, ein Karmeliter, schrieb: »Eine Kirche …, die sich durch Autohypnose ein Bild ihrer selbst schafft, das nicht den Tatsachen entspricht, hat in der heutigen Zeit keine große Daseinsberechtigung.«[4]

1 Im Jahr 1987 fanden weltweit 44 Genfeste mit insgesamt 130 000 Teilnehmern statt, darunter vier in Brasilien mit insgesamt 28 000 Teilnehmern und je eines in Peru (3000), Argentinien (9000), Deutschland (2000), Holland (1000), Frankreich (2500), Österreich (1000), der Schweiz (3500), Spanien (2700), Portugal (3700), Südkorea (1000), auf den Philippinen (5000) und im Libanon (1100), dazu 9 Genfeste in Italien mit zusammen fast 40 000 Teilnehmern.

2 *Il camino Neocatechumenale,* Edizioni Paoline, Mailand 1993.

3 Die geschätzte Zuschauerzahl von weltweit 686 Millionen Menschen enthielt eine Million, die die vierstündige Direktübertragung über RAI Uno in Italien verfolgte, dazu 100 Millionen im übrigen Europa, 148 Millionen in Nordamerika, 50 Millionen in Südamerika, 380 Millionen in Asien, zwei Millionen in Ozeanien und fünf Millionen in Afrika.

4 *I Nuovi Protagonisti,* Edizioni Paoline, Mailand 1991

Sexualität, Ehe und Familie 8

Der christliche Fundamentalismus führt seine heftigsten Attacken gegen die Sünden des Fleisches. Bis zum Zweiten Vatikanischen Konzil entsprach dies auch der traditionellen Linie der katholischen Amtskirche. Die dichotomische Auffassung vom guten Geist auf der einen und vom bösen Leib auf der anderen Seite ging stets einher mit einer moralischen Verurteilung der menschlichen Sexualität.

Papst Johannes Paul II. hat während seiner bisherigen Amtszeit in den Fragen der Sexualmoral eine traditionalistische Linie vertreten, vornehmlich in seiner 1993 verkündeten Enzyklika *Veritatis splendor*. Wahrscheinlich hat diese Haltung seiner Autorität und seiner Popularität bei der Mehrheit der Katholiken am meisten geschadet. Um so größer muß seine Dankbarkeit gegenüber den Bewegungen sein.

Johannes Paul beklagt in *Veritatis splendor* die »Ausbreitung eines verworfenen moralischen Relativismus«. Er wendet sich gegen die vielen Moraltheologen, die für die Rechte des einzelnen – beispielsweise Glaubens- und Gewissensfreiheit – eintreten und traditionellen kirchlichen Lehren so den Boden entziehen. Mit einem Zitat unterstreicht Johannes Paul den Kern seiner Botschaft, daß es »Handlungen gibt, die *per se* und an und für sich, unabhängig von den Umständen, aufgrund ihrer Zielsetzung immer zutiefst falsch sind«.[1] Solche Handlungen seien »durch und durch böse«. Die Enzyklika nennt, bevor sie auf die Moral eingeht, zunächst die »durch und durch bösen« Sünden:

> »… was immer die Integrität des Menschen verletzt, etwa eine Verstümmelung, körperliche und geistige Folter oder der Versuch, sei-

nen Geist zu unterjochen; was immer geeignet ist, die menschliche Würde zu verletzen, wie unmenschliche Lebensbedingungen, willkürliche Inhaftierung, Deportation, Sklaverei, Prostitution und Handel mit Frauen und Kindern.«[2]

Dann geht der Papst zur Empfängnisverhütung über und bezeichnet auch sie als eine »durch und durch böse Handlung«. Als Beispiele für Verfehlungen wurden außerdem »direkte Sterilisierung, Autoerotik, vorehelicher Sexualverkehr, homosexuelle Beziehungen und künstliche Befruchtung«[3] genannt.

Der Vatikan möchte nicht den Eindruck erwecken, es fehle ihm an menschlichem Mitgefühl; er faßt seine Verdammnisurteile daher oft in milde Worte.

Die Bewegungen aber lassen keine Vorsicht walten. Da sie ihr Charisma als unmittelbar von Gott verliehen betrachten, reklamieren sie für sich das Recht, über jeden zu urteilen, der in ihren Einflußbereich gerät. Die Imperative der kirchlichen Morallehre müssen ohne Abstriche und Ausnahmen durchgesetzt werden. Von ihrer Unfehlbarkeit überzeugt, gehen die Bewegungen in ihren Forderungen weiter als der Vatikan. Sie zwingen den Mitgliedern ihren Willen mit der Rücksichtslosigkeit einer totalitären Macht auf. Chiara Lubich ließ sich 1972 in Rom vor Gen-Führern zu einer wütenden Tirade hinreißen:

»Wie in den dunkelsten Epochen der Geschichte ist auch jetzt im Bereich der Moral ein Sturm entfesselt worden, der unter allen erdenklichen Vorwänden alle Gesetze über den Haufen wirft, alle Barrieren sprengt, einen ekelhaften Erotizismus verbreitet, jedes vorstellbare Motiv ausschlachtet und die perversesten Erfahrungen als legitim anerkennt, all dies, um beim Menschen nicht den Geist hervorzukehren, der ihn den Engeln gleichmacht, sondern das Fleisch, das er mit den Tieren teilt.«

Das Zitat stammt aus einem Vortrag über Maria, der auf die Aussage hinauslief, die Verehrung für die Jungfrau habe abgenommen, weil sie für die unpopulär gewordene Tugend der Jungfräulichkeit steht.

Chiara Lubich argumentiert nicht. Sie stellt fest. Das ist ein verständlicher Ansatz, wenn man an der Spitze einer Organisation steht, die den Gebrauch des Verstandes verurteilt. In der unveröffentlichten Fassung des Vortrages findet sich die schroffe Formulierung:»Wer einmal vom Auswurf gekostet hat, wünscht sich eine immer schärfere Würze.«

In den neun Jahren, die ich Focolare angehörte, wurde vielleicht ein halbes Dutzend mal das Thema Sexualität angesprochen; der Versuch, jüngeren Mitgliedern der Bewegung sexuelle Aufklärung zu erteilen, wurde nie gemacht. Die einzige Botschaft lautete: Sexualität ist schlecht.

Nach dem Zweiten Vatikanischen Konzil hatte sich die katholische Kirche modernen psychologischen Fragestellungen geöffnet. Eine der grundlegenden Einsichten lautete, daß die Sexualität ein wesentlicher Bestandteil der menschlichen Natur sei. Auch zölibatär lebende Priester, Nonnen und Mönche müßten mit diesem Aspekt ihrer Persönlichkeit zu Rande kommen.

Das gilt nicht für Focolare. Die dort gepflegte Lehre von der Engelsgleichheit des Menschen nimmt manchmal komische Züge an, kann in der seelsorgerischen Praxis aber auch schwere Schäden anrichten.

Chiara Lubich hatte ein Keuschheitsgelübde abgelegt, als die Bewegung noch gar nicht gegründet war. Diesem auf den 7. Dezember 1943 datierten Ereignis wird in der Bewegung hohe Bedeutung zugemessen. Chiara Lubich hat nie einen Zweifel daran gelassen, daß für sie nur ein lebenslanges Zölibat vorstellbar ist. Zur Illustration wird gern auf ein Erlebnis verwiesen, das Chiara mit Anfang zwanzig hatte. Als ein junger ärztlicher Kollege ihres Bruders sie »mit Interesse« angeblickt habe, sei sie »eine Meile weit« fortgelaufen. Das Krankenhaus habe sie nie wieder betreten.

Die Lehre Chiaras ist ein idiosynkratisches Amalgam aus einem traditionalistischen Katholizismus und einigen eigenen Ideen. Zu den konservativsten Elementen ihrer Lehre gehört die These vom höheren Wert der Jungfräulichkeit.»Wir verstanden«, erklärt sie, »weil wir in einer katholischen Kultur wurzeln, daß der Zustand der Jungfräulichkeit dem der Ehe vorzuziehen ist.« Schon in der Struktur der Bewegung verkörpert sich das Ideal der Jungfräulichkeit. Eine strenge Trennung der Geschlechter wird auf jeder Ebene praktiziert – nicht nur in den zölibatären Gemeinschaften, sondern auch in den Reihen der Vollmitglieder der Bewegung. Die Gründerin sieht darin eine besonders wertvolle Errungenschaft. Dieser Aspekt unterscheidet Focolare von den anderen neuen Bewegungen. Wenn *focolarini* auf die Struktur ihrer Organisation hinweisen, verwenden sie den Ausdruck »die Unterscheidung«.

Bei ihren öffentlichen Veranstaltungen hebt Focolare die Geschlechtertrennung allerdings auf. Wer als Außenstehender Loppiano besuchte, als dort die Schulen für weibliche und männliche *focolarini* bestanden, gewann einen zutreffenden Eindruck vom Innenleben der Bewegung. Der männliche und der weibliche Bezirk lagen an den äußersten Enden des großen Areals, dazwischen fast zwei Kilometer unbebautes Land. Der weibliche Bezirk war das eigentliche Loppiano, das Männerdorf hieß Campogiallo. Die Geschlechtertrennung betraf sowohl die Wohnunterkünfte als auch die Arbeitsstätten.

Das College, ein modernes Gebäude, in dem die weiblichen Mitglieder lebten, wirkte wie ein Kloster. Betrat man es durch den Haupteingang, befand man sich in einem großen Empfangsbereich, in dem eine Frau saß. Treppen führten zu den Wohnquartieren hinauf, Männer hatten keinen Zutritt. Im Verlauf meines zweiten Jahres in Loppiano kam meine Schwester Ann zu Besuch; sie wurde in einer Kemenate einquartiert und sollte täglich zu uns chauffiert werden, damit ich meine Freizeit mit ihr verbringen konnte. Am dritten Tag blieb sie ohne Erklärung aus. Wir wollten herausfinden, was geschehen war. Meine Schwester und eine Freundin hatten keine Erklärung. Plötzlich zog uns eine der Aufseherinnen, eine *focolarina*, zur Seite:»Wir konnten sie nicht in den Männerbezirk lassen, so unangezogen, wie sie sind.« Die Miniröcke, die die beiden Mädchen trugen, entsprachen der Mode jener Jahre. Die jungen Männer in Campogiallo sollten einer solchen Verlockung nicht ausgesetzt werden.

Während meiner Ausbildung in Loppiano wurde das Thema Sexualität kaum erwähnt. Ich war sehr schnell überzeugt, der einzige zu sein, bei dem sich sexuelle Begierden regten. Das bestärkte mich in meiner Neigung zum Selbsthaß. Dann wurde eine Unterrichtseinheit zum Thema »Hygiene« auf den Stundenplan gesetzt. Der Lehrstoff sollte uns von Fiore und Maras vermittelt werden. Fiore befaßte sich mit Hygiene im engeren Sinn; die aufregendste Frage, die sie anschnitt, betraf die Entfernung unaussprechlicher Flecken aus unserer »persönlichen Wäsche«. Maras, ein Arzt, sollte sich in seinen Stunden über den menschlichen Körper verbreiten. Wir sollten darüber abstimmen, über welchen Teil des menschlichen Körpers gesprochen werden solle. Sogleich ging eine Hand hoch: »Das Herz!« Beim nächsten Mal hieß es: Magen. Dann Leber, Gehirn, Lunge, Füße. Unsere Oberen hatten nicht einmal das Gefühl, daß wir eigentlich über etwas anderes sprechen wollten.

Für uns *focolarini* war der Zölibat so etwas wie eine wundersame spirituelle Kastration. Wir waren keine Wesen aus Fleisch und Blut, sondern Engel. Uns wurde gelehrt, allen Gefühlen zu mißtrauen und sie zu »verlieren«, wie es im Focolare-Jargon hieß. Die bevorzugte emotionale Entwicklungsstufe für einen *focolarino* ist ganz offensichtlich das vorpubertäre Stadium. Wir verwendeten für uns selbst die Bezeichnungen *popi* und *pope*, »Knaben« und »Mädchen« im trentinischen Dialekt. In Großbritannien werden *focolarini* immer nur »boys« und »girls« genannt, auch wenn die meisten schon die vierzig oder fünfzig überschritten haben. Die Aufforderung des Evangeliums, es den kleinen Kindern nachzutun, erhält bei Focolare eine fundamentalistische Deutung. Kindhaftes Verhalten wird gefördert: hinter Chiara Lubich und den anderen Führern hinterherrennen, auf dem Fußboden kauern, wenn man ihren Vorträgen lauscht, die »Regel« auswendig aufsagen. Die Emotionalität des Erwachsenen wird wegen ihrer Komplexität und Intensität gefürchtet und abgewehrt. In diesem Zustand der suspendierten Persönlichkeitsentwicklung darf Sexualität keine Rolle spielen.

In Loppiano erhielt ich einmal einen leidenschaftlichen Brief von einem unserer sonntäglichen Gäste, einem fünfzehnjährigen Jungen; er ließ mich wissen, er könne mich seit seinem Besuch im Dorf nicht vergessen und denke jeden Abend im Bett, vor dem Einschlafen, an mich. Ich hielt es für das Beste, den Brief ohne Reaktion wegzuwerfen. Meine Ahnungslosigkeit in sexuellen Dingen war so groß, daß sie just die Verhaltensweisen hervorrief, die sie eigentlich verhüten sollte. Als ich ein paar Monate nach meiner Rückkehr nach England noch einmal Loppiano besuchte, erzählte mir ein *focolarino* meines Jahrgangs von den Problemen, die ein junger Mann ihnen bereitete, der aus heiterem Himmel in Loppiano aufgetaucht war. Erst sechs Monate später war herausgekommen, daß er seine jungen Schulkameraden systematisch verführt hatte. Sie hatten geglaubt, er zeige ihnen einen neuen Weg zur Herstellung von »Einheit«.

Im Juni 1971, während meines ersten Jahres in Loppiano, wurde ich ans Mariapolis-Zentrum in Rocca di Papa abgeordnet, um bei einem ökumenischen Treffen zwischen katholischen *focolarini* und Mitgliedern der orthodoxen Kirche zu dolmetschen. Thema der Veranstaltung war die Jungfrau Maria. Gleich am ersten Morgen wurde ich mit einer besonders schwierigen Aufgabe betraut: Ein orthodoxer Theologe sollte einen Vortrag auf griechisch halten, den ich aus einem ins Italienische übertragenen Manuskript simultan ins Englische übersetzen sollte. Unter den Organisatoren der Konferenz war eine der ersten *focolarine*, Gabriella Fallacara. »Wenn du etwas nicht übersetzen kannst, laß es einfach weg – es spielt keine Rolle«, sagte sie mir.

Ich setzte mich in meine Kabine und begann zu übersetzen. Bald wurde mir klar, was sie gemeint hatte: Das Thema des Vortrags war die Jungfräulichkeit Marias; nach orthodoxer Tradition gehören dazu ausführliche und plastische Beschreibungen der weiblichen Geschlechts- und Fortpflanzungsorgane. Die ganze Zeit lief Gabriella aufgeregt hinter den Dolmetscherkabinen auf und ab und zischte uns zu: »Weglassen! Weglassen!« Sie hätte sich die Mühe sparen können. Die meisten von uns waren ohnehin völlig überfordert. Aus unserer Übersetzung erfuhren die Zuhörer jedenfalls nicht, worum es in dem Vortrag konkret ging.

Im Juli wurde ich wiederum nach Rom geschickt, um bei einem Kongreß verheirateter *focolarini* zu dolmetschen. Schauplatz der Veranstaltung war die Villa Mondragone in den Bergen über Frascati, wo einst der Mäzen Michelangelos, Papst Julius II., die kühlenden Sommerwinde genossen hatte. Doch im Sommer 1971 herrschte hier eine drückende Hitze. Uns sollte es jedoch bei der Arbeit bald noch heißer werden. Es gab ein männliches und ein weibliches Dolmetscherteam; während die Männer am Vormittag arbeiteten, waren die Frauen nach der Mittagspause an der Reihe. An einem Tag wurden die männlichen Dolmetscher jedoch von Don Gino Rocca, der in Loppiano Theologie lehrte, gebeten, dazubleiben und seinen Vortrag zu übersetzen, obwohl er in die Frauenschicht fiel. Wir wurden nicht über das Thema informiert, obwohl es allgemein üblich ist, den Dolmetschern vorab eine Groborientierung zu geben. Zu meinem Schrecken mußte ich plötzlich erleben, daß der Redner über Empfängnisverhütung sprach und dabei bestimmte Sexualpraktiken schilderte. Die Worte waren für mich so ungewohnt, daß ich rasendes Herzklopfen bekam und fast in Ohnmacht gefallen wäre.

Das war einer der seltenen Fälle, in denen im Klartext über sexuelle Dinge geredet wurde; in diesem Fall diente es dem Zweck, die ablehnende Haltung der Bewegung zur Empfängnisverhütung zu begründen. Es sagt einiges über das bei Focolare gepflegte Verständnis von der Rolle der Frau aus, daß man es den Dolmetscherinnen nicht zumuten wollte, diesen Vortrag zu übersetzen.

In den frühen siebziger Jahren kam es zu einer »Fahnenflucht«, die die Bewegung zutiefst erschütterte: Der Leiter der männlichen und die Leiterin der weiblichen Sektion der deutschen »Zone« kehrten der Bewegung den Rücken und heirateten. Offiziell hörten wir nie etwas über diese Geschichte, aber die Gerüchteküche brodelte. Ein Gerücht sagte, die beiden hätten behauptet, als Reinkarnation von Jesus und Maria eine spirituelle Einheit stiften zu müssen; andere erzählten, die beiden hätten während der Konferenzen im römischen Mariapolis-Zentrum durch Klopfzeichen Botschaften ausgetauscht.

Die Focolare-Führung zog keine Lehren. Das Thema wurde nicht offen angesprochen, alle Kontakte zwischen männlichen und weiblichen Mitgliedern wurden noch strenger als bisher unterbunden. Neue Regeln traten in Kraft. Männliche und weibliche *focolarini* durften die Focolare-Zentren des anderen Geschlechts nicht mehr besuchen und nicht mehr gemeinsam Auto fahren.

Chiara Lubich hielt etwa zur selben Zeit zwei Vorträge zum Thema Bescheidenheit – einen vor weiblichen, den anderen vor männlichen *focolarini*. In den für uns bestimmten Anregungen hieß es, wir sollten beim Sitzen in Gegenwart weiblicher Mitglieder die Knie zusammenhalten. Das klang wie eine Neuauflage der Vorhaltungen, die Klosterschülerinnen in der Zeit vor dem zweiten Konzil über das richtige Verhalten in Gegenwart von Priestern zu hören bekamen.

Das offizielle Bindeglied zwischen der männlichen und der weiblichen Focolare-Sektion ist die Abstimmung zwischen den jeweiligen Sektionsleitern in den Zonen. Gerüchte über Spannungen auf dieser Ebene gab es oft. Die männlichen und die weiblichen Focolare-Mitglieder lebten in unterschiedlichen Welten. Das hinderte einen bekannten Funktionär nicht daran, die These zu vertreten, die Spitze der Bewegung kämpfe für die Verbesserung des Verhältnisses zwischen Mann und Frau – und zwar weil zwischen ihnen keine emotionale Bindung bestehe. Der Kampf werde zu einer neuen Harmonie zwischen den Geschlechtern führen. Während die Bewegung auf der einen Seite strenge Geschlechtertrennung praktizierte, sprach sie auf der anderen von der Bedeutung der Einheit der Bewegung – dem »einen Werk«. (»Werk Marias« – Opera di Maria – ist den Statuten nach der offizielle Name der Bewegung.) Damit ist jedoch nur eine spirituelle Einheit gemeint.

Focolare ist von einer Frau gegründet worden. Chiara genießt ebenso wie die Gefährtinnen der ersten Stunde den Status einer Kultfigur. Dieser Kult hat jedoch nicht zu einer Neubewertung der Rolle der Frau in der Kirche geführt. Als Chiara 1991 gefragt wurde, was sie als Frau in der Kirche erreicht habe, antwortete sie: »Ich habe mich nie als Frau verstanden.« Das hinderte sie nicht daran, vom Papst die in der Kirchengeschichte einmalige Zusage zu erbitten, daß das Präsidentenamt bei Focolare, das mit Weisungsbefugnis auch gegenüber Priestern verbunden ist, nur mit einer Frau besetzt werden darf.

Chiara wollte nicht ein Zeichen für die Gleichberechtigung der Frau setzen, sondern eine Garantie für die orthodoxe Linie. Offensichtlich sieht sie in einer weiblichen Erbfolge die bestmögliche Gewähr für die monolithische Struktur und die reine Lehre. In der Frage der

Zulassung von Frauen zum Priesterberuf schlägt sich Chiara Lubich entschieden auf die Seite von Papst Johannes Paul II.: »Frauen sind nicht zur Priesterschaft berufen ... Die kirchliche Lehre läßt daran nicht den geringsten Zweifel.« Chiara ist der Meinung, die christliche Frau habe die Pflicht, der Jungfrau Maria nachzueifern; ihr komme daher »in der Kirche eine andere, allerdings sehr wichtige und unverzichtbare Aufgabe zu: Sie muß auf die nur ihr mögliche Weise den Wert, den Vorrang der Liebe vor allen anderen Schätzen, vor all den anderen Wirklichkeiten aus denen sich unsere Religion zusammensetzt, bejahen.«

Die Argumente Chiaras tragen nicht. Die Liebe ist eine Tugend, die von allen Christen verlangt wird. Sie ist geradezu der Stoff, aus dem das Christentum gemacht ist; läßt man sie weg, bleibt nichts übrig. Wer sagt, es sei die Aufgabe der Frau, die Liebe hochzuhalten, geht der Machtfrage aus dem Weg und spielt denen in die Hände, die die Frau in der Kirche gerne weiterhin auf ihre dienende Rolle beschränkt sehen möchten.

Die Frau ist laut Chiara ein Wesen, das »von Natur aus mit Liebe erfüllt ist, die ihr jedes Opfer möglich macht«. Haben Frauen wirklich nicht mehr zu bieten als Selbstaufopferung? Chiara zitiert Hans Urs von Balthasar: »Maria ist die Königin der Apostel, ohne sich selbst apostolische Fähigkeiten anzumaßen. Sie besitzt etwas anderes und mehr.« Was das sein könnte, bleibt Spekulation. Die Tugenden, die innerhalb der Bewegung als »marianisch« gelten, haben durchweg mit Gehorsam, Schweigsamkeit, unaufdringlichem Dienen zu tun. Diesen Standpunkt bekräftigte Chiara in einer Rede zum Thema »Maria – erfüllte Menschlichkeit«, in der sie unter anderem gegen die »Unisex-Mode« zu Felde zog:

»Diese Mode will die Gleichheit zwischen den Geschlechtern demonstrieren, und dagegen ist nichts zu sagen. Aber es schwingt in dieser Mode etwas mit, das unakzeptabel ist: ein Versuch, die Geschlechter zu vermischen, eine Verwirrung, die etwas absolut Negatives bedeuten könnte. Wir müssen dagegen angehen. Unsere Madonna war wirklich das weibliche Geschlecht: Sie war die Frau ... In ihr troten alle Kennzeichen der Weiblichkeit zutage: Sie ist die Frau, die mit ihren besonderen Gaben Gott dient, die nicht die Rolle eines anderen übernehmen, sondern ihre eigene vollständig ausfüllen will.«

Obwohl Focolare Wert darauf legt, keine Uniform zu tragen (die Uniform eines *focolarino* ist sein Lächeln), werden die Frauen angehalten, sich schmucklos und bescheiden zu kleiden. Die *moda Mariana* schreibt vor, den Körper weitgehend zu bedecken. Ein Ausschnitt ist ebenso tabu wie kurze Ärmel oder ein kurzer Rock. In Loppiano machte folgende Geschichte die Runde: Als Chiara und die ersten *focolarine* in Rom Einzug hielten, war Sommer; ärmellose Kleider waren in den späten vierziger Jahren Mode. Die *focolarine* trotzten dieser unkeuschen Mode, indem sie lange Ärmel trugen. Aber, so die Pointe, es waren bald so viele, daß sie es schafften, den Modetrend umzukehren: In Rom waren plötzlich wieder lange Ärmel angesagt.

Während meiner Zeit in Loppiano trugen die Frauen gerne weite Kittel über weiten Röcken, manche aber auch Hosenanzüge. Die Maximode wurde begrüßt, dann kam die Wende, die für das Modebewußtsein der weiblichen Focolare-Mitglieder bis heute bestimmend geblieben ist: der Midi. *Focolarine* sind in gut geschnittenes, teures Tuch gekleidet. Ihre Kleider sind dezent geschnitten, schwelgen aber gerne in bunten Farben. Daran lassen sich auf allen Focolare-Veranstaltungen die weiblichen Vollmitglieder erkennen.

Die meisten *focolarine* gehen arbeiten wie die Männer. Manche bekleiden hochrangige Positionen. Chiara und die Frauen der Bewegung spielen eine spirituelle Rolle; die praktische Seite, die »Inkarnation« in der Sprache der Bewegung, gilt als Männersache. So wird zum Beispiel bei den Mariapolis-Wochen die »Geschichte des Ideals«, also die Entstehungsgeschichte der Bewegung, stets von der Leiterin der weiblichen Sektion erzählt; die Männer sprechen über die »Werke« der Bewegung. Nach diesem Muster verläuft die gesamte Arbeitsteilung zwischen den Geschlechtern. Die Frauen leiten die Mariapolis-Zentren, kümmern sich um die häuslichen Aufgaben der Verpflegung und Reinigung, die Männer hingegen sind für die Hauszeitschrift der Bewegung und für die Geschäfte zuständig. Die Fir-

men der Bewegung folgen demselben Muster. In Loppiano speziali-
sieren sich die Frauen auf handwerkliche Künste wie Batik oder
Töpferei, während die Männer sich auf leichte industrielle Arbeiten
konzentrieren. An den Arbeitsstätten herrscht strenge Geschlechtertrennung.

Als ich 1971 als Dolmetscher am Kongreß für verheiratete *focolarini*
teilnahm, war ich in einer luxuriösen Villa bei Frascati einquartiert,
dem damaligen Welthauptquartier der männlichen Focolare-Sektion. An einem Abend lieferte ein verheirateter *focolarino* mich dort
ab. Als wir uns verabschiedeten, brach ein Satz aus ihm heraus.
»Bleib Deinen Gelübden treu«, sagte er. »Ich war ein *focolarino* wie
Du, wurde aber untreu. Es lohnt sich nicht – bloß für diese dreißig
Sekunden.« Dann fuhr er davon und ließ mich schockiert zurück.
War das alles, was es mit der Ehe auf sich hatte?

Focolare erhebt den Anspruch, mit der Einführung der verheirateten *focolarini* der Ehe eine neue christliche Würde verliehen zu
haben. In Wirklichkeit ist damit lediglich die traditionelle präkonzi-
liäre Auffassung von der Ehe als der mit Abstand schlechteren
Alternative zur Berufung, d. h. zur zölibatären Priesterschaft oder
zum klösterlichen Leben, wiederbelebt worden. Die Bewegung stellt
den Zölibat höher als die Ehe. Die Zulassung verheirateter *focolarini*
zur religiösen Berufung ist eine Kombination aus Ehe und Kloster-
dasein, von Chiara Lubich eigens für den christdemokratischen
Parlamentsabgeordneten Igino Giordani erfunden. Er spielte schon
dreißig Jahre eine prominente Rolle im politischen Katholizismus
Italiens, als er 1948 Chiara begegnete. Dennoch fühlte er sich, da
verheiratet, als Katholik minderer Güte. Er und Chiara waren sich
schnell einig, es müsse eine »neue Berufung« geschaffen werden,
eine Alternative zur gewöhnlichen christlichen Ehe. »Ich glaube, es
muß unsere Madonna gewesen sein, die diesen Weg gefunden hat«,
erklärte Chiara 1963, »weil unser Volk hier so entweiht ist, so
entheiligt, muß sie über einen Weg für verheiratete Menschen
nachgedacht haben, und hier ist er.« Implizit schwingt in dieser
Vorstellung die Überzeugung mit, daß die Ehe als solche ein Zustand minderen Wertes ist. Chiara: »Den dritten Zweig – die Sektion
der verheirateten *focolarini* – sehe ich als einen Weg – den dritten

Zweig wohlgemerkt, ich spreche nicht von Verheirateten an sich – zur Heiligkeit.«

Von verheirateten *focolarini* wird viel verlangt; sie werden eher als Individuen denn als Paare behandelt. Die Männer werden Mitglieder männlicher Focolare-Gemeinschaften, die Frauen schließen sich den weiblichen Gemeinschaften an. Sie bleiben zwar zu Hause wohnen, doch erwartet man von ihnen, daß sie möglichst viel Zeit im Focolare verbringen. Man erwartet von ihnen finanzielle Beiträge und die Befolgung der Gebote der Sexualmoral, so etwa des Verbots der Empfängnisverhütung. Seltsam sind die Anforderungen, die an das Gefühlsleben verheirateter *focolarini* gestellt werden. »So stelle ich mir den dritten Zweig vor«, sagte Chiara. »Daß man alle natürliche Zuneigungen abgelegt oder gekappt hat (weil wir, wenn wir sie nicht kappen, nicht Gefolgsleute Christi sein können), einschließlich der zur eigenen Ehefrau, daß man zumindest verstanden hat, daß Gott die Stelle der eigenen Frau einnehmen muß, und daß man sie ... (auch wenn man noch verlobt ist) um Gottes Willen liebt.«

Chiara Lubich hat für romantische Liebe nicht viel übrig. »Wenn es der charmante Prinz ist, auf den ihr aus seid, werdet ihr sehen, wo ihr landet«, sagte sie einer Gruppe weiblicher Aspiranten; sie schilderte das Schicksal von *focolarini*, die sich dem Zölibat verschrieben und dann die Bewegung im Stich gelassen hatten, um zu heiraten: »Nach sieben Tagen Ehe schreiben sie mir (diejenigen, die es im Geheimen tun ...) ein Briefchen: ›Liebste Chiara, ich bin verzweifelt, weil, weil ...‹, und gewöhnlich schreiben sie mir nachts, wenn sie schläft. Es geht immer so, das könnt ihr mir glauben. Einem ist es gerade vor kurzem passiert, nach nur zwanzig Tagen. Er ist verzweifelt.« Ihr Ratschlag: »Jetzt ladet euch das Kreuz auf die Schulter.«

Chiara erzählt gerne die Geschichte von ihrer Schwester, die am Abend vor der Eheschließung zu ihr gekommen sei und sie auf den Knien um die Erlaubnis gebeten habe, eine *focolarina* mit Zölibatsgelübde werden zu dürfen, derweil ihr Bräutigam ratlos draußen gewartet habe. Chiara hatte nicht das Gefühl, daß ihre Schwester zum Zölibat berufen sei, und riet ihr daher, die Ehe zu schließen.

»Ich weiß noch genau, daß ich zu ihr sagte: ›Sag nicht ja zu Paolo [dem Verlobten], sag vielmehr ja zum Willen Gottes.‹«

Da nach der katholischen Lehre ein Paar das Sakrament der Ehe dadurch vollziehen soll, daß jeder dem anderen sein Jawort gibt, kamen Chiara Lubich Jahre später Bedenken wegen dieses Beispiels von jugendlichem Übereifer; sie begann sich zu fragen, ob die Ehe ihrer Schwester überhaupt gültig war.

Die Erfahrungen verheirateter *focolarini* sind nicht anders: Gott muß an die Stelle ihrer bisherigen Gefühle treten. Von verheirateten *focolarini* wird erwartet, daß sie im Falle des Todes ihres Ehepartners dauerhaft in die Focolare-Gemeinschaft eintreten. Während offiziell die Linie vertreten wird, die verheirateten und die zölibatären *focolarini* seien gleichwertig, sieht die Praxis anders aus. Die unverheirateten *focolarini* besetzen die Machtpositionen und verfügen in den Augen der anderen Mitglieder über eine Aura, die ihren verheirateten Brüdern und Schwestern nicht zukommt. Im Kreis der zölibatären Mitglieder der Bewegung herrscht die Überzeugung, einer höherwärtigen Spezies anzugehören. Bei einem Besuch im Quartier der Londoner Focolare-Männergemeinschaft erlebte ich, wie der *capofocolare* der männlichen Gemeinschaft sich über die Ehe lustig machte und die Verheirateten »Verrückte« nannte. Das war, gelinde gesagt, taktlos, denn zu dieser Zeit hatten meine Führer mir gerade den Rat gegeben, zu heiraten.

Daß es zwischen Mitgliedern einer Gruppe zu Liebschaften und Ehen kommt, ist nichts Ungewöhnliches; zweifellos entstehen auch bei Focolare solche Partnerschaften immer wieder spontan und aus echter Zuneigung. Ich habe jedoch Eheschließungen erlebt, bei denen Druck eine Rolle spielte und die Partnerwahl nicht den tatsächlichen Gefühlen der Beteiligten entsprach. Von den verheirateten *focolarini* verlangt die Bewegung Märtyrerdienste auch außerhalb des spirituellen Bereichs. Über das Verbot der künstlichen Empfängnisverhütung hinaus ist ihnen auch die Sterilisierung untersagt, die der offiziellen katholischen Lehre zuwiderläuft. Auf einer Veranstaltung der Bewegung »Neue Familien« im März 1994 in Rom erzählte ein Ehepaar seine Leidensgeschichte: vier Schwangerschaften und vier Kaiserschnitte, bei denen die Frau in akuter

Lebensgefahr geschwebt hatte. Sie schilderten die Angst und den Schmerz, die sie jedesmal erfaßte, wenn eine neue Schwangerschaft feststand. Gleichwohl verzichteten sie auf eine Sterilisierung. Der Ehemann, selbst Arzt, berichtete über den letzten Kaiserschnitt. Der Chirurg hatte vorgeschlagen, die Frau bei der Gelegenheit zu sterilisieren, der Mann hatte eingewilligt. Doch wenige Augenblicke vor dem Vollzug des Eingriffs hatte er es sich anders überlegt und seine Erlaubnis zurückgezogen. Die Eheleute freuen sich zwar über die Kinder, die sie haben, leben aber ständig in großer Angst. Welches Verständnis von Liebe hat eine Bewegung, die ihren verheirateten Mitgliedern so etwas abverlangt?

Techniken der Beratung und der Seelsorge standen in Loppiano nicht auf unserem Lehrplan; von Seelsorge erfuhr ich erst etwas, als ich eine einjährige Weiterbildung zum Lehramt absolvierte. Dabei wurden wir *focolarini* andauernd mit persönlichen Problemen, in vielen Fällen sexueller Natur, konfrontiert. Wir hatten nicht gelernt, wie man Menschen berät, wir waren völlig ahnungslos in konkreten Fragen. Ich weiß noch, wie verstört ich war, als ein junger Mann, der mit der Bewegung in Kontakt gekommen war, mir von seinen traumatischen homosexuellen Erfahrungen erzählte. Das Schlimmste war, daß wir dies nicht mit anderen Mitgliedern unserer Gemeinschaft oder mit unseren Oberen besprechen konnten, weil diese Themen tabu waren. Nach Meinung der führenden Leute der Bewegung gab es in diesem Bereich keinen Ausbildungsbedarf. In kritischen Situationen werde des genügen, uns »auszuleeren«, d. h. unser Gehirn abzuschalten, dann werde der Heilige Geist uns die richtige Antwort schon eingeben.

In meiner Zeit als verantwortlicher Leiter der Gen-Bewegung im Vereinigten Königreich und in Irland besuchte ein fünfzehnjähriger brasilianischer Gen unser Mariapolis. Eines Morgens vor der Messe gestand er mir, er habe sich in der Nacht selbst befriedigt. Ob er zur Kommunion gehen könne oder sich einen Priester suchen und die Beichte ablegen müsse? Das Geständnis machte mich ratlos; ich hatte keine Ahnung, welchen Rat ich geben sollte. Seit meinem Eintritt in die Bewegung war nur einmal über das Thema Selbstbefriedigung gesprochen worden, damals von einem *focolarino*, den der Drang so häufig überkam, daß er in seiner Verzweiflung seine Gemeinschaftsbrüder bat, ihm die Hände hinter dem Rücken zusammenzubinden.

In Loppiano galt es als ausgemacht, daß jeder Mensch, der diesen Ort betrat, auf geheimnisvolle Weise die Lösung für alle seine Probleme finden würde. Wie groß die Gewißheit war, daß dieser Zauber nie versagen würde, zeigt folgender Vorfall: Eines Nachmittags, als ich Serviettenringe schmirgelte, kam einer unserer Führer mit einem italienischen Jugendlichen in die Werkstätte. Der junge Mann wurde mir als Bianco vorgestellt, er war höchstens Anfang zwanzig. Er kam aus einer nahegelegenen Stadt, ich sollte sein »Schutzengel« sein. Der junge Mann wirkte sehr zurückhaltend, kam aber mit der Arbeit nicht zurecht. Ich beriet ihn geduldig, nach der Arbeit gingen wir zur Messe. Meine Gemeinschaft war zu jener Zeit in einem Wochenendhäuschen einquartiert, das ein Stück weit vom Männerdorf Campogiallo entfernt lag. Wie jeden Tag holten wir unser Essen in der Gemeinschaftsküche ab und fuhren im Kleinbus über die dunkle Nebenstraße zu unserem Häuschen. Bianco sollte mit uns zu Abend essen.

Die Messe hatte ihn, so schien es, aus seinem Dämmerzustand geweckt, während der Fahrt wurde er zunehmend lebhafter. Er begann über ein religiöses Buch zu reden, das damals populär war: *Der kommende Gott* von Carlo Carretto. »Er kommt«, flüsterte Bianco mir zu. »Gott kommt.« Er drehte sich zum Fahrer um: »Anhalten!« Er stieg aus und rannte wild gestikulierend davon. Nun dämmerte mir, daß der Junge ein ernstes Problem haben mußte. Ich rannte ihm nach.

»Gott kommt«, rief er mir zu. »Komm mit, wir holen ihn ab.« Er erwischte meine Hand, in der ich unsere Hausschlüssel trug. Er entriß sie mir und schleuderte sie in die Dunkelheit. »Laß die anderen. Komm mit mir. Ich möchte Gott treffen, den Gott, der kommt.« Mit der Kraft eines Schraubstockes hielt er mein Handgelenk umklammert und schleppte mich hinter sich her. Nach mehreren hundert Metern ließ er mich los und verschwand in der Dunkelheit. »Er kommt! Ich werde ihn abholen! Der Gott, der kommt!« Sein Geschrei verklang langsam.

Ein Freund hatte unterdessen Biancos Eltern alarmiert. Sie fanden ihn, er wurde in einer Zwangsjacke abgeführt. Niemand hatte es für nötig befunden, uns zu sagen, daß der Junge an religiösem Wahn im fortgeschrittenen Stadium litt. Man ging einfach davon aus, daß das Problem sich in Loppiano auf wundersame Weise lösen werde. Nie wären wir auf die Idee gekommen, jemanden in die Obhut von Psychologen oder Ärzten zu geben. Das Dumme an der Sache aber war, daß, wie ich später bitter erfahren mußte, die großen Heroen unserer Bewegung auch kein besseres Rüstzeug besaßen als wir, allerdings viel schneller mit wirkungslosen Allerweltsrezepten bei der Hand waren.

Mitte der sechziger Jahre war, damals achtzehn Jahre alt, Valentin aus seiner südamerikanischen Heimat nach Loppiano gekommen. Er wollte bei Focolare nicht Vollmitglied werden, sondern hatte sich als Freiwilliger eingeschrieben; das bedeutete, daß er weniger verbindliche Verpflichtungen einging, seine eigene Wohnung hatte und heiraten konnte, wenn er wollte. Die Euphorie, die damals in Loppiano herrschte, und der Druck, der von der Gruppe ausging, verstärkten dann doch seine Überzeugung, daß er vielleicht zum *focolarino* berufen sei. Mit einundzwanzig verließ er Loppiano und schloß sich einer Focolare-Gemeinschaft in einer europäischen Großstadt an. Dort wurde er in einen hektischen Lebensrhythmus aus festen Arbeitszeiten und missionarischen Aktivitäten gestürzt und den Einflüssen einer modernen Stadt ausgesetzt. Das hatte zur Folge, daß sich in ihm Gefühle regten, die durch seine religiöse Lebensführung betäubt worden waren. Nun empfand er das heftige Bedürfnis, sich mit Gleichgesinnten zu treffen. Als er seinen Vorgesetzten seine Lage schilderte, empfahlen sie ihm, »den alleingelassenen Jesus zu lieben«. In dem festen Glauben, daß die Gründerin der Bewegung eine Lösung für sein Problem finden werde, beschloß Valentin, sich ihr anzuvertrauen. Chiara reagierte verständnisvoll und sprach sogar über ihre eigenen religiösen Anfechtungen. Für seine Gefühle könne er nichts, erklärte sie. Sie halte es jedoch für das Beste, wenn er die Zone, der er seit nunmehr drei Jahren angehöre, verlasse und für eine gewisse Zeit nach Loppiano zurückkehre. Dort solle ihm psychiatrische Hilfe zuteil werden. Sie gab ihm die strikte Weisung, mit keinem Menschen in der Bewegung über sein »Problem« zu reden (was herkömmlicher Focolare-Praxis entsprach); ihr aber dürfe er jederzeit schreiben. Valentin empfand das Gespräch als ermutigend und beruhigend. Er fand jedoch ein anderes Loppiano vor, als er es von früher her kannte. Das Dorf diente jetzt als eine Art offenes Gefängnis für *focolarini* mit »Schwierigkeiten«, für Leute, die draußen in den Focolare-Gemeinschaften Anpassungsprobleme hatten. Der Bewegung davonzulaufen war von einem so abgelegenen und überschaubaren Ort aus schwer. Ein Ort des Aufbruchs war Loppiano mit seiner Schule für *focolarini* nur noch für den Nachwuchs der Bewegung, nicht aber für gestrauchelte Veteranen.

Valentin fühlte sich bald noch einsamer und niedergeschlagener als in seiner Focolare-Gemeinschaft. Man schickte ihn zu einem Psychiater, der das Vertrauen der Bewegung genoß. Die schlechte Nachricht für Valentin war die, daß er krank war, die gute, daß Aussicht auf Heilung bestand. Der Doktor führte sein »Problem« darauf zurück, daß während der Pubertät ein »Eingriff« in seine Entwicklung erfolgt sei. Die angeratene Therapie war eine »Schlafkur«. Mehrere Monate sollte Valentin jeden Abend Schlaftabletten einnehmen, morgens aufstehen, frühstücken und danach wieder Pillen schlucken und den Tag durchschlafen. Dieser Dauerschlaf, so die Theorie, werde die Kindheitserinnerungen des Patienten auslöschen – und mit ihnen seine homosexuellen Tendenzen.

Weil diese Kur nicht half, wurden weitere Psychiater auf Valentin angesetzt, darunter einer, bei dem auch Chiara Lubich in Behandlung gewesen war. Valentin begann unter Depressionen zu leiden. Von Ängsten überwältigt, fürchtete er eine Zeitlang sogar, besessen zu sein. Der damalige Leiter der Männersektion von Focolare, Giorgio Marchetti, in der Bewegung Fede (»Glaube«) genannt, entschied schließlich, daß Valentin in seine südamerikanische Heimat zurückkehren müsse. Er wohnte dort nicht in der Focolare-Gemeinschaft, sondern gehörte ihr als externer *focolarino* an. Seine Wohnung mußte er mit einem anderen »Externen« teilen. Die Bewegung kam weiterhin für seine psychiatrische Betreuung auf. Valentin hatte seine ersten sexuellen Erlebnisse. Der Focolare-Priester gab ihm zu verstehen, daß gelegentliche Sexualkontakte verzeihlich seien, daß er sich aber auf keinen Fall auf eine Beziehung einlassen dürfe.

Eines Abends nahm ihn der Focolare-Leiter beiseite und erklärte ihm, in seiner Wohnung gebe es ein Problem. Sein Mitbewohner sei schizophren und müsse regelmäßig Medikamente nehmen, um sein Gleichgewicht wahren zu können. Der Mann sei durchgedreht, habe in der Wohnung randaliert und dabei die wenigen Habseligkeiten Valentins kaputtgeschlagen, auch die Schreibmaschine. Valentin brach mit der Vergangenheit und begann sein Leben in die eigenen Hände zu nehmen. Er belegte Fremdsprachenkurse und reduzierte seine Kontakte zu Focolare.

Die Chance für einen Neuanfang bot sich Valentin, als ihm Mitte der achtziger Jahre eine Stelle in den Vereinigten Staaten angeboten wurde. Er begab sich in den USA in die Behandlung eines verständnisvollen Psychologen, fühlte sich nach wie vor Chiara eng verbunden und schrieb ihr Briefe, auf die er hin und wieder auch Antwort erhielt. In ihm brodelte noch immer die Bemerkung, die sie bei der persönlichen Unterredung fünfzehn Jahre zuvor gemacht hatte: Er habe zwar keinen Grund, sich wegen seiner Gefühle schuldig zu fühlen, aber: »Mir wäre es jedoch lieber, Du würdest von einem Auto überfahren, als daß Du jemals eine homosexuelle Handlung begingest.«

Valentin schaffte es trotz der Hilfe eines Therapeuten nicht, diesen Satz aus seiner Erinnerung zu tilgen. 1986 erfuhr er, daß er HIV-positiv war. Acht Jahre später war Valentin noch gesund und lebte in einer stabilen Zweierbeziehung. 1992 hatte er noch einmal ein Gespräch mit dem Focolare-Priester geführt, der in seinem Land an der Spitze der Bewegung steht; der Priester empfahl ihm, sich die Beichte abnehmen zu lassen und sich dem Empfang der Sakramente nicht zu entziehen.

Wie unsensibel Focolare auf Homosexualität reagiert, verrät ein erst unlängst erschienenes Buch, verfaßt von demselben Don Gino Rocca, der mich 1971 um Dolmetscherdienste gebeten hatte, als er vor verheirateten *focolarini* einen Vortrag über Empfängnisverhütung hielt.[4] In dem Buch ist noch immer von einer Heilung der

Homosexualität die Rede; das zeugt von einem Verständnis, von dem sich die wissenschaftliche Psychiatrie schon vor Jahrzehnten verabschiedet hat.

Rocca unterscheidet zwei Typen von Homosexuellen: die »Homosexuellen umständehalber«, die ihre sexuelle Orientierung einer fehlgelaufenen Entwicklung verdanken – falscher Erziehung, Übernahme schlechter Gewohnheiten, ideologischer Einflüsse, Prägung durch Umweltfaktoren (Internat, Kaserne, Gefängnis u. ä.). Eine so erworbene Homosexualität lasse sich, so Rocca, »ziemlich leicht kurieren«. Der zweite Typ, der des »exklusiven Homosexuellen«, sei das Opfer einer »pathologischen Konstitution«; bei ihm sei die sexuelle Orientierung in »tiefen inneren Konditionierungen« verankert, so daß die Fachleute ihn für »unheilbar« hielten, zumindest »in dem Sinn, daß die Heilung weitaus schwieriger, wenn auch nicht unmöglich ist«.

Selbst der Vatikan ist in seinen jüngeren Verlautbarungen nicht so weit gegangen, Homosexualität kurieren zu wollen. Das könnte daran liegen, daß man im Vatikan besser informiert ist und weiß, daß nur die wenigsten Psychiater heute noch einen solchen Ansatz befürworten würden. Der katholische Psychiater Jack Dominian schrieb in seinem 1987 erschienen Buch *Sexual Integrity*: »Modetrends in der Psychotherapie kommen und gehen, doch es gibt keinen allgemein anerkannten Weg, wie homosexuelle Neigungen umgepolt werden könnten. Tatsächlich haben die meisten exklusiven Homosexuellen, wenn der soziale, strafrechtliche und moralische Druck von ihnen genommen wird, gar nicht das Bedürfnis, ihre Orientierung zu ändern.«

Die von Rocca propagierte Auffassung der Homosexualität ist ein Beispiel für das dichotomische Menschenbild der Bewegung, die das Wesen des Menschen in einen natürlichen und einen übernatürlichen Bestandteil zerlegt. Nach der Focolare-Philosophie vollzieht sich »Einheit« – definiert als »übernatürliche Liebe«, die es im übrigen auch zwischen Angehörigen desselben Geschlechts geben kann – auf einer höheren Ebene als »menschliche Liebe«. Focolare weist der romantischen Liebe zwischen Mann und Frau eine untergeordnete Rolle zu, doch die Ehe »zwischen Mann und Frau [ist] die vollkommenste und tiefste Kommunion, die auf der natürlichen Ebene existiert«.

Der Zusatz »auf der natürlichen Ebene« ist die entscheidende Einschränkung. In der Sicht von Focolare läßt sich das menschliche Wesen in verschiedene Zweige zerlegen, denen eine jeweils andere Ebene der »vollkommensten und tiefsten Kommunion« zugeordnet werden kann. Rocca weist darauf hin, daß homosexuellen Beziehungen der wesentliche Aspekt der Fortpflanzung fehlt: »Die homosexuelle Beziehung ist dieser wesentlichen gottgewollten Komponenten des Liebesdialogs radikal beraubt oder steht gar im Widerspruch zu ihnen. Eine Bestätigung hierfür ist die Tatsache, daß nach allem, was die Fachleute beobachten, homosexuelle Freundschaften an erheblichen Einschränkungen kranken.«

Eine völlig andere Position vertritt Jack Dominian: »Für viele männliche Homosexuelle kann der Versuch, eine stabile Beziehung zu begründen und zu erhalten, zu einem höchst kraftvollen Bemühen um die Erreichung von Reife, Ganzheit und Heiligkeit werden … Ich sähe es gerne, wenn das Hauptaugenmerk der Seelsorge auf die Förderung stabiler Beziehungen gelegt würde.«

Eines der Hauptziele der Neokatechumenaten besteht darin, die Lebensführung seiner verheirateten Mitglieder in Einklang mit der eigenen Philosophie zu bringen. Die Quintessenz formulierte ein italienischer Katechist, der einer in Washington, D. C., tätigen Missionarsfamilie angehört: »Die Ehe ist für uns die Lebensgemeinschaft zweier Feinde.« Das mag zynisch klingen, aber es entspricht auch der Überzeugung aller verheirateten *focolarini*, denen ich begegnet bin.

In der ersten »Prüfung« wird allen NK-Anwärtern eingeschärft, daß Ehe und Familie, genau wie Karriere und Eigentum, Idole seien. Kiko Arguello verkündet: »Laßt mich euch dies sagen: Schaut her – der erste Mythos, den das Christentum zerstört, ist der von der Familie, denn das ist ein ungeheurer Mythos, wenn die Familie zur Religion wird.«[5] In der Praxis läuft das, wie gesehen, darauf hinaus, daß die Mitglieder der Bewegung Vorrang geben müssen, auch um den Preis der Vernachlässigung der Kinder. Am meisten zu schaffen macht den NK-Anhängern die Ablehnung der Empfängnisverhütung; die

Bewegung verdammt sogar die natürliche Methode der Empfängnisverhütung durch Ausnützen der »sicheren Tage«. In den Schriften Kikos wimmelt es von Invektiven gegen verheiratete Ehepaare, die die Möglichkeiten der Empfängnisverhütung nützen. »Es verblüffte mich, als ich in Paris lebte«, erzählt Arguello, »daß man dort überhaupt keine Kinder sieht. Kinder zu haben, ist dort wohl eine Katastrophe. Sie nehmen alle die Pille.«[6] Kiko schildert in einer seiner Schriften den makaberen Selbstmord eines älteren römischen Ehepaares in allen Details. In dem Abschiedsbrief, den die beiden hinterlassen hätten, habe gestanden, sie seien »allein, alt und krank« gewesen. Arguello führt die Tragödie darauf zurück, daß das Paar einst beschlossen habe, kinderlos zu bleiben und sich den schönen Dingen des Lebens zu widmen – zum Beispiel häufig Ferien an jugoslawischen FKK-Stränden zu machen.

Renato, der dem Pfarrbezirk St. Francesca Cabrini in Rom angehört und einer der ersten Katechisten der Bewegung war, hatte mit seiner Frau zwei Kinder, als die Bewegung ihnen eröffnete, daß sie künftig auf empfängnisverhütende Mittel verzichten müßten. Der Augenblick der Wahrheit kam für Renato, als er aus dem Munde Kikos die Aussage hörte: »Ihr könnt nicht sagen ›Unser Vater, der du bist im Himmel‹, wenn ihr nicht daran glaubt, daß er ein Vater aller eurer Kinder ist. Aller Kinder, die ihr seinem Wunsch nach bekommen möget.« Renato wurde danach noch zweimal Vater. »Es ist nicht leicht, so viele Kinder zu haben«, sagt er. »Meine Frau und ich arbeiten, aber trotzdem ist das Leben schwer. Eine Frau in unserer Gemeinschaft hat elf Kinder.«

Alle Kinder, die NK-Ehepaare bekommen, *nachdem* sie den Entschluß gefaßt haben, »offen für das Leben« zu sein, werden als »Kinder der Gemeinschaft« bezeichnet. Wie bei Focolare, schließt das Verbot der Empfängnisverhütung auch bei den Neokatechumenaten die Sterilisierung mit ein; sie wird selbst dann abgelehnt, wenn eine Schwangerschaft das Leben der Mutter gefährdet.

In der Pfarrgemeinde Sacred Hearts in Cheltenham gab es ein Ehepaar mit zwei Kindern, das sich schon vor dem Beitritt zur NK-Gemeinschaft entschlossen hatte, daß der Mann sich einer Vasektomie unterziehen würde; der Arzt hatte erklärt, eine weitere

Schwangerschaft könne für die Frau gesundheitliche Risiken bergen. Der Mann wurde von den Neokatechumenaten jedoch bedrängt, den Eingriff rückgängig zu machen. Sein achtjähriger Sohn wurde angestiftet, bei einer gemeinschaftlichen Eucharistie den Vater vor allen Anwesenden zu fragen, weshalb er in dieser Frage Gott den Gehorsam verweigere. Der Mann gab nach, die Gemeinschaft sammelte die 800 Pfund, die die Operation kosten sollte. Die Operation verlief erfolgreich, die Frau brachte ein drittes Kind zur Welt, allerdings mit Kaiserschnitt.

Wenn ein Verheirateter sich einer NK-Gemeinschaft anschließt, wird er unter Druck gesetzt, den Ehepartner nachzuholen. Weigert er sich, wird er zu den Versammlungen seiner NK-Gemeinschaft nur noch bei besonderen Anlässen eingeladen. Erst wenn es gelingt, den Ehepartner zu bekehren, wird er wieder in Ehren aufgenommen. Alle Mitglieder einer NK-Gemeinschaft, die sich nicht für den Priester- oder Nonnenberuf entscheiden, werden zum Eingehen einer Ehe gedrängt. Es wird behauptet, daß es bei den Neokatechumenaten ebenso wie bei Focolare arrangierte Heiraten gibt. Junge männliche Mitglieder der Gemeinschaft werden aufgefordert, sich »unter den Töchtern Israels umzuschauen«. Geheiratet werden soll möglichst innerhalb der einzelnen Gemeinschaft; eheliche Verbindungen nach draußen sind nicht erwünscht, nicht einmal zwischen Mitgliedern verschiedener NK-Gemeinschaften eines Pfarrbezirks.

Die Neokatechumenaten rühmen sich, der katholischen Kirche eine neue Errungenschaft beschert zu haben: die Missionarsfamilien. Natürlich gibt es auch in den Reihen anderer christlicher Konfessionen verheiratete Geistliche, die Frau und Kinder in ihr »Operationsgebiet« mitnehmen, doch bei den Neokatechumenaten werden die Missionarsfamilien auf ungewöhnliche Weise rekrutiert. Auf einem großen Treffen, das einmal jährlich im September in Porto San Giorgio stattfindet, ergeht an NK-Familien, die das erforderliche Stadium des »Weges« erreicht haben, die Aufforderung, sich freiwillig zum Missionsdienst zu melden. Die Bewerber, die daraufhin hervortreten, werden für den 29. Dezember, dem Fest der Heiligen Familie, zu einer weiteren Zusammenkunft eingeladen. Bei dieser werden Zettel mit ihren Namen gemischt und dann wie bei einer

Verlosung gezogen. Von den rund dreihundert Bewerbern, die sich jedes Jahr melden, werden fünfzig bis hundert Familien ausgewählt. Seit 1986 bekommen alle ausgewählten Missionarsfamilien vom Papst persönlich ein »Missionarskreuz« überreicht.

Das Bedenkliche an dem Auswahlverfahren ist, daß die Frage, wie sich der Schritt auf die Kinder auswirkt, nicht bedacht wird. Einsatzorte für die Missionarsfamilien sind vorzugsweise »entchristlichte großstädtische Reviere«, wie die Vorstädte von Amsterdam, die südliche Bronx in New York, die Südhälfte von Washington, D. C. oder eine Wellblechsiedlung in Yokohama bei Tokio. Mehrere Familien wurden in die russischen Städte Bobruisk und Gomel entsandt, in der Nähe von Tschernobyl. Ihre Kinder sind den potentiell bedrohlichen Strahlungen in diesem Gebiet ausgesetzt.

Auf die meisten Missionarsfamilien warten an ihrem Einsatzort große Probleme. Zunächst müssen sie Arbeit finden, dann mit den Schwierigkeiten einer fremden Sprache fertig werden. In China oder Japan, wo das Erlernen der Landessprache besonders schwierig ist, kann es Jahre dauern, bis die Familien in der Lage sind, eine sinnvolle Tätigkeit zu entfalten. Nach offizieller NK-Lesart werden Missionarsfamilien von dem Bischof des Einsatzortes »berufen«; die Wirklichkeit sieht oft anders aus. Ein italienischer Erzbischof hat die Erfahrung gemacht, daß »die meisten Bischöfe in den Diözesen, in die Neokatechumenaten entsandt werden, sie nicht wollen, weil ihre Anwesenheit dort keinen sinnvollen Zweck erfüllt, sondern kontraproduktiv ist.«

Die Art und Weise, wie die Neokatechumenaten in das Privatleben ihrer Mitglieder hineinregieren, hat in mehreren Fällen zu katastrophalen Folgen geführt.

Giorgio Finazzi-Agro und seine Frau Fidalma sind seit 1966 verheiratet. Sie haben vier Kinder, das älteste, der 1967 geborene Lorenzo, ist ein Problemkind. Die Familie lebt in Rom, eine Ehe mit Höhen und Tiefen. Giorgios Laufbahn als Geologe wurde zu Beginn der achtziger Jahre durch Arbeitslosigkeit unterbrochen. Seine Frau hielt zu ihm, betätigte sich aktiv im Pfarrbezirk San Clemente und hatte einen Katechetenkurs belegt in der Hoffnung, sich als Religionslehrerin qualifizieren zu können. 1983 fand Giorgio wieder

Arbeit bei der italienischen Ölgesellschaft AGIP, doch sein Arbeitsplatz war in Mailand. Seine Frau hatte Bedenken, dorthin umzuziehen, weil Lorenzo sich in psychiatrischer Behandlung befand. Sie einigten sich darauf, daß Giorgio die Stelle annehmen, die Woche über in Mailand arbeiten und übers Wochenende nach Hause kommen sollte.

Um die gleiche Zeit ging der von Giorgio sehr geschätzte Gemeindepriester in den Ruhestand, Don Carlo Quieti trat seine Nachfolge an. Er brachte die Neokatechumenaten in den Pfarrbezirk. Giorgio erfuhr davon erst, als Fidalma ihm sagte, sie wolle in die im Aufbau befindliche NK-Gemeinschaft eintreten. Giorgio erhob keine Einwände, zog aber bei seinen katholischen Kollegen in Mailand Erkundigungen ein und erfuhr, daß die Bewegung in der Mailänder Diözese des Kardinals Martini keinen guten Ruf hatte.

Als er eines Abends von Mailand aus zu Hause anrief, erfuhr er von seinen Kindern, daß seine Frau ins Gemeindehaus gegangen und noch nicht zurück war. Da die Zwillinge erst sieben Jahre alt waren und Lorenzo ohnehin dauernder Aufsicht bedurfte, rief Giorgio im Gemeindehaus an und bat den Priester, seine Frau ans Telefon zu holen. Don Quieti teilte ihm mit, das sei nicht möglich, da sie sich im Gebet befinde. Giorgio antwortete, wenn Fidalma nicht sofort ans Telefon komme, werde er am nächsten Morgen nach Rom kommen. Schließlich war Fidalma doch am Apparat, und er forderte sie auf, sofort nach Hause zu gehen und sich um die Kinder zu kümmern. Als sie dies ablehnte, fuhr Giorgio nach Rom und suchte dort Monsignore Appignanesi auf, den damaligen Generalvikar der Diözese Rom; der gab ihm zu verstehen, daß nach allem, was man über die Neokatechumenaten wisse, seine familiären Probleme mittlerweile sicher Stadtgespräch seien. Giorgio besuchte den Monsignore ein zweites Mal in Begleitung seiner Frau. Fidalma willigte ein, der NK-Gemeinschaft eine Zeitlang fernzubleiben unter der Bedingung, daß sie und Giorgio, sobald er wieder nach Rom ziehen sollte, gemeinsam in eine Gemeinschaft eintreten würden. Er bewarb sich daraufhin um eine Stelle bei einer AGIP-Filiale in Rom, die er auch erhielt.

Unterdessen hatten sich die Verhaltensstörungen Lorenzos verschlimmert; auf Anraten eines Arztes beschloß die Familie, einer Elektroschocktherapie zuzustimmen. Die Klinik schlug Fidalma vor, während der Dauer der Behandlung dort zu wohnen und Lorenzo beizustehen. In dieser für sie schwierigen Phase tauchten häufig Neokatechumenaten in der Klinik auf.

Als Lorenzo entlassen wurde, beschloß Fidalma, nicht nach Hause zurückzukehren, sondern erst einmal mit den Kindern zu ihrer Mutter zu ziehen. Giorgio begann um seine Ehe zu fürchten. Er bat einen Priester aus einem anderen Pfarrbezirk, sich als Vermittler einzuschalten. Eine Unterredung mit Don Quieti, dem Gemeindepriester seiner Frau, entwickelte sich zur Schlammschlacht. Quieti warf Giorgio vor, er habe seinen Sohn einer barbarischen Elektroschocktherapie ausgeliefert und versucht, auch seine Frau in die Klinik einweisen zu lassen. Darüber hinaus ließ Quieti ihn wissen, seiner Frau stehe gemäß der Doktrin des heiligen Paulus das Recht auf Trennung zu, wenn ein heidnischer Ehemann seiner Frau nicht erlaube, ihren Glauben zu praktizieren. Das ist ein Argument, das die Neokatechumenaten häufig ins Feld führen. Giorgio erklärte sich bereit, der NK-Gemeinschaft beizutreten; er sah keine andere Möglichkeit, seine Ehe zu retten. Nachdem er begonnen hatte, die Zusammenkünfte regelmäßig zu besuchen, kehrte Fidalma zu ihm zurück. Giorgio erzählt:

>»Die Erinnerung tut weh ... Die Katechisten traktierten uns zwölf Stunden am Tag mit Lesungen, ›Echos‹ und Katechesen ... Lange Schweigeminuten, an die sich Gruppensitzungen mit vier oder fünf Teilnehmern anschlossen, bei denen jeder den anderen von seinen weltlichen und religiösen Problemen erzählen mußte ... Zusagen, seine Besitztümer den Armen zu spenden ... das Fehlen von Zuwendung für die Kinder (unsere waren damals zwölf), die den ganzen Tag über alleingelassen und, wenn sie uns störten, fortgeschickt wurden.«

Er kritisiert den Mangel an Respekt vor der »Intimität der Seele«; alles sei an die Öffentlichkeit gebracht worden, das habe »die Tendenz zur Heuchelei stark gefördert«. Er sei unablässig gefragt worden, wie er sich fühle, er müsse sich anders fühlen als früher. Giorgio zog sich zurück, wenige Tage danach verließ seine Frau ihn erneut und erhob den Vorwurf, er schikaniere sie. In seiner Verzweiflung beschloß Giorgio, sich an den Papst und den Vatikan zu wenden. Dort, so glaubte er, müßte es Leute geben, die sich dem Schutz der sakrosankten Institution der katholischen Ehe verpflichtet fühlten. An den Papst schrieb er am 11. November 1987:

»Ich liebe meine Frau und glaube an die Unauflöslichkeit der Ehe, doch der Gemeindepriester der [NK-]Gemeinschaft gab mir zu verstehen, meine Frau habe das Recht auf Trennung, weil das Leben mit mir sie so durcheinanderbringe, daß sie anfange, Gott zu beleidigen. … Ich habe innerhalb der kirchlichen Strukturen Hilfe gesucht, doch alle haben mir geraten, aus Gründen der Vorsicht und Vernunft einfach nur zu beten und den Willen Gottes zu akzeptieren … Das ist recht so, aber ich möchte den Stellvertreter Gottes auf Erden um seine Hilfe anflehen, weil meine Situation, obwohl ich den Willen des Allerhöchsten akzeptiere, nach wie vor von Ungewißheit geprägt ist.«

Der Brief blieb ohne Resonanz. Giorgio schrieb an Bischof Paul Cordes, den persönlichen Verbindungsmann des Papstes zu den Neokatechumenaten, und bat ihn, beim NK-Gründer Kiko Arguello zu intervenieren. »Ich bin wirklich entmutigt«, so Giorgio,

»weil sich, nachdem ich seit praktisch fünf Monaten von meiner Frau und meinen Kindern getrennt bin (die sich, weil sie noch jung sind, der Mutter angeschlossen haben), niemand für unseren Fall interessiert und alle davor zurückschrecken, die Angelegenheit in der Gemeinschaft ernsthaft zur Diskussion zu stellen. Was mich betrifft, so bin ich bereit, meine Frau und ihre Ideen zu respektieren, und ich habe auch die Grobheit der beteiligten Personen verziehen, doch habe ich nicht die Absicht, in die Gemeinschaft von San Clemente zurückzukehren.«

Bischof Cordes beantwortete den Brief am 30. November 1987 und versprach, etwas zu unternehmen:

»Es ist kaum nötig zu sagen, daß die schmerzlichen Geschehnisse, die Sie durchleben, mein Mitgefühl finden ... Ich habe die Verantwortlichen der NK-Bewegung auf das Problem angesprochen und beabsichtige auch, Kiko Arguello darauf aufmerksam zu machen. Dies sollte noch vor Weihnachten möglich sein.«

Am 16. April 1988 bat Giorgio in einem Brief an Cordes um eine persönliche Unterredung mit Kiko Arguello: »Ich würde mir gerne von Signor Arguello bestätigen lassen, daß es nicht den Wünschen der Gemeinschaft entspricht, ihre Mitglieder den Verpflichtungen zu entfremden, die mit dem Sakrament der Ehe verbunden sind und aus dem ernsthaften Eintreten der Bewegung für eine Katechese der Familie erwachsen.« Seine Besorgnisse rührten nicht nur aus seinen eigenen Problemen, sondern auch aus den Dingen, die er bei den Zusammenkünften der ersten NK-Gemeinschaft von San Clemente erlebt habe: »Ich konnte bei diesen Treffen beobachten, wie der Gehorsam und die formelle Unterordnung unter den Prediger und die Führer Vorrang hatten vor den mit dem Ehestand verbundenen Verpflichtungen (der Fürsorge und Liebe für Kinder und Ehepartner).« Der NK-Katechist Eugenio Frediani habe ihm zugesichert, man werde alles tun, um das gewünschte Treffen mit Arguello herbeizuführen. Die Unterredung mit Arguello kam nicht zustande. Im Mai 1988 erhielt Giorgio von Signorina Federici vom Büro des Bischofs Cordes telefonisch den Rat, Kontakt mit einem gewissen Don Dino Rossi aufzunehmen. Da sie ihm weder eine Telefonnummer noch eine Anschrift gab, schickte er ein Telegramm mit seinen Daten an das Büro. Dieses Telegramm wurde nie beantwortet. Anfang 1989, zu diesem Zeitpunkt war die Ehe bereits rechtlich geschieden, meldet sich Eugenio Frediani bei Giorgio und bot ihm seine Hilfe bei der Wiedervereinigung der Familie an. Giorgio war argwöhnisch, erklärte sich aber auf Bitten seiner Kinder bereit, nach Hause zurückzukehren. Er hatte zu dieser Zeit in einem anderen Pfarrbezirk Roms Fuß gefaßt, wo eine freundliche Atmosphäre herrschte, die sich äußerst positiv auf die psychische Verfassung Lorenzos auswirkte. Giorgios Frau besuchte weiterhin NK-Zusammenkünfte, obwohl sie zugesagt hatte, dies nicht mehr zu tun; auch die Tochter Maria Angela trat in eine NK-Gemeinschaft ein. Plötzlich weigerte sich Antonio, einer seiner jüngeren Söhne, Hausaufgaben zu machen; er wollte seinen Vater zwingen, ihm den Besuch eines NK-Seminars zur Vorbereitung auf den Priesterberuf zu erlauben. Giorgio willigte widerstrebend ein. Um wenigstens Francesco, den Zwillingsbruder Antonios, dem Einfluß der Neokatechumenaten zu entziehen, schrieb Giorgio einen Brief an den Hilfsbischof von Rom-Nord, Monsignore Boccaccio. Weil er wußte, daß in NK-Pfarrbezirken das Sakrament der Konfirmation als die Stufe gilt, an der junge Menschen aus freien Stücken einer Gemeinschaft beitreten, bat Giorgio darum, seinen Sohn nicht in San Clemente, sondern in einem anderen Pfarrbezirk konfirmieren lassen zu dürfen. Der Bischof gab keine Antwort. Zu Hause lud sich von Woche zu Woche die Atmosphäre auf. Es kam zu häßlichen Szenen. Giorgio packte seine Sachen und zog ein zweites Mal aus. Ein paar Tage später ging bei seiner Schwester ein Telegramm von Fidalmas Anwalt ein mit der Aufforderung, die Wohnung der Exfrau nie wieder zu betreten. Seit diesem endgültigen Bruch im Jahr 1990 hat sich das Verhältnis Giorgios zu seinen Kindern weiter verschlechtert; seine Exfrau ruft ihn nur an, wenn sie etwas von ihm will. »Für diese Katastrophe«, sagt Giorgio, »ist der Einfluß der Neokatechumenaten verantwortlich, die meiner Familie nicht den wahren christlichen Glauben nähergebracht haben, der sich durch eine innige Beziehung zu Gott auszeichnet, sondern eine fanatische, abergläubische Spielart der Religion, bei der öffentliche Aspekte und daher die Heuchelei dominieren.«

Die Geschichte Giorgios weist Parallelen zum Fall des Augusto Faustini auf. Augusto protestierte Weihnachten 1989 mit einem Hungerstreik vor der Kirche des NK-Pfarrbezirks San Tito gegen die NK-Hörigkeit seiner Frau. Er war überzeugt, daß die Neokatechumenaten systematisch seine Ehe zerstören.

Anfang 1984 waren der damals 39jährige Augusto und seine Frau Rosina auf Rat ihres Bischofs, Monsignore Bona, in eine Neokatechumenaten-Gemeinschaft des Pfarrbezirks San Tito eingetreten. Sie hofften, diese Erfahrung würde ihrer Ehe guttun, die nach zwanzig Jahren in eine schwierige Phase geraten war. Beide waren gläubige Katholiken. Augusto hatte als aktives Mitglied bei der Katholischen Aktion mitgemacht und ein Ehrenamt in der Christlich-Demokratischen Partei bekleidet. Er war der neuen Gruppe anfänglich wohlgesonnen: »Wir besuchten ihre ersten Vorträge (anders kann man eine Zusammenkunft nicht nennen, bei der nur einer spricht). Ich nahm die Sache gelassen, weil die Gemeinde uns mit offenen Armen empfangen hatte, was für mich die Gewähr dafür bot, daß sie in Ordnung war.«

Doch bald änderte Augusto seine Meinung. Er wandte sich an den Papst: »Wir wußten nicht, daß wir uns mit der Teilnahme an diesen Zusammenkünften im Endeffekt verpflichten sollten, rund zwanzig Jahre lang unsere Abende, unsere Nächte (zwischen zwei und vier die Woche) und oft auch unsere Sonntage und Wochenenden zu opfern! Wir wußten nicht, daß gleich nach unserem Beitritt zu dieser Gruppe so etwas wie eine Gehirnwäsche einsetzen würde, verbunden mit psychologischen Druckmitteln, die es dem einzelnen schwer, wenn nicht unmöglich machten, sich dieser seltsamen Vereinigung zu entziehen.« Die Neokatechumenaten seien in Wirklichkeit eine Sekte, »zentral gelenkt durch eine Hierarchie in Pyramidenform, deren Strukturen streng geheimgehalten werden und die hinaufreicht bis zu ›Ihm‹: Kiko Arguello! Er hat festgelegt, wie man zu sein, zu sitzen, zu singen hat, wie und was man spielt, wie man betet, wie man beichtet, wie man die Kommunion empfängt, wie man die heiligen Schriften liest! Mit der kategorischen Gewißheit, daß jeder, der sich nicht an das alles hält, dem Irrtum verfallen ist!«

Augustos Frau reagierte anders, sie geriet immer mehr in den Bann der Bewegung. In einem Brief an Monsignore Giuseppe Mani, den Hilfsbischof von Rom-Ost, schrieb Augusto später:

»Da Sie der Bischof der Familie sind, sollten Sie einen Blick auf die verheerenden Wirkungen werfen, die von einem der Dogmen, die die Neokatechumenaten den Leuten eintrichtern, auf Ehen ausgehen: ›Frau, Du mußt Gott allein lieben; Deinen Mann mußt Du lieben wie jeden anderen Bruder in Christo. Wenn Du in Deinen Mann verliebt bist, wird er Dir zum Idol! Eine verliebte Frau ist keine wahre Christin – in diesem Fall muß sie lernen, Ihren Mann zu hassen.‹«

Rosina verbrachte viele Stunden außer Haus; sie brach den Widerstand ihrer Söhne gegen die Bewegung; einer nach dem anderen trat in eine der Gemeinschaften ein und fand dort Partnerinnen. »Kann ein Junge von noch nicht einmal 22 Jahren«, meint Augusto über seinen zweiten Sohn, »widerstehen, wenn er einer wesentlich älteren und erfahreneren Neokatechumenaten-Frau in die Arme geworfen wird und von der ›freien Liebe‹ der Neokatechumenaten kosten darf? Genau das ist nämlich passiert.«

Augusto und Rosina lebten weiterhin zusammen, schliefen und aßen aber getrennt. Sein Hungerstreik führte zu einer Reaktion: Rosina blieb einige Wochen lang den NK-Versammlungen fern; eines Tages verschwand sie ohne Vorwarnung. Nicht einmal ihre Söhne wußten, wo sie war. »Es gelang mir, einen von denen, die sich Katechisten nennen, Dr. Piermarini, aufzuspüren. Nachdem er sah, wie verzweifelt ich war, bekam er Gewissensbisse und führte mich nach Santa Marinella, wo ich meine Frau fand, die sich aber nur mit viel Mühe überreden ließ, nach Hause zu kommen.« Einmal noch schien es, als würde Rosina es sich anders überlegen. Augusto schildert diese Episode in einem Brief an den Papst so:

»Erlauben Sie mir, Heiliger Vater, die Mitteilung einer intimen Einzelheit; dies ist notwendig, um zu verstehen, bis zu welchem Grad diese Sekte ihre Leute konditioniert. An einem Weihnachtsfest kam meine Frau zu mir – sie wollte bei ihrem Mann sein. Ich war glücklich, weil es so aussah, als sei die Einheit unserer Familie wiederhergestellt. Weit gefehlt! Später gestand sie mir, daß dieser Besuch in ihre fruchtbarste Periode gefallen war. Sie hatte es nur getan, um zu empfangen und noch ein Kind zu gebären (das vierte) und einen guten Eindruck auf die vermehrungsfreudigen Neokatechumenaten zu machen.«

Augusto informierte nicht nur den Papst, sondern auch andere kirchliche Würdenträger ausführlich über seinen Fall: Kardinal Ratzinger, die Kardinalvikare von Rom (erst Ugo Poletti, später Camillo Ruini), die fünf Hilfsbischöfe von Rom, die maßgeblichen NK-Katechisten und Pater Paiusco, den Gemeindepriester von San

Leonardo Murialdo. Bei Paiusco bekam Giorgio folgendes zu hören: »Deine Familie ist in Ordnung, so wie sie ist. Zuerst kommen die Neokatechumenaten, danach die Familie. Sei zufrieden mit der Lage der Dinge.« Bischof Bona stützte diese Auffassung: »Mein lieber Augusto, entweder Du schließt dich den Neokatechumenaten an, oder ihr werdet euch trennen müssen. Du bist jedoch derjenige, der sich entscheiden muß. Sie gehört zu den Neokatechumenaten.«

Daß die Autorität der katholischen Kirche bis ins Schlafzimmer der Gläubigen reicht, war einer der Gründe für ihre Macht. Heute gehört die Sexuallehre der katholischen Kirche zu den Ursachen für die Abwanderung der Gläubigen. Jungen Leuten ist es oft unmöglich, ihre Erfahrungen mit Maximen in Einklang zu bringen, die anachronistisch und starrsinnig erscheinen. Viele bleiben der Kirche zwar treu, ignorieren jedoch die Vorschriften. Die Amtskirche kann nicht mehr darauf bauen, sexuelle Schuldgefühle als Hebel für die Manipulierung der Gläubigen benutzen zu können. Innerhalb der Bewegungen ist diese Waffe aber noch scharf.

Bei »Kommunion und Befreiung« sind die Mitglieder gehalten, vor den zuständigen Instanzen jeden Aspekt ihres Lebens offenzulegen. In den Schritten der Bewegung ist von Fragen der Sexualmoral so gut wie nicht die Rede. Die Beteuerung, gegen »Moralismus« zu sein, läßt aber nicht auf eine freizügige Haltung schließen. Die Erstfassung von Johannes Pauls Enzyklika über Moralfragen, für die die CL-Mitglieder Rocco Buttiglione und Monsignore Angelo Scola verantwortlich zeichneten, sei so drakonisch formuliert gewesen, heißt es, daß sie vor der Veröffentlichung habe entschärft werden müssen.

Der Begriff »Moralismus« besitzt einen verschlüsselten Sinn. Er steht für eine weltliche Moral, die ihrer Natur nach relativ ist. Für »Kommunion und Befreiung« ist die einzig gültige Moral die von der Begegnung mit dem Ereignis Christus diktierte. Sogar das Gefühlsleben der Mitglieder muß vor den Autoritätsinstanzen ausgebreitet werden. Wenn ein junges Mitglied sich zu einem anderen hingezogen fühlt oder ein Paar sich zusammentun möchte, müssen sie sich und ihre Gefühle einem Priester anvertrauen, in dessen Macht es dann steht, ihre Regungen zu deuten, zu steuern und anzuerkennen. Sie sollen ihre Beziehungen in das Leben der Gruppe integrieren; damit soll verhindert werden, daß die Liebesbeziehung zum Rückzug oder zur Distanzierung von der Gruppe führt. Ein Exmitglied von »Kommunion und Befreiung« schilderte seine Erlebnisse in einem Sommerlager:

> »Wenn uns ein Priester in einer Predigt verkündete, wir müßten uns zueinander wie Brüder verhalten und müßten uns sogar davor hüten, einander zu küssen, weil das nur zu sinnlichen Gedanken verleiten würde, machte das manchen von uns gar nichts aus – wir wußten seit ewigen Zeiten über diese Paare Bescheid und sprachen weiterhin ohne jede Scheu über sie. Für andere war es jedoch ein regelrechtes Trauma. Da gab es einen Jungen, der mit seiner Freundin sicher noch nicht über das Stadium des Pettings hinausgekommen war und der trotzdem zu beichten begann und sagte, er habe schwer gesündigt.«[7]

In *Tracce*, der italienischen Mitgliederzeitschrift der Bewegung, erschien in der Ausgabe vom Februar 1994 ein Leitartikel, der sich kritisch mit dem »Zeitalter des Gefühls« auseinandersetzt. Unsere Gegenwart, heißt es darin, sei eine Zeit, in der das einzige theoretische und praktische Kriterium für das Leben der Mehrheit offenbar die *satisfaction* sei, das Erreichen einer »Lust am Leben«, nach der alle gierten, obgleich sie sie nur flüchtig und auf illusorische Weise erhaschen könnten. Im Namen der Befriedigung würden Beziehungen aufgenommen oder beendet, liebe Gewohnheiten und kleine Refugien (oder auch größere, wenn man sie sich leisten kann) aufgebaut, um sich gegen den Streß und die Turbulenzen des täglichen Lebens zu wappnen.

C1-Mitglieder finden ein Vergnügen daran, sich in ihren schriftlichen Äußerungen esoterisch und provokativ zu geben. Der Autor des zitierten Artikels borgt sich bei dem reaktionären katholischen Philosophen Augusto del Noce, einem der Lieblinge der Bewegung, einen Begriff aus; del Noce hatte 1984 in einem Brief die Existenz eines »fröhlichen Nihilismus'« konstatiert, der sich durch Sorglosigkeit auszeichne und seine symbolische Ausprägung in der Homosexualität finde. In dem *Tracce*-Artikel setzt der Autor das »Zeitalter des Gefühls« mit einer Kultur der »fröhlichen Nichtigkeit« gleich. »Kommunion und Befreiung« kleidet ein engstirniges Moralisieren in das Gewand einer hochtrabenden Philosophie.

Die Gründer der Bewegungen sehen in den Nachkommen ihrer Mitglieder die Zukunft ihrer Organisation – *ihre* Zukunft. Diese Botschaft wird den Anhängern eingehämmert: Jeder Mensch muß missioniert werden; dies gilt im besonderen Maß für die eigenen Kinder.

1967 rief Chiara Lubich die Gen-Bewegung ins Leben, in der die zweite Focolare-Generation organisatorisch zusammengefaßt wurde. Viele der Gründungsmitglieder waren Kinder verheirateter *focolarini* oder Kinder von Anhängern oder freiwilligen Mitgliedern der Bewegung. Die meisten Gen-Führer der ersten Stunde stammten aus Focolare-Familien. Seit Gründung der Gen hat Chiara alles getan, um die Mitglieder mit ihren Lehren vertraut zu machen. Häufig besuchte sie die in Rom abgehaltenen internationalen Kongresse. »Ihr seid und verkörpert das teuerste, zarteste und kostbarste Element, das der Herr in dem großen Werk [Marias] für sich reserviert hat«, erklärte sie 1971. »Ihr seid die neue Generation und verkörpert daher die Zukunft des Werkes. Wo läge der Sinn einer blühenden, über die Welt verbreiteten Bewegung, wenn sie nach ein paar Jahren zu Ende wäre?«

Ich war zwischen 1973 und 1976 in der Führung der britischen Gen-Bewegung tätig, mit Verantwortung zunächst für das nördliche England (während ich meinen Sitz in Liverpool hatte), später dann für das gesamte Land. In der Anfangszeit der Gen-Bewegung in Liverpool wurden junge Männer unter zwanzig oder knapp darüber aggressiv angeworben, oft durch tägliche Telefonanrufe und ständige Einladungen zu Zusammenkünften. Sobald einmal eine Gruppe gebildet war, standen fast täglich Aktivitäten auf dem Programm. Ich erinnere mich an zwei Mitglieder; einer bekleidete eine verantwortliche berufliche Position, der andere studierte. Von ihnen wurde erwartet, daß sie jeden Abend von Manchester nach Liverpool kamen, dort an Sitzungen teilnahmen, bei denen Erfahrungen ausgetauscht, Tonbänder mit Reden Chiara Lubichs angehört oder Projekte besprochen wurden. Erst weit nach Mitternacht waren sie wieder zu Hause. Auch die meisten ihrer Wochenenden mußten sie für Gen-Akvititäten opfern. Den jungen Leuten blieb kaum Freizeit, Zerstreuungen, der Besuch von Pubs oder Clubs waren verpönt. Man erwartete, daß sie die Gen-Gruppe als ihre Welt akzeptierten. Jeder Aspekt des Lebens mußte durch die Brille der Bewegung gesehen werden. Einen Spielraum für die Entwicklung eigener Ideen gab es nicht.

Chiara Lubich ermahnte die Gen-Bewegung in ihrer Philippika gegen den »ekelerregenden Erotizismus«, daß

> »die Jugend von heute durch ihre Arbeit einen Sinn für Reinheit entwickeln [muß], daß sie sich Reinheit ersingen, Hymnen auf die Jungfräulichkeit anstimmen und bis aufs Blut kämpfen [muß], um an dieser Front nicht zu fallen … Seid ihr rein? Dann bleibt so, und sei es um den Preis, daß ihr euch in den Schnee werfen müßt, wie der heilige Franziskus von Assisi es tat, als er in Versuchung geriet. Seid ihr gefallen? Dann kehrt durch Maria zu Gott zurück … und denkt daran, ihr noch viele andere zuzuführen.«

Die Gen-Gruppen, auch »Einheiten« genannt, sind eingeschlechtlich; nur bei wenigen Aktivitäten wirken männliche und weibliche Gruppen zusammen. Mein *capofocolare* in Liverpool, Marcelo Claria, ein Psychiater aus Argentinien, der heute die Psychiatrische Klinik der Bewegung bei Rom leitet, erklärte mir einmal, daß es wichtig für die Bewegung sei, junge Leute spätestens mit siebzehn oder achtzehn Jahren zu gewinnen, da man sie später nicht mehr so leicht beeindrucken und prägen könne.

Auch »Kommunion und Befreiung« tut viel dafür, daß ihre Lehren und Praktiken an die nächste Generation weitergegeben werden. Das ist in erster Linie Aufgabe jeder einzelnen Familie, doch gilt die Regel, daß die jeweilige Gruppe Verantwortung für die Kinder von CL-Familien übernimmt. Die Bewegung unterhält eigene Bildungseinrichtungen, um die Kinder den »verderblichen Einflüssen der Welt« zu entziehen. Das beginnt schon im Kindergartenalter:

»Wir erkannten, daß, wenn wir unsere Kinder in einen beliebigen Kindergarten geschickt hätten, dessen Strukturen keine Kontinuität der Erfahrung, die wir mit unseren Kindern leben, ermöglicht hätte. Daher gründeten wir einen Kindergarten und warben für ihn bei den Familien unserer Verwandten und unseres Bezirks. Da einige Kinder dem Kindergarten entwachsen sind und die Schule besuchen, denken wir über die Frage eigener Grundschulen nach und arbeiten daran.«[8]

»Kommunion und Befreiung« unterhält heute in allen Teilen Italiens Grund- und weiterführende Schulen. Einige wurden der Bewegung von religiösen Ordensgemeinschaften angeboten, die unter Nachwuchsmangel litten. »Kommunion und Befreiung« stellt das Gros des Lehrkörpers. Eine dieser Schulen ist das Institut zum Heiligen Herzen in Mailand, das von über tausend Schülern besucht wird. Es wurde von einem Nonnenkloster einer Stiftung überantwortet, deren Kuratorium überwiegend aus Mitgliedern von CL-Bruderschaften besteht. Dank einer kraftvollen Spendenwerbung war die Stiftung einige Zeit später in der Lage, das Schulgebäude zu kaufen. »Kommunion und Befreiung« hat aus dem ideologischen Bekenntnis zu eigenen Schulen ein politisches Programm gemacht und wirbt durch ihre politischen Organisationen für eine von staatlichen Einflüssen befreite Schule. »Wir werden euch auch lehren, den Glauben an eure Kinder weiterzugeben«, verkündet Kiko seinen Gefolgsleuten in dem Teil der *convivencia*, die unter der Bezeichnung *Shema* bekannt ist. »Das ist ein unbedingtes Gebot, das euch aufgegeben ist.«

NK-Familien werden mit Druck dazu angehalten, ihre Kinder gleichsam an die Bewegung abzutreten. Von seiner rabiaten Seite kann man Kiko Arguello immer dann erleben, wenn er im Verlauf der »Prüfungen« eine seiner Attacken auf die Eltern-Kind-Beziehung reitet. Kinder sind in seinen Augen »Idole« und müssen aufgegeben werden. »Es ist schwierig für diese Leute, deren ganzes Leben bisher auf ihrer Familie, auf ihrer Karriere geruht hat, zu merken, daß diese Dinge ihnen keine Rettung bringen, sondern das Feuer sie vernichten wird.« Liebe zwischen Menschen sei tödlich, Kinder würden durch die Liebe ihrer Eltern geschädigt:

»Wir erleben so viele Eltern, die sich angstvolle Gedanken machen – und ihre Kinder damit anstecken –, weil sie nicht geliebt werden; sie sind neurotisch, wahrscheinlich weil sie [die Kinder] schon einmal gar nicht wollten, weil sie ihnen jetzt auf die Nerven gehen, weil sie Geld kosten, weil sie ihr Leben durcheinanderbringen.«

Kiko verbreitet viele bizarre Theorien, seine Ansichten über die Elternliebe aber gehören zum Empörendsten und Schockierendsten:

»Da wir ein Über-Ich haben, das uns nicht erlaubt, zu Mördern zu werden, geraten wir in einen tiefen inneren Konflikt, zu dessen Beschwichtigung und Entschärfung wir alles unternehmen, und weil wir dieses Kind im tiefsten Grunde nicht wollten, verfallen wir ins andere Extrem: Wir verhätscheln es, werden ihm gegenüber übereifrig. Warum? Ich werde euch sagen, warum. Wir werden übereifrig gegenüber unseren Kindern, weil wir beständig an den Tod denken. Ich möchte diese Frage stellen: Warum denken wir an den Tod unseres Kindes? Ich würde sagen: *Weil ihr euch unbewußt seinen Tod herbeiwünscht.*«

Wenn Neokatechumenaten sich einreden lassen, daß sie gegenüber ihren Kindern Mordgedanken hegen, werden sie fragen, was sie tun können, um dies zu ändern. Das Wichtigste sei, erklärt die Bewegung, daß sie aufhören, ihre Kinder zu »verhätscheln«; sie müßten mehr Zeit auf NK-Zusammenkünften verbringen und sicherstellen, daß ihre Kinder sich den Neokatechumenaten anschließen. Die jungen Leute wachsen so in einer puritanischen, abgeschirmten Lebenswelt heran, geschützt vor schädlichen Einflüssen, aber auch ohne die förderlichen Auswirkungen, die von persönlichen Freundschaften, harmlosen Vergnügungen, freier Entfaltung und ungehindertem Zugang zur Kultur der Gegenwart ausgehen können. Hier wächst eine Generation heran, die wenig von dem weiß, was draußen in der Welt vor sich geht, eine Generation, die darauf geeicht wird, jene neuen Welten zu bevölkern, mit deren Aufbau die Bewegungen begonnen haben.

[1] *Veritatis splendor,* Abs. 80.

[2] Ebd.

[3] Ebd., Abs. 47.

[4] Don Gino Rocca, *Gewissen, Freiheit und Moral,* Verlag Città Nuova, Rom 1992.

[5] *Primo scrutinio battesimale,* S. 179.

[6] Ebd., S. 181.

[7] Piera Sera, *L'adoloscente sublimato,* Florenz 1978.

[8] *Litterae communionis,* Nr. 11–12, 1972.

Kulturelle Revolution 9

»Laßt hundert Blumen blühen!« Mit diesen Worten begrüßte Guzman Carriquiry aus Uruguay, Untersekretär des Päpstlichen Rates für die Laien, auf der Synode von 1987 die neuen katholischen Bewegungen. Der Spruch stammt zwar von Mao Tse-tung, aber es ist kaum anzunehmen, daß Carriquiry einen Vergleich zwischen Maos roten Garden und den neuen Bewegungen der Kirche ziehen wollte. Dennoch bestehen verblüffende Ähnlichkeiten. Die neuen Bewegungen mobilisieren die Massen mit Unterstützung höchster Instanzen und verfolgen das Ziel, in den mittleren Rängen Orthodoxie wiederherzustellen. Sie sind in vielen Aspekten Abbilder der Garden Maos; man denke nur an ihren Fanatismus, ihren blinden Gehorsam, an das Operieren mit Schlagworten, an den Persönlichkeitskult um den Papst, an die Manipulation der Medien, an ihre Abneigung gegen Intellektuelle und an das Denunzieren von Abweichlern.

Die vom Papst propagierte neue Evangelisation ist keineswegs auf die religiöse Sphäre beschränkt. »Beteiligt euch mit Hingabe an dieser Aufgabe, die Kluft zwischen dem Evangelium und der Kultur zu überwinden«, beschwor er die aus Priestern der Bewegung »Kommunion und Befreiung« bestehende Zuhörerschaft.[1] Diese Aufgabenstellung meint Kultur im breitestmöglichen Sinn; nur wenn die Kirche Einfluß auf die Kultur ausübe, könne sie eine führende Rolle in Gesellschaft und Politik spielen. »Nur von innen heraus und durch die Kultur wird der christliche Glaube Bestandteil der Geschichte und Schöpfer von Geschichte«, so Johannes Paul II. in *Christifideles laici.*

Die Hoffnung des Papstes, den Lauf der Geschichte ändern zu können, könnte als naiver Wunschtraum gedeutet werden. Die Bewegungen meinen es damit jedoch ernst. Sie wollen nicht nur die Kirche verändern, sondern die Welt. Wie alle fundamentalistischen Gruppen wollen sie eine sichtbare Kraft mit klaren gesellschaftlichen, politischen und religiösen Zielen sein. Und Johannes Paul II. sieht in ihnen die Hauptwerkzeuge für die Verwirklichung seiner Vision:»In den neuen Laien-Charismen [liegt] der Schlüssel zur vitalen Einbringung der Kirche in die geschichtliche Situation von heute.«

In *Christifideles laici* nennt Johannes Paul auch die Qualitäten der neuen Bewegungen:»Tatsächlich äußert sich schon in ihrer Gründung selbst die gesellschaftliche Natur der Person, was dieser wiederum zu größerer und radikalerer Effektivität bei der Arbeit verhilft. ›Kulturelle‹ Wirkungen lassen sich in der Tat nicht so sehr durch die isolierte Tätigkeit eines Individuums erzielen als vielmehr durch Arbeit, die der einzelne als ›geselliges Wesen‹ erbringt, d. h. als Mitglied einer Gruppe, einer Gemeinschaft, einer Vereinigung oder einer Bewegung.«[2]

In der westlichen Welt ist die Kultur Ausdruck der Freiheit. Die Entwicklung hat in den letzten Jahrzehnten von monolithischen Kulturformen zu pluralistischen geführt. Die Bewegungen haben ein anderes Verständnis von der Gesellschaft und ihren kulturellen Ausdrucksformen. Sich selbst halten sie für die Vorhut einer perfekten Gesellschaft. Sie sind gut. Ihnen gegenüber steht der Rest der Welt. Er ist schlecht. Den Neokatechumenaten vertraute Johannes Paul II. 1980 an, was er von der gegenwärtigen Gesellschaft hält:

>»Wir … leben in einer Periode, in der man das Gefühl, die Erfahrung einer radikalen Konfrontation erlebt – und ich sage das, weil es auch meiner langjährigen Erfahrung entspricht … Glaube und Unglaube, Evangelium und Anti-Evangelium, Kirche und Anti-Kirche, Gott und Anti-Gott sozusagen.«

Dieser Dualismus ist zum Leitmotiv des Pontifikats Johannes Pauls II. geworden. Neben seinem Aufruf zu einer neuen Evangelisation hat der Papst eine weitere Vision in die Welt gesetzt: die Mission einer »Kultur der Liebe« oder »Zivilisation der Liebe«. Dies ist sein Antiserum gegen das Gift der zeitgenössischen westlichen Kultur, die er als eine »Kultur des Todes« bzw. »Zivilisation des Todes« wahrnimmt. Hinter diesem päpstlichen Wort verbergen sich die Schreckgespenster des Papstes: Empfängnisverhütung, direkte Sterilisierung, Selbstbefriedigung, voreheliche Sexualbeziehungen, homosexuelle Beziehungen ... künstliche Befruchtung, Abtreibung und Euthanasie.[3] Eine Abstufung gibt es nicht. Selbstbefriedigung und Empfängnisverhütung gelten als ebenso verurteilenswert wie Euthanasie und Abtreibung.[4]

Wie der Papst haben sich auch die neuen Bewegungen einer pessimistischen und apokalyptischen Sicht der westlichen Gesellschaft verschrieben, die in ihren Augen am Rand eines moralischen Abgrundes wandelt. Als die Weltpresse es 1993 an begeisterter Berichterstattung über das »UN-Weltforum nichtstaatlicher Organisationen« zum Thema Familie fehlen ließ, interpretierte die Focolare-Zeitschrift *Città Nuova* diese Interesselosigkeit als Zeichen für den drohenden Zusammenbruch der Zivilisation:

>»Die grundlegende Ursache für dieses Schweigen ist sicherlich das Fehlen einer ›Kultur der Familie‹ auf globaler Ebene, ein Verschließen der Augen vor Art und Umfang der Menschheitsprobleme, ganz ähnlich der breiten Welle von Skrupellosigkeit, wie man sie oft im zeitlichen Vorfeld großer geschichtlicher Katastrophen findet.«[5]

In einer anderen Ausgabe der Zeitschrift findet sich ein Leitartikel, der gegen die »Kultur des Individualismus« polemisiert. »Man neigt heute dazu«, klagt Guglielmo Boselli, langjähriger Redakteur bei *Città Nuova* und *focolarino* der ersten Stunde,

>»nur das als ›fortschrittlich‹ darzustellen, was mit der Kultur des Individualismus übereinstimmt und daher stark verseucht ist mit dem Egoismus und Hedonismus, der zum Markenzeichen des reichen und pragmatischen Westens geworden ist. Es besteht die Neigung, alles als positiv darzustellen, das überzogen, ungezügelt, grenzüberschreitend ist, Erfahrung um ihrer selbst willen, als könnten dies die Grundlagen einer neuen Gesellschaft sein.«

Um diese Fehlentwicklungen eindämmen zu können, so Boselli, komme es zunächst darauf an, sie als das zu erkennen, was sie seien: »Zeichen der Dekadenz eines Volkes. Daß wir unter vielen Gesichtspunkten auf einen Tiefstand der menschlichen Erniedrigung zusteuern. Daß dies unter keinen Umständen als ›Fortschritt‹ gewertet werden kann.«

Diese düstere Vision ist den *focolarini* bestens vertraut. Als ich im Londoner Männer-Focolare lebte, las Dimitri Bregant, der Priester, der der männlichen Sektion der Bewegung im Vereinigten Königreich vorsteht, gerade die Werke des französischen Theologen Pierre Teilhard de Chardin. Dieser hatte in seinen schon vor dem Konzil entstandenen Schriften einen Bruch mit der Tradition gewagt. Er gab der Schöpfungsgeschichte eine optimistische Wendung. Unter Berufung auf den Apostel Paulus postulierte er ein Universum, das sich sowohl spirituell als auch physisch auf den Omega-Punkt zuentwickelt, d. h. auf die schließliche Begegnung mit Christus. Im Gegensatz zu der von den Bewegungen vertretenen dualistischen Sichtweise bescheinigte Teilhard dem menschlichen Tun einen Wert an sich, da es einen Beitrag zur Weiterentwicklung der Schöpfung leistet.

Solche Ideen wurden in den frühen fünfziger Jahren als höchst subversiv empfunden; Teilhard wurde von der Kirche zum Schweigen gebracht und erst nach seinem Tode wiederentdeckt. Daß Dimitri Bregant mit Teilhards Konzept einer sich vervollkommnenden Welt wenig anfangen konnte, überrascht nicht. »Ich glaube nicht, daß die Welt besser wird«, erklärte er. »Sie verschlechtert sich!« Der Kern der Focolare-Doktrin mündet zwangsläufig in harten Urteilen. Chiara Lubich: »Das Kruzifix, dem wir heute folgen müssen, ist Jesus in seiner größten Not ... Er ist es, den zu sehen wir uns bemühen müssen in einer armen, verirrten, verrückten, unmoralischen, verweltlichten, gottlosen Menschheit.« Die eher weltlichen Probleme der Menschheit wie Armut, Krankheit oder Krieg wurden nicht genannt. Chiaras Urteil über die Welt zielt nicht nur auf die »Sünde«; den Kern ihrer Philosophie bildet vielmehr ein tiefes Unbehagen auch in bezug auf die guten und schönen Dinge des Lebens.

Am Anfang des Textes, der als Standardeinführung in die Bewegung dient und der den Titel »Die Geschichte des Ideals« trägt, wird ein Ausspruch aus dem düstersten Buch des Alten Testaments, dem Buch des Predigers Salomo, zitiert. Die berühmteste Zeile daraus – »Es ist alles ganz eitel, sprach der Prediger, es ist alles ganz eitel« (eine zutreffendere Übersetzung wäre vielleicht »Es ist alles ganz sinnlos«) – wird bemüht, um die Erfahrung der ersten *focolarine* zu beschreiben, die im Trient der Kriegsjahre ihre Träume begraben mußten. Aus der Erkenntnis, daß »alles vergänglich ist außer Gott«, zogen sie den Schluß, daß alles andere – Ehe, Heim, Karriere, Wissen – wertlos ist.

Dieses Gefühl der Sinn- und Zwecklosigkeit allen menschlichen Tuns ist das grundlegende Element der Focolare-Botschaft geblieben. Im Vokabular Chiara Lubichs sind nur religiöse Werte, die mit Attributen wie »Paradies«, »übernatürlich« oder »göttlich« gekoppelt sind, positiv besetzt; Begriffe wie »Welt«, »natürlich« oder »menschlich« wurden durchweg in einem negativen Sinn verwendet. Am Beginn der Focolare-Mission steht daher nicht nur die Ablehnung der Gesellschaft, sondern auch der normalen menschlichen Motive: der Verbundenheit mit Angehörigen und Freunden oder des Wunsches nach schöpferischer Betätigung. Sich von diesen Motiven leiten zu lassen, bedeutet, »ins Menschliche zu verfallen« (»cadere nell'umano«). Es müsse gelingen, »die sogenannten Bindungen zu vermeiden, in die wir zwangsläufig verfallen, wenn unser Herz nicht bei Gott und seinen Lehren ist. Bindungen kann es geben an Dinge, an Personen, an uns selbst, an unsere Ideen, unsere Gesundheit, unsere Zeit, unsere Ruhe, unser Lernen, unsere Arbeit, unsere Verwandten, unsere Tröstungen oder Genugtuungen, an alle Dinge, die nicht Gott sind und die daher seinen Platz in unserem Herzen, das auf Vervollkommnung abzielt, nicht einnehmen können.«

Daher der Bannstrahl gegen das Fernsehen, gegen Zeitungen und Zeitschriften: »Fernsehsendungen ... bringen die Welt in die Seele und lassen das Herz leer zurück – daher ist beim Umgang mit diesem Medium große Vorsicht geboten.«[6] Mit Variationen dieses Motivs versorgt Chiara ihre Anhänger regelmäßig:

»Die Welt ist gesättigt mit Materialismus, mit Konsumismus, Hedomismus, Eitelkeit, Gewalt, und wir müssen bereit sein, auf das eine oder andere Fernsehprogramm zu verzichten, das, wenn auch vielleicht nicht durch und durch schlecht, so doch zweideutig und nutzlos sein mag …, um zu vermeiden, daß die Neugier oder der Wunsch nach wahllosem Fernsehkonsum die Oberhand gewinnt. [Wir müssen bereit sein,] dem Diktat der Mode, dem Anhäufen sinnloser Besitztümer und dem Lesen eitler oder wertloser Schriften zu widerstehen.«

Die Neokatechumenaten hegen einen noch stärkeren Widerwillen gegen die Welt. Kiko Arguello hat sich über die Sinnlosigkeit allen menschlichen Tuns und aller menschlichen Werte so ausgelassen:

»Prägt euch diese Worte eines Vaters der Wüste ein, die ich schon oft für euch zitiert habe: ›Es gibt kein Glück auf dieser Welt oder in der nächsten, außer dem der Gottesliebe.‹ Alles andere ist eitler Wahn. Die Ehe: ein eitler Wahn. Kinder: ein eitler Wahn. Deine Frau: ein eitler Wahn. Dein Mann: ein eitler Wahn … Meine Bilder, meine Kunst: ein eitler Wahn.

Menschliche Gefühle werden im Katechismus Arguellos (wie in den Doktrinen von Focolare) als minderwertig abgetan; den Anwärtern auf die zweite »Prüfung« wird folgendes eingeschärft:

»Der Mensch des Fleisches liebt seine Kinder nicht; im Gegenteil, er tötet sie – seine Liebe zu ihnen ist immer egoistisch. Ebensowenig kann er seine Frau oder kann sie ihren Mann lieben; sie können einander nicht im tiefsten Sinn des Wortes lieben – vielleicht mit einer menschlichen Art von Liebe, die jedoch den Menschen niemals vollständig befriedigt, ihn vielmehr ausbeutet und tötet.«

Don Giussani, der Gründer von »Kommunion und Befreiung«, charakterisierte in einem Interview die »herrschende Kultur von heute« wie folgt:

»Es ist die Einstellung, die der lateinische Ausspruch carpe diem versinnbildlicht: den größtmöglichen Lustgewinn aus einer Welt zu ziehen, die man als eine aus materiellen Dingen und sonst nichts bestehende wahrnimmt. Der Gegensatz dazu manifestiert sich freilich dramatisch in der Einsamkeit, dem Unglück und der Lebensmüdigkeit, die das Leben so vieler Menschen heute charakterisieren.«

Der Mensch von heute sei dazu verurteilt, »zwischen zwei Alternativen zu wählen: Anmaßung oder Zynismus. Entweder er geht davon aus, daß er das absolute und totale Prinzip der Rettung in sich trägt, oder er läßt sich davon überzeugen, daß er von der Allgewalt der Materie völlig determiniert wird, daß er einem Staubkörnchen im Wirbelwind gleicht«.

Im Prozeß der Formung der Gesellschaft und des Individuums spielen die Massenmedien nach Auffassung Giussanis eine verwerfliche Rolle:

»Auf diese Weise läßt sich nach einiger Zeit die Physiognomie des Verhaltens der Gesellschaft und des einzelnen vollständig durch die von den Medien propagierten Bilder und Parameter erklären. Wie erschreckend ist es aber, eine Person zu sehen, deren Ansichten und deren Verhalten voll und ganz von der allgemeinen Mentalität determiniert sind.«

Schlimmer noch sei die Schizophrenie, die die westliche Kultur dem einzelnen aufzwinge:

»Die Kultur der heutigen Gesellschaft erzeugt ein Bild und eine Vorstellung vom Ich als einer Ansammlung von Fragmenten. Jedes Segment, jedes Fragment – Beziehungen, Beruf, Religion, Ruhe, Freizeit usw. – folgt seinen eigenen Gesetzmäßigkeiten, seinen festgelegten und unausweichlichen Mustern.«

Das Ergebnis sei die Zerstörung der Persönlichkeit: »Es ist wie nach einem gewaltigen Erdbeben: Das Haus, das Land, nichts existiert mehr, nur noch Steinhaufen, Mauerreste, die ›große Verheerung‹, von der Dante spricht.«

Diese Sicht der Dinge, die eine strikte Dichotomie zwischen Kirche und Welt postuliert und vor dem Zweiten Vatikanischen Konzil in der Kirche die herrschende war, kontrastiert völlig mit der Botschaft des Konzils. Das Zweite Vatikanische Konzil sympathisierte noch mit der optimistischen Weltsicht, wie sie von Teilhard de Chardin und anderen jüngeren Theologen vertreten wurde. »Gottes Plan für die Welt sieht vor, daß die Menschen zusammenwirken sollen, um die weltliche Sphäre der Dinge wiederherzustellen und unablässig weiterzuentwickeln«, hatten die Konzilsväter in ihrem Dekret über die Laien verkündet; sie bekräftigten die hohe Wertigkeit menschlichen Tuns:

»Die weltliche Ordnung besteht aus vielen Elementen: namentlich den guten Dingen des Lebens und dem Wohlstand der Familie, der Kultur, der Wirtschaft, den Künsten und Wissenschaften, den politischen Institutionen, den internationalen Beziehungen und anderen Dingen dieser Art sowie auch deren Weiterentwicklung und Fortschritt. Dies alles trägt nicht nur zur Erreichung der letztlichen Ziele der Menschheit bei, sondern besitzt auch einen eigenen inneren Wert. Diesen Wert hat Gott den Dingen eingegeben, ob sie nun für sich allein betrachtet werden oder als Bestandteile der weltlichen Ordnung als ganzer. ›Und Gott sah an alles, was er gemacht hatte, und siehe da, es war sehr gut.‹ (Moses 1:31)«

Die Laienschaft wurde ermutigt, sich von der Kultur nicht abzukapseln, sondern Teil davon zu werden. »Der Laie sollte, über die moderne Welt jederzeit gut informiert, ein aktives Mitglied seiner Gesellschaft sein und auf der Höhe ihrer Kultur stehen.« Er sollte sich »vorbehaltlos und mit ganzer Kraft in die Wirklichkeit der weltlichen Ordnung stürzen und seine Rolle in der Leitung ihrer Angelegenheiten wirksam spielen«. Seine Aufgabe bestehe nicht darin, die Kirche zu repräsentieren, sondern Christ zu sein und als solcher in völliger Freiheit zu agieren: »Geleitet vom Licht des Evangeliums und vom Denken der Kirche, sollen [die Laien] direkt und entschlossen in die weltliche Sphäre eingreifen. Als Bürger müssen sie mit anderen Bürgern zusammenarbeiten, indem sie ihre besonderen Fähigkeiten einbringen und in eigener Verantwortung handeln.«

Die vom Konzil propagierte Bereitschaft der Katholiken, von anderen zu lernen, wird von »Kommunion und Befreiung« und von den Neokatechumenaten rundweg abgelehnt, weil sie korrumpierenden Einflüssen Tür und Tor öffne. Die Bewegungen teilen die fundamentalistische, in der katholischen Welt als Integrismus bezeichnete Überzeugung, daß religiöser Glaube eine Antwort auf jede erdenkliche Frage geben wird.

In einer Rede vor CL-Mitgliedern beim Freundschaftstreffen der Völker 1982 in Rimini erklärte Papst Johannes Paul II.: »Wenn der Glaube als Gewißheit und als Zeugnis für die Anwesenheit Christi in jeder Situation und Lebenslage gelebt wird, macht dies die Schaffung neuer Lebensformen für den Menschen möglich.«

Don Giussani vertritt den Standpunkt: »Meine einzige Hoffnung ist die, daß der Geist durch die wahre Freiheit des Laien seine Energie, die aus den Sakramenten stammt, auf alle möglichen und vorstellbaren Bereiche des modernen Lebens übertragen wird.« Die einzige Quelle, aus der sich potentiell Hoffnung für die weltliche Ordnung schöpfen lasse, sei ein radikaler religiöser Glaube, der mit der Abkehr von »gemeinsamen Werten« einhergehe. Die vom Konzil propagierte Vorstellung, Christen könnten diese Werte mit anderen Menschen guten Willens teilen, hat in Giussanis Weltbild keinen Platz. »Ich … [lade] die Christen [ein], die Hoffnungen, die sie auf Fortschritt, Entwicklung und gemeinsame Werte setzen, zu überdenken und sie statt dessen auf das Versprechen der Wiederauferstehung zu gründen; nur dies wird ihr Handeln in die Lage versetzen, das ›Hundertfache‹ zu bewirken, von dem das Evangelium spricht.«

Ein extremer Integrismus bildet auch den Hintergrund für die bei Focolare gepflegte Aversion gegen Intellektuelle; diese Einstellung geht auf die ersten Anfänge der Bewegung zurück. Chiara Lubich schildert, wie Gott ihr befahl, ihr Philosophiestudium aufzugeben: »Das geschah, als Gott uns aufforderte, alle Wahrheiten, die die

Menschen uns geben konnten, über Bord zu werfen, damit er unser Lehrer werden und uns die Wahrheit nahebringen konnte. Es geschah, als Gott uns, um sich uns zu erkennen zu geben, die Kraft verlieh, alle Bücher anderer Lehrer auf den Dachboden zu stellen.« Die symbolische Handlung, die Bücher auf den Dachboden zu stellen, wurde in der Bewegung zum Sinnbild für die Verneinung des menschlichen Strebens nach Erkenntnis. Chiara Lubich betont, daß die radikale Absage an fremde Wissensquellen ein grundlegender Schritt sei, der von allen Neubekehrten erwartet werde:»Diese Tat unseres Lebens ist die Grundlage aller Lehren vom ›Ideal‹. Sie muß auch die Grundlage für jeden sein, der den Wunsch hat, Jesus in seinem Werk [d. h. in der Bewegung] nachzufolgen.« Sie, sagt Chiara, habe eine wichtige Erleuchtung unmittelbar von Gott erhalten:

»Jesus hat uns sehr deutlich gezeigt, daß es absurd war, nach der Wahrheit zu suchen, wo sie doch ganz und gar in ihm enthalten war, dem Wort, der fleischgewordenen Wahrheit. Als er uns in der Praxis ermahnte: Laßt alle anderen Lehrer ziehen und folgt mir, dann werdet ihr alles lernen. Als es uns nach seinen ersten Erleuchtungen klar wurde, daß es ein Licht gibt, das nicht so sehr die Frucht vernünftigen Denkens ist, sondern von oben auf uns herabkommt.«

Diese »Erleuchtungen« wurden als die Erkenntnisquelle für jedes Thema betrachtet. Chiara:»Eines war sicher: Er, der unter uns lebte, war Gott und war deswegen in der Lage, alle Fragen zu beantworten, die alle Menschen zu allen Zeiten stellen mochten. Jesus will die völlige Leere unserer Gehirne, damit er uns erleuchten, uns die Wahrheit lehren kann.«
Der Lehrer Jesus ist ein Aspekt des für Focolare grundlegenden Konzepts von »Jesus inmitten« oder der Einheit. Der Appell zur Einheit geht immer von der »Angelpunkt«- oder der Autoritätsfigur der Gruppe aus. Von den Mitgliedern wird verlangt, die »völlige Entleerung des Gehirns« zu bewerkstelligen; das Vakuum zu füllen, ist Aufgabe der Autoritätsfiguren der Bewegung.
Aus diesem integristischen Ansatz hat jede der neuen Bewegungen eine autarke Kultur entwickelt, die den ganzen Horizont des

menschlichen Seins umschließt. Auch wenn die religiöse Erfahrung den Ausgangspunkt bildet und in jeder Facette dieser Kultur vorkommt, wird sie doch in ideologische, politische, soziale, wirtschaftliche und künstlerische Ausdrucksformen gekleidet. In dieser Beziehung weisen die neuen katholischen Bewegungen eine große Ähnlichkeit mit fundamentalistischen Strömungen klassischer Prägung auf, etwa mit den modernen Evangelisierungsbewegungen in den Vereinigten Staaten.

Weil die Bewegungen sich als Gralshüter der Wahrheit sehen, nimmt ihre Kultur einen messianischen Charakter an. Focolare fühlt sich berufen, jede Facette der Gesellschaft, von der Wissenschaft bis zur Kunst, von der Politik bis zur Medizin, zu erneuern; für diese Erneuerung hat man den Begriff »Klarstellung« gewählt. Der Massenbewegung »Neue Menschheit« wurde die Aufgabe gestellt, bestehende gesellschaftliche Strukturen zu infiltrieren. Focolare hat von seinen frühesten Anfängen an auch das politische Feld beackert, doch nur bei »Kommunion und Befreiung« gewann dieser Aspekt eine so große Bedeutung, daß er die religiöse Dimension der Bewegung zeitweise zu überdecken drohte.

Schon 1975 hatte »Kommunion und Befreiung« ein goldenes Zeitalter der Politik verkündet. Roberto Formigoni, der erste Führer des politischen Flügels von CL, des Movimento Popolare, umschrieb die weitreichenden politischen Ambitionen dieser Organisation so: »Eine Erfahrung der Kommunion zu leben, die jede Dimension des menschlichen Lebens mit einbezieht, die ein Erlebnis der konkreten Befreiung bewirkt, einschließlich der gesellschaftlichen Verfügungsgewalt über die Produktionsmittel.« Das war kein wolkiges religiöses Ziel, sondern ein handgreiflich politisches. Formigoni sprach vom »wirklichen Wiederaufbau des Lebens eines Volkes« und fügte hinzu: »Trotz der Krise der Kirche und des Wankelmuts der Christen können wir sagen, daß dieses Werk entweder von Christen dirigiert werden oder überhaupt nicht passieren wird.«

Don Giussani hat die Vision eines »von religiösen Menschen geleiteten Staates«: »Ein solches Ideal wird historisch machbar, wenn sein Aufbau nicht einem einzelnen, so außergewöhnlich er auch

sein mag, anvertraut wird, sondern einer Gemeinschaft religiöser Personen, einer wahren Gesellschaft Jesu.«
Die Militanz, mit der »Kommunion und Befreiung« auf dem politischen Feld agiert, rührt von dem ausgeprägten Sendungsbewußtsein der Bewegung her. Da Christen mit den bestehenden politischen Parteien nicht zusammenarbeiten können, müssen sie sich ihren eigenen Platz in der politischen Arena erstreiten:

> »Der Christ stellt fest, daß er zuerst und vor allem darum kämpfen muß, seine Daseinsberechtigung zurückzugewinnen und die geschichtliche ›Nützlichkeit‹ seiner Anwesenheit auf der Welt zu demonstrieren, einer Welt, die seine Aussagen als absolut irrelevant und unbedeutend abtut.«

Giussani sagt seinen Anhängern einen erbitterten Kampf voraus: »Der Christ ... [ist] mit einem Staat konfrontiert, der ihm nicht weniger feindlich gesinnt ist als das Römische Reich der ersten fünf Jahrhunderte ... Die Feindseligkeit des heutigen Staates ihm gegenüber ist eine radikalere.«

Das Zweite Vatikanische Konzil beschäftigte sich nicht mit Utopien, sondern mit der Wirklichkeit einer pluralistischen Gesellschaft. Die messianisch geprägten christlichen Sekten neigen dazu, ihre Vision einer perfekten Gesellschaft dadurch zum Ausdruck zu bringen, daß sie sich zu autarken Gebilden zusammenschließen mit dem Ziel, sich von den schlechten Einflüssen der Außenwelt abzukapseln. Auf die neuen katholischen Bewegungen trifft dies zu; sie erfüllen ein weiteres der FAIR-Kriterien für Sekten: »[Sie] fördern Abgeschlossenheit und Isolation, wobei einige von ihnen zur Begründung erklären, die ganze Welt außerhalb des Kults selbst sei böse oder teuflisch.«

»Utopien gehören zu den stärksten Triebkräften der Geschichte«, schreibt der Focolare-Kritiker Tommaso Sorgi.[7] Tatsächlich aber haben sie selten Gutes bewirkt. Man muß nur an die Opfer denken, die die politischen Utopien dieses Jahrhunderts gefordert haben. Die extremste Position nehmen die Neokatechumenaten ein. Sie sehen ihre Aufgabe darin, »die Welt zu retten«; sie bezeichnen ihre

Mitglieder als »Hefe« oder als »Salz der Erde«. Das Schwergewicht liegt bei ihnen auf der religiösen Betätigung, auf dem Rückzug von allen weltlichen Dingen. Jeder Versuch, die bestehende Gesellschaft zu verändern, gilt als anmaßend. Die Reform der Gesellschaft sei das Werk Gottes.

Die NK-Gemeinschaften auf Gemeindeebene verkörpern die konkrete Utopie der Bewegung; nur aus der abgeschlossenen Welt der kleinen Gemeinschaften können sich größere Gemeinschaften entwickeln.

Die extrem antistaatliche Position von »Kommunion und Befreiung« führte dazu, daß die Bewegung ihre eigenen Kinderhorte und Schulen betreibt, dazu eine ganze Reihe von Firmen und Dienstleistungszentren, in denen die von Roberto Formigoni formulierte Vision einer »gesellschaftlichen Verfügungsgewalt über die Produktionsmittel« ansatzweise verwirklicht ist. Allein in Italien haben sich 5000 von CL-Mitgliedern geleitete Firmen zu einer Dachgesellschaft »Compagnia delle Opere« zusammengeschlossen.

Bei Focolare ist man noch einen Schritt weitergegangen und hat eigene Städte gegründet; das erste Modelldorf der Bewegung war Loppiano bei Florenz, gegründet zu Beginn der sechziger Jahre. Weitere folgten immer dann, wenn jemand der Bewegung geeignete Landflächen vermacht oder gestiftet hatte. Chiara Lubich verkündete 1991 in dem Focolare-Dorf Araceli Mariapolis bei São Paulo ein neues Wirtschaftsprogramm für die Bewegung, das sie die »Ökonomie der Kommunion« nannte. Sie warb für den Aufbau eines Netzes von Focolare-eigenen Firmen nach dem Muster der von »Kommunion und Befreiung« betriebenen »Compagnia delle Opere«. Die Gewinne, die diese Firmen machen, sollten durch drei geteilt werden: Ein Drittel wird ins Unternehmen reinvestiert, ein Drittel fließt in die Finanzierung anderer Projekte der Bewegung, das letzte Drittel wird für die Unterstützung Bedürftiger verwendet. Der Bewegung gelang es so, in relativ kurzer Zeit ein wirtschaftliches Imperium aufzuziehen, dessen Kern die »Städte« bilden. Ehrgeizige Expansionspläne liegen vor. »Jede Zone«, erklärte Chiara Lubich, »sollte irgendwann ihre eigene Stadt haben. Das wird unser Vermächtnis sein. Denn wenn Christus unter denen ist, die dort leben, sollten im Lauf der Jahrhunderte tausend Städte entstehen.«

Das Zweite Vatikanische Konzil setzte die Frage der sozialen Gerechtigkeit auf die Tagesordnung. Viele Gläubige nahmen sich die Botschaft zu Herzen, besonders in den Teilen der Welt, wo krasse soziale Unterschiede herrschen. Viele südamerikanische Theologen bekannten sich unter dem Eindruck des Konzils zur Befreiungstheologie. Diese Theologie erhielt ihre wichtigsten Impulse von Basisgemeinden, in denen die Armen und Entrechteten lernten, das Evangelium als Anleitung zum gesellschaftlichen Aufbruch zu lesen und mit seiner Hilfe ihr Geschick in die eigenen Hände zu nehmen. Auch unter christlichen Gemeinschaften in den wohlhabenden westlichen Ländern fand diese Option Zuspruch; Lehrer und Erzieher kehrten den Schulen der Reichen den Rücken und entschieden sich für die missionarische Arbeit unter den Ärmsten der Armen. Die Folge war, daß sich die Trennlinie zwischen christlicher Erziehung und Seelsorge einerseits und radikaler politischer Parteinahme andererseits verwischte. Das alarmierte den Vatikan, die neuen Bewegungen grenzten sich deutlich von diesen Strömungen ab.

Die Neokatechumenaten und »Kommunion und Befreiung« befehden die Befreiungstheologie aufs heftigste. Sie sind unsensibel gegenüber den Sorgen und Problemen der Dritten Welt und im eigenen Land. Während mehr als vier Millionen Katholiken in Italien regelmäßig freiwillige Arbeit für die Armen leisten, konzentrieren sich die Bewegungen auf Missionstätigkeit und die Prägung ihrer Anhänger. Wo soziale Arbeit geleistet wird, dient sie der Image- und Mitgliederwerbung.

Keine der drei Bewegungen hat auf den Gebieten soziale Gerechtigkeit oder Frieden nennenswerte Erfolge vorzuweisen, will aber »wenigstens etwas tun«.[8] Sie suchen das Heil der Welt eher in der spirituellen Beeinflussung der Menschen als in einem von Empörung über Armut und Not genährten Reformwillen.

Als ich noch ein voll überzeugtes Focolare-Mitglied war, fiel es mir schwer, mich mit dieser Einstellung der Bewegung zu den Problemen der Gesellschaft anzufreunden. Das einzige, worauf es ankomme, so schärfte man uns ein, sei der Ausbau der Bewegung. Sobald

sie einmal zu einer großen internationalen Organisation herangewachsen sei, werde sie Lösungen für alle Gebrechen der Welt
liefern.

Im Juli 1968, als wir gerade die letzten Teilnehmer unserer sommerlichen Mariapolis-Woche verabschiedeten, spazierte ein Landstrei-
cher durch das Tor und bat um Hilfe. Die *focolarini* trugen mir auf,
im Rahmen des Möglichen etwas für diesen Menschen zu tun.
Gerade achtzehn geworden und voller Begeisterung dem Focolare-
Ideal der gegenseitigen Liebe folgend, empfand ich es als Glücksfall,
jemandem helfen zu können, der sich in echter Not befand. Hier war
christliche Nächstenliebe gefordert.

Der Mann, vielleicht Mitte Vierzig, erzählte mir eine haarsträubende
Geschichte von Alkoholismus und Selbstmordversuchen. Aus dem
Obdachlosenheim, in dem er zuletzt gewohnt hatte, war er hinaus-
geworfen worden und suchte nun eine neue Unterkunft. Ich versuchte es bei unzähligen Wohnheimen und in schäbigen Absteigen,
blitzte jedoch überall ab. Als ich mit meinem Latein am Ende war,
rief ich im Focolare-Zentrum an, wo ich die Sommerferien verbracht
hatte, und bat um Unterstützung. Die Leute, die dort das Sagen
hatten, begriffen dies offensichtlich als Chance, mir eine Lektion zu
erteilen. »Dafür ist Focolare nicht da«, erklärten sie mir. »Du wirst
dieses Problem selber lösen müssen.« Ich war erschüttert – sie
selbst hatten mir schließlich diesen Auftrag erteilt. Ich lernte meine
Lektion, aber noch viele Jahre lang, bis die Gehirnwäsche ihre
Wirkung getan hatte, rang ich innerlich mit mir. Konnte es richtig
sein, das Anpacken brennender Probleme weit in die Zukunft zu
verschieben?

1987 wurde von Focolare die AMU (Azione per un mondo unito,
d. h. »Aktion für eine geeinte Welt«) ins Leben gerufen, eine »von
Focolare betriebene nichtstaatliche Organisation, die Entwick-
lungsprojekte in der Dritten Welt initiieren soll«.[9] Die Bewegung
wollte demonstrieren, daß sie einen Beitrag zur Verbesserung der
sozialen Verhältnisse leistet; gleichzeitig war die AMU aber auch
eine Organisation mit unverfänglichem Namen, die die Expansion
der Bewegung vorantreiben konnte.

Ähnliches ließe sich auch über die von »Kommunion und Befreiung«

praktizierte Sozialarbeit sagen. Die »karitative Arbeit« der Bewegung wurde mit einer ideologischen Rechtfertigung versehen; in einem 1961 erschienenen Pamphlet mit dem Titel *Die Bedeutung wohltätiger Arbeit* heißt es unter anderem:

»[Wir stellen fest, daß wir], eben genau, weil wir sie lieben, nicht diejenigen sind, die sie glücklich machen; und daß nicht einmal die perfekteste Gesellschaft, die rechtlich solideste, cleverste Organisation, der enormste Reichtum, die robusteste Gesundheit, die unvergleichlichste Schönheit oder die vornehmste Erziehung sie je glücklich machen wird. Nur einer kann sie glücklich machen, der Schöpfer von allem: Gott.«

Anders als »Kommunion und Befreiung« hat Focolare nie versucht, die Befreiungstheologie zu bekämpfen. Man hat statt dessen eine eigene Alternative ins Spiel gebracht. Chiara Lubich propagiert die »Ökonomie der Kommunion« als »Beitrag der Bewegung zum Kampf um die Eliminierung der Armut«; in den Augen der Bewegungen leisten sie in und mit den konkreten Utopien oder »Stücken einer neuen Gesellschaft« ihren wichtigsten Beitrag für die Gesellschaft. Bei Focolare geht man davon aus, daß die eigenen »Städte« Experimentierfelder sind, in denen Lösungen für die Probleme der Welt im kleinen erprobt werden; man betrachtet sie gleichsam als die »Schmelztiegel« einer besseren Welt. Das ist ein Trugschluß. Diese Experimente finden unter höchst ungewöhnlichen, streng kontrollierten Bedingungen statt. Es war unser ganzer Stolz, daß wir in Loppiano keine Polizei brauchten; man muß dies jedoch in Relation zu dem strengen Regiment sehen, das hier herrschte: in Loppiano war jeder von uns ein kleiner Polizist, der die anderen überwachen half! Focolare preist die eigenen Utopien als »Zeugnis dafür, daß es möglich ist, hier auf dieser Erde eine geeinte Welt zu schaffen: eine ›irdische Stadt‹, die sich bemüht, die ›himmlische Stadt‹ zu verwirklichen«.[10]
Das Utopia der Neokatechumenaten liegt in einer ganz und gar religiösen Welt; Evangelisierung ist das einzige, was zählt. Wer etwas anderes glaubt, wird gerügt:

»Menschlicher Fortschritt im Sinne einer wahren Entwicklung der Völker findet in Jesus Christus statt, der im Heiligen Geist präsent wird. Dies ist eine völlig andere Auffassung als der soziale Aktivismus, der so in Mode gekommen ist und der den Menschen entwickeln möchte, bevor er ihm von Jesus Christus und dem Evangelium erzählt.«

Christen, die sich für soziale Gerechtigkeit einsetzen, vernachlässigten das, worauf es im Christentum wesentlich ankomme:

»Was diese katholischen Gruppen, die soziales Handeln propagieren, zusammenhält, ist soziales Handeln, revolutionäres Handeln, Verändern von Strukturen, Bewußtmachung der Tatsache, daß der Mensch von ungerechten Strukturen unterdrückt wird usw. Jede Gruppe frönt da ihrem eigenen Verständnis, denn es gibt extremistische Gruppen und andere, die weniger extrem sind. Ihnen allen gemeinsam ist jedoch die Tat und das Ersetzen des auferstandenen Jesus … durch soziales Handeln. Das Christentum dieser Gruppen ist nur ein Lacküberzug.«

Im Rahmen der Bußgottesdienste definiert Kiko Arguello stets drei unterschiedliche Einstellungen zur Welt. Die ersten beiden verwirft er als falsch, die dritte ist die korrekte.
Die erste Einstellung findet sich überall dort, wo Menschen nicht akzeptieren wollen, daß Gott mit dem Sündenfall die Welt »verflucht« hat. Die Menschen erkennen, daß »die Welt [ihnen] feindlich gesinnt ist, daß Leben und Arbeit zur Hölle werden«. Für viele besteht der Ausweg aus dieser Situation darin, daß sie sich »in den Sport, in den Fußball« flüchten, wenn nicht gar in Drogen- und Alkoholkonsum.
Der zweite Typus weigert sich, »eine Welt voller Sünde, voller Kriege, voller Laster« zu akzeptieren. Wer für den Aufbau einer gerechteren Gesellschaft kämpft, fällt in diese Kategorie, auch »alle politischen Bewegungen, die ihr kennt«. Kiko vergleicht sie mit Hitler, der »seine Welt bauen wollte: eine perfekte Welt. Daraus wird jedoch eine Welt, in der die Polizei mit eiserner Hand regiert«.

Die dritte Einstellung ist eine der Passivität, des Wartens:

»Sie akzeptieren, daß Gott die Wahrheit gesagt hat: daß wir Sünder sind, daß die Welt wegen der Sünden der Menschen verflucht ist. Dies als wahr anerkennend, lauschen sie weiterhin diesem Wort und warten darauf, daß Gott komme und die Erde segne: Gott. Wir sind hier, weil wir darauf warten, daß Gott uns den Messias schickt, ihn wahrhaftig in unsere Mitte schickt, um uns zu verwandeln, um sein Königreich zu errichten, ein Königreich, in dem alle Menschen für immer glücklich sein können. Doch nur Gott kann dieses Königreich in Wahrheit errichten.«

Obwohl die neuen Bewegungen im kirchenpolitischen Spektrum weit rechts stehen und ihre Mitglieder vorwiegend aus der Mittelschicht rekrutieren, ist es ihnen in den letzten Jahren gelungen, eine große Zahl von Anhängern des linken Lagers für sich zu gewinnen. In der Tat gibt es einige Gemeinsamkeiten zwischen diesen gegensätzlichen Polen: die Verheißung einer neuen Welt in einer fernen Zukunft, die Notwendigkeit einer straffen, zentralisierten, totalitären Organisation, die Verpflichtung der Mitglieder zu unbedingtem Gehorsam unter Ausschaltung jeder Oppositionsmöglichkeit. Chiara Lubich erinnert sich an zwei Marxisten, die sich von der Arbeit der Gründungszelle der Bewegung in den Armenhäusern von Trient beeindruckt zeigten:»Was ihr hier macht, wollen wir auf der ganzen Welt erreichen.« Chiara erkannte, daß ihre Bewegung eine direkte Herausforderung an den Marxismus sein werde. Vor dem Niedergang des Kommunismus pflegte Chiara Focolare als Spiegelbild der sozialistischen Welt zu charakterisieren:»Wir sind wie für sie geschaffen. Sie haben die richtigen Strukturen; ihnen fehlt nur noch unser Geist, um diese Strukturen mit Seele zu erfüllen.« Focolare und »Kommunion und Befreiung« übernahmen von der sozialistischen Bewegung das Prinzip der Bildung von Zellen in der Arbeits- oder Wohnumgebung; auch die Focolare-Idee einer »Massenbewegung« beruht auf kommunistischen Vorbildern. Wichtiger ist jedoch, daß die Bewegungen die sozialistische Theorie von der Rolle der Persönlichkeit in der Gesellschaft teilen: der einzelne ist nur im Kollektiv, im Kontext der »Geschichte der Partei« oder der »Geschichte der Bewegung« von Bedeutung. Kiko Arguello richtet an die, die sich auf den »Weg« gemacht haben, eine Botschaft:

> »Damit dieses neue Leben im Innern geboren werden kann, muß man offensichtlich erst lernen, sein altes Leben zu verachten. Wenn man im Grunde nichts anderes will als eine Sinngebung für das Leben, und wenn ihr im Evangelium nach dem Gebot der Selbstvervollkommnung sucht, dann denkt ihr, während ihr lauscht: ›Wie kann ich mich ein bißchen ändern, um dieses kleine Leben zu ändern?‹ Das ist das Problem, nicht wahr? Der Mensch, der in die Gemeinschaft eintritt, um sich aufzubauen. Nein, meine Freunde, es geht darum, sich zu vernichten.«

In den Augen von »Kommunion und Befreiung« hat der einzelne der Gemeinschaft bedingungslos zu folgen. »Gehorsam« doziert Don Giussani, »stellt die charakteristische Tugend des Jüngers dar, und ihre Bewährungsprobe kommt in dem Augenblick, da es gilt, einem bestimmten Menschen, einer bestimmten Gruppe zu folgen«.
In Kiko Arguellos Katechismus für die *convivencias*, dem sogenannten *Shema*, wird der Fatalismus bis zum Extrem gesteigert:

> »Selbst das Leiden anderer ist absolute Gnade, selbst Konflikte, selbst Kriege, alles ist Gnade. Weil Gott, so sagt die Schrift, die Völker mit Weisheit führt. Er führt die Nationen. Er führt die Welt; er weiß, was er tut. Alles, was er tut, trägt bei zu einer sehr viel größeren Mission.«

Will Arguello wirklich sagen, daß Gott der Urheber von Konflikten und Kriegen ist?
Der Mangel an geistiger Selbständigkeit hat dazu geführt, daß aus keiner der Bewegungen große Persönlichkeiten hervorgegangen sind. Der Franziskaner- und der Dominikanerorden, mit denen die neuen Bewegungen von ihren Förderern im Vatikan oft verglichen werden, brachten nach ihrer Gründung theologische Giganten vom Format eines Bonaventura, eines Duns Scotus oder eines Thomas

von Aquin hervor. Focolare hat in den fünfzig Jahren seit seiner Gründung nicht eine Figur von vergleichbarer Statur hervorgebracht; statt dessen gibt es eine Denkfabrik; sie produziert am Fließband weitschweifige theologische Abhandlungen, in denen versucht wird, aus den Ideen und Werken Chiara Lubichs theologische Schlußfolgerungen zu destillieren. Die Arbeit besteht im wesentlichen darin, daß Zitate aus theologischen Werken, aus der Bibel, aus der kirchlichen Überlieferung und aus vatikanischen Dokumenten zusammengeklaubt und so kombiniert werden, daß sie die ·Aussagen Chiara Lubichs untermauern. Auch das erinnert an die Kommunisten. Auch sie hielten Zitate (von Marx, Engels, Lenin und Stalin) für Beweise.

Die Neokatechumenaten können immerhin mit Ricardo Blasquez aufwarten, dem Hilfsbischof von Salamanca; er ist Autor der Abhandlung *Gemeinschaften der Neokatechumenaten: Eine theologische Analyse*, die den Anspruch erhebt, das Charisma der Bewegung zu legitimieren, vorwiegend durch selbst ausgestellte Zeugnisse, in denen es beispielsweise heißt, der »Weg« der Neokatechumenaten sei »immer durch Zeichen markiert, die gottgegeben und von denen deutbar sind, die sich dem Geist geöffnet haben«.

Die theologischen Lehren von »Kommunion und Befreiung« werden vom Gründer der Bewegung, Don Giussani, verkündet; seine Werke sind für Leser, die nicht dem kleinen Kreis seiner Bewunderer angehören, so gut wie unergründlich. Der amerikanische Verlag »Ignatius Press« hat sein Projekt, die Werke Giussanis auf englisch zu veröffentlichen, eingestellt, weil die Leser Verständnisprobleme hatten. Don Giussani betont, die Bewegung habe keinen Bedarf an besonderen Gaben, mit denen Einzelpersönlichkeiten, so bemerkenswert sie auch seien, aufwarten könnten; alles, was die Bewegung brauche, sei die Bereitschaft, zu folgen:

»Die Chance, die unsere Gruppe besitzt, für die Welt und die Gesellschaft Gutes zu bewirken, hängt nicht davon ab, was jeder einzelne gemäß seinen besonderen Gaben beizutragen vermag, sondern von seiner Bereitschaft, das ›Werk‹ des Geistes zu tun. Dem Geist zu gehorchen bedeutet letzten Endes, einem Menschen zu gehorchen, einer menschlichen Realität – zerbrechlich, widersprüchlich, wie auch immer –, die von Gott dazu ausersehen ist, das Endglied der Inkarnation zu sein, als ein Charisma, das zum Wohl der ganzen Kirche existiert.«

Die Bewegungen sehen und deuten die Welt durch den Filter einer starren Ideologie. Sie treten der Wirklichkeit nicht mit Neugier oder Entdeckergeist gegenüber. Der empirische Ansatz, der allen modernen Methoden der Forschung zugrundeliegt, ist für die Bewegungen kein Thema. Sie suchen in den Ideen anderer allenfalls Widerspiegelungen ihrer eigenen Wahrheiten. Der Vernunft und der Intelligenz wird jeder innere Wert abgesprochen. Wenn man sie gelten läßt, dann nur als Instrumente, die in den Dienst der eigenen Ideologie gestellt werden können. Chiara Lubich ermahnt ihre Anhänger, in Büchern nicht nach neuen Dingen zu suchen, sondern nach Widerspiegelungen oder »Bestätigungen« dessen, was sie schon wissen. Sie sollten Ausschau halten nach »allen erdenklichen Elementen der Wahrheit, die sich bei diesen Autoren finden mögen, zum Beispiel bei den berühmten Denkern, die in die Geschichte eingegangen sind, weil sie es fertiggebracht haben, einen Zipfel des Lichtes der Wahrheit zu ergreifen«. Die ganze und vollständige Wahrheit befindet sich im Besitz der Bewegung.

Focolare hat keine eigene künstlerische Tradition hervorgebracht, von der man ernsthaft Notiz nehmen müßte. Trotzdem ist Chiara Lubich überzeugt, Focolare habe der Welt nicht nur eine religiöse, sondern auch eine ästhetische Botschaft zu überbringen. Als sich die Gründerin der Bewegung im Dezember 1988 in Rom mit ihren für die Verwaltung der Focolare-Immobilien verantwortlichen Mitarbeitern traf, verkündete sie die Erkenntnis, »daß die Bewegung in gewisser Weise eine neue Dimension des Christentums verkörpert – eine Dimension der Harmonie und Schönheit, die sich durch alle ihre Mitglieder und ihre Gebäude zieht«. In der Zeitschrift *Città Nuova* ist über die »Städte« der Bewegung zu lesen, es sei »logisch ..., daß die permanente Mariapolis [das Leben] auch in architektonischer Hinsicht zum Ausdruck bringen möchte, in den modernen Linien ihrer baulichen Umgebung«.[11] In einem Beitrag über die Zentralen der Gen-Jugendgruppen verfügte Chiara: »Alle Gen müssen darauf verpflichtet werden, [die Zentrale] … sauber und rein zu halten und sie so auszustatten, daß jedermann, der zufällig hereinkäme, auch wenn er sie leer vorfände, überrascht ausrufen würde: ›Hier ist jemand zu Hause, der nicht von dieser Welt ist.‹ Ja, denn Jesus – er ist es nämlich, der bei uns wohnt – hat einen eigenen Stil, der unverwechselbar ist, und er ›weiht‹ sozusagen die Wände und die wenigen Dinge, die ihn begrüßt haben, so daß die Wände und die Dinge für sich selbst sprechen.«[12]

Wie viele religiöse Bewegungen der Vergangenheit hat sich auch Focolare für einen zeitgenössischen Baustil entschieden. Als die Bewegung in den frühen sechziger Jahren mit dem Bau eigener Anwesen begann, nutzte sie den nüchternen, schmucklosen Stil jener Zeit; einen eigenen Akzent setzten lediglich einige stilistische Anleihen bei den Tirolerhäuschen aus den Anfängen der Bewegung. Die Strenge dieses Baustils brachte den Geist der Bewegung treffend zum Ausdruck. Leere Räume, spärliche Möblierung sind die Wesensmerkmale des Focolare-Einrichtungsstils. Das Erdgeschoß des College-Gebäudes, das zu meiner Zeit in Loppiano die Schule für die Frauen beherbergte, bestand aus einer gefliesten Empfangshalle, die so groß und so gespenstisch leer war, daß man in dem Gebäude gar keine Menschen vermuten mochte.

Immer, wenn Kunst vor den Karren einer Ideologie gespannt wird, erwartet man von ihr bestimmte Eigenschaften: Sie soll populär und leicht verständlich sein, optimistisch, sie soll Freude und Zuversicht verbreiten. In Loppiano hatten die Gegenstände, die wir herstellten, entweder sakralen Charakter oder sie dienten dem höheren Ruhm der Bewegung. Ihr Markenzeichen war das Fehlen jeglicher Persönlichkeit. So wiesen zum Beispiel die Standbilder der Jungfrau anstelle eines Gesichts eine ausdruckslose Maske auf. In ein Kruzifix wurde eine Silhouette der Christusfigur geschnitten; die von der Bewegung hergestellten Produkte sollen »für sich selbst sprechen«. Die Bewegung entwickelte die Ideologie einer Kollektivkunst, in der sich nicht der künstlerische Gestaltungswille eines einzelnen ausdrückt, sondern das Prinzip »Jesus inmitten«. Ich verbrachte einmal einen halben Sonntagnachmittag damit, einem wohlwollenden, aber doch skeptischen englischen Besucher zu erklären, weshalb ein Teegeschirr aus Keramik ein »Ausdruck der Einheit« sein könne – es war in der Frauenwerkstätte mit »Jesus inmitten« hergestellt worden. Die Lieder unserer Bands Gen Rosso und Gen Verde wurden ebenfalls als Kollektivprodukte betrachtet, auch wenn sie von Einzelpersonen geschrieben worden waren. Das Copyright für die Lieder wurde stets auf die Namen zweier *focolarini* eingetragen, die mit ihrer Entstehung nichts zu tun hatten.

Chiara Lubich wird von ihren Anhängern nicht nur als religiöse Autorität verehrt, sie ist auch in künstlerischen Fragen oberste Instanz. In einem ihrer Meditationsbücher schreibt sie über Simone Martinis stilisiertes Porträt der heiligen Clara in der Franziskus-Basilika von Assisi, es habe »wenig Aussagewert für Christen«; an einer anderen Stelle schwärmt sie von einer Pietà des Michelangelo im Petersdom. Figürliche Kunst bietet die besseren didaktischen Möglichkeiten. Auch die ideologisch begründete Abneigung der Focolare-Bewegung gegen schöne Literatur läßt sich, wie könnte es anders sein, auf Chiara Lubich zurückführen: sie habe als Kind »keine Puppen gemocht, vielleicht weil sie künstlich waren. Ich mochte auch keine Märchen. Ich wollte die Wahrheit.« Die für Focolare charakteristische literarische Form ist der »Erfahrungsbericht«. Er gehorcht dem Prinzip »Problemstellung – Anwendung von Focolare-Rezepten – glückliches Ende«. Erfahrungen sind wahr, erfundene Geschichten falsch. Dieser platte Realismus ist typisch für Kunst unter ideologischem Vorzeichen. Sind die von Jesus erzählten Gleichnisse und die Mythen des Alten Testaments etwa nur deshalb »unwahr«, weil sie fiktive Geschichten sind?

Die meisten literarischen Werke der Vergangenheit und Gegenwart sind für Focolare schon wegen ihrer Sujets inakzeptabel. Giorgio Marchetti, einer der *focolarini* der ersten Stunde, tat die Werke Shakespeares mit der Bemerkung ab: »Er war sehr eng vertraut mit dem ›alten Menschen‹.« (Die schon von Paulus benutzte Floskel »der alte Mensch« wurde von der Bewegung als Metapher für die böse Seite der menschlichen Natur aufgegriffen.) Im stalinistischen Rußland mit seinem »Kult des Optimismus« bestand kein Bedarf an Tragödien, die Massen hatten fröhlich zu sein. Dasselbe gilt für die *focolarini*. Unter dem Einfluß dieses Denkens schrieb ich während meines Studiums an der Universität eine Abhandlung, in der ich beweisen wollte, daß *Hamlet* keine Tragödie war. Das persönliche Opfer, das der unglückliche Prinz bringt, würde schließlich zur Errichtung einer neuen gesellschaftlichen Ordnung führen. Chiara Lubich ist die treibende Kraft für die Zensur, die auf allen Ebenen der Bewegung ausgeübt wird. Alle von der Gen-Verde- und der Gen-Rosso-Band geschriebenen Lieder mußten ihr vorgelegt werden; wenn sie Text oder Melodie nicht mochte, wurden sie eingestampft. In der Frühzeit der Bewegung verfaßte Chiara persönlich Texte für Focolare-Lieder, sie griff meist auf Melodien gerade populärer Schlager zurück. Die Filme, die wir in Loppiano zu sehen bekamen, wurden vorher von unseren Oberen geprüft; was unpassend erschien, wurde zurückgeschickt.

In Loppiano führten wir oft improvisierte Sketche auf; dabei lernten wir bald die Vorzüge der Selbstzensur schätzen; wir unterdrückten Protest und Kritik. Einmal führte eine Gruppe, die Französisch sprach und aus europäischen Weißen und afrikanischen Schwarzen bestand, einen satirischen Sketch auf über Missionare, die in Afrika eintreffen und die Eingeborenen mit Hilfe von Perlen und billigem Plunder zu bekehren versuchen. Die Vorstellung wurde vom stellvertretenden Leiter der Männersektion, Umberto Giannettone, abgebrochen mit der Begründung, sie sei »ungesund«.

Als ich 1975 die Redaktion der englischsprachigen Focolare-Zeitschrift *New City* übernahm, flatterten mir in wenigen Wochen aus Italien zwei Rügen auf den Tisch.

Im Herbst 1975 war die Frauenband aus Loppiano, Gen Verde, zu Besuch nach Großbritannien gekommen. Wir beschlossen eine Gen-Verde-Sonderausgabe, die bei den Konzerten verkauft werden sollte. Ich wollte eigene Beiträge statt der Übersetzungen aus der italienischen Mutterzeitschrift *Città Nuova*. Ein Gründungsmitglied von Gen Verde lebte damals im Londoner Frauen-Focolare, ich machte mit ihr ein Interview über die Anfänge der Band. Ich wollte einen faktenreichen und zugleich unterhaltsamen Artikel schreiben und auf Ideologie und Semi-Mystizismus verzichten. Leser schrieben, wie informativ und amüsant der Artikel gewesen sei. Ich war daher völlig unvorbereitet, als mich wenige Minuten nach der Ankunft von Gen Verde in Großbritannien die Bandleaderin, eine deutsche *focolarina*, heftig kritisierte: Gen Verde sei nicht das Werk einzelner Personen, sondern ein Geschöpf von »Jesus inmitten«. Ich aber hätte den Eindruck erweckt, meine Interviewpartnerin habe Gen Verde alleine ins Leben gerufen. Ohne Genehmigung aus Rom dürfe ich keine neuen Texte ins Heft nehmen.

Das zweite Mal zog ich mir den Zorn Roms zu durch einen Artikel über moderne Tanzkunst. Dimitri Bregant erzählte mir, Liliana Cosi, die damals als Ballerina an der Mailänder Scala wirkte und aktives Focolare-Mitglied war, habe Chiara persönlich auf den Artikel aufmerksam gemacht. Ich hatte den Lesern eine Reihe moderner Ensembles vorgestellt und geschrieben, der Tanz sei die wahrhaftigste Kunstform, da der Körper nicht lügen könne. Chiara nahm, wie ich später erfuhr, Anstoß an der Tatsache, daß ich den französischen Choreographen Maurice Béjart und sein Brüsseler Ensemble gelobt hatte. Die Einwände richteten sich gegen den Lebensstil Béjarts.

Die Fernsehproduzentin Margaret Coen hatte schon bei der Vorbereitung und Durchführung des Gen-Fests von 1990 und des Familienfestes von 1993 eine maßgebliche Rolle gespielt. Um Mittel und Wege zu finden, im Fernsehen den Geist von Focolare zu feiern, gründete sie in Großbritannien eine Produktionsfirma mit dem Namen Link-up Productions. (»Link-up« ist die englische Bezeichnung für die alle zwei Wochen stattfindenden Telefonkonferenzen mit Chiara Lubich.) Ein halbstündiger Film über die Lebensgeschichte Chiara Lubichs – »Woman with a Dream« – entstand im Auftrag des Senders Central Television für die Sendereihe »Begegnungen« und kostete rund 30 000 britische Pfund. Der Film war eine ungenierte Werbe- und Propagandasendung für Focolare; Margaret Coen hatte dem Auftraggeber ihre Vollmitgliedschaft bei Focolare verschwiegen; sie sagte auch nichts davon, daß sie durch Gelübde gezwungen war, den Film vor der Fertigstellung Chiara Lubich in Rom vorzuführen und ihn von ihr absegnen zu lassen.

Das künstlerische Vermächtnis der Neokatechumenaten besteht fast ausschließlich aus Werken des NK-Gründers Kiko Arguello, aus seinen Liedern und Gemälden. Da sie zum festen Bestandteil des »Charismas« gezählt werden, tragen sie den Glorienschein göttlichen Segens.

Bei »Kommunion und Befreiung« finden wir ein breiteres Spektrum, aber auch hier erfüllt die Kultur eine ideologische Aufgabe. Die Liste der Schriftsteller, Lyriker und Philosophen, zu denen die Bewegung aufschaut, geht auf die frühesten GS-Zeiten zurück und spiegelt den persönlichen Geschmack Don Giussanis wider. Lieblinge der Bewegung sind namhafte katholische Literaten der vorkonziliären Epoche wie Paul Claudel, Georges Bernanos und Charles Péguy, ihre theologischen Vordenker sind De Lubac, Romano Guardini und Hans Urs von Balthasar. Lubac und Balthasar standen zu ihren Lebzeiten der Bewegung nahe.

Auch wenn die Botschaft Don Giussanis durch und durch traditionalistisch ist: er liebt es, seine Zuhörer zu schockieren. Die vielleicht überraschendste Wahlverwandtschaft: »Kommunion und Befreiung« bekennt sich zu dem italienischen Dichter und Filmregisseur Pier Paolo Pasolini, der 1975 von einem Strichjungen brutal ermordet wurde. Die Bewegung hat sich in den siebziger Jahren seine Analyse der italienischen Gesellschaft zu eigen gemacht. Pasolini diagnostizierte »das Ende zweier Welten« – der katholischen und der kommunistischen Welt – und die Herausbildung einer neuen technokratischen und finanziellen Macht. Nach dem Urteil von Augusto del Noce, den »Kommunion und Befreiung« in den achtziger Jahren zu ihrem Hausphilosophen erklärte, hat sich Pasolini, der der italienischen KP nahestand, »als Deuter heutiger Entwicklungen« bewährt: »Er war ›katholischer‹ als viele von denen, die als anerkannte Pioniere des katholisch-politischen Denkens gelten, und hatte ein besseres Gespür für das philosophische Vermächtnis der katholischen Geschichte und seinen Wert.«

»Kommunion und Befreiung« unterhält Kulturzentren in über hundert italienischen Städten, deren Betrieb oft durch Zuschüsse der öffentlichen Hand abgesichert ist und die ein gemischtes Kulturprogramm aus Filmen, Vorführungen und Vorträgen namhafter Gastredner anbieten. Die Mitglieder von »Kommunion und Befreiung« sind seit jeher militant: eine kompromißlose christliche Kraft in einer verweltlichten Gesellschaft, bereit, ihr Gewicht in die Waagschale zu werfen. Während Focolare darauf baut, daß die Wahrheit ihrer Botschaft jedem Menschen von selbst einleuchtet, nimmt »Kommunion und Befreiung« eine kämpferische Haltung ein. Gefährliche Ideen in Gesellschaft und Kirche müssen bekämpft werden. Nach der italienischen Volksbefragung von 1974, die mit der Niederlage der von der katholischen Kirche angeführten Scheidungsgegner endete, schrieb »Kommunion und Befreiung« in einem Pamphlet: »Das christliche Leben hat keinen adäquaten kulturellen Ausdruck hervorgebracht und war daher nicht in der Lage, dem Angriff der weltlichen Macht zu widerstehen.« Deshalb sei es jetzt Aufgabe der Bewegung, konkret und eindeutig zu demonstrieren, daß die Kirche nach wie vor »eine wirksame geschichtliche Kraft« sei. Die Bewegung hat niemals nur Meinungen vertreten, sondern immer auch handfesten politischen Lobbyismus betrieben. In den fünfziger und sechziger Jahren hatte die GS sich ein scharfes und umstrittenes Profil im italienischen Erziehungswesen geschaffen; in den siebziger und achtziger Jahren avancierte »Kommunion und Befreiung« zu einem ernstzunehmenden Mitspieler in der ersten Liga der italienischen Politik. Ihre ideologischen Positionen vermittelte sie durch publizistische Sprachrohre wie das Monatsmagazin *30 giorni* und die Wochenzeitschrift *Il sabato*.

1972 errichtete »Kommunion und Befreiung« eine eigene »Denkfabrik«, das Istituto di studi per la transizione (»Institut zum Studium des Übergangs«), abgekürzt ISTRA. In dem vom ISTRA herausgegebenen *Theologischen Jahrbuch* für das Jahr 1974 findet sich ein Hinweis auf die Arbeitsweise der Bewegung bei der Formulierung ihrer Ideologie: »Die Originalität der CL-Bewegung ... hat viel mit der einzigartigen Synthese aus Theorien zu tun, für die Don Giussani – und mittlerweile seine zahlreichen Freunde [= Anhänger] – verantwortlich zeichnet, ferner auch mit deren Ausformung im Kontakt mit dem religiösen, gesellschaftlichen und politischen Kontext, in dem die Bewegung sich zu artikulieren aufgerufen ist.«

Die Arbeitseinheiten, in die das ISTRA sich gliedert, vermitteln eine Ahnung davon, daß die Bewegung sich für fast alles kompetent fühlt: Philosophie, Geschichte, Architektur und Stadtplanung, politische Theorie, Wirtschaft, Geschichte des Katholizismus und Theologie. Der Psychoanalytiker Giacomo Contri gründete 1992 die Praktische Schule für Psychologie und Psychopathologie; dies war eine Kampfansage an die weltweit akzeptierten Lehren und Traditionen der Schulpsychiatrie. Die Schule zeigt beispielhaft den ideologischen Ansatz von »Kommunion und Befreiung«; sie fühlt sich der Wiederbelebung verloren geglaubter katholischer Überlieferungen verpflichtet. »Seit Beginn des 20. Jahrhunderts«, doziert Contri, »haben die Katholiken einen riesigen Schatz an psychologischem Wissen und Menschenkenntnis über Bord geworfen und sich unkritisch die Arbeitsmethoden der angelsächsischen Wissenschaftslehre nach dem protestantischen Modell zu eigen gemacht. Nunmehr möchte ich als Katholik, auch auf die Gefahr hin, unbescheiden zu erscheinen, diesen Schatz zurückholen.« Im Sinne der CL-Ideologie spricht Contri von einer finsteren »Macht«, die die Psychologie manipuliert habe, um den Menschen den religiösen Erfahrungsschatz zu rauben. »Wenn ich diese Situation in einem Satz zusammenfassen müßte, würde er lauten: Wir haben unsere Seelen verkauft. An wen? Natürlich an die Macht, die sie aus dem Weg geräumt sehen wollte, um die Menschen leichter manipulieren zu können. Wir aber fordern unsere Seelen zurück.« Die neue Schule definiere die Psychologie als Domäne der »religiösen Frage« und setze sich das Ziel, den Menschen ihre Seele wiederzugeben. Er habe sich von Don Giussani inspirieren lassen, der sage, daß der Mensch nur in der Beziehung zu Gott sein wahres Selbst, sein Ich zu finden vermag: »Wenn man mit der Beziehung zwischen Gott und dem Menschen beginnt, ist es möglich, das Ich zu stärken und zu verstehen, daß wir nicht Maschinen sind, die als Sklaven in einem großen Räderwerk fungieren, sondern Miterfinder unserer selbst.« Die Schule, die aus den Kassen der Stadt Mailand und der Region Lombardei Zuschüsse erhält und der Mailänder Katholischen Universität angeschlossen ist, hat etliche angesehene Gelehrte als Dozenten gewinnen können.

Die Sprache, in die Don Giussani seine Lehren kleidet, ist eher eine philosophische als eine religiöse; seine in zahlreichen Veröffentlichungen dargelegten Ideen bilden den Grundstock der CL-Ideologie. Die Homogenität zeigt, daß bei der Entwicklung nicht der Zufall Regie geführt hat, sondern der Geist des Gründers und Führers der Bewegung. Exmitarbeiter von *30 giorni* erinnern sich daran, daß Don Giacomo Tantardini, die graue Eminenz der römischen CL-Sektion, hinter dem verantwortlichen Redakteur der Zeitschrift zu stehen und letzte Hand an die Beiträge zu legen pflegte. In der Ideologie von »Kommunion und Befreiung« lassen sich zwei Stränge erkennen: zum einen eine antimoderne Tendenz, die sich ihre Inspirationen bei katholischen Denkern der Vergangenheit holt, zum zweiten eine Neigung, nicht Lösungen zu suchen, sondern Irrtümer zu brandmarken.

In der Frühzeit unseres Jahrhunderts, unter Papst Pius X., rief der Vatikan zu einer Hexenjagd gegen katholische Theologen auf, die des »Modernismus« verdächtig waren. Weil sie sich gegen eine fundamentalistische Deutung der Heiligen Schrift wandten und sich einem historischen und kritischen Ansatz verschrieben, galten sie als protestantische Quislinge. Man warf ihnen vor, daß sie die göttliche Herkunft der Heiligen Schrift ebenso in Frage stellten wie die Autorität der Kirche, und daß sie sich auf einen verhängnisvollen Pakt mit der Welt eingelassen hätten.

Nach Auffassung von »Kommunion und Befreiung« sind die »Modernisten« von heute diejenigen, die den Monopolanspruch der Kirche auf Gott in Frage stellen. »Kommunion und Befreiung« propagiert die Abkehr von der durch das Zweite Vatikanische Konzil bekräftigten Auffassung, die göttliche Gnade sei überall auf der Welt zu finden; statt dessen wird wieder die alte Festungsmentalität beschworen. Die Kirche ist die alleinige Bastion des Wahren und Guten, außerhalb der Kirche herrscht nur Irrtum. Die Denkmöglichkeit zuzulassen, daß die Kirche nicht der einzige Ort sein könnte, an dem die Menschen Zugang zur Gnade Gottes finden, würde bedeuten, das Charisma von »Kommunion und Befreiung« in Frage zu stellen. Der deutsche Theologe Karl Rahner, der zu den führenden Köpfen der nachkonziliären Periode gehörte, ist in den Augen Giussanis ein verkappter Protestant, da er die Überzeugung vertritt, Gott und die Gnade Christi seien »in allen Dingen«; Rahner erkennt an, daß es »anonyme Christen« gibt, Ungläubige, die im Geiste des

Evangeliums leben, ohne es zu wissen. Für »Kommunion und Befreiung« ist schon der bloße Gedanke, der Mensch könne außerhalb der Institution Kirche irgend etwas von Gott erlangen, »ein fürchterliches, heimlich wirkendes Gift« (Henri de Lubac). Als der Schweizer Theologe Hans Küng den Gedanken äußerte, die unblutigen Revolutionen in Osteuropa hätten eine religiöse Dimension, warf ihm *30 giorni* vor, er habe damit lediglich »den vorherrschenden Gnostizismus der Gegenwart« artikuliert. Die von »Kommunion und Befreiung« vertretene Position läuft auf eine Verarmung des Christentums hinaus. Die Bewegung wirft ihren Widersachern vor, sie spielten das Sakrament der Gnade, die Bedeutung der Offenbarung und die Dimension des Mystischen herunter.

So sehr die Bewegungen sich einen modernen Anstrich geben, so unübersehbar ist, daß sie der modernen Kultur zutiefst feindlich gegenüberstehen. Sie sind Anti-Modernisten. »Kommunion und Befreiung« blickt zurück auf die Epoche vor der Aufklärung und vor der Reformation. Die Bruderschaft ist mittelalterlichen Vorbildern nachempfunden. Für das Bekenntnis von »Kommunion und Befreiung« zum Mittelalter findet sich bei Focolare kein offenkundiges Pendant, doch ist daran zu erinnern, daß Chiara Lubich auf die Idee, eigene Siedlungen für ihre Bewegung zu gründen, während eines Urlaubs in der Schweiz verfiel. Das Kloster verkörpert die grundlegende religiöse und gesellschaftliche Lebenszelle der mittelalterlichen Welt. Daß diese geschichtliche Epoche eine solche Faszination auf die Bewegungen ausübt, rührt nicht zuletzt aus dem Umstand her, daß es sich um die letzte Epoche vor der Spaltung der Christenheit handelt.

Nach Chiara Lubich unterstützt die Bewegung vier Arten des Dialogs: innerhalb der katholischen Welt, mit Christen anderer Konfessionen, mit Angehörigen anderer Religionen sowie mit und in der »Welt der Verweltlichung, in der Zusammenarbeit mit Menschen guten Willens zur Herbeiführung oder Festigung und Ausweitung der universellen Brüderlichkeit«. Das klingt als Manifest gut, Tatsache aber ist, daß das Dialogverständnis der Bewegung auf dem Konzept des »Sich-mit-anderen-eins-Machens« beruht. Chiara Lubich erläutert, der Sinn und Zweck der »vier Dialoge« bestehe darin, die anderen an das »Gespräch über unsere Religion« heranzuführen, so daß »aus Dialog Evangelisierung wird«.[13] Die Bewegungen sehen sich als Kirche besonderer Art. Der Vatikan scheint dieser Begriffsverwirrung schon erlegen zu sein. Doch der eigenständige, individuelle Charakter jeder der Bewegungen sollte bedacht werden: Sie alle haben ihre eigene Sprache, ihre eigene Weltsicht, ihr System von Überzeugungen und Werten, also Merkmale, durch die sie sich vom Rest der Kirche abheben und die für die große Mehrheit der Katholiken praktisch undurchschaubar sind. Wenn Focolare den ökumenischen und interkonfessionellen Dialog predigt, geschieht das nicht so sehr in dem Bemühen, die Arbeit der katholischen Kirche in diesen Bereichen zu unterstützen. Focolare will den eigenen Aktionsradius ausweiten. Im Vereinigten Königreich, wo die meisten Angehörigen der Bewegung Anglikaner sind, hört man auf Focolare-Zusammenkünften kaum etwas über die katholische und über die anglikanische Kirche; die Tonlage bei diesen Zusammenkünften ist missionarisch. Focolare hat in 30 Jahren in Großbritannien nur wenige zum katholischen Glauben bekehrt; was jedoch zählt, ist, daß alle nichtkatholischen Mitglieder der Bewegung die Leitideen – Einheit, Jesus inmitten, Anbetung Marias – akzeptieren und sich integriert haben. Ganz oben steht für die Mitglieder die bedingungslose Anerkennung Chiara Lubichs und ihres »Charismas«. Der vom Medienzentrum St. Clare produzierte Videofilm *Many but one: The Story of Focolare in the Catholic Church* besteht aus Bekenntnissen anglikanischer Christen zu den Segnungen von Focolare.

Ein echter Dialog setzt wechselseitige Anerkennung voraus. In keinem der Berichte der Bewegung über ihre ökumenischen Aktivitäten ist jedoch etwas von einem Geist der Gegenseitigkeit zu spüren, kein Hinweis darauf, daß die katholischen *focolarini* etwas von ihren anglikanischen, lutherischen oder orthodoxen Gefährten gelernt hätten. Schon bald nach meiner ersten Begegnung mit Focolare erzählte mir Jean-Marie Wallet, heute ein verheirateter *focolarino*, damals Leiter der Männersektion, daß Chiara Lubich bei ihrem ersten Auftritt im Lambeth Palace 1966 erklärt habe, im Pantoffel eines Kardinals sei mehr Übernatürliches verborgen als in der ganzen anglikanischen Kirche. *Focolarini* können nur Lehrer sein, niemals Lernende. Die Ökumene ist für sie eine Chance, in anderen, die dem Irrtum verfallen sind, den »alleingelassenen Jesus« zu entdecken und zu lieben.

1981 verlieh der Erzbischof von Canterbury, Dr. Robert Runcie, Chiara Lubich das Kreuz des heiligen Augustinus »in Anerkennung all dessen, was Focolare in der Arbeit mit Anglikanern geleistet hat, um zur Förderung und Vertiefung ihres religiösen Lebens beizutragen«.[14] Es fällt schwer, zu erkennen, daß die Arbeit von Focolare, die ausschließlich der Werbung für die eigenen Ideen dient, für andere im ökumenischen Bereich aktive Kräfte ein Gewinn sein soll. Der »Dialog«, den Focolare mit anderen Konfessionen zu suchen vorgibt, hatte 1977 bei der Verleihung des Templeton-Preises für Fortschritte in der Religion an Chiara Lubich in der Londoner Guildhall begonnen. Chiara schildert, wie sich bei ihr in jenem Augenblick ein Gefühl spontaner Übereinstimmung mit den Angehörigen anderer Konfessionen einstellte. Konkrete Schritte folgten jedoch erst später. Der Templeton-Preisträger von 1979, der Japaner Nikkyo Niwano, Begründer der buddhistischen Bewegung Rissho Kosei-kai, die sechs Millionen Mitglieder zählt, machte auf der Rückreise nach Japan in Rom Station, um Chiara Lubich einen Besuch abzustatten. Im Dezember 1981 sprach Chiara in Tokio vor 12 000 Mitgliedern seiner Bewegung. In einem Interview, das Radio Vatikan vor Ihrer Abreise führte, faßte Chiara den Zweck ihrer Expedition so zusammen: »Ich schätze es als ein echtes Geschenk Gottes, daß ich als Frau und Katholikin die Chance bekomme, Tausenden von Buddhisten meine christliche Erfahrung mitzuteilen, Menschen Jesus Christus nahezubringen, die ihn vielleicht nur dem Namen nach kennen, über sein Evangelium sprechen zu können und darüber, wie dessen Verheißungen eine nach der anderen wahr werden, wenn man danach lebt. Kurz gesagt, für Christus Zeugnis abzulegen.«

Für Chiara handelte es sich um einen Fall von Evangelisierung, um »eine Art von Dialog, der seine Fruchtbarkeit aus dem Evangelium bezieht«.[15]

Nachdem die Verbindung aufgenommen worden war, bot Niwano

Focolare-Aktivisten die Mitarbeit in einer interreligiösen Organisation an, zu deren Mitbegründern er gehörte: der WCRP (Weltkonferenz der Religionen für den Frieden). Focolare spielt in dieser Organisation inzwischen eine einflußreiche Rolle. Natalia dalla Piccola, die »Gefährtin« Chiara Lubichs, wohnte 1989 in Melbourne der Fünften Vollversammlung der WCRP bei. Dabei traten Spannungen zwischen einzelnen Delegiertengruppen zutage, doch im Konferenzbericht vom 23. Februar 1989 hieß es:

>»In der entscheidenden Sitzung vom 26. Januar verlas Natalia die Botschaft Chiaras. In der Vollversammlung wurde eine andächtige Stimmung erzeugt ... Die Zustimmung zu dem Vorschlag Chiaras war einhellig und enthusiastisch. Bischof Fernandez von Neu-Delhi erklärte, als er turnusgemäß die Präsidentschaft übernahm: ›Diese Botschaft hat uns auf den wesentlichen Kern geführt.‹ Der Wendepunkt war passiert; ein Klima der Einheit war geschaffen.«

Die Stärke und Macht des Charismas hätten Eingang gefunden in die Organisation, die die Religionen im Zeichen des Friedens vereint. 1992 richtete Chiara eine Botschaft an 130 im Mariapolis-Zentrum von Castelgandolfo versammelte islamische Mitglieder des »Focolare-Freundeskreises«, dem insgesamt 4400 Moslems angehören; darin erklärte sie: »Das Zeichen, in dem sich das göttliche Eingreifen heute manifestiert, ist das besondere Geschenk oder, wie wir sagen, Charisma, dem zu begegnen uns aufregenderweise vergönnt war und das unser Ideal ist, das in den vielfältigsten Gestaltungen zu uns kam.« In der Reportage über diese Veranstaltung in *Città Nuova* wimmelt es von Standardfloskeln: »Das Focolare-Ideal ist für alle da, es ist keine Utopie.« – »Mit ihrer Ansprache hat mich Chiara, obwohl sie eine Gestalt der christlichen Kultur ist, in die Familie derer emporgehoben, die sich der Schaffung einer neuen Welt verschrieben haben.« – »Als ich Chiara zum ersten Mal hörte, kam ich mir vor wie zu neuem Leben erwacht.« – »In unserer Kultur gehört es sich für einen Mann nicht, zu weinen, aber ich gestehe, daß mir bei den Worten von Chiaras Grußbotschaft vor Rührung die Tränen kamen.«[16]

In ihrem Buch *Das Abenteuer der Einheit*, das für ein breites Publikum geschrieben ist, definiert Chiara den Dialog mit Andersgläubigen als eine »Zusammenarbeit mit Menschen guten Willens, um die universelle Brüderlichkeit zu fördern, zu festigen und auszuweiten«. Wenn sie jedoch zu eingeweihten Mitgliedern spricht, schlägt sie andere Töne an. Von gleichberechtigter Partnerschaft ist nicht die Rede, das Ziel der Bewegung heißt Expansion. Der missionarische Ehrgeiz von Focolare ist grenzenlos; um die Ziele zu erreichen, braucht die Bewegung nicht nur göttlichen Beistand, sondern auch die Segnungen von Wohlstand und Macht.

1 Rede vor Priestern, die an einem von »Kommunion und Befreiung« veranstalteten Lehrgang für religiöse Exerzitien teilnahmen, Castelgandolfo, 12. September 1985.
2 *Christifideles laici,* Abs. 29.
3 *Veritatis splendor*, Abs. 47.
4 Ebd.
5 Antonio Maria Baggio, »Chi ha paura della famiglia«, *Città Nuova*, Nr. 24, 1993.
6 Chiara Lubich, Telefonkonferenz vom 22. Januar 1987.
7 Tommaso Sorgi, »La politica un amore piu grande«, *Città Nuova*, Nr. 24, 1993, S. 29.
8 Bruno Secondin, *I nuovi protagonisti*, Mailand 1991, S. 222.
9 Oreste Palioti, »Pace attraverso l'unità«, *Città Nuova*, Nr. 3, 1994, S. 31.
10 Mario Dal Bello, »Eine Stadt ist nicht genug«, *Città Nuova*, Nr. 21, 1993, S. 29.
11 Mario Dal Bello, »Eine Stadt ist nicht genug«, *Città Nuova*, Nr. 21, 1993, S. 29.
12 Chiara Lubich, »Sede Gen«, *Colloqui con i Gen*, Città Nuova Editrice, Rom 1974, S. 74.
13 Chiara Lubich, »L'unità e Gesu Abbandonato«, *Città Nuova*, 1984, S. 118.
14 Frank Johnson, »All that is ours is yours«, *New City*, August/September 1993, S. 151.
15 Chiara Lubich, *Incontri con l'Oriente*, Verlag Città Nuova, Rom 1987, S. 9.
16 Annamaria Pericoli, »Die islamischen Freunde der Bewegung«, *Città Nuova*, Nr. 13, 1992, S. 32–36.

Reichtum und Macht 10

Trotz aller Rigidität ihrer Anschauungen über den Materialismus in der modernen Welt zeigen die Bewegungen eine ausgeprägte Begabung für die Bereiche Finanzen und Politik. Allein 70 Millionen DM waren erforderlich, um die Beteiligung der Neokatechumenaten am Weltjugendtag 1993 in Denver zu finanzieren. Wo diese Gelder herkamen, ist schwer zu sagen. Die Neokatechumenaten sind keine offizielle Organisation der Kirche und müssen daher keine Rechenschaft ablegen. Wie bei allen klassischen Sekten beruht auch der Reichtum der neuen katholischen Bewegungen auf regelmäßigen Zuwendungen und Beiträgen und Spenden der Mitglieder.

Die größten Ausgaben verursachen bei den Neokatechumenaten die Katechisten und Missionarsfamilien. Offiziell wird zwar behauptet, daß sie ohne Mittel für ihren Unterhalt aufbrechen, Zeugen widersprechen jedoch.

Der persönliche Wohlstand einiger Katechisten ist vielen ein Rätsel. Mitgliedern der Pfarrgemeinde St. Nicholas in Bristol fiel auf, daß Pater José Guzman vom Nationalen Team der Neokatechumenaten des Vereinigten Königreichs zu den Treffen stets in feiner Garderobe erschien. Bei meinem ersten Besuch bei der NK-Gemeinde der Kanadischen Märtyrer in Rom war auch mir die Qualität der Kleidung der beiden wortführenden Katechisten, Gianpiero Donnini und Franco Voltaggio, aufgefallen; sie stand in krassem Gegensatz zur einfachen Kleidung der Gemeinde bei der samstäglichen NK-Eucharistie.

Die Einstellung der neuen Bewegungen zum Geld hat große Ähnlichkeit mit dem Evangelium des Wohlstandes, die Fernsehprediger in den USA verkünden: Gott will, daß du wohlhabend wirst; finanzieller Erfolg ist ein Zeichen seiner Gnade. Das ist die Verhöhnung einer Religion, in der Armut einen positiven Wert darstellt.

Vor der ersten »Prüfung« erzählt Kiko Arguello seinen Adepten:

> »Ihr glaubt vielleicht, Jesus will, daß wir arm sind, daß wir leiden. Aber das ist nicht wahr. Das rührt aus dem Kontext der Naturreligionen her. In allen Religionen ist Armut ein Zeichen der Reinheit. Und Wohlstand ist ein Zeichen der Unreinheit. Das entspricht unserem natürlichen Empfinden. Also fühlen sich Leute, die Millionen haben, aus einem Empfinden der religiösen Unreinheit heraus im Grunde nicht wohl, weil es auf der Welt Menschen gibt, die hungern. Das finden wir in allen Religionen: Armut ist ein Zeichen der Reinheit. Im Mittelalter, als das Christentum den Höhepunkt seiner Entfaltung als Naturreligion erlebte, hätte dem heiligen Franziskus nicht einmal sein eigener Vater zugehört, wenn er nicht in Sackleinen erschienen wäre.«

Die wahre Botschaft aber sei, so Arguello, daß wir nicht Armut, sondern Wohlstand erfahren müssen:

> »Jesus Christus sagt dir nicht, daß du all deine Besitztümer verkaufen sollst, weil du des Himmels nur teilhaftig wirst, wenn du dich in diesem Leben aufopferst. Laßt uns weiterlesen: Was immer du aus Liebe zum Evangelium aufgibst – dein Haus, dein Auto, deine Frau, deine Mutter, den Acker oder den Hof, ich verspreche dir, ich werde dir hier auf Erden hundert Häuser geben, wenn er mir ein Auto gibt, hundert Autos und so weiter. Es geht nicht darum, arm zu sein ... Als Folge der Sünde sind wir alle zu Sklaven geworden und haben keinen Spaß am Geld. Der Herr will, daß wir frei sein und uns am Geld erfreuen sollen, daß wir die Könige der Welt sind, nicht daß wir Dinge gebrauchen, die wertlos sind ... Die christliche Geisteshaltung ist nicht diese Art des stoischen Sich-in-Lumpen-Kleidens ... Ich, meine Brüder, ziehe los, um das Evangelium zu predigen, und sie geben mir alles. Ich reise im Flugzeug. ›Weißt du was, wir wollen nicht mehr‹, höre ich Ordensleute sagen. ›Du hast ja wohl einen Heidenspaß!‹ Aha, es wäre euch lieber, wenn ich es schwer hätte, nicht wahr?

Warum denn seid ihr neidisch? Mit anderen Worten, es wäre euch lieber, wenn ich leiden müßte, bevor ich in den Himmel komme.«

Arguello belegt, daß Jesus sich zeitweise in den Häusern reicher Leute aufhielt; er zieht daraus den Schluß:»Jesus will keine Leute, die sich selbst opfern, auch wenn wir gerade eine stark religiöse Epoche durchlebt haben, in der es eine sehr masochistische Abart eines Christentums der Selbstopferung gegeben hat.« Gott wolle, daß wir reich sein sollen:»Es geht nicht darum, daß Gott will, daß wir arm sind, Gott will euch zu Verwaltern höherer Güter machen, einschließlich materiellen Reichtums, zu Verwaltern dessen, was Er möchte.«

Arguello greift die religiösen Orden an, für die Armut eine wichtige Tugend ist:»Eine Manie der Armut hat Eingang in die Kirche gefunden und konzentriert sich ausschließlich auf das Geld … mit dem Ergebnis, daß sie durch die Suche nach dieser Armut dem Geld eine ungeheure Bedeutung gegeben haben und damit in die entgegengesetzte Falle geraten sind … Denn wer immer dem Geld große Bedeutung beimißt, der tut das nur, weil er es so sehr liebt.« Die Kleinlichkeit der religiösen Orden führe dazu, daß sie an ihre Mitglieder unvernünftige Ansprüche stellten:»Also, wenn sie zum Beispiel ein Ordensmitglied auf einen weit entfernten Missionsposten entsenden … du liebe Güte, welch ein Aufwand, ihn später zurückzuholen! Und weil sie dem Geld so viel Bedeutung beimessen, spielt am Ende das Geld, das es kostet, ihn zurückzuholen, eine größere Rolle als der arme Priester, der dort sechs Jahre lang Missionar war; und jemand, der sechs Jahre in Afrika verbracht hat, ist danach reif für eine psychiatrische Klinik!«

Die Ansichten des Gründers über das Geld stecken voller Widersprüche; die Häufigkeit, mit der er und seine Anhänger über Reichtum sprechen, zeigt jedenfalls, daß sie von dem Thema ebenso besessen sind, wie sie es anderen unterstellen. Arguello:

»Wenn eine Gemeinschaft dir nicht zuhört, wenn die Katechese an ihr abprallt, dann weißt du bereits, wo das Problem liegt: Die Gemeinschaft hängt an ihrem Geld und will nicht konvertieren … Der Punkt ist, Geld kann auch Götzenanbetung sein, und du hast die Macht, diese Dämonen auszutreiben ... und bis du nicht den Teufel vertrieben und ihnen gesagt hast, daß es da eine tiefe Götzenanbetung gibt, werden sie dir nicht zuhören.«

Convivencias, die NK-eigenen Zusammenkünfte, bei denen die Teilnehmer vor Ort wohnen, finden nicht in preiswerten Unterkünften statt, sondern in anspruchsvollen Hotels. Neulinge trifft es dann wie ein Keulenschlag, wenn die Rechnung präsentiert wird. Ein Laienmitglied einer der Ausschüsse der Bischofskonferenz von England und Wales, selbst nicht Mitglied der Neokatechumenaten, beschreibt ein solches Ereignis:

»Das letzte Wochenende [einer einführenden Katechese] wurde in einem Motel verbracht. Der Tagungsort und alle weiteren Einzelheiten wurden streng geheimgehalten, sogar vor den Teilnehmern. Die Ankündigung besagte: ›Macht euch keine Sorgen wegen der Kosten ... Die Betten sind gemacht ... In der Speisekammer sind Lebensmittel; kommt einfach.‹ Allem Anschein nach gab es reichlich zu essen, und ich glaube, daß alle das Wochenende genossen, bis gegen Ende die Kostenfrage gestellt wurde. Man verlangte 10 000 Mark von ihnen. Ein Beutel wurde herumgereicht, um Bargeld, Schecks und Schuldscheine einzusammeln. Beim ersten Durchgang, so wurde mir berichtet, kam nur etwa ein Viertel der Summe zusammen. Daraufhin wurden zwei weitere Zwangskollekten durchgeführt, bei denen es gegenüber bestimmten Personen, deren Beiträge überprüft und als zu gering befunden worden waren, zu einem Verhalten kam, das ich nur als öffentliche Bloßstellung beschreiben kann. Am Ende kam die Summe, die verlangt worden war, zusammen ... Einer der Katechumenaten hatte mit seiner katholischen Frau teilgenommen. Sie waren über diesen Vorfall völlig erschüttert, die Ehefrau war in Tränen aufgelöst. Sie hatten sich von annähernd 400 Mark trennen müssen, was sie sich kaum leisten konnten ... Ich kann nur hoffen, daß dieser Vorfall den Mann nicht der Kirche entfremdet.«

Über die Sammelpraktiken berichtete ein weibliches Mitglied in Rom:

>»Ich wurde zusammen mit einigen anderen während der Liturgie vom Verantwortlichen beiseite gerufen und gebeten, so schnell wie möglich etwas Geld einzusammeln, denn es gebe da eine Gemeinde, die kurz vor einem ›Übergang‹ stehe, und wir müßten deshalb das tun, was wir sonst auch tun, nämlich eine großzügige Summe für sie bereitstellen, falls das dort im ersten Durchgang eingesammelte Geld nicht ausreiche. Ich war wie vor den Kopf geschlagen! Mir wurde bewußt, daß es bei unserem ersten Mal genauso gewesen war, daß auch uns andere Leute auf irgendeine Weise geholfen hatten. Es war ja trotzdem noch die Hilfe der göttlichen Vorsehung, aber warum sprach man das nicht offen aus – warum vermittelte man uns dieses Gefühl von Geheimnis und Zauberei, um uns zu beeindrucken? Ich sprach darüber mit dem verantwortlichen Priester und er sagte mir, ich solle nicht richten!«

Alle NK-Mitglieder müssen, wenn sie eine bestimmte Ebene erreicht haben, ein Zehntel ihres Einkommens abgeben. Wenn man bedenkt, daß die Mehrheit der Mitglieder Selbständige aus der Mittelklasse sind, dann kommt eine schwindelerregende Summe heraus. Die Mitglieder dürfen nicht fragen, was mit dem Geld geschieht.

Aus der Sicht der Führer der Bewegung kommt für alle, die sich dem »Weg« anschließen, die Stunde der Wahrheit bei der ersten Prüfung, wenn von ihnen verlangt wird, ihre ganze Habe zu verkaufen und ihre Ersparnisse herauszugeben. In Großbritannien haben NK-Mitglieder ihre Möbel verkauft, sogar ihre Betten. In Fällen, in denen nur ein Ehepartner der Bewegung angehörte, kam es zu schweren Auseinandersetzungen. Als der Bischof der norditalienischen Stadt Brescia in seiner Diözese der NK-Katechese Einhalt gebot, wies er ausdrücklich auf »Familienstreitigkeiten zwischen Mann und Frau, zwischen Eltern und Kindern wegen der eigenmächtigen Preisgabe von Geld« hin. Der Druck, Geld und Güter herauszurücken, hört nie auf. Nach Angaben von Pater Enrico Zoffoli brachte die Sammelbeutel-Kollekte am Ende einer *convivencia* im NK-Refugium in Arcinazzo nahe Rom den Betrag von fünf Millionen Mark.[1] Am umstrittensten bei den Ausgaben sind die großzügigen Spenden an Pfarrer und Bischöfe. Ein Artikel in einer katholischen Zeitschrift in Italien deutet an, mit diesen Summen werde das Schweigen vieler Priester erkauft. Ein Gemeindepfarrer hat mir gesagt, seine NK-Gemeinschaften, deren Mitglieder größtenteils bei Banken und Bauträgergesellschaften beschäftigt seien, hätten ihm Millionen (Lire) für die Kirche gegeben.[2] »Es wäre absurd«, schreibt Alfredo Nesi in einem offenen Brief, »wenn die Tatsache, daß ihr 25 Prozent der riesigen Summen, die bei den Neokatechumenaten im Umlauf sind, erhaltet, in irgendeiner Weise als stillschweigende Zustimmung oder passive Duldung ausgelegt werden würde.«

Viele Gegner der Bewegung in Italien sind überzeugt, daß große Summen direkt an den Vatikan fließen. Die Bewegung investierte zum Beispiel große Beträge für das Treffen europäischer Bischöfe im April 1993 in Wien und für das Treffen afrikanischer Bischöfe im Januar 1994 in Rom. Auf den Vorwurf, die Neokatechumenaten hätten einen Ferienaufenthalt von Bischof Cordes in Wolkenstein in den Dolomiten bezahlt, antwortete ein italienischer Erzbischof: »Und alles andere auch! Es gibt viel mehr als nur Ferien.«

Nachdem ich in Loppiano angekommen war, suchte uns ein gehetzt wirkendes Mitglied der Verwaltung an unseren Arbeitsplätzen auf. Sichtlich verlegen, drängte der junge Mann uns, ein Formular zu unterschreiben, das die Verpflichtung enthielt, uns von allen materiellen Gütern zu trennen, die wir nach Loppiano mitgebracht hatten. Wir begriffen nicht, wie unvernünftig dieses Verlangen war. Schließlich befanden wir uns im Stadium des Noviziats, hatten uns also noch nicht endgültig der Bewegung verschrieben. Wie ich später erfuhr, gab es einen sehr praktischen Grund für dieses Ansinnen. Einige italienische Mitglieder hatten erhebliche Werte mitgebracht, zum Beispiel Autos. Diese sollten mit ihrer Ankunft automatisch zu Gemeineigentum werden.

Die Begehrlichkeit von Focolare läßt sich trefflich an einer Geschichte illustrieren, die Dr. Marcelo Claria erzählte, der zu meiner Zeit Superior der Focolare-Gemeinschaft in Liverpool war und heute das psychiatrische Zentrum der Bewegung nahe Rom leitet. Mit

Abscheu berichtete er uns von dem plötzlichen Austritt eines brasilianischen *focolarino* aus der Bewegung; doch nicht der Austritt ärgerte ihn, er protestierte, daß dem *focolarino* kurz vor seiner Abreise noch ein neuer Anzug gekauft worden war. Das Prinzip des Privateigentums wird von Focolare vehement abgelehnt; die Bewegung predigt das Gemeineigentum – die Abtretung aller Geldmittel und Vermögenswerte an das Kollektiv.

In einer Rede auf dem internationalen Gen-Kongreß 1968 erklärte Chiara Lubich, die Jugend der Bewegung besitze genug Flexibilität, eine Bewegung aufzubauen, »die Eigentum als Patrimonium Gottes definiert, das zum allgemeinen Wohl verwaltet wird«. Dieses »Patrimonium« wird »Kapital Gottes« genannt.

Die Grundlage für den Wohlstand von Focolare ist das garantierte Einkommen aus der »Gemeinschaft der Güter«. Für die Vollmitglieder unter den *focolarini* bedeutet das, daß sie am Monatsende ihr Gehalt abgeben. Anderen internen Mitgliedern, zum Beispiel verheirateten *focolarini*, Freiwilligen, Priestern und Ordensmitgliedern, wird eine finanzielle Verpflichtung in Höhe des »Überschusses« abverlangt, alles, was übrig bleibt, wenn sie ihre lebensnotwendigen Ausgaben bestritten haben. Jeder Zweig der Bewegung wirtschaftet eigenständig und zahlt eine Abgabe an die Zentrale der Bewegung in Rom. Auch bei den Neokatechumenaten beruhen die Finanzmittel auf Abgaben der Mitglieder. Zu dieser Einkommensquelle kommen noch Geldbeschaffungsaktionen für lokale oder internationale Zwecke. Die zweite Säule der wirtschaftlichen Existenz von Focolare wird als »Vorsehung« bezeichnet. Chiara Lubich sprach unlängst von einer »Kultur des Gebens«, die die Bewegung fördern solle. Wenn ich auf meine Tage als *focolarino* zurückblicke, würde ich eher sagen, daß eine »Kultur des Nehmens« vorherrscht. Man erwartete einen ständigen Strom von Geschenken; Anhänger und Sympathisanten werden immer wieder an ihre Pflicht erinnert, Besitztümer und Bargeld abzuliefern. Die »Kultur des Nehmens« gehört so sehr zum Focolare-Alltag, daß sogar Dinge, die überall als schamlose Schnorrerei gelten, als völlig normal angesehen werden. Als wir Anfang 1973 in Liverpool das erste Männer-Focolare eröffneten, nahmen wir uns vor, unsere Wohnräume zum Nulltarif einzurichten, wollten aber keine alten Klamotten akzeptieren. Wir veranstalteten eine Einweihungsparty, bei der überall in der Wohnung kleine Bildchen ausgehängt waren, um den Leuten zu zeigen, was wir noch gebrauchen konnten.

Bei der »Vorsehung« handelt es sich um große Dimensionen. Es geht um Vermächtnisse, Grundstücke, Vermögenswerte. Auf »Vorsehung« wartet man nicht; man verlangt. Wir waren überzeugt, »Vorsehung« stehe uns zu, sie gehöre zur »Kultur des Nehmens«. Da die »Vorsehung« in den Vermögensbestand der Bewegung eingeht, profitieren die Vollmitglieder von Focolare am meisten davon. Ihre wirtschaftliche Sicherheit ist garantiert. Sie werden nie Armut kennenlernen, nicht einmal die normalen finanziellen Engpässe.

Die Philosophie des »Hundertfachen« wird wörtlich genommen; die *focolarini* glauben fest daran, daß ihnen alles, was sie beim Eintritt in die Bewegung aufgegeben haben, hundertfach zurückgegeben wird. Obwohl sie auf ihre Armut stolz sind, gewöhnen sie sich sehr schnell an ein Leben ohne finanzielle Sorgen. *Focolarini* unternehmen zum Beispiel ständig Auslandsreisen. Die Europäer fahren zweimal im Jahr nach Rom; nach der sommerlichen Mariapolis-Woche geht es für vierzehn Tage in Urlaub. Obwohl die *focolarini* stets behaupten, sie müßten für ihren Lebensunterhalt arbeiten, stimmt das nicht. Wer Priester werden will, gibt dafür den Beruf auf; das sind oft die am höchsten qualifizierten, darunter viele promovierte Mediziner. Außer den Leitern der ›Zonen‹ sind auch viele andere Focolarini von der Pflicht befreit, ganztags zu arbeiten, damit sie sich ihren internen Aufgaben intensiver widmen können. Es gibt *focolarini*, die seit Jahren ihren Lebensunterhalt nicht mehr verdient haben, aber von der Bewegung dennoch vollständig versorgt werden.

Chiara Lubich selbst lebt wie eine Frau von Welt. Sie bewohnt eine eigene Villa in Rocca di Papa in den römischen Bergen; weitere Häuser stellt die Bewegung ihr zur Verfügung. Wie viele Berühmtheiten hat sie eine Vorliebe für die Schweiz, deren Klima ihr besonders zusagt. Während der letzten Jahrzehnte hat sie alljährlich zwei Sommermonate in einer gemieteten Villa in einer der vornehmsten Gegenden des Landes verbracht. Sie besitzt modische Garderobe mit Kleidern, die vom Modezentrum »Lilies of the Field« in Loppiano speziell für sie angefertigt werden, sie reist in einem großen Wagen mit Chauffeur. Die Bewegung behauptet, daß Chiara nicht reich sei und es sich bei den materiellen Annehmlichkeiten lediglich um das »Hundertfache« handele, um einen Ausdruck der Zuneigung der Mitglieder.

Das Vermögen der Bewegung steckt in Gebäuden und Grundstükken, die oft aus Vermächtnissen stammen oder von den Spendengeldern der Mitglieder erworben wurden. Großen Wert haben die Mariapolis-Zentren, jedes groß genug, um die Veranstaltungen einer »Zone« auszurichten und hundert Menschen und mehr unterzubringen und zu versorgen. Die Zahlen für 1988 weisen aus, daß Focolare weltweit über sechsunddreißig Zentren verfügt. In Großbritannien gibt es das Focolare Centre for Unity in der Welwyn Garden City gleich nördlich von London. Das große Gebäude, ein ehemaliges Nonnenkloster, wurde von der Bewegung 1986 gekauft. Das dafür nötige Geld wurde in einer intensiven Sammelaktion beschafft.

Das größte finanzielle Projekt von Focolare läuft unter dem Stichwort »Kommunionswirtschaft«. Als Chiara Lubich dieses Projekt 1991 ins Leben rief, gab sie damit den Startschuß für die Gründung neuer Siedlungen durch die Bewegung. Inzwischen gibt es zwanzig solcher Siedlungen, weitere sind im Aufbau. In Europa gibt es Siedlungen in Italien, in der Schweiz, in Spanien, Deutschland und Kroatien, weitere in den Vereinigten Staaten, Mexico, Brasilien, Argentinien, auf den Philippinen, in Australien und Afrika. Das Vereinigte Königreich und die Niederlande planen eigene Siedlungen. Der Wert dieser Siedlungen wächst durch den Bau neuer Häuser und Fabriken mit wertvollem Inventar ständig.

Trotz ihrer Größe und ihres Reichtums sind die Neokatechumenaten eine apolitische Organisation. Wie andere weltverneinende Sekten erwarten sie die Endzeit und sehen die Welt auf einer abwärts führenden Spirale des Verfalls und der Dekadenz. Sie warten auf die Wiedergeburt Christi. Politische und soziale Aktivitäten sind in ihren Augen Zeitverschwendung; es kommt nur darauf an, so viele Seelen wie möglich zu retten. Obwohl sie bemüht sind, auf jedem nur denkbaren Weg Macht innerhalb der Kirche zu gewinnen, haben sie bis heute profane Ambitionen kategorisch von sich gewiesen.

Focolare und »Kommunion und Befreiung« haben zum Teil die gleiche pessimistische Einstellung zur Welt, wollen aber eine aktive Rolle bei der Vorbereitung auf die Endzeit spielen. Sie wollen sich zu »Führern und Ratgebern von Königen und Präsidenten« machen.[3] Chiara Lubich behauptet gern, ihr Leitmotto habe immer »Demut und Zurückgezogenheit, nicht Schaumschlägerei und Lautstärke« gelautet; doch die Bewegung hat rechtzeitig Beziehungen zu mächtigen Personen innerhalb und außerhalb der Kirche aufgebaut. Ihre fundamentalistische Interpretation des Christuswortes vom Einswerden hat Chiara Lubich am 18. Januar 1987 im Mariapolis-Zentrum in Castelgandolfo klar umrissen: »Nehmt die göttliche Gabe in ihrer Gesamtheit, ohne sie zu verwässern, damit sie unverändert an andere Generationen weitergegeben werden kann. Aus einem solchen Leben werdet ihr Wunder sehen: Menschen, die konvertieren; das Ziel des Einswerdens aller wird näherrücken; eine geeinte Welt wird kein utopischer Traum sein. Wahrhaftig, Gott, der Allmächtige, ist mit uns. Er ist mit euch.« Einer der ersten Menschen, mit denen Chiara Lubich nach Gründung der Bewegung zusammentraf, war der katholische Abgeordnete Igino Giordani, einer der Mitbegründer der italienischen Christlich-Demokratischen Partei. Zu jener Zeit war Giordani von der Politik und den Politikern bitter enttäuscht. Er war ein glühender Verehrer der Katharina von Siena, der Mystikerin des 13. Jahrhunderts. Als Mitglied des Dritten Ordens des heiligen Dominicus war Katharina strenggenommen keine Ordensfrau, sondern Laienschwester gewesen. Trotzdem hatte sie während ihres kurzen, aber intensiven Lebens auf die Päpste und Fürsten ihrer Zeit großen Einfluß ausgeübt.

Giordani fühlte sich sofort zu Chiara Lubich hingezogen, die ebenfalls Laienschwester war und in der er eine zweite Katharina zu sehen glaubte, eine Frau, die das Zeug hatte, eine spirituelle Autoritätsinstanz für die Großen und Mächtigen zu sein. Giordanis Verlangen, sich der Bewegung und ihrer jungen Gründerin ganz hinzugeben, hatte die Einführung der Kategorie der verheirateten Focolarini zur Folge. Die stark spirituelle Orientierung Focolares stürzte den kultivierten Intellektuellen in einen heftigen inneren Konflikt, der zwanzig Jahre anhalten sollte. Seine Hinwendung zum spirituellen Idealismus nach seiner Begegnung mit Chiara führte zum Verlust seines Parlamentsmandats bei der Wahl von 1953. Von der Politik völlig desillusioniert, widmete er sich fortan der Schriftstellerei und der Arbeit für die Bewegung, zum Beispiel als Redakteur der Zeitschrift *Città Nuova* (Neue Stadt).

Durch diesen ersten Kontakt machten die *focolarini* mit weiteren Mitgliedern des Parlaments Bekanntschaft, zum Beispiel mit dem ehrenwerten Palmiro Foresi, Vater von Pasquale Foresi, dem ersten *focolarino*, der Priester wurde; auch Alcide de Gasperi, Gründer der Christdemokraten und viele Jahre lang italienischer Premierminister, wurde von der jungen Bewegung umworben. Als er an einer Sommer-Mariapolis in Fiera di Primiero teilnahm, sang ihm Chiara einen Vers aus einem der Focolare-Lieder vor:»Straßenbahnschaffner, Studenten, Ärzte ... und Abgeordnete sind alle gleich, wenn sie erst einmal in der Mariapolis sind.« Chiara übergab den Abgeordneten eine Liste mit neunzehn Punkten, die sie in ihrem politischen Leben befolgen sollten. Die meisten davon waren geistlicher Natur: sich gegenseitig zu helfen, Heilige zu werden; »Jesus inmitten« zu bewahren; sich bewußt zu sein, daß ihre politische Arbeit nur dann wirksam sein würde, wenn sie eins wären.

Zwei Jahrzehnte später waren die Methoden schon sehr viel effizienter. Man lud die Leute nach Loppiano ein. Es fing mit einem Rundgang durch die Siedlung an. Dann wurden die Besucher mit einer Show unterhalten, einer Mischung aus Liedern, Tänzen, Spielen und Erfahrungsberichten, alle sorgfältig auf den Geschmack und die Herkunft des Ehrengastes abgestimmt.

So war es auch, als 1971 Kardinal Suenens, Primas von Belgien, Loppiano besuchte. Es wäre für die Bewegung ein großer Erfolg gewesen, diesen Mann, der einer der einflußreichsten Kardinäle der Kirche war und als Anwärter auf den päpstlichen Thron gehandelt wurde, für sich zu gewinnen. Die Vorbereitungen für seinen Besuch wurden daher mit noch größerer Sorgfalt als sonst getroffen.

Suenens war ein Förderer der traditionellen katholischen Laienbewegung, der Marienlegion, die in Irland begonnen, sich aber weltweit ausgebreitet hatte. Eine der Führerinnen, Veronica O'Brien, war eine enge Vertraute Suenens'. Sie wollte ein großes, der Legion gehörendes Anwesen in der Rue Boileau in Paris veräußern, da die Unterhaltungskosten nicht mehr vertretbar waren. Veronica O'Brien suchte unter den neueren Laienbewegungen einen würdigen Nachfolger. Sie war von Focolare so beeindruckt, daß sie meinte, Suenens müsse diese Bewegung kennenlernen.

Es ist interessant, wie diese Episode in dem kürzlich auf französisch erschienenen Buch mit Auszügen aus Kardinal Suenens' Korrespondenz behandelt wird. Seine Begegnung mit der Bewegung, die Stiftung des Anwesens (das heute noch als Hauptsitz von Focolare in Frankreich dient) und Chiaras Rede wurden ausführlich dargelegt; die persönlichen Beziehungen von Suenens zu Focolare aber wurden heruntergespielt. Suenens erwähnt, daß Chiara Lubich nach Focolare-Sitte Veronica O'Brien den neuen Namen Grazia verliehen habe, er erwähnt aber nicht, was man sich bei Focolare erzählt: daß Chiara den Kardinal mit dem Namen Johannes beglückte.

Suenens war ein enger Freund von Erzbischof Montini, bevor dieser als Paul VI. zum Papst gewählt wurde. Beide galten in der Kirche als Radikale; nach allem, was wir hörten, hatte es zwischen ihnen eine Abmachung gegeben, daß derjenige, der Papst würde, ihre gemeinsamen Ideale in die Tat umsetzen sollte. Nachdem Montini aber den päpstlichen Thron bestiegen hatte, änderte er seine Anschauungen, um dem rechten Flügel der Kirche entgegenzukommen. Suenens sah darin einen Verrat. Chiara Lubich wollte, daß Suenens sich trotzdem Paul VI. unterwerfe. Uns wurde erzählt, sie habe diese Mission erfüllt. Aus Suenens, dem alten Freund, wurde Johannes, der geliebte Jünger.

In den siebziger Jahren verbrachte Chiara viel Zeit in Belgien. Die Spekulationen überschlugen sich. Dann begannen Vorkehrungen für den Empfang eines Gastes, aber keiner wußte, wer der ›Großkopferte‹ (pezzo grosso) war. La Signora, wie die Besucherin während ihres eintägigen Aufenthaltes genannt wurde, hatte keinen Namen. Die meisten von uns erkannten sie jedoch: Königin Fabiola von Belgien.

Es ist bekannt, daß sie und ihr Mann, König Baudouin, fromme

Katholiken waren. In Belgien hielt sich lange das Gerücht, der König sei Mitglied des traditionalistischen spanischen Ordens Opus Dei gewesen. Anfang der siebziger Jahre sympathisierten er und seine Gattin zumindest eine Zeitlang mit dem Zauber von Focolare. Nach dem Besuch von Fabiola wurde der Schleier gelüftet; wir erhielten detaillierte Informationen über die Ereignisse, die zu dem Besuch geführt hatten, über die Wochenenden, die Chiara Lubich, Don Foresi und Doriana Zamboni im königlichen Palast in Brüssel verbracht hatten. Der Palast, so wurde uns erzählt, sei der Schauplatz der heißersehnten ›Bekehrung‹ des Kardinals Suenens gewesen; Suenens sei vor Chiara auf die Knie gefallen und habe Gehorsam gelobt.

Sehr viel später wurde uns gesagt, Suenens habe sich erboten, die Rolle eines Schirmherrn der Bewegung zu übernehmen. Das hätte aber Don Foresis Position als offizieller »kirchlicher Assistent« untergraben. Das Angebot von Suenens sei ausgeschlagen worden. Die Nachrichten über Suenens, über seine Mitarbeiterin Veronica O'Brien, über den König und die Königin versiegten.

Suenens und O'Brien wandten ihre Aufmerksamkeit der katholischen charismatischen Bewegung zu. Da diese Bewegung keinen Gründer hat, wurde Suenens dort als Schirmherr mit offenen Armen begrüßt. Er hatte etwas gefunden, mit dem er sich nach seiner Pensionierung beschäftigen konnte. Seltsamerweise wird die Episode mit Chiara in der Biographie des Kardinals nicht erwähnt. Von Chiara Lubich und Focolare ist zwar die Rede, aber ohne jeden Hinweis auf die engen Kontakte.

Der frühen Einflußnahme der Bewegung auf die italienische Politik folgte 1959 die Gründung des Santa-Caterina-Zentrums für Gespräche mit »Leuten an der Spitze« (den Namen prägte Igino Giordani). Anfang 1960 wurden zwei Mitglieder des Zentrums nach Köln, Münster, Ost-Berlin, Luxemburg, Brüssel, Louvain und Paris entsandt, um in den Bereichen Politik, Erziehung, Wirtschaft, Gewerkschaften und Gesundheit Kontakte zu knüpfen. Während der Mariapolis-Woche im gleichen Jahr in Freiburg wurde das Internationale Santa-Caterina-Büro gegründet, 1987 das italienische »Büro für Politik«.

Die Focolare-Organisation »Neue Menschheit« hat eine ihrer Zellen inzwischen im italienischen Parlament etabliert; ihr gehören ein Senator und zwei Abgeordnete verschiedener Parteien an. Obwohl Focolare Parteien mit christlichem Anstrich bevorzugt, behauptet die Bewegung, sie lasse ihren Mitgliedern jede politische Freiheit. Allerdings hat »Neue Menschheit« einen »Wähler-Gewählten-Pakt« formuliert, in dem von der »Unterstützung und Verteidigung der bürgerlichen Freiheiten (Erziehung, Gesundheit, Kultur und Familie) gegen Eingriffe aus dem öffentlichen Bereich« die Rede ist. Die Bemühungen um politischen Einfluß blieben jedoch viele Jahre lang Stückwerk; sie stützten sich auf zufällige Begegnungen und Empfehlungen. Erst in den letzten Jahren wurde eine einheitlichere Strategie erkennbar. Zwei ihrer Massenbewegungen, »Neue Menschheit« und »Jugend für eine Vereinte Welt«, entwickelten vielseitige Aktivitäten in allen Schlüsselbereichen des öffentlichen Lebens. Prominente Persönlichkeiten aus der Politik werden eingeladen, an den Treffen dieser Organisationen teilzunehmen. Bei einer Veranstaltung der Aktion für eine Geeinte Welt (AMU) 1987 in Castelgandolfo waren unter den 400 Delegierten »viele Persönlichkeiten, die Experten im Bereich der internationalen Zusammenarbeit sind«, darunter Dr. Civelli als Vertreter des italienischen Außenministeriums. In ihrem Buch *Das Abenteuer der Einheit* erwähnt Chiara Lubich »eine Gruppe [von Mitgliedern], die ihre Aktivitäten innerhalb der Vereinten Nationen durchführt«. Focolares Internationales Wirtschaftsbüro entsendet Vertreter für Kontaktpflege zu den UNO-Einrichtungen in Genf und Wien; seit 1987 ist die »Neue Menschheit« offiziell der UNO angeschlossen, die Bewegung »Neue Familien« ist eine der von der UNO offiziell anerkannten nichtstaatlichen Organisationen für die Familie.

Obwohl solche Aktivitäten harmlos erscheinen mögen, zeigen sie doch die Entschlossenheit Focolares, eine starke Präsenz im profanen Bereich zu etablieren. Welches Ziel verfolgt Focolare, wenn sie sich an internationale Organisationen wie UNO und EU wendet? Ohne Zweifel sucht die Bewegung Verbündete für ihre Vision einer geeinten Welt. Die Erfolge sind alarmierend.

Im November 1993 machten die Mitarbeiter von *30 giorni*, des italienischen Zentralorgans von »Kommunion und Befreiung« (CL) große Augen, als eine schwarze Limousine mit Begleitfahrzeugen vor ihrem Redaktionsgebäude an der Piazza Cavour vorfuhr. Noch größer war ihr Erstaunen, als sie zu einer Sondersitzung der Redaktion zusammengerufen wurden und ihnen ihr neuer Chef, der ehemalige Generalsekretär der Christlich-Demokratischen Partei, Giulio Andreotti, vorgestellt wurde. Zu diesem Zeitpunkt war der prominenteste italienische Nachkriegspolitiker, der siebenmal Premierminister war und beste Kontakte zur Mafia gehabt haben soll, in den Augen des einfachen Italieners nur noch ein Krimineller. Die Beziehungen Andreottis zur CL allerdings reichen weit in seine Glanztage zurück, als er noch Teilnehmer der Sommerfeste in Rimini gewesen war. Nun aber, als das ganze Land seinen Kopf forderte, wollten die obersten CL-Führer ihm bis zum Beweis seiner Schuld oder Unschuld die Treue halten. Kardinal Ratzinger aber, ein langjähriger CL-Freund, der *30 giorni* sehr oft Exklusivartikel zugeschanzt hatte, lehnte die Bitte um ein Interview aus Verlegenheit über Andreottis neuen Posten ab.

Die von CL-Mitgliedern 1980 ins Leben gerufenen »Meetings für Freundschaft zwischen den Völkern« sind eine ideale Plattform für das Zusammentreffen der Bewegung mit wichtigen Persönlichkeiten auf nationaler und internationaler Bühne. Das 14. Treffen 1993, wie immer in Rimini in der letzten Augustwoche abgehalten, stellte trotz der politischen Erschütterungen im Land keine Ausnahme dar. Unter den Teilnehmern waren der deutsche Bundeskanzler Helmut Kohl, der sich mit Mino Martinazzoli, Sekretär der italienischen Christdemokraten, und mit Andreotti die Bühne teilte. Höhepunkt der Veranstaltung war der Besuch des Präsidenten der Republik, der die Gelegenheit nutzte, um an alle Bürger und vor allem an die Jugend des Landes einen Aufruf zu mehr Verantwortung zu richten. Die politischen Ambitionen der Bewegung beschränken sich nicht auf Zusammenkünfte mit den Großen und Mächtigen. Aus CL-Sicht ist die politische Ordnung Grundlage für die Verkündung des Evangeliums; deshalb müsse CL mit religiösem Eifer nach Macht streben. »Der Christ fürchtet sich nicht vor der Macht«, erklärt Don Giussani. »Meiner Meinung nach sollte er sie vielmehr

anstreben, um den Weg der Menschheit zur Erfüllung ihrer Bestimmung zu erleichtern.«
Die Theorie einer sichtbaren katholischen »Präsenz« in der Gesellschaft – weitgehend deckungsgleich mit dem Programm von Johannes Paul II. – bildet die Basis für die aktive politische Rolle. »Kommunion und Befreiung« hat eigene Schulen, Buchläden und Konsumgenossenschaften gegründet, um »etwas zu schaffen, was wir ›Übergangseinheiten‹ nennen, mit anderen Worten Gebilde, in denen eine Analyse und ein politisch-soziales Projekt im größeren Umfeld auf der Grundlage des neuen Erlebnisses des christlichen Lebens und eingebettet in den größeren sozialen Kontext durchgeführt werden«. Für die Führer der Bewegung sind diese geschäftlichen und gesellschaftlichen Aktivitäten »Teilstücke einer neuen Gesellschaft«.

Der entscheidende Schritt in Richtung politisches Engagement wurde 1972, kurz nach der Wiedergeburt der Bewegung unter dem Namen »Kommunion und Befreiung«, mit der Gründung des von Andrea Borruso und Alberto Garrochio geleiteten Zentrums für politische Studien gemacht. Das politische Debüt für »Kommunion und Befreiung« kam 1974 mit dem Referendum über die Ehescheidung.

Die Scheidung war in Italien seit Dezember 1970 gesetzlich möglich geworden; das wurde von der Kirche als schwere Niederlage empfunden. Der Sekretär der italienischen Bischofskonferenz, Monsignore Bartoletti, wandte sich an »Kommunion und Befreiung« mit der Bitte um Unterstützung im Kampf für die Anti-Scheidungs-Position der Christdemokraten und des Vatikans. Die Beziehungen zwischen CL/GS und der italienischen Bischofskonferenz waren zwar immer gespannt gewesen, aber der Appell der Bischöfe war ein Indiz dafür, daß jetzt alle Verbündeten gebraucht wurden. Andere kirchliche Organisationen, zum Beispiel die Katholische Aktion, waren nämlich von der Position der Kirche nicht überzeugt.

Das Anti-Scheidungs-Manifest von CL war ein achtseitiges Heftchen mit dem Titel *Über die Scheidung* und wurde in Hunderttausenden von Exemplaren verteilt. Es formulierte eine streng traditionalistische Position und bezeichnete die Pro-Scheidungs-Position als Äußerung eines »bürgerlichen Reformismus«. Es reklamierte für Christen das

Recht, »ungehindert und in säkularer Form Standpunkte in die Gesellschaft einzubringen, die aus ihrer Teilnahme am Ereignis des Christentums herrühren«. »Kommunion und Befreiung« stellte klar: »Das Sakrament der Ehe, wie es von Christen gelebt wird, ist kein ideologischer Orientierungspunkt, sondern ein tiefes Erlebnis der Menschlichkeit …, was uns dazu führt, auf die Schäden hinzuweisen, die den Menschen und der Gesellschaft durch die Scheidung zugefügt werden«. Die Bewegung warf der Christlich-Demokratischen Partei vor, sie habe die Dinge zu lange treiben lassen und »ein Modell neokapitalistischer Entwicklung unterstützt und verteidigt«, gegen dessen unausweichliche Konsequenzen sie sich nunmehr auflehne.

Trotz aller Bemühungen, den Wünschen der Bischöfe nachzukommen, gab es etliche CL-Führer, die von der Weisheit des Versuches, das anstößige Gesetz in letzter Minute auszuheben, nicht überzeugt waren. Ihre Befürchtungen wurden bestätigt. Die katholische Fraktion konnte nur 41 Prozent der Stimmen mobilisieren.

In der Analyse der Niederlage hieß es: »Viele haben sich vom Glauben nicht zu der überzeugten und substantiellen Geste des Gehorsams gegenüber den Hinweisen der Autorität leiten lassen.« Das politische Modell von »Kommunion und Befreiung« sieht eine christliche Gesellschaft vor, die es seit dem Mittelalter nicht mehr gibt – eine restaurierte Ausgabe des Heiligen Römischen Reiches.

Als 1975 der Stimmanteil der Christdemokraten auf 34 Prozent fiel und der der KPI (der italienischen Kommunisten) auf 32 Prozent stieg, war die italienische Kirche zutiefst schockiert. Ich kann mich daran erinnern, daß Focolare Vorkehrungen traf, um im Falle eines Sieges der Kommunisten ihr Hauptquartier in die Schweiz zu verlegen. Ohne Zweifel wurden im Vatikan ähnliche Pläne geschmiedet. Im nachhinein erscheinen diese dramatischen Maßnahmen kurios. Die italienische Kommunistische Partei war nicht die sowjetische, und Enrico Berlinguer, ihr weltmännischer Führer, nicht Breschnew. Vielen Katholiken war das sehr wohl bewußt – deswegen hatten sie ihre Stimme der KPI gegeben.

Angesichts des Auseinanderfallens der katholischen Wählerschaft machte die Bewegung sich an den Wiederaufbau einer geeinten katholischen Front. Ihre zielstrebige Opposition gegen eine säkularisierte Gesellschaft drückte sich in den Worten des jungen Dozenten für politische Philosophie, Rocco Buttiglione, aus:»Die Einheit der Katholiken ist das entscheidende Instrument, um dieser Offensive standzuhalten.« In einem Artikel im Mai 1975 warnte Luigi Negri, einer der tonangebenden Priester von »Kommunion und Befreiung«, die Christdemokraten und die Katholische Aktion:

»Die Basis des Gottesvolkes, das heißt die christliche Gemeinschaft, hat in Zukunft nicht mehr die Absicht, die Entwicklung ihrer kulturellen Präsenz dem sogenannten katholischen ›Assoziationismus‹ [d. h. der Katholischen Aktion] zu überlassen, der sich in einer unwiderruflichen Krise befindet, noch gedenkt sie die Entwicklung ihrer politischen Initiativen weiterhin zu delegieren [an die Christdemokraten].«

Um diese Zeit begann das politische Engagement der Bewegung Früchte zu tragen. Bei den Regionalwahlen 1975 stellte »Kommunion und Befreiung« eigene Kandidaten für die christdemokratischen Sitze auf. Obwohl Don Giussani behauptete, die Kandidaten seien auf eigene Faust angetreten, erklärte die Zeitschrift der Bewegung:»Das sind die Kandidaten, die ›Kommunion und Befreiung‹ vorschlägt.« Einer Reihe dieser Kandidaten gelang es, Sitze im Stadtrat von Mailand zu erobern, unter ihnen war Andrea Borruso, der später mit Hilfe von »Kommunion und Befreiung« auch ein Parlamentsmandat errang. Bei den landesweiten Wahlen zu den Selbstverwaltungskörperschaften der Universitäten unterstützte die CLU, der Studentenverband von »Kommunion und Befreiung«, die Bewegung »Populäre Katholiken«, um die katholischen Studenten unter einem Banner zu vereinen. Diese Gruppe hat sich schnell als mächtige Kraft etabliert und erreicht oft mehr Stimmen als die Koalition der Linken.

»Kommunion und Befreiung« rief das Movimento Popolare/MP ins Leben und bewies, was die Bewegung mit straff organisierten Strukturen im säkularen Bereich erreichen kann. Das MP war ursprünglich am 21. Dezember 1975 von der CL-Führung eher als eine Bewegung innerhalb der Christdemokratischen Partei denn als eigenständige politische Kraft mit dem Ziel auf den Weg gebracht worden, »die volkstümliche katholische Basis zu vereinigen, die auf breiter Ebene ihren Willen bekundet hat, ihre eigene christliche Identität wiederzuentdecken«. Don Giussani hätte den Namen Movimento Cattolico (»Katholische Bewegung«) vorgezogen, aber man hoffte darauf, daß die neue Bewegung nicht nur Katholiken ansprechen würde, sondern auch andere, die deren traditionelle Werte teilen. Der Gedanke an die Gründung einer zweiten politischen Partei wurde als »intellektualistisch« abgelehnt; die Christdemokraten und ihre Partei wurden als das »geeignete Instrument« angesehen. Die Christlich-Demokratische Partei sollte allerdings nicht auf die Gemäßigten setzen, sondern katholisch und populistisch sein.

Das Steuer der neuen Bewegung übernahm ein junger CL-Aktivist, Roberto Formigoni, der 1984 Europaabgeordneter und 1987 Mitglied des italienischen Parlamens werden sollte.

Die italienischen Medien haben MP von Anfang an als politische Partei wahrgenommen. Das zunehmende öffentliche Interesse wurde durch zwei Artikel signalisiert, die am 14. Februar 1976 in zwei Zeitungen – *Manifesto* und *La Stampa* – erschienen und in denen behauptet wurde, die Bewegung werde von der CIA finanziert. »Kommunion und Befreiung« strengte eine Verleumdungsklage an und siegte im Juni 1979. Die Offenlegung der Bücher der Bewegung zeigte, daß es sich bei den »mysteriösen Geldquellen« um die Monatsbeiträge der Mitglieder gehandelt hatte.

Im Februar 1975 wurden zwei CL-Studenten der Universität von Rom, die nachts Plakate klebten, von einer faschistischen Gruppe überfallen und mit Hämmern und Baseballschlägern übel zugerichtet. Die linksextremen Roten Brigaden forderten ihre Anhänger in einem Flugblatt auf, »die Männer und Stützpunkte von ›Kommunion und Befreiung‹ ins Visier zu nehmen, anzugreifen und zu zerschlagen«. In den Schulen und in den Bezirken dürfe »Kommunion und Befreiung« keine Wurzeln schlagen, weder politisch noch physisch. Die Führer der Bewegung hielten die Angriffe für durch und durch antichristlich. Das war nicht ganz richtig. Die heftigen Aversionen wurden vor allem durch die CL-eigene Mischung aus aggressiver, lauter, sektiererischer und erfolgreicher politischer Missionstätigkeit ausgelöst. CL schien die einzige katholische Organisation zu sein, die fähig war, den Vormarsch der Linken zu bremsen.

Für »Kommunion und Befreiung« waren die Christdemokraten, auch wenn es nicht laut gesagt wurde, im Grunde von der gleichen Seuche befallen wie die Liberalen. Die Bewegung war so eine Partei in der Partei mit einem eigenen, eindeutig konservativen Programm. Als umstrittene Kraft in der italienischen Politik angetreten, avancierte das MP rasch zu einer der einflußreichsten. Auf dem Höhepunkt soll MP für zwei Millionen von insgesamt 40 Millionen Wählerstimmen gut gewesen sein.

Als sich die Christlich-Demokratische Partei 1992/93 im Zuge der Aufdeckung der großen Bestechungsskandale unrühmlich auflöste, zerfiel unausweichlich auch das MP. Offiziell hieß es, das Movimento habe sich selbst aufgelöst, doch wäre es verfehlt, aus diesem Rückzug zu folgern, daß MP nur in den Strudel des DC-Niedergangs geraten war. MP hatte in erheblichem Umfang eigene Skandale produziert.

Das Movimento Popolare und die CL-Aktivisten an seiner Spitze waren in ihrem Umgang nicht gerade wählerisch gewesen. Sie hatten ihr langfristiges Programm, waren aber bereit, jede kurzfristige Strategie zu fahren, die sie ihren Zielen näherbringen konnte. Ideologische Kompromisse mit dem Liberalismus oder dem »Laizismus« waren ihnen zwar ein Greuel, aber kurze Zusammenspiele wurden geduldet. Selbst Bettgeschichten konnten toleriert werden, solange sie nicht zu dauerhaften Beziehungen führten.

Als Rémy Montaigne beschloß, die französische Ausgabe von *30 giorni* einzustellen, zog er sich auch aus der Holdinggesellschaft IEI zurück und nahm seinen Investitionsanteil mit. Der Mann, den »Kommunion und Befreiung« als Nachfolger für den Aufsichtsrat nominierte, löste Stirnrunzeln aus: Vittorio Sbardella, christdemokratischer Abgeordneter für Rom, war Giulio Andreottis rechte Hand in der Stadt. Sbardella war ein Mann aus dem Volk. Als hartgesottener römischer Straßenjunge war er in den fünfziger Jahren Mitglied des Movimento Sociale Italiana gewesen. In den Sechzigern war er als Leibwächter für prominente Politiker zu den Christdemokraten gestoßen und hatte sich bald zum Erben des starken Mannes der römischen Christdemokraten emporgearbeitet. In den siebziger Jahren avancierte er zu einer mächtigen Figur auf der politischen Bühne der Hauptstadt. Um diese Zeit guckte sich Andreotti ihn als Statthalter in Rom aus. In dieser Situation erblühte auch seine Freundschaft zu »Kommunion und Befreiung«. Das MP hatte bewiesen, daß es an den Wahlurnen Stimmen gewinnen konnte – einige seiner spektakulärsten Erfolge hatte es in Rom erzielt. »Kommunion und Befreiung« hatte Sbardella etwas zu bieten, Sbardella der Bewegung. Der Andreotti-Günstling soll vor allem Geld mitgebracht haben, es wurde behauptet, er verfüge über Millionen aus Mitteln, die eigentlich für römische U-Bahnen bestimmt gewesen seien, dann aber nicht gebaut wurden. Heute läuft gegen Vittorio Sbardella ein Untersuchungsverfahren wegen Korruption.

Auch andere führende MP-Leute wurden im Zusammenhang mit Bestechungsskandalen genannt: Erba aus Monza, Arioso und Intiglietta aus Mailand und Gaviraghi aus Concorrezzo. Die spektakulärste Affäre lieferte Marco Bucarelli, Präsident der IEI und Vizepräsident des Movimento Popolare. Bucarelli hatte seinen Weg auf dem äußersten rechten Flügel der italienischen Politik begonnen. Wie Vittorio Sbardella war er als Jugendlicher Mitglied der faschistischen »Sozialen Bewegung Italiens«. Im Alter von fünfunddreißig begeisterte er sich für die Ziele von »Kommunion und Befreiung«. »Er war der am stärksten ideologisch geprägte«, sagt Robert Moynihan, Journalist und Ex-Mitarbeiter der englischen Ausgabe von *30 giorni*.

Bei einer geschäftlichen Besprechung am 5. März 1993 erhielt Bucarelli den Anruf eines Majors der italienischen Zollfahndung: Bucarellis Wohnung werde gerade durchsucht, sagte der Major, er solle sich sofort in einem Zollbüro einfinden. Bucarelli wurde verhaftet und ins Gefängnis Regina Coeli in Rom gebracht. Ein Aktionär des Verlages, in dem *Il Sabato* erscheint, hatte ihn angezeigt. Der Mann, dessen Bauunternehmen den Zuschlag für ein großes Bauprojekt der Universität erhalten hatte, behauptete, Bucarelli habe ihm gedroht, er könne ihm bei dem Projekt »Schwierigkeiten machen«, es sei denn, er beteilige sich stärker an *Il Sabato*, das damals ernste finanzielle Probleme hatte. Bucarelli wies die Beschuldigungen zurück und deutete später in einem Interview an, der Anzeigende sei durch eine dritte Person gezwungen worden, diese Vorwürfe zu erheben. Die Beschuldigungen seien möglicherweise in die Welt gesetzt worden, um ein Geschäft zu torpedieren, das zum Zeitpunkt seiner Verhaftung vor dem Abschluß gestanden habe, ein Geschäft, mit dem er die Zukunft der Zeitschrift gesichert hätte. Seine Feinde, so Bucarelli, seien möglicherweise innerhalb der Kirche zu finden: »Giulio Andreotti, mit dem ich nur wenige Stunden vor meiner Verhaftung gesprochen habe, riet mir, angesichts von Irritationen in kirchlichen Kreisen mit einer redaktionellen Initiative in *Il Sabato* vorsichtig zu sein.«

Am 8. März wurde Bucarelli vier Stunden lang von Richter Antonio Vinci verhört, der sich vor allem für die Frage interessierte, ob der Beschuldigte angeblich nicht miteinander verbundene Institutionen wie »Kommunion und Befreiung«, MP und *Il Sabato* miteinander verknüpft habe. Bucarelli leugnete jegliche Verbindung: »Ich habe wenig Interesse am MP.«

»Sind Sie denn nicht dessen Vizepräsident«, fragte der Richter. Bucarellis Antwort: »Wie ich schon früher gesagt habe, im Endeffekt bin ich mir nicht sicher, ob ich das tatsächlich war.«

Bucarelli brachte drei Wochen im Gefängnis zu und wurde dann mangels Beweises auf freien Fuß gesetzt. In den Publikationen von »Kommunion und Befreiung« wurde er fortan als Opfer, Märtyrer gefeiert. In dem Interview, das er für die Mai-Ausgabe 1993 von *30 giorni* gab, war von einer inszenierten Kampagne die Rede. In der Basilika St. Ambrosius in Mailand versammelten sich 3000 Studenten zur Messe, um für ihn zu beten, in Rom füllte »Kommunion und Befreiung« die ehrwürdige Basilika Santa Maria Maggiore, den traditionellen Versammlungsort der Bewegung.

Marco Bucarelli verfocht den von »Kommunion und Befreiung« seit den achtziger Jahren praktizierten Grundsatz des »Realismus«; Realismus ist hier eine Umschreibung für Pragmatismus oder, wie Gegner meinen, für Opportunismus. »Kommunion und Befreiung« macht sich eine von Kardinal Ratzinger geprägte Definition zu eigen: politische Moral sei »die Kunst des möglichen Kompromisses«.

»Ein fundamentales Kriterium des politischen Realismus«, schrieb Bucarelli, »ist die Erkennung von ›Trittsteinen‹, sofort verfügbaren

Stützen, mit denen man Freiheitsbereiche verteidigen kann.« Als Bucarelli 1989 einen Angriff gegen Präsident Cossiga gestartet hatte, gab es einen Eklat, der den *Osservatore Romano,* das Organ des Vatikans, zu einem Gegenangriff provozierte. *Il Sabato* löste das Problem, indem sie einen Freund Cossigas, Paolo Liguori, zum Direktor der Zeitschrift berief.»Zwei Jahre lang war er für *Il Sabato* ein sehr nützlicher Trittstein«, urteilte Bucarelli.

Ein Beispiel für die Verquickung der Bewegung mit der Politik liefert die Kooperative La Cascina di Roma, eine Genossenschaft, die Schulkantinen belieferte. Die Aufträge werden von den regionalen Parlamenten vergeben, die Lieferanten sehr oft nach politischen Gesichtspunkten ausgesucht. Ein Parlament mit christdemokratischer Mehrheit bevorzugte normalerweise ein Unternehmen mit einem katholischen Besitzer – »Kommunion und Befreiung« war mit dem konservativen Flügel der Christlich-Demokratischen Partei liiert, hatte aber – im Geiste des »Realismus« – auch Beziehungen zur Sozialistischen Partei geknüpft. Die Geschäfte von La Cascina hingen von diesen Beziehungen ab. Als die politische Landschaft sich veränderte, verlor La Cascina einen Liefervertrag an ein kommunistisches Unternehmen. Es folgten Anzeigen gegen die Kooperative bei den Aufsichtsbehörden, die – so sah es die Bewegung – die Geschäftsgebaren ihrer Firmen diskreditieren sollten. »Kommunion und Befreiung« schoß im August 1989 zurück. *Il Sabato* verteilte ein Dossier mit dem Titel »Der Riese und die Cascina«, in dem die Feinde der Bewegung als »die mächtige Koalition« bezeichnet wurden; diese Koalition verbinde »Kommunisten, Christdemokraten und Neoliberale« unter der Führung des Herausgebers der *Repubblica.*
Der Vatikan ging auf Distanz. Der *Osservatore Romano* warf »Kommunion und Befreiung« vor, mit ihren Behauptungen »ein Klima der Spaltung und der Fraktionsbildung« zu fördern; der Heilige Stuhl müsse auch klarstellen, daß die beiden Bischöfe, die an dem Treffen von »Kommunion und Befreiung« im August 1989 in Rimini teilgenommen hätten, »dies ausschließlich als Privatpersonen getan« hätten.
»Kommunion und Befreiung« stand vor einem Dilemma. Die Bewegung konnte schwerlich ihre Wut an einer Instanz auslassen, der sie immer wieder Loyalität geschworen hatte. Andererseits war sie

nicht bereit, sich zu unterwerfen. *Il Sabato* gab daraufhin ihre inzwischen legendär gewordene »weiße Ausgabe« heraus – lauter leere Seiten. Jedem Exemplar war ein Rimini-Dossier beigefügt. *30 giorni* gab bekannt, es habe »beschlossen, das Erscheinen der verschiedenen Ausgaben der Zeitschrift vorläufig einzustellen«.

Die Führung von »Kommunion und Befreiung« in Mailand war jedoch angesichts der Kritik aus Rom alarmiert und beschloß, sich von *Il Sabato* zu distanzieren. Don Giussani teilte mit, »Kommunion und Befreiung« werde sich aus der Redaktion von *Il Sabato* zurückziehen und ihre Beteiligung an der Publikation veräußern. Dieser Schritt fand den Beifall der italienischen Bischöfe, war jedoch reine Kosmetik. *Il Sabato* blieb so eng wie eh und je der Bewegung verbunden.

Ende 1993 aber stellte *Il Sabato* unter undurchsichtigen Umständen doch das Erscheinen ein. Diese Wende kam völlig unerwartet. Es gibt dafür zwei mögliche Erklärungen. Die erste ist die, daß die Zeitschrift für die Führung der »Kommunion und Befreiung« in Mailand zu einer zu starken Belastung geworden war; der Redaktion der Zeitschrift wurde das Ultimatum gestellt, entweder Rocco Buttiglione als Chefredakteur zu akzeptieren oder den Laden dichtzumachen. Die Redakteure wählten den Untergang.

Die andere Erklärung wirft ein Licht auf die finanziellen Beziehungen zwischen der Zeitschrift und der Christlich-Demokratischen Partei. Die drei Fernsehprogramme der staatlichen italienischen Rundfunkanstalt RAI waren bis zu dem Bestechungserdbeben mit den drei größten politischen Parteien liiert: RAI 1 mit den Christdemokraten, RAI 2 mit den Sozialisten und RAI 3 mit den Kommunisten. Um sicherzustellen, daß das Fernsehen der Presse nicht ihren Anteil an den Werbeeinnahmen wegnahm, waren Fernsehwerber gesetzlich verpflichtet, eine festgelegte Quote an Anzeigenseiten bei den Printmedien zu kaufen. Diese Quote wurde ihnen von jedem Sender vorgegeben. Als dieses Gesetz 1993 außer Kraft gesetzt wurde, gingen die Werbeeinnahmen von *Il Sabato* augenblicklich in den Keller; das deutet auf eine besonders starke Abhängigkeit des CL-Magazins von politisch bedingten Einnahmequellen hin.

Nach der Auflösung des Movimento Popolare und der Einstellung von *Il Sabato* blieb »Kommunion und Befreiung« nur noch *30 giorni*.

Und damit wären wir wieder bei der rätselhaften Ernennung Andreottis zum Direktor. Außenstehende könnten diese Ernennung im Ende 1993 vorherrschenden Klima als inopportun empfunden haben. Doch Robert Moynihan, ehemals Redakteur bei *30 giorni*, hat eine Erklärung. Der in Rom ansässige amerikanische Journalist, ein Vatikan-Experte, war und ist ein Bewunderer der Philosophie von »Kommunion und Befreiung«. 1988 verfaßte er für die britische katholische Wochenzeitschrift *The Tablet* einen anerkennenden Artikel über die Bewegung, heute jedoch ist er desillusioniert.

Moynihan erinnert daran, daß just zu dem Zeitpunkt, als Richter Giovanni Falcone ermordet wurde, im Land eine lebhafte Debatte über die Wahl des neuen Präsidenten stattfand. Andreotti wollte sich mit allen Mitteln in die Rolle des Favoriten manövrieren. Dann kam der von der Mafia verübte Anschlag auf Falcone, der Wind drehte sich. Plötzlich wurde überall von Andreottis Beziehungen zur Mafia gesprochen.

Am Tag nach dem Mord aß Moynihan zufällig im selben Restaurant wie eine Gruppe von *Il Sabato*-Journalisten und Don Giacomo Tantardini, die graue Eminenz der Bewegung in Rom. Moynihan erkundigte sich nach den Hintergründen des Mordes. »Das war Andreotti«, antwortete Tantardini. Moynihan fragte seine Kollegen: »Seid ihr auch dieser Meinung?« Sie nickten. Am späteren Nachmittag besuchte Moynihan seine ehemaligen Kollegen noch einmal und fragte nach ihrer Meinung zum Fall Falcone. Sie gaben die gleiche Antwort wie Tantardini. Er müsse gestehen, daß er keine schlüssige Erklärung für die Unvereinbarkeit dieser Aussage mit der Ernennung Andreottis zum Direktor der Vorzeigezeitschrift der Bewegung habe. Beruhten die Vorwürfe gegen Andreotti etwa auf einem Irrtum? – In einem Interview mit *30 giorni* deutete Marco Bucarelli nach seiner Freilassung aus dem Gefängnis in diese Richtung; er sagte über Andreotti: »Irrtümlicherweise haben wir während einer bestimmten Zeitspanne im Jahr 1992 seinen Realismus mißverstanden, für Opportunismus gehalten und ihn ungerechtfertigt angegriffen.« Wenn wir das als Erklärung akzeptieren, deutet es auf eine gefährliche Neigung hin, leichtfertig Schlußfolgerungen zu ziehen. Es zeigt aber auch, daß »Kommunion und Befreiung« undurchschaubar ist; nichts, was die Bewegung sagt oder tut, darf man für bare Münze nehmen.

Das Verschwinden des Movimento Popolare 1993 markierte keineswegs das Ende der politischen Präsenz von »Kommunion und Befreiung«. Der gelähmte politische Flügel hinterließ eine wertvolle Erbschaft in Gestalt der Compagnia delle Opere. Die CdO war gegründet worden, um die CL-nahen Produktions- und Dienstleistungsfirmen zu vernetzen und die privaten Sozialdienste voranzutreiben. Die Größenordnung ist enorm: 200 000 Teilhaber, Jahresumsatz von einer Milliarde Mark. Um die Mitgliedsfirmen führen zu können, unterhält die CdO Büros in zwanzig italienischen Städten. Die berüchtigte La Cascina in Rom gehört heute, nachdem sie die Stürme von 1989 überstanden hat, zu einer Gruppe von vierzig Firmen mit Niederlassungen in Rom, New York, Kairo und Paris. Die CdO hat aber auch ein politisches Programm: »Mehr Gesellschaft, weniger Staat.« Obwohl »Kommunion und Befreiung« gegen den internationalen Kapitalismus auftritt, hat die Bewegung die fundamentalen Grundsätze übernommen. Die CdO hat ein vollständiges System privater sozialer Dienste anzubieten – Schulen, Krankenhäuser, Kinderkrippen und ein Netz von Arbeitsvermittlungseinrichtungen. Die für die Nutzung dieser Dienste zu entrichtenden Gebühren sollen steuerabzugsfähig werden. »Kommunion und Befreiung« visiert wie Focolare als politisches Ziel eine christliche Gesellschaft an; aus diesem Verständnis erwächst die Gegnerschaft zum Staat. Obwohl die CdO nicht im Nationalen Rat von »Kommunion und Befreiung« vertreten ist, ist sie doch durch personelle Überschneidungen mit der Bewegung verbunden.

»Kommunion und Befreiung« will weltweit expandieren, die CdO wird ihr mit Sicherheit folgen. Und da die CdO den Reichtum von »Kommunion und Befreiung« mehrt, hält sie auch den Schlüssel für die politische Zukunft der Bewegung in der Hand.

1 Zoffoli, *Eresie del Movimento Neocatechumenale*, Edizione Segno, Udine 1991, S. 89.
2 Luciano Bartoli, *Palestra del Clero*, Mai 1990, S. 375.
3 Roy Wallis, *The Elementary Forms of the New Religious Life*, London 1983, S. 9.

Die Geheimnisse der Bewegungen

11

Als Focolare-Mitglied wurde mir gesagt, uns bleibe der mühsame Aufstieg auf die Höhen geistigen Erlebens erspart. Wir würden mit einem Schlag auf eine hohe Ebene der Erleuchtung katapultiert und könnten dann in einer Gratwanderung von einem Gipfel der Offenbarung zum nächsten schreiten.

Focolare und die Neokatechumenaten werden daher oft der »Engelsgläubigkeit« bezichtigt und »neo-mystisch« genannt. Kritiker sagen, es handle sich um einen »Mystizismus zum Schleuderpreis«; er verlange dem Individuum nichts außer seiner Zustimmung ab. Das geistige Leben der internen Focolare-Mitglieder erschöpfe sich in der Wiederholung der Dogmen der Gründerin.

1980 stellte Chiara Lubich in einem Vortrag vor Mitgliedern der Gen-Bewegung das Konzept der »Heiligen Reise« vor; sie griff auf den Vers (Psalm 84) zurück: »Gesegnet sind diejenigen ..., deren Herzen nach Pilgerfahrt streben.« Das Ziel bestehe darin, Vollkommenheit zu erreichen und selbst zum Heiligen zu werden: »Wenn wir auf diese Weise lieben, werden wir an unserer eigenen Vollkommenheit arbeiten. Wir werden neue Schritte auf die Heiligkeit zu machen, denn Heiligkeit bedeutet Tugend, heroische Tugend. Unser Ideal zeigt uns den Weg, wie wir unsere Seelen mit Tugend schmücken können.«[1]

Die starke spirituelle Orientierung drückt sich auch in der Faszination aus, die der Tod auf die Anhänger der Bewegung ausübt. Wenn sie sich treffen, sind die ersten Gesprächsthemen die jüngsten Todesfälle oder »Abgänge zum himmlischen Mariapolis«. Der Tod wird so extrem betont, daß das Leben als unbedeutend erscheint, als unwirklich, als ein Vorzimmer zur »anderen Welt«. Dieser Kult um den Tod ist ein wichtiger Aspekt des religiösen Lebens der

Mitglieder. Jede Focolare-Siedlung hat ihren eigenen Friedhof, das »Heilige Feld« (»Campo Santo«), das täglich besucht wird. Die Zwiesprache mit den Toten ist oft wichtiger als das Gespräch mit Freunden. Focolare-Gemeinschaften negieren das Leid des Todes und ersetzen den Schmerz durch eine erzwungene Fröhlichkeit. Selbst bei der Beerdigung von Kindern habe ich nie eine Träne gesehen. »Kommunion und Befreiung« artikuliert ihre geistige Grundhaltung noch auffälliger. In den frühen siebziger Jahren hat die CLL die Arbeiter-Sektion der Bewegung) den »liturgischen Weg zur Befreiung« propagiert. Eine CL-Gruppe, die in einer Fabrik arbeitet, hält zum Beispiel vor Arbeitsbeginn einen kurzen Gottesdienst ab. Diese aufdringliche Attitüde empörte viele Italiener. Die Verachtung der Neokatechumenaten für alles Weltliche zeigt sich in ihrem Programm, den »himmlischen Menschen« zu schaffen: »Jeder Mensch, der unser Mitmensch ist, kann völlig frei eine neue Seele erhalten, ein neues Leben, er kann zu einem himmlischen Menschen werden.«[2]

Die Atmosphäre in den Gemeinschaften, versichert Kiko Arguello den Aspiranten bei ihrer ersten Convivencia, sei eine ausschließlich religiöse. Jedermann habe »die Sterilität der guten Werke erfahren«, die lediglich »die Früchte des eigenen Tuns« seien. Die Gemeinschaften enthielten sich solcher Aktivitäten, die auf eine Verbesserung der Gesellschaft abzielten. Sie hätten erkannt, daß »niemand Gott seines Ruhmes berauben« könne. Das höchste Ziel bestehe darin, daß »diese Gemeinschaft für die Lobpreisung lebt; jedes Mal, wenn sie zusammentritt, findet ein stetig fortdauernder Gnadenerweis statt, mit der Eucharistie als Höhepunkt ... Dann werdet ihr einige herrliche Eucharistien erleben«.

Nach Ansicht von »Kommunion und Befreiung« leugnen die liberalen Theologen die Gnade, weil sie die Rolle der katholischen Kirche als des einzigen Zugangs zur Gnade nicht anerkennen. »Kommunion und Befreiung« hat eine mechanistische Sicht der Erlösung. Ausschlaggebend ist die erste Begegnung mit der Gruppe, ausschlaggebend ist die richtige Einstellung. In der Theologie der Bewegungen spielt die Gnade im übrigen kaum eine Rolle. Die Bewegungen sind die Gnade. Don Giussani: »Mit einer neuen menschlichen Realität zusammenzutreffen ist eine Gnade, es ist immer eine Gnade.«[3] Dieser Glaube an die Bewegung rechtfertigt fanatisches Missionieren. Wenn man erst einmal der Bewegung angehört, besteht die Erlösung in der Befolgung der Regeln. Die *focolarini* verwenden sogar den Begriff »Turnübung«, um die Purzelbäume zu beschreiben, die ihre Mitglieder schlagen müssen, um den geistlichen Regeln zu genügen. »Überwinden« (»superare«) ist ein wichtiges Wort im Vokabular von Focolare. Ausgangspunkt der Spiritualität ist nicht ein Akt der Gnade durch Gott, sondern ein Willensakt des Bekehrten – die »Entscheidung für Gott.«

Während der Vorbereitung auf die »Prüfungen« werden NK-Mitglieder aufgefordert, alle Aspekte ihres Lebens zu überdenken, ihr Verhältnis zum Geld, zu ihren Gefühlen und zu ihrer Arbeit. In der Anleitung zum Meinungsaustausch über diese Themen heißt es immer wieder: »Nenne konkrete Beispiele.« Der Gebrauch von Schlagworten, die ständigen Wiederholungen sind Instrumentarien, die die Bewegungen dem profanen Totalitarismus entlehnt haben, um das Leben ihrer Mitglieder zu verändern. Wie nachdrücklich diese Indoktrinierung betrieben wird, kann man in Chiara Lubichs Konferenzschaltungen erleben:

> »Während der kommenden zwei Wochen möchte ich gerne, daß wir eine Anstrengung machen, wahrhaftig zu lieben, und insbesondere in jedem Nächsten Jesus zu sehen. Also unseren Blick über seine Natürlichkeit hinauszuheben. Morgens aufzustehen im Bewußtsein und in der Überzeugung, daß wir so leben können und müssen. Wir können Jesus in den Mitgliedern unserer Familien lieben, während wir unser »guten Morgen« sagen … Wir können den ganzen Tag über Jesus in unseren Nächsten lieben … Wir können unsere Nachbarn lieben, indem wir in ihnen Jesus sehen, auch während wir den Staubsauger oder den Besen benutzen, während wir Geschirr spülen oder das Haus verlassen, um einzukaufen … Wir können Jesus lieben, wenn wir uns den Aktivitäten unserer Bewegung widmen, wenn wir einen Brief schreiben oder einen Telefonanruf machen oder ein Meeting abhalten oder an einem Kongreß teilnehmen … Wir

können in unseren Nächsten Jesus lieben, wenn wir beten. Wir haben immer diese wunderbare Möglichkeit, und wir können uns jeden Augenblick vorstellen, wie Er zu uns sagt: Du hast es mir getan.«

Der zwanzig Jahre währende »Weg« der Neokatechumenaten stellt sich für Christen als eine Art Pauschalreise dar. Bestimmte spirituelle Veränderungen finden an genau bezeichneten Stationen statt. Der Glaube stellt sich dann in der letzten Phase der Erneuerung des Taufgelübdes ein. Das Christentum ist kurz nach seiner Entstehung den mystischen Religionen Griechenlands und Asiens begegnet. Diese versprachen Erlösung durch okkultes Wissen und Riten, die so streng geheimgehalten wurden, daß keine Aufzeichnungen überliefert sind. Aus der Verschmelzung von Christentum und mystischen Religionen entstand die Gnostik, die ihren Anhängern Zugang zu Geheimwissen versprach, durch das sich ihre Mysterien erklären würden. Die Attraktion der Gnostik besteht darin, daß sie »Mystizismus zum Schleuderpreis« anbietet. Erlösung durch Einweihung in mystisches Wissen aber kostet weniger Anstrengung als eine, die Schweiß und Mühe und Glauben erfordert.

Jede der Bewegungen hat ein gnostisches Element und gibt vor, über »geheimes Wissen« zu verfügen. Es ist paradox, daß sich die Bewegungen als eine Kraft der Rückbesinnung auf die Heilige Schrift anpreisen, obwohl der größte Teil ihrer Weisheiten aus Gedanken und Sprüchen der Gründer besteht. Die Bewegungen offerieren damit etwas, das die Kirche nicht anbieten kann.

Die Gnostik beginnt mit der Offenbarung der Bewegung selbst – mit der Begegnung. Sie kann nicht verstanden, sie kann nur erlebt werden als »Erleuchtung, Licht«, oder als »Feuer«. Die Begegnung mit der Bewegung wird als das bedeutendste Ereignis seit der Geburt Christi dargestellt. Kiko Arguellos Version der Geschichte der Erlösung beginnt bei Abraham. Don Giussani beschreibt die Begegnung mit »Kommunion und Befreiung« mit den Worten: Sie »prallen mit Christus zusammen«. »Kommunion und Befreiung« sei die Fortsetzung des historischen Ereignisses der Fleischwerdung. Es sei etwas, »das wir nie hätten erwarten können, von dem wir nie hätten träumen können, etwas Unmögliches, etwas, was es nirgendwo sonst gegeben hat«. In den Beschreibungen der Begegnungen mit Focolare findet sich Ähnliches. In einem Video über die Ausbreitung der Bewegung in der Anglikanischen Kirche erzählt eine langjährige *focolarina*, wie »der ganze Raum mit Freude ausgefüllt« gewesen sei, als sie in Canterbury zum ersten Mal einen Vortrag von Chiara Lubich gehört habe. Ein anderes Mitglied erinnert sich: »Wir kamen in einen Raum, der voller Musik, voller Licht und Freude war. Mir erschien es, als ob in diesem Raum bestimmte Geheimnisse ausgetauscht würden über die Liebe zu Christus und seine Anwesenheit unter uns.«

Chiara Lubich hat ihre Gedanken schon immer als ein »Licht von oben« bezeichnet; um die Einzigartigkeit hervorzuheben, nannte man sie schon sehr früh »das Ideal«. Mitglieder sprechen von ihrer Begegnung mit »dem Ideal«, von einem Augenblick der Erleuchtung. Chiara Lubich beschrieb in einer 1963 gehaltenen Rede den Augenblick, in dem sie erstmals dieses Licht wahrgenommen habe: beim Überschreiten einer Brücke in Trient mit Doriana Zamboni, einer ihrer ersten Schülerinnen. »Was ich euch sagen will«, so Chiara, »kommt nicht vom Verstand; es ist ein Licht, das von irgendwo anders herkommt.« Es sei ein Augenblick der Erleuchtung gewesen. »Dort und in dem Augenblick hatte ich den Eindruck, daß es [das Licht] von oben kommt. Das ist wahrlich ›das Ideal‹. Es war es damals. Es ist daher unser Ideal.« Chiara erklärt dieses Licht als die Präsenz von »Jesus inmitten«:

»Ich habe den Eindruck, es war Jesus inmitten, das Licht, es war Jesus, das Licht. Es war weder mein Verstand noch der ihre; aber sie schuf Einheit und erlaubte mir damit, Dinge auszudrücken und zu sagen, die so hoch und so schön waren (ich sage das, weil es Dinge Gottes sind), daß wir sagten: Das ist das Ideal.«

Nach dieser Beschreibung dürfen Focolare-Mitglieder keinen Zweifel haben, daß die Worte der Gründerin und die Worte Gottes identisch sind. Die Autorität dieser Worte ist der Autorität der Heiligen Schrift gleichzusetzen. Die Bekehrten erhalten Zugang zu neuen Ebenen des »Lichts«. Neben den grundlegenden Lehren, zum Beispiel den »zwölf Punkten der Spiritualität«, existieren Ton- und Videobänder, die nur bestimmten Ebenen der Hierarchie zugänglich sind und von den *focolarini* nur mit ausdrücklicher Erlaubnis der Vorgesetzten eingesehen werden können. Weniger leicht zu kontrollieren sind die unveröffentlichten Notizen (»scritti«) Chiara Lubichs, die unter der Hand kursieren und von allen *focolarini* begierig gesammelt werden. Die Einsicht in solches Material unterliegt Beschränkungen, weil es – in der Sprache der Bewegung – zu »stark« ist. Das heißt wohl, daß es Aussagen über die Bewegung enthält, die Außenseiter schockierend finden könnten, oder daß es das »delikateste Thema« berührt, die Visionen der Gründerin.

Nach einer Phase intensiver Missionstätigkeit hatte sich Chiara Lubich im Sommer 1949 mit ihren »Begleitern« in das Dolomitendorf Fiera di Primiero nahe Trient zurückgezogen; dort hatte sie eine Serie täglicher Erlebnisse, die sie »intellektuelle Visionen« nannte. Der Auslöser war ihr Verhältnis zu dem christdemokratischen Politiker Igino Giordani, der die Gründerin häufig in ihrem Bergrefugium besuchte. Der verheiratete Giordani suchte nach einem Weg, sich Chiara mit der gleichen Inbrunst hinzugeben, wie ihre ledigen Gefolgsleute es taten. Sie hatte Bedenken, ihm ein Gelübde des Gehorsams abzunehmen, das nach katholischer Tradition Ledigen vorbehalten ist. Die beiden beschlossen, bei der täglichen Messe im Augenblick der gemeinsamen Kommunion einen »Pakt der Vereinigung« zu schließen in der Hoffnung, dadurch in den Genuß einer Erleuchtung über Giordanis Problem zu kommen. Doch statt einer Erleuchtung begann ein spirituelles Erlebnis – in der Focolare-Überlieferung als »Paradies von 1949« bekannt. Im Augenblick der Kommunion hatte Chiara eine Vision vom Eintritt ins »Paradies«. 1963 beschrieb Chiara das Erlebnis so:

»Wir hatten den Eindruck, Gott habe die Augen der Seele für das Reich Gottes geöffnet, das unter uns war, und wir sahen Ihn, der mitten unter uns ist, das Paradies, das unter uns war, und die Szenerie, die so göttlich war, solch ein Ausdruck der Dreifaltigkeit.

Wir begriffen vor so vielen Jahren, welche Rolle diese Bewegung spielte, und ihre Rolle in jedem von uns in der Kirche.«

Die katholische Kirche ist persönlichen Offenbarungen gegenüber traditionell zurückhaltend. Kein Gläubiger ist verpflichtet, an die Realität solcher Offenbarungen zu glauben. Von Papst Johannes Paul II. weiß man, daß er Visionären und Mystikern gegenüber Sympathie hegt, aber sogar er übte sich in seinem Grußwort an eine CL-Konferenz über die Werke der Adrienne von Speyr in Zurückhaltung. »Ich weiß«, sagte er, »daß ihr bei diesem freundschaftlichen Treffen von mir keine abschließende Entscheidung erwartet.«

Die persönlichen Offenbarungen der Chiara Lubich besitzen für die Mitglieder der Bewegung oberste Priorität. Kritiker behaupten, Chiara habe in den fünfziger Jahren, als Focolare vom Heiligen Offizium des Kardinals Ottaviani unter die Lupe genommen wurde, vom Vatikan die Weisung erhalten, schriftliche Unterlagen über ihre »Visionen« zu vernichten; dies habe sie auch getan. Trotzdem sind Auszüge erhalten und werden unter den *focolarini* herumgereicht. Darüber hinaus hat Chiara Schilderungen ihrer Erlebnisse auf Band festgehalten und bei verschiedenen Zusammenkünften abgespielt. Chiara Lubichs Offenbarungen gehören zur kollektiven Spiritualität der Bewegung; sie sind ein Produkt von »Jesus inmitten« und daher verbindlich. Obwohl doch allen internen Mitgliedern das »Paradies« bekannt sein soll, werden selbst den *focolarini* nur wenige Einzelheiten enthüllt. Dadurch wird ein starkes Bedürfnis erzeugt, immer mehr wissen zu wollen. Wie beim berühmten »dritten Geheimnis«, das die Jungfrau Maria den Hirtenkindern in Fatima offenbart hat, erzeugt das Zurückhalten von Information Frust; Wissenskrümel bekommen so welterschütternde Bedeutung. Dabei sind die Einzelheiten des »Paradieses« ziemlich einfach und banal, werden aber in der »Atmosphäre der Einheit« mit Ehrfurcht bestaunt. Geheimwissen erhöht das Gefühl der Zugehörigkeit und schmiedet die Mitglieder zusammen. Zugang zu bedeutsamen Offenbarungen zu haben, weckt das Gefühl, zu den Auserwählten zu gehören.

Die Offenbarungen, die der Gründerin zuteil wurden, drehen sich nicht nur um die großen Themen des Katholizismus, sondern auch um die Bewegung und ihre Rolle in der Kirche. Die Gründerin »sah« spezielle Pläne Gottes – »Entwürfe« (desegni) genannt – für sich, für Don Foresi, Igino Giordani und eine Anzahl weiterer Gefährten der ersten Stunde. Nach Chiara Lubichs Visionen ist die Bewegung etwas Einzigartiges. So wie die Kirche der Leib Christi ist, ist Focolare der »mystische Leib« der Jungfrau Maria innerhalb der Kirche. Chiara 1963: »Wir verstanden, daß dieses Werk nichts Geringeres war als die mystische Präsenz Marias in der Kirche ... Unsere Aufgabe in der Kirche ist die Aufgabe, die Maria heute wahrnehmen würde, würde sie in der Kirche leben.« Detailliertere Variationen sind nur wenigen Auserwählten bekannt. In einem internen Nachrichtenbulletin vom 8. Juni 1989 über einen Besuch Chiara Lubichs am Marienschrein des Heiligen Hauses von Loreto findet sich ein Hinweis. Nachdem Focolare-Priester am Schrein die Messe gelesen hatten, las Chiara ein Gebet vor: »Maria der focolarini, Mutter der Vereinigung, hilf uns hier auf Erden zu sein und später im Himmel, Deine Krone, Deine Herrlichkeit.« Das bestätigte, was man uns in Loppiano gesagt hatte: Chiara und die ersten focolarini bildeten die Krone aus zwölf Sternen, die nach dem Buch der Offenbarung den Kopf der Jungfrau ziert.

Gegen Ende meines Aufenthalts in Loppiano wurden wir auf eine »Wallfahrt« zu den »heiligen Stätten« der Bewegung beschickt. In Trient schloß das Reiseprogramm nicht nur das erste Focolare ein und »den Ort, an dem Chiara den Ruf Gottes erhielt, sich Ihm hinzugeben«, sondern auch »den Ort, an dem sie ihren ersten Gefährtinnen begegnete«. Ein Gefühl für die historische Vorbestimmung wurde uns vermittelt, als uns die Kirche gezeigt wurde, in der Chiara Lubich getauft worden war. Es war die Kirche, in der das Konzil von Trient stattgefunden hatte. Hier, so wurde uns gesagt, wo die Kirchenspaltung begonnen habe, sei fünf Jahrhunderte später Chiara getauft worden, damit sei die Morgenröte der Vereinigung angebrochen.

In Loppiano sehnten wir uns danach, mystische Anekdoten zu hören; wir bettelten, uns vom »Paradies von 1949« zu erzählen. Wir tippten Chiara Lubichs Notizen mit sechs Durchschlägen ab und verteilten sie untereinander. Es war, als könnten wir Gott berühren.

Einige der angehenden *focolarini* wurden so stark von dieser Atmosphäre eingefangen, daß sie selbst zu Mystikern wurden, die jedem, der zuhören wollte, ihre persönlichen Offenbarungen ins Ohr flüsterten. Jeder Augenblick unseres Lebens war von der Gewißheit bestimmt, daß wir auch in den banalsten Einzelheiten Gottes Hand erkennen konnten.

Das Dogma des »alleingelassenen Jesus« ermuntert die Mitglieder, eine verborgene Bedeutung in jeder noch so kleinen Irritation zu suchen. Alle Schwierigkeiten wurden vergeistigt und als »Prüfungen« oder »Versuchungen« von Gottes Hand gesehen. Die »Nacht der Sinne« und die »Nacht des Geistes«, wie sie von den großen Mystikern beschrieben werden, wurden als Ereignisse des Alltags betrachtet; das führte dazu, daß psychologische Probleme, Depressionen und Zusammenbrüche weder bemerkt noch behandelt wurden. Ein Todesfall, der mit einem Ereignis in der Bewegung zeitlich zusammenfiel, galt als »Bezahlung« für die »Gnade«, Leiden wurde als »Münze« bezeichnet, mit der göttliches Wohlwollen erkauft werden konnte.

Die Lehren von »Kommunion und Befreiung« beruhen fast ausschließlich auf den Werken ihres Gründers Don Giussani. Die wesentliche »Offenbarung« der Bewegung ist das »Charisma«. Nach Giussani wäre die Kirche ohne das einer Bewegung eigene »Charisma« ein Haus ohne Leben: »Das Charisma verleiht einer Institution ihr Leben.«[4] Ein Individuum, das sich »den Sakramenten nähert, fühlt sich von einem neuen Willen durchdrungen, oder, dem Wort Gottes zuhörend, fühlt es sich beseelt von einem neuen Bild des Lebens ... Beim Hören der Ansprache des unfehlbaren Lehrmeisters nimmt es plötzlich den Weg, auf dem es wandeln muß, wahr, und gibt sich vollständig hin«.[5]

Auch bei »Kommunion und Befreiung« besteht der Kern der Botschaft in der Einmaligkeit der Bewegung; sie ist das »Ereignis«, die wiederholte Fleischwerdung. Die Mitglieder entdecken eine neue Ebene des Seins. »Das christliche Ereignis ist der Anfang einer neuen Art, in dieser Welt zu leben; es setzt ein neues Konzept und eine neue Manipulation der Wirklichkeit in Gang.«

Die Mitgliedschaft wird in visionären Begriffen beschrieben:

»Die Gemeinschaft, die Gesellschaft, wo das Zusammentreffen mit Christus stattfindet, ist der Platz, an den unser Ich gehört, der Platz, wo es die endgültige Art und Weise erwirbt, die Dinge zu sehen und zu fühlen, sie intellektuell zu erfassen und zu beurteilen, Vorstellungen zu entwickeln, zu planen, zu entscheiden, zu handeln.«[6]

Beschwörende Synonyme für Gott wie »Mysterium« und »Schicksal« werden verwendet, der Bewegung/dem Ereignis eine Aura des Wunderbaren zu verleihen: »Nunmehr ist das Unerwartete geschehen: Gott, Mysterium, Schicksal sind zu einem Ereignis unserer alltäglichen Existenz geworden. Das ist Christentum. Und in diesem Ereignis kristallisiert sich unser Ich heraus.« Noch rätselhafter klingt die Aussage: »Die Gemeinschaft, ausgebreitet ohne Grenzen, ist das Mysterium dieser Identität, durch die und in der ich mit Angst, Zittern und Liebe zu Christus sagen kann: Du.« Die Erinnerung an Christus sei die Erinnerung an eine Vergangenheit, die so gegenwärtig ist, daß sie die Gegenwart mehr als jede andere Gegenwart bestimme. »Erinnerung ist zum Schlüsselwort unserer Gemeinschaft geworden: die Gemeinschaft ist der Ort, an dem die Erinnerung gelebt wird.«

Die einzelnen Zweige der Bewegung werden in exaltierten Begriffen beschrieben: Aus der Compania delle Opere, die die verschiedenen Geschäfte der Bewegung abwickelt, wird »die Gesellschaft unter uns, die nicht als soziales Projekt oder Wunschbild der Zukunft geboren wurde, sondern als Wunder der Veränderung«.

Das »Ereignis« der Bewegung ist eine göttliche Erleuchtung: »Uns ist ein Licht zuteil geworden, das uns von den unfaßbaren Tiefen des Herzens bis zum endgültigen Horizont der Augen erleuchtet, die Grundlage eines Erlebens, das wir haben können, das wir aufgefordert sind zu haben, und in dem sich die endgültige Wiederauferstehung widerspiegelt.«

»Kommunion und Befreiung« vermeidet in der Sprache weitestgehend die traditionelle religiöse Terminologie. Sie scheint ihr Anliegen begründen zu wollen; das aber ist nur ein schöner Schein. Hinter säkular klingenden Schlagworten stehen A-priori-Argumente und Annahmen. *Der religiöse Sinn*, eine der Hauptschriften Giussanis, ist eine ermüdende Ansammlung pseudo-intellektueller Grübeleien über die fundamentalen Probleme des Daseins. Giussanis Zielgruppe sind die Studenten der letzten Jahrzehnte des 20. Jahrhunderts. Seine Botschaft verspricht eine Lösung der Ängste junger Menschen. Giussanis Argumente folgen einer rückschlüssigen Logik und führen zu einer Antwort, die letztlich irrational ist und daher Gegenstand des Glaubens sein muß:»Das, was unerwartet ist, ist auch unbegreiflich.«

Die Neokatechumenaten predigen und praktizieren einen»Weg« nach streng geordneten Stufen; das ist ein Aspekt, den sie mit anderen mystischen Religionen des Altertums und mit neuzeitlichen Geheimbünden teilen. Der»Weg« besteht aus zwei Elementen: der Katechese, die ursprünglich von Kiko Arguello und Carmen Hernandez erteilt wurde und von lokalen Katechisten wortgetreu wiederholt wird; aus Riten, die den Mitgliedern zwar als Riten der katholischen Kirche vorgestellt werden, die aber tatsächlich nur der Bewegung eigen sind. NK-Mitglieder werden auf strengste Geheimhaltung eingeschworen. Sie dürfen Einzelheiten über Lehren und Riten nicht preisgeben. Sie werden über die bevorstehenden Schritte oder»Übergänge« in Unwissenheit belassen. Auf die Frage, ob die Katechese in schriftlicher Form zur Verfügung stehe, kommt immer die gleiche Antwort:»Die Bewegung besteht erst seit dreißig Jahren, und so ist es noch zu früh, etwas schriftlich festzulegen.« Tatsache aber ist, daß es Texte gibt, Niederschriften von auf Band aufgezeichneten Vorträgen Kiko Arguellos und Carmen Hernandez'; sie wurden per Fotokopie vervielfältigt, aber nur den obersten Ebenen der Bewegung zugänglich gemacht. Nur sehr wenige Mitglieder besitzen die Lehren in vollständiger Form. In der Praxis erhält ein Katechist jede Rede nur dann, wenn er sie für seine Gemeinschaft benötigt.

Ich habe die Geheimschriften gesehen; sie beziehen sich auf die anfänglichen Schritte des Weges, einschließlich der ersten beiden »Übergänge«. Neben langweiligen Banalitäten in der Katechese gibt es auch Überraschendes, Schockierendes. Beurteilt man die bizarren und extremen Ansichten der Gründer über die Welt und über die Lebensführung der Mitglieder nach den Regeln des gesunden

Menschenverstandes, erscheint einem vieles bedrohlich und gefährlich. In ihren Reden ermahnen Arguello und Hernandez die Katecheten zu absolutem Schweigen, da sie sich bewußt sind, daß ihre Gedanken und Praktiken zu Kritik herausfordern könnten. In seiner dritten Rede im Rahmen der Einführungs-Katechese polemisiert Kiko Arguello gegen die Gruppen innerhalb der Kirche, die sich sozialen Anliegen verschreiben und sich in der Politik engagieren; er giftet gegen Priester,»die einen Haufen Psychologie studiert und viel gelesen haben«. An dieser Stelle unterbricht ihn Carmen mit einer Warnung:»Du darfst das den Leuten nicht sagen, sonst verursachst du ein schreckliches Durcheinander.« In der gleichen Rede erwähnt Kiko, daß Mitglieder ihre gesamte Habe veräußern müssen.»Sagt das aber den Leuten nicht«, fügt er hinzu,»sonst laufen sie sofort weg!«

In seiner ersten Rede erwähnt Kiko auch die Gepflogenheit der Neokatechumenaten, während des Vaterunsers die Hand zu heben. Diese Geste ist nicht auf Neokatechumenaten beschränkt; sie wurde schon von den frühen Christen praktiziert. Arguello gibt die Anweisung, nur der Führer solle die Hand erheben, da die Leute daran nicht gewöhnt seien.»Das hat uns die Erfahrung gelehrt. Wenn ihr alle die Hand erhebt, werden die Leute glauben, ihr seid Fanatiker.«

In seinen Anweisungen für die Bußfeier weist Arguello auf die Notwendigkeit hin, mehrere Priester für die Abnahme der individuellen Beichten bereitzustellen. Da einige dieser Priester vielleicht nicht mit den NK-Methoden vertraut seien, müsse man zunächst den Gemeindpfarrer unterweisen.»Wenn ihr den Gemeindpfarrer gut eingewiesen habt, werdet ihr den Boden vorbereitet haben, so daß er erklären kann, was getan werden muß und warum.«

Die Niederschriften enthalten detaillierte Lehren und detaillierte Beschreibungen der Riten und Zeremonien, obwohl Kiko und Carmen ständig behaupten, die Niederschriften seien lediglich eine allgemeine Leitlinie, die im Zusammenhang mit von der Kirche abgesegneten Quellen verwendet werden solle. Ein Überblick über die ersten Stufen der Katechese soll erklären, warum so viele ehemalige Mitglieder sich über diese moderne Gnostik so ernste Gedanken machen.

Der erste Band der Katechese *(Richtlinien für das Team der Katechisten für die erste Phase der Konversion)* umfaßt 373 Seiten und enthält die fünfzehn Reden der einführenden Katechese und der ersten Convivencia, in der Neubekehrte sich dazu verpflichten müssen, dem NK-Weg zu folgen. Der Text beruht auf der Abschrift von »Bandaufzeichnungen von Meetings mit Kiko und Carmen im Februar 1972 zur Anleitung der Katechisten-Teams aus Madrid«; als Herausgeber wird das NK-Zentrum »Diener Jahwes« (»Servo di Jahve«) in San Salvatore, Rom, März 1982, genannt. Diese Richtlinien haben immer wieder Anlaß zu Kontroversen gegeben. In einer kurzen »Geschichte der Fortschritte der Bewegung auf dem Weg zur offiziellen Anerkennung« erwähnt Kiko Arguello einige kanadische Priester, die »gegen die Neuerungen des Konzils« waren, die das Dokument in die Hand bekamen und darin »überall Ketzereien entdeckten und behaupteten, es enthalte geheime Anweisungen«.[7] Pater Enrico Zoffoli hat das Dokument als Grundlage für seine Studien *Die Ketzereien der Neokatechumenaten-Bewegung* und *Die Herrschaft des Papstes und Kikos Katechese* verwendet. Trotzdem behauptet die Bewegung, diese Schriften dem Vatikan vorgelegt und dessen Segen erhalten zu haben. Wenn das wahr ist, hat das Heilige Offizium des Kardinals Ratzinger, das Theologen wie Hans Küng, Edward Schillebeeckx, Charles Curran und Leonardo Boff verurteilt hat, den geheimen Dokumenten zugestimmt.

Die ersten fünfzehn Katechesen, die jährlich in NK-Pfarrgemeinden gegeben werden, sollen die Einzigartigkeit der Mission der Bewegung begründen. Schon in der zweiten Katechese wird die absolute Autorität des Katecheten betont: Er (gelegentlich auch sie) sei ein »Apostel«; er sei befugt, bei Mitgliedern »die Anzeichen des Glaubens« zu erkennen oder ihr Nichtvorhandensein zu bestätigen. Kiko:

>»Während des Katechumenats kannst du noch nicht die Anzeichen eines erwachsenen Glaubens zeigen. Es ist der Apostel, der Katechist, der dich in der Katechese führt, der über den ›Weg‹ wachen muß wie ein älterer Bruder, vorausgesetzt, der Bischof hat in ihm das Charisma erkannt, dich zum Glauben führen zu können. Er ist mit

Sicherheit der Bruder, der Bescheid weiß [ob der Geist Jesu anwesend ist].«

In der dritten Katechese wird die Einzigartigkeit der Neokatechumenaten festgestellt; man verwendet ein Diagramm, um aufzuzeigen, wie die Geschichte der Erlösung bei Abraham beginnt, sich im Alten Testament mit Moses, David, dem babylonischen Exil und den Propheten fortsetzt und schließlich zu Jesus Christus und seinen Anhängern in der Urkirche führt. Bis zu diesem Zeitpunkt befindet sich die Bewegung im Einklang mit den Gelehrten aller Konfessionen des christlichen Hauptstromes. Doch dann, im Jahr 314, nach der Regierungszeit Kaiser Konstantins, zeigt die Zeittafel der Neokatechumenaten eine Klammer; als nächstes Ereignis erscheint das Vatikanische Konzil von 1962. »Mit Konstantin«, sagt Kiko, »öffnet sich eine Klammer, die direkt in die Gegenwart führt.« Während der dazwischenliegenden 1600 Jahre sei ein Katechumenat nach Art des frühen Christentums nicht mehr praktiziert worden; die Kirche habe sich in den Zustand einer »Naturreligion« begeben.

Obwohl Kiko sagt, diese »Klammer« sei »keine schlechte Sache gewesen«, fügt er die Erklärung an, die Kirche sei in jener Epoche eigentlich gar nicht mehr Kirche gewesen. »Das Erstaunliche dabei ist, daß im Verlauf der Jahrhunderte die Kirche nicht ganz ausgestorben ist.« Die Heiligen, die Kirchenväter, die religiösen Orden werden übergangen. Wie im Zeitraffer rasen wir auf das Zweite Vatikanische Konzil zu – ein Vaticanum II, das die liturgische Erneuerung proklamiert, eine neue Theologie, die nicht auf dem Dogma der Erlösung, sondern auf dem Ostermysterium beruht; schließlich kommen wir beim Ökumenismus an, den Kiko mit Missionierung gleichsetzt. »Aber nunmehr«, kündigt der Gründer an, »kommt das Allerwichtigste. Wie kann all diese Arbeit des Konzils in die Gemeinde gebracht werden? Wie kann die Erneuerung des Konzils auf die konkrete Gemeinde angewendet werden?« Die Antwort ist einfach: »Durch eine katechumenale christliche Gemeinschaft, die den katechumenalen Weg eröffnet.« Das Neokatechumenal offenbart sich als Kulminationspunkt von 4000 Jahren

Erlösungsgeschichte. Es ist nicht *ein* möglicher Weg, um das Programm des Konzils zu erfüllen, es ist der *einzige* Weg.

Schon in diesem frühen Stadium der Katechese kann man einen Blick auf die Gemeindestruktur werfen, wie sie sich die Neokatechumenaten vorstellen:

>Die Gemeinschaft hat den Auftrag, den Gemeinden den katechumenalen Weg zu eröffnen. Da die Gemeinschaft nicht zu groß sein darf, werden weitere Brüder, die in sie eintreten wollen, in eine andere Gemeinschaft eintreten. Dadurch werden wir neue Gemeinschaften gründen und eine neue Gemeindestruktur formen. Jede Gemeinschaft wird ihren Presbyter [Priester] haben, ihren Diakon, und die verschiedenen Charismen werden in der Gemeinschaft auftreten ... Also wird es ein Kollegium der Diakone geben, ein Kollegium der Priester etc. Eine örtliche Kirche, in der der Gemeindepfarrer eine Art Bischof ist, mit dem Kollegium der Presbyter. Diese örtliche Kirche ist die Entdeckung des Konzils.«

In Zeiten, in denen selbst Frankreich nicht jeder Pfarrgemeinde einen Priester zur Verfügung stellen kann, stellt sich die Frage, wo die vielen Priester eigentlich herkommen sollen. Denn jede Stufe des NK-Weges erfordert eine andere eucharistische Liturgie. Manche NK-Gemeinden in Rom brauchen heute schon Samstags abends fünfundzwanzig Priester, um den vielen unterschiedlichen Gemeinschaften eigene Messen lesen zu können.

Die nächste Stufe der Katechese soll das elitäre Bewußtsein der Anhänger steigern. Ein Diagramm zeigt, daß nur ein Drittel der Weltbevölkerung christlichen Glaubens ist; davon wiederum sind nur etwas mehr als die Hälfte katholisch. Von diesen gingen nur zehn Prozent regelmäßig zur Messe, und nur 1,5 Prozent seien »erwachsene Christen, will sagen bewußte Christen«. Auf seiner Suche nach wahren Christen (die inzwischen deckungsgleich mit NK-Mitgliedern geworden sind) trägt der Gründer weitere Schichten ab. Zum ersten Mal deutet er an, daß es »Auserwählte« gibt, wenige von Gott Berufene. Die Pfarrgemeinde bestehe aus drei konzentrischen Kreisen: Dem inneren Kreis gehörten nur NK-Mitglieder an, die »berufen sind, neue Gemeinschaften zu bilden, berufen, die ›Kirche der Sakramente‹ zu sein. Nicht weil sie die Kirche sein wollten, sondern weil Gott sie dazu berufen hat, diesen Auftrag zu erfüllen, diesen Dienst zu leisten«. Den nächsten Kreis bilden die Leute, die laut Arguello »nicht juristisch in die Kirche eintreten werden«. Offensichtlich handelt es sich bei dieser Gruppe um alle, die Katholiken zu sein glauben, aber den Gemeinschaften nicht angehören. Im dritten Kreis wirkten diejenigen, »die in Unwahrheit leben, die sich schon immer in die Tasche gelogen haben. In diesen wirkt Satan mit wirklicher Kraft. Aber nicht, weil sie schlecht oder schuldig sind, sondern weil das ihre Rolle ist, aus irgendeinem Motiv, auf das wir nicht näher eingehen wollen.« Damit sind wir gefährlich nahe am Konzept der Prädestination in seiner extremsten Form. Arguellos Definition der Menschen des »dritten Kreises« ist aufschlußreich für die Geisteshaltung der Bewegung:

»Sie sind vielleicht diejenigen, menschlich gesagt, die am meisten zu bieten haben, die intelligentesten. (Judas war der intelligenteste der Apostel, deswegen war er der Kassenwart.) Es sind diejenigen, die die Gemeinschaft nicht ertragen können. Sie haben einen höchst wichtigen Auftrag, da es ohne Judas kein Ostermysterium Jesu gibt.«

Was heißt das? – Wir finden die Verdammung der Intellektuellen, die allen neuen Bewegungen gemein ist; die Intellektuellen sind die Progressiven, die Fragen stellen. Wir finden die Feinde, die die Bewegung braucht, um das »Ostermysterium« neu erleben zu können. Kiko erklärt, wie der dritte Kreis von den Mitgliedern zu sehen ist:

»Wenn der Tag kommt, wird es ihre Aufgabe sein, euch zu töten, euch zu vernichten. Im Grunde leben sie unter der Herrschaft des Teufels, da sie nie geliebt wurden ... Sie werden euren Argumenten nicht zuhören, da sie den Geist nicht anerkennen, sie sagen, es sei alles eine Form der Engelsgläubigkeit und eine Form der Entfremdung, damit sie keinen Finger rühren müssen.«

Die Richtlinien reklamieren für die Bewegung eine göttliche Autorität. Bei jeder Convivencia werden die Mitglieder daran erinnert, daß Jesus durch die Katechisten wirke: »Jesus zieht vorüber, und vielleicht kommt er nie wieder vorbei ... *Mit uns kommt Jesus.* Und wen heilt Jesus? *Diejenigen, denen bewußt ist, daß sie blind sind. Jesus zieht vorüber, weil er mit uns kommt.*« (Hervorhebung im Original.) Diese kategorische Bejahung bestätigt die mechanistische Natur des »Weges«; er ist ein unfehlbarer Prozeß, der alle, die ihm folgen, zur Erlösung führt.

Der doktrinäre Aspekt der Katechese unterscheidet sich durch die Betonung der Sünde und des Todes von der übrigen Kirche. Von der ersten Katechese an hämmert Kiko seinen Zuhörern ein: »Gott ist der, der euch durch eure Sünden, eure Blindheit, euren Stolz, eure Sexualität zum Licht führen wird.« Er fordert sie zum Gebet auf: »Kannst du nicht sehen, daß ich gestrauchelt und verarmt bin? Kannst du nicht sehen, daß ich betrunken war, daß ich meine Frau geschlagen habe, daß ich masturbiert habe? Siehst du nicht, was für ein Scheusal ich bin?«

Einer der essentiellen Punkte der NK-Formel ist die Verkündigung der »Kerygma«, der Schlüsselbotschaft des Evangeliums vom Tod und der Auferstehung. Der erste Schritt besteht darin, die künftigen Mitglieder in ihren Überzeugungen wankend zu machen: »Grundsätzlich ist der Zweck dieser Katechese, den Leuten zu zeigen, daß ihr Christentum wertlos ist, und einen Blick auf ihre wahre Realität zu werfen.« Im zweiten Schritt soll die Abwehrkraft der potentiellen Novizen weiter vermindert werden, indem ein Gefühl der Sünde und des Todes induziert wird. Ein oft wiederholtes Dogma besagt, Sünde sei der »ontologische Tod«. Dieser Satz ergibt keinen Sinn, da »ontologisch« die Dinge bezeichnet, die mit dem Sein zu tun haben, und der Tod ist Nichtsein. Arguello versucht hier offensichtlich, den »existentiellen Tod« oder die »Erfahrung des Todes« darzustellen; mit anderen Worten: den Schmerz, die Isolation, die der Mensch erlebt, wenn er gesündigt hat. Arguello sagt: »Der physische Tod und der Schmerz sind nichts im Vergleich zu dem Tod, den wir in der Trennung von Gott erfahren, wenn wir gesündigt haben. Da erleben wir unendliche Angst, du verlierst völlig deine Dimensionen. Das ist Tod.«

Die Funktion des »Weges« ist klar; es soll sichergestellt werden, daß die Adepten den Abgrund ihrer eigenen Verwerflichkeit ausloten: »Der Mensch wird von der Schlange beherrscht, vom Teufel, vom Tod, von der Sünde.« Auf Arguellos Liste der bösen Mächte finden sich Geld und Prestige, aber auch die Ehe, Kinder und Sexualität. Schon das müßte der Mehrzahl der Katholiken genügen, um sich von Arguello zu verabschieden. Doch der Gründer verrennt sich weiter in eine nicht mehr zu leugnende Häresie:

»Der Mensch kann nichts Gutes vollbringen, da er sich von Gott getrennt hat; da er gesündigt hat, ist er radikal machtlos und nutzlos geworden, unter dem Einfluß des Teufels. Er ist ein Sklave des Teufels. Der Teufel ist sein Herr. (Deswegen sind auch Ratschläge oder ermunternde Predigten nutzlos. Der Mensch kann nichts Gutes tun) ... [Du] bist ein Diener des Teufels, der dich manipuliert, wie es ihm gefällt, da er mächtiger ist als du. Du kannst das Gebot nicht erfüllen, denn das Gebot verlangt, daß du liebst, dem Bösen widerstehst, aber du kannst es nicht: Du tust, was der Böse will.«

Diese Ansicht ist gefährlich nahe am Dogma der totalen Verderbtheit, das von den Jansenisten verkündet und von der katholischen Kirche seit jeher verurteilt worden ist. Die entgegengesetzte Meinung vertritt der Theologe Karl Rahner mit seinem Konzept der »anonymen Christen« – Menschen, die die Tugenden praktizieren, nach denen Christen streben, ohne der Kirche anzugehören oder überhaupt von ihr zu wissen.

Arguello unterstreicht die aktive Rolle, die der Teufel in der Vision einer lasterhaften Menschheit spielt. Seine eigenwillige Interpretation des Paulus-Satzes »Es bin nicht mehr ich, der handelt, sondern die Sünde, die in mir lebt«, lautet: »Mit Sünde meint der heilige Paulus den Teufel, das Tun des Teufels in uns.«

Während der langen Jahre des »Weges« werden die Mitglieder durch die ständige Wiederholung der Botschaft von Tod und Korruption in die Unterwerfung getrieben. Erst ein tiefes Empfinden der persönlichen Sündhaftigkeit ermöglicht das Begreifen des »Weges«. Der Mensch sei »zutiefst fehlerhaft. Er ist der Fleischeslust verfallen. Das einzige, was er kann, ist stehlen, kämpfen, eifersüchtig, neidisch usw. sein. Er kann nicht anders, und es ist nicht seine Schuld.« Es komme darauf an, daß die Mitglieder diese Auslegung ihrer Situation akzeptieren, wenn sie Fortschritte auf dem »Weg« machen wollen.

Der Exodus, das Thema des dreizehnten Abends der ersten Katechese, wird als archetypische Erfahrung interpretiert, die jeder Christ machen muß: »Das ist eure Geschichte. Das ist ein Urereignis, welches ein ewiges Wort Gottes für alle Zeiten und Völker darstellt«, betont der Gründer. »Es wird wörtlich erfüllt. Es wurde schon in Jesus Christus vollständig erfüllt, und es muß in euch erfüllt werden. Wenn ihr nicht in diesem Wort seid, dann seid ihr verloren, da es außerhalb nur den Tod gibt.«

Durch die Reinterpretationen der Heiligen Schrift zieht sich ein roter Faden. In jedem Einzelfall wird ihre Autorität dazu benutzt, die Autorität der Bewegung zu untermauern, ihre Strukturen und ihre Gewalt über die einzelnen Mitglieder zu kanonisieren. Die Bewegung ist das Thema der Katechesen. Ihre Gnostik, ihr Geheimwissen bringen den Kandidaten für die Weihe Erlösung. Nachdem jedem Mitglied die Tiefe seiner Sündhaftigkeit »offenbart« und dadurch seine Erlösungsbedürftigkeit festgestellt worden ist, besteht der nächste Schritt darin, zu beweisen, daß nur die Bewegung Erlösung bringen kann. Die einführende Katechese soll zeigen, daß nur die Neokatechumenaten die Heilige Schrift – Altes wie Neues Testament – sinnvoll interpretieren. Arguello erklärt die Methode, mit der man die Bibel verstehen lernt: »Laßt uns jetzt untersuchen, wie diese Bücher entstanden sind, wie sie auf uns gekommen sind. Um das herauszufinden, müssen wir am Ende anfangen – 1972, mit uns«. (Der Text stammt von 1972.) Er unterscheidet zwischen dem »Wort Gottes« und definiert es als göttlichen Eingriff in die Geschichte, und der »Heiligen Schrift«, die gleichsam das schriftliche Protokoll dieses Ereignisses darstellt.

Arguello definiert das »Wort Gottes« sehr eng:

»Dieses Wort kündigt euch ein Versprechen an. Ihr werdet vollständig befreit werden aus der Knechtschaft in Ägypten. Macht euch auf den Weg mit einer Gemeinschaft, empfangt den Messias, der kommt, um euch zu befreien, vertraut euch ihm an, und er wird euch zu den Wassern führen. Habt keine Angst in den Wassern, eure Feinde werden zur Hand sein, um euch zu unterdrücken, aber habt keine Angst: Ich werde sie zerschmettern.«

Wer das »Wort« nicht annehme, müsse gewarnt werden:

»Es kommt vor, daß viele nicht an dieses Wort glauben und ihre Feinde selbst vernichten wollen. Deshalb verlassen sie den Weg, wenden sich von Moses ab, und die Vorhut des Pharao, die ihnen dicht auf den Fersen ist, schlägt auf sie ein und vernichtet sie.«

Kikos Botschaft lautet: Das Erleben des »Wortes Gottes« kann nur in den NK-Gemeinschaften gefunden werden. »Die Kirche wird euch während dieser Katechumenate den Geist geben, so daß ihr in aller Weisheit diese Bücher verstehen werdet, so daß für euch die Heilige Schrift zum Wort Gottes wird.« Für sich allein betrachtet, bestehe die Heilige Schrift nur aus »toten Buchstaben«, sei nur ein Skelett:

»Damit dieses Skelett mit Fleisch bedeckt werde, muß derjenige, der [das Buch] aufschlägt, Zeugnis von der Heiligen Schrift ablegen, da sie in seinem eigenen Leben erfüllt wird. Nur derjenige, der dieses Buch geschrieben hat, hat die Macht, es zu öffnen, da das Buch versiegelt ist. Ein Heide kann es nicht verstehen. *Weil das Christentum kein Buchstabe ist, sondern ein Ereignis, eine lebendige Erfahrung.*« (Hervorhebung im Original.)

Um diese Einstellung zur Heiligen Schrift endgültig festzuzurren, findet am letzten Abend der einführenden Katechese eine feierliche Zeremonie statt, deren Ziel es ist, bei den Eingeweihten ein Gefühl der totalen Hingabe zu erzeugen. Es ist die Konsignation der Bibel. Bei dieser Zeremonie ist die Anwesenheit des Bischofs wünschenswert. »Den Bischof zur Konsignation der Bibel einzuladen«, betont Carmen, »ist kein Trick oder Kunstgriff, um den Bischof zu vereinnahmen, wie manche Leute glauben mögen, sondern die Katechese für die Menschen, daß das Buch für sich selbst genommen nichts ist, sondern daß es die Apostel sind, die Bischöfe, die das Buch übertragen, da sie die Macht haben, die Heilige Schrift aufzuschlagen.«

Die erste Convivencia ist der wichtigste Schritt im Rekrutierungsverfahren: Alle, die die Einführungs-Katechese durchlaufen haben, wurden aufgefordert, ihren Verstand und ihren Willen dem »Weg« unterzuordnen. Jede Minute des Tages ist ausgefüllt mit stundenlangen Katechesen, unterbrochen von Gottesdiensten, die die persönliche Hingabe an die Bewegung zum Ziel haben. Den Novizen wird gesagt, dies sei keine normale Klausur; sie seien vielmehr dabei, den direkten Eingriff Gottes zu erleben: »Der Herr zieht vorüber.«

Die »Richtlinien« enthalten ausführliche Beschreibungen der Riten, die auf maximale Wirkung abzielen. Die Eröffnungszeremonie, die am späten Abend des Ankunftstages abgehalten wird, soll die von der Bewegung vertretene dualistische Sicht des Menschseins dramatisieren:

> »Die Dunkelheit ist das Symbol unserer Blindheit, der Sünde, in der wir uns alle befinden. Glaubt ja nicht, wir würden hier Theater spielen, die Dunkelheit drückt eine Wirklichkeit aus, die in uns ist. Es ist wahr, daß die Dunkelheit existiert, genauso wie Neid, Haß, Ehebruch, Selbstsucht und Tod existieren. Die Dunkelheit macht hier präsent, was an jedem Tag unseres Lebens geschieht … Ihr befindet euch in der tiefen Dunkelheit eures Selbst, unfähig, irgend jemanden außer euch selbst zu lieben.«

Jeder müsse jetzt seine eigene Sündhaftigkeit empfinden.

> »Wir sind keine Christen«, hämmert Arguello seinen Novizen ein, »wir wissen nichts über das Christentum, wir sind Vor-Christen. Wir haben uns nie vor das Wort Christi begeben, wir haben vom Himmel nie einen neuen Geist erhalten, und deshalb waren wir nicht fruchtbar, und unser Christentum hat uns speiübel gemacht.«[8]

Die Convivencia weise den Ausweg aus dieser schrecklichen Einsicht:

»Wir begeben uns auf einen Weg, der uns zum tiefen Verständnis unserer Realität führen wird. Zu eurer eigenen Realität, von der ihr bis jetzt keine Ahnung habt. Ihr kennt euch selbst nicht, und tief in eurem Innern glaubt ihr gut zu sein. Wenn wir mit Jesus diesen Weg gehen, wird Er euch lehren, was ihr wirklich seid, was eure wahre Realität ist, was die Sünde für die Welt bedeutet ... Indem ihr eure tiefe Realität der Sünde entdeckt, werdet ihr die immense Liebe Gottes kennenlernen.«

Arguello erklärt, was er mit »tiefer Realität der Sünde« meint:

»... die Botschaft, die wir dir geben, lautet: Gott liebt dich, obwohl du bist, was du bist, ein Sünder, ein sexueller Hedonist, ein Spießbürger, ein Stubenhocker, selbstsüchtig, immer auf deine eigenen Interessen bedacht; daß du andere nur akzeptierst, wenn sie dich aufbauen oder dir helfen; daß du glaubst, der König der Erde zu sein. In diesem Zustand liebt dich Gott. Er liebt dich trotz der Tatsache, daß du ein Sünder bist, trotz der Tatsache, daß du ein Feind bist.«

Arguellos Einführung zum ersten Hauptreferat über die Eucharistie, das am Morgen des zweiten Tages gehalten wird, erklärt das gnostische Ziel der NK-Lehren deutlich:

»Das Geheimnis ist etwas, das erkannt werden kann, eine Erleuchtung des Verstandes, etwas, in das du eingeweiht werden kannst ... Mit anderen Worten, es ist nicht etwas, das für unseren Verstand unfaßbar ist, keine Glaubensangelegenheit, wie wir aufgrund unserer rationalistischen Mentalität gewohnt sind anzunehmen. Ganz im Gegenteil: ›Geheimnis‹ bedeutet, besser zu verstehen, von einer Realität erleuchtet zu werden, die vorher verborgen war.«

Während der stundenlangen Katechesen werden die Novizen vorgewarnt, daß man sie auffordern wird, alles zu verkaufen:

»Ihr müßt akzeptieren, in der Tat, daß ihr Gott mehr lieben werdet als das Geld. In einigen Jahren, während der ersten Taufprüfung, werdet ihr gesagt bekommen, daß ihr eure ganze Habe verkaufen müßt, und ihr werdet sie verkaufen müssen, andernfalls werdet ihr nicht ins Königreich Eingang finden, ihr werdet nicht einmal in das Katechumenat Eingang finden. Heute habt ihr dazu noch nicht die Kraft, aber dann werdet ihr sie haben, weil euch der Heilige Geist zuteil geworden sein wird, so daß ihr es tun könnt.«

Im Weg des Neokatechumenats »gibt es den perfekten Gehorsam. Denn wenn es keinen Gehorsam gegenüber dem Katechisten gibt, gibt es auch keinen Weg.«
Auch wenn einige Aspekte der eucharistischen Lehren der Katechisten von katholischen Theologen als ketzerisch verdammt worden sind, braucht man keine Fachkenntnisse, um die beängstigenden Implikationen der Dogmen zu erkennen, die im großen Finale der Convivencia proklamiert werden. Hier wird behauptet, der NK-Weg sei die wahre Kirche, hier wird den potentiellen Anhängern suggeriert, sie seien die Auserwählten, die Erleuchteten, die Berufenen. Zum ersten Mal wird das Dogma vom »Diener Jahwes« offenbart, das der abschließenden Katechese seinen Namen gegeben hat. Kiko beginnt mit der Feststellung: »Jetzt werde ich euch sagen, warum wir diesen Weg gehen, *worin die Mission dieses Weges besteht, worin die Mission der Kirche besteht.*« (Hervorhebung im Original.) Mit Kirche meint er ausschließlich die NK-Gemeinden, die alles Vorangegangene ersetzen werden:

»Diejenigen, die dieses Wort [die Verkündung des NK-Weges] annehmen und verteidigen, begeben sich in der Gemeinschaft auf den Weg des Katechumenats, um die Kirche zu bilden, so daß der Heilige Geist über sie kommen wird. So werden sie als Söhne Gottes geboren … Das ist ein erstaunliches Mysterium: Eine Gruppe von Menschen wird geheiligt, und sie bilden den Leib des wiederauferstandenen Jesus Christus, des Sohnes Gottes … Und das rettet die Welt.«

Nur die Neokatechumenaten verkörperten die wahre Kirche. Und diese gewähre nur den »Erwählten« Einlaß, denjenigen, die »den Heiligen Geist« besitzen.

Der Gründer verwendet die Metapher Christi von der Kirche als dem »Salz der Erde«, um deutlich zu machen, daß »die Kirche« aus einer Elite innerhalb der Masse besteht:

> »Dem, der nicht weitergeht, wird nichts geschehen: Er wird eine gesalzene Kartoffel sein. Es kommt nicht darauf an, das Salz zu sein, sondern darauf, daß es das Salz gibt, das die Welt rettet, daß das Reich Gottes alle Menschen erreicht, daß alle die Frohe Botschaft erhalten. Für diese Mission hat Gott seine Kirche erwählt. Und Gott erwählt, wen immer er will, wie immer er will.«

Wenn jemand keine Werke des ewigen Lebens vollbringe, werde er deswegen nicht als schlecht verworfen.

> »Er ist nur nicht auserwählt, die Kirche zu sein, und damit hat es sich. Wir wissen nicht, ob das deswegen geschieht, weil er nicht wußte, wie er auf das Wort antworten sollte. Das einzige, was wir wissen, ist, daß er nicht den Heiligen Geist hat und daher nicht erwählt ist. Das ist alles. Viele werden gerufen, aber wenige sind auserwählt. Viele beginnen das Katechumenat, nur wenige vollenden die letzte Stufe der Auserwählten.«

Das Hauptanliegen der Katechese besteht nicht darin, die Leute abzuschrecken, sondern ihnen Angst vor der Ablehnung einzujagen und sie fest in die Gemeinschaften einzubinden. »Gott hat von Anfang an diejenigen auserwählt, die er haben wollte ... Ich habe in so vielen Messen gesprochen, und nur ihr seid gekommen ... Wenn ihr da seid und andere nicht, dann hat das seinen Grund.«
Kiko gibt dann Antwort auf die Frage nach der Mission der Kirche, nach dem »Weg«; er bedient sich des Begriffs der »Diener Jahwes«, der eine Haltung der totalen Resignation und Unterwerfung beschreibt. Arguello ermahnt die Mitglieder, sich nicht um die Probleme der Welt zu kümmern oder sich Anliegen zu verschreiben: »Viele junge Menschen wollen in die Politik gehen oder sonstwas, und vielleicht lehnen sie zu Hause ihren Vater ab. Hier passiert das nicht. Hier ist die allererste Person, die ihr akzeptieren werdet, euer

faschistischer Vater.« Nicht Handeln für soziale Gerechtigkeit sei jetzt gefragt, sondern das Bemühen, ein wahrer Christ zu werden. »An dem Tag, an dem ihr christlich werdet, werden es eure Handlungen ebenfalls sein, und ihr werdet in keiner Weise festgelegt sein, weil es Jesus Christus sein wird, der handelt, wenn ihr handelt.« Bis dahin gelte: »Die Kirche ist Christus selbst, der im Verlauf der Geschichte fortfährt, sich für die Sünden der Menschen töten zu lassen ... Darin liegt die Spiritualität der Märtyrer. Heute entdecken wir, daß es keine andere Spiritualität als diese gibt.«

Wenn NK-Mitglieder durch die Erkenntnis glorifiziert werden, daß »das Blut von Christen auch noch im zwanzigsten Jahrhundert für die Vergebung der Sünden vergossen wird«, werden ihre Gegner in die Rolle des Judas gezwängt: »Judas spielt eine sehr aktive Rolle im Passionsmysterium Jesu. Seine Aufgabe ist es, Jesus zu töten.« Für die Neokatechumenaten sind also die Gegner des »Weges« die neuen Christusmörder.

Der Zweijahreszeitraum nach der ersten Convivencia wird Pre-Katechumenate genannt. Von diesem Stadium des »Weges« heißt es, es stehe auf dem »Dreibein: Wort, Liturgie und Gemeinschaft«. Die Mitglieder müssen sich an zwei Abenden in der Woche treffen, einmal zur Liturgie des Wortes und einmal zur Eucharistie. Zusätzlich gibt es monatliche Convivencias, die jeweils einen Tag dauern. Abwechselnde Teams bereiten die Liturgie des Wortes für die Eucharistie vor; das bedeutet, daß von Zeit zu Zeit eine zusätzliche wöchentliche Zusammenkunft stattfindet. Von der Gemeinschaft wird ein »Verantwortlicher«, ein Führer ernannt. Er muß ein Laie sein: »Die große Gefahr, der die Gemeinschaften ausgesetzt sind, ist die, daß die Priester sie unbeabsichtigt töten. So bekommen die Gemeinschaften einen Laien als Verantwortlichen. Der Priester führt bei den Zusammenkünften den Vorsitz. Der verantwortliche Laie und sein Team von Gehilfen ist das Bindeglied zwischen der Gemeinschaft und dem Team der Katechisten.« Die Mitglieder sollen zunächst lernen, daß sie keinen Glauben haben, und dann entdecken, daß nur die Bewegung ihnen Glauben geben kann. Der Gründer begrüßt die Teilnehmer ziemlich unverfroren mit dem Wunsch: »Ich hoffe, daß Gott dir während dieser Zeit des Pre-Katechumenats viele Schwierigkeiten gemacht, viele Katastrophen geschickt hat, denn genau das muß passieren, damit du erkennst, daß du keinen Glauben hast.«

Der erste »Übergang« besteht aus drei Schritten: eine Prüfung des Glaubens durch die Entscheidung, die Habe zu verkaufen; die Loslösung von den Ehepartnern und den Kindern; das Eintragen des Namens in das Buch des Lebens. Der Prozeß des Ausforschens findet während der »Befragung« statt; die Mitglieder sind verpflichtet, Fragen über ihr Privat- und Familienleben unter Nennung »konkreter Einzelheiten« zu beantworten; diese Befragungen gleichen oft öffentlichen Kreuzverhören. Ehemalige Mitglieder sagen, die Vorbereitungen auf die Prüfung seien in Wahrheit die eigentliche »Musterung«. Es gibt drei große Fragenkomplexe zur Vorbereitung auf die Prüfung:

1. Glaubst du, dein Werk entspricht dem Evangelium, oder hast du bisher nur für dich beiseitegelegt und nicht für Gott?
2. Ist dein Gefühlsleben (Ehepartner, Kinder, Geliebte, Geliebter, Vater, Mutter, Geschwister, Freunde, Sex) ein Schatz, den du für dich angesammelt hast, oder lebst du es nach dem Evangelium?
3. Kennst du dein wirkliches Verhältnis zum Geld? Inwieweit ist es dein Herr?

Mit diesem demütigenden seelischen Striptease soll der Eintritt für die nächste Stufe des »Weges« erkauft werden; zuvor aber wird noch eine weitere Selbstentblößung verlangt, die Offenbarung des persönlichen Kreuzes: »Worin besteht dein Kreuz und der Sinn deines Lebens?«

Die Anweisungen für die Zeremonie raten den Kandidaten, sich bei der Beantwortung der Fragen, die der Bischof ihnen stellen wird, kurz zu fassen. Wenn die NK-Gemeinschaft aber unter sich ist, müssen die Kandidaten ausführlich antworten, auch auf Fragen nach der Sexualität.

Diese »Prüfung« bewirkt auch nach zwei Jahren des »Weges« bei vielen einen Schock. Arguello lockt mit dem Versprechen neuer Offenbarungen: »In dieser Nacht wird euch die Kirche ihre Geheimwaffe übergeben: das glorreiche Kreuz.« Auch im Unglück müsse man bereit sein, das »glorreiche Kreuz« anzunehmen. »Du verstehst nicht, warum dein Sohn gestorben ist, du verstehst nicht, warum dir soviel Übel widerfährt, warum du so selbstsüchtig bist; lehne dich nicht auf, nehme das Kreuz an, denn Gott weiß warum. Ergreife das Kreuz, damit Christus dich ergreifen kann. *In dem Augenblick, in dem du das Kreuz nicht umarmen kannst, kommt Christus in dein Herz, um dich an das Kreuz zu drücken.*« (Hervorhebung im Original.) In den Gruppengesprächen zur Vorbereitung dieses Teils der »Prüfung« müssen zwei Fragen untersucht werden:

1. Bist du bereit, dich vom Geist Gottes erfassen zu lassen, oder hast du Angst, das würde dein Leben zu sehr verändern?
2. Das Kreuz ist das Symbol all dessen, was dich zerstört. Was ist in diesem Augenblick dein Kreuz, und was glaubst du, warum Gott es zuläßt? Mit anderen Worten: Welche Bedeutung hat das Kreuz in deinem Leben?

In der Theorie soll der Bischof anerkennen, ob die Kandidaten das »glorreiche Kreuz« verstanden haben. Trotzdem warnt Kiko Arguello seine Zuhörer: Wenn der Bischof »sieht, daß ihr erleuchtet seid, daß ihr das Geheimnis des glorreichen Kreuzes kennt, wenn er sieht, daß ihr vom Kreuz nicht schockiert seid und Christus in seiner Glorie empfangen wollt, wird er euch einladen, hervorzutreten, und euch auf der Stirn mit dem glorreichen Kreuz Christi zeichnen, mit süßem Parfüm«.

Die Bewegung verteilt Erleuchtungen, wann und wie sie will, und »Mystik zum Schleuderpreis«. Das »glorreiche Kreuz« dient der Unterwerfung, Akzeptanz, Resignation. Das Band zwischen den Mitgliedern und der Gemeinschaft soll unlösbar werden. Wie kann jemand eine Gruppe verlassen, die seine dunkelsten Ängste und Geheimnisse kennt?

Bei der Eintragung in das Buch des Lebens werden die Mitglieder ein weiteres Mal erpreßt; jeder, heißt es da, sei frei. Aber wer den »Weg« nicht weiter verfolgen wolle, verzichte auf die Erlösung. Die Eintragung ist endgültig, man hat sich damit der Bewegung unwiderruflich verschrieben. Wer zu einem späteren Zeitpunkt zweifeln oder wanken sollte, wird daran erinnert, daß er nicht mehr umkehren könne, da sein Name im Buch des Lebens steht: »Wenn ihr jetzt euren Namen schreibt, sagt ihr damit ›ja‹ zu eurer Wahl, die Gott für alle Ewigkeit getroffen hat. Frohlocket nur wegen des einen: Eure Namen stehen im Himmel geschrieben.«

Zwischen der ersten und der zweiten Prüfung liegt der »Übergang des Katechumenats«, der zwischen achtzehn Monaten und zwei Jahren dauert; in der Mitte dieser Zeitspanne wird eine dreitägige Convivencia gefeiert, die »Shema« genannt wird. Sie soll die Botschaften der ersten Prüfung bestätigen, den Verkauf der Habe und die Trennung von Beruf und Familie. Durch Trennung von den »Götzenbildern« Geld, Beruf, Kinder, Familie, Ehepartner soll die Gemeinschaft zum wichtigsten Bestandteil des Lebens werden:

>»Als du in die Gemeinschaft eingetreten bist, warst auch du ein Polytheist, und auch für dich lag die Wahrheit des Lebens in deinem Beruf, der Familie, deiner Selbstbestätigung, in deinen Kindern, in der Gesellschaft, in deinem Auto … Und daneben, neben vielen anderen Dingen, hattest du auch die Gemeinschaft. An diesem Punkt des Weges, nach vier Jahren, haben sich die Dinge ein wenig verändert, und da du nunmehr davon überzeugt bist, daß diese Dinge dich nicht glücklich machen, kann Gott jetzt zu dir sagen: ›Höre, o Israel, ich bin der Einzige, die anderen sind keine Götter.‹«

Die Enthüllung unserer wahren Natur ist nach Arguello fast nicht zu ertragen: »Einem Menschen aufzuzeigen, wie groß der Abstand ist zwischen dem, was er zu sein glaubt, und dem, was er in Wirklichkeit ist, würde ihn töten. Wenn uns jemand zwingen würde, den Weg allein zu erfahren, ohne ihn ständig mit dem Wort Gottes zu unterstützen, würde er uns zum Selbstmord treiben.« Während der Zeit des Katechumenats lasse »Gott in der Gemeinschaft Probleme, Konflikte, chaotische Zustände herrschen, die den Menschen herabsetzen, ihn mit seiner Wirklichkeit konfrontieren, so daß, wenn die Leute geglaubt haben, sie seien sehr christlich, nach zwei Jahren auf dem Weg, wenn sie einsehen, daß sie weder Hinz noch Kunz ausstehen können, sie sich ihrer Grenzen bewußt werden«. Das sei aber nur der Anfang. »Später wird die Situation noch schlimmer, denn dann fangen das Getratsche und die gegenseitigen Dolchstöße in den Rücken an.«

Wenn Mitglieder von diesem Bild der NK-Gemeinschaften abgestoßen werden, erinnert Arguello sie: »Wir haben uns darauf verständigt, Brüder, daß die Gemeinschaft das ›Sakrament Jesu Christi‹ sein muß und daß sie die zukünftige Menschheit darstellt.« Arguello sagt nicht »die Zukunft der Menschheit«, sondern »die zukünftige Menschheit«; Außenstehende werden nicht beteiligt sein: »Folgendes ist das Allerwichtigste: Wir befinden uns im Übergang von einer Situation der ›christianisierten Kirche‹, in der jeder, der Rettung suchte, in die Kirche eintreten mußte, zu einer anderen Situation, in der das, was die Welt rettet, das Licht ist, das Licht, das erleuchtet.«

Die katholische Orthodoxie besteht heute nicht mehr darauf, daß es außerhalb der Kirche keine Erlösung gebe. Arguello aber verkündet: »Wir gehen von der Überzeugung aus, daß Christus sich Seine Kirche als ›Überrest‹ vorstellt, als einen Katalysator, eine Hefe, ein Licht.« Er will die Mitglieder in Atem halten – keiner soll sich seiner Rettung sicher sein können, bevor nicht das bittere Ende des Katechumenats erreicht ist, das Stadium unmittelbar vor der Erneuerung des Taufgelübdes. Er warnt, daß »viele gerufen, aber nur wenige erwählt werden«: »Ich weiß in der Tat nicht, wie viele von euch Erwählte Gottes sein werden. Macht euch keine Sorgen, weil denen, die Gott nicht erwählt, nichts passiert.«

Nach den zwei Jahren des Prä-Katechumenats und des Übergangs zum Katechumenat folgt das eigentliche Katechumenat. Es schließen sich sechs Stufen an, von denen jede ungefähr zwei Jahre dauert: Gebet, Traditio Symboli, Redditio Symboli, Vaterunser und Wahl; erst dann kommt man zur Erneuerung des Taufgelübdes. Obwohl die Mitglieder noch weit vom Endziel entfernt sind, versichert Arguello ihnen: »Ihr seid mit Feuer gezeichnet worden, und das kann euch keiner mehr nehmen.«

Arguello ist ein selbsternannter Visionär: »Ich habe den Herrn gesehen … Ich habe die Mutter Gottes gesehen … Ich habe Wunder gesehen«, sagte er 1988 in einem Vortrag.[9] Bei seiner ersten Privataudienz habe er Johannes Paul II. »unter großen Schmerzen« gesagt, »daß die Jungfrau Maria mir aufgetragen hat, kleine Gemeinden wie die Heilige Familie von Nazareth zu gründen«. Er habe Angst gehabt, der Papst könne ihn für einen »Visionär, einen Hysteriker« halten. Doch das war offensichtlich nicht der Fall. Der Papst hörte geduldig zu.

Arguellos Visionen werden immer gewagter. 1988 hatte er eine Offenbarung, die der Kirche, auch dem Papst, entgangen sein muß: »Der Weg, den Unser Herr Jesus Christus durch seinen Exodus geöffnet hat, indem er den Tod zerstörte und die Menschheit zum Himmel führte, ist jetzt wieder verschlossen.«

Die Bewegungen entwickeln ein so ausgeprägtes Empfinden für ihre Einzigartigkeit, daß es keine sinnvolle Kommunikation untereinander oder mit anderen Mitgliedern der Kirche mehr geben kann. Dieses Gefühl des Auserwähltseins macht auch die Trennung von einer der Bewegungen zu einer persönlichen Katastrophe.

1 Chiara Lubich, Telefonkonferenz vom 28. April 1988.
2 Brief Kiko Arguellos an NK-Gemeinschaften, Rom, 8. Dezember 1988.
3 Don Luigi Giussani, »E, se opera«, Beilage in *30 giorni*, Februar 1994, S. 45.
4 »Die Laienschaft, das sind die Christen«, Interview Angelo Scolas mit Don Luigi Giussani, Coop Ed., Nuovo Mondo, Mailand, S. 22.
5 Ebd., S. 23.
6 Don Luigi Giussani, *Das christliche Ereignis*, Rizzoli, Mailand 1993, S. 49.
7 Ezechiele Pasotti (Hrsg.), Il Cammino Neocatechumenale, Edizioni Paoline, Mailand 1993, S. 9.
8 »Richtlinien«, S. 283.
9 Aufzeichnungen von den Katechesen Kiko Arguellos, Convivencia in Arcinazzo, 22.bis 25. September 1988, S. 5.

Kein Ausgang 12

Totalitäre Gesellschaften und Sekten betrachten jeden, der ihnen den Rücken kehrt, als Verräter. Die neuen katholischen Bewegungen machen da keine Ausnahme. Da sie nicht mit Argumenten überzeugen, sondern mit Gehirnwäsche arbeiten, sind sie sicher, daß ihr Werk nicht zu erschüttern ist. Eine einzige Person, die die akzeptierten Wahrheiten plötzlich in Frage stellt, löst ein Beben in der Zentrale aus.

In einer Ansprache an die »Memores Domini«, die religiösen Lebensgemeinschaften von »Kommunion und Befreiung«, erklärte Don Giussani: »Wer immer, und sei es nur für eine kurze Zeit, von dieser Verkündung berührt wurde und dann fortgeht, wird für immer traurig weggehen wie der reiche junge Mann im Evangelium, da es keine andere Wahrheit gibt als diese.« Dieser Prophezeiung folgte eine Warnung. Abtrünnigkeit bringe nicht nur den einzelnen in Not, sondern die ganze Gemeinschaft: »Die Wahrheit des Weges, dem meine Mutter und mein Vater folgen, meine Freunde, die Kinder haben, hängt sichtbar vom Weg derer ab, die zur Jungfräulichkeit berufen sind.« Die emotionale Anziehungskraft wird ohne Skrupel beschworen, um an den Altruismus der Novizen zu appellieren; diese Technik wenden alle Bewegungen an. Das starke Gefühl der Gruppenidentität ruft bei denen, die ausbrechen wollen, massive Schuldgefühle hervor: »Fortzugehen ist ein Eintauchen in weltliche Dinge …, sich dem Teufel ausliefern.«[1]

Für NK-Mitglieder stellen die Prüfungen ein besonderes Problem dar: Wie können sie die Gruppe verlassen, die ihre tiefsten und dunkelsten Geheimnisse kennt? – Eine NK-Gemeinschaft hat ihre Basis in der Pfarrgemeinde; man begegnet tagein, tagaus denen, die man im Stich gelassen hat. Ausgestiegene Mitglieder werden wie

Aussätzige behandelt. Man werde moralisch »in Ketten« gelegt, sagt ein italienisches Exmitglied. »Ich wurde wieder zu einem wertlosen ›ungehobelten Sonntagschristen‹. Wer zur Kirche geht, ohne das ›Wort Gottes‹ zu verstehen, hat keinen Wert.« Auch Focolare-Mitgliedern, die gehen, gelingt es fast nie, sich selbst und die verlorengegangene Unabhängigkeit wiederzufinden. Das Verlangen nach der Gruppe ist wie eine Wunde, die nicht verheilen will. Trotzdem ist die Zahl der *focolarini*, die sich lossagten, erstaunlich hoch. Jedes Jahr treten zwischen fünfzig und sechzig *focolarini* (Männer) und etwa ebenso viele *focolarine* (Frauen) in die Schule ein, die sich früher in Loppiano befand und heute ihren Sitz in der Schweiz hat. Von meinem Jahrgang (1971/72) fielen zwei durch das Sieb; legt man diese Zahlen zugrunde, so hätte es Ende der achtziger Jahre in beiden Sektionen je etwa 2500 Mitglieder geben müssen. Tatsächlich gab es 1988 nur 1087 männliche und 1676 weibliche Focolare-Mitglieder.

Ich kann mich erinnern, daß wir unsere Aussteiger, vor allem die männlichen, als elende Versager betrachteten; bei dem Gedanken, uns könne ein ähnliches Schicksal ereilen, packte uns das Grauen. Uns war doch das »Charisma der Einheit« angeboten worden, das größte Geschenk, das heutigen Christen zuteil werden kann. Schon der bloße Gedanke, daß jemand woanders glücklich werden könne, war unerträglich. Ich habe nie eine gute Nachricht über ein ehemaliges Mitglied gehört, kenne aber viele »Das-kommt-davon-Geschichten«. Ein *focolarino* aus der Schweiz, für große Aufgaben in der Bewegung vorgesehen, war ausgetreten, um zu heiraten. Sein »Ideal« sei nunmehr seine Frau. In dieser Lästerung sahen wir einen Abgrund an Verworfenheit. Noch schockierender war die Geschichte über einen ehemaligen *focolarino*, der in Florenz als Transvestit der Prostitution nachging. Würden auch wir so enden, wenn wir gehen?

»Er, der der Beste war, ist zum Schlimmsten geworden«, hieß eine Andeutung; der Abtrünnige sei Luzifer ähnlich, dem höchsten der Engel, der sich zum Teufel gewandelt hatte. Wer fiel, stürzte ins Bodenlose. Die Bewegung und die Kirche sind in den Köpfen der Mitglieder so sehr zusammengeschweißt, daß viele, die ausbrechen, auch die Kirche verlassen. Mir hat einmal ein *focolarino* gesagt, wenn er die Bewegung verließe, würde er auch aus der Kirche austreten und aufhören, an Gott zu glauben. Chiara Lubich und Focolare seien die einzigen glaubwürdigen Beweise für die Existenz Gottes und für die Wahrheit der christlichen Botschaft.

Bevor ich mich Anfang 1971 auf den Weg nach Loppiano machte, hatte ich drei Monate in der Londoner Männergemeinschaft verbracht. Ich teilte ein Schlafzimmer mit David, einem gutaussehenden Afro-Amerikaner. Kurz nach meiner Ankunft in Loppiano wurde ich von der Nachricht überrascht, David sei in das New Yorker Focolare versetzt worden. Später fand ich heraus, daß er nicht mehr in einer Gemeinschaft lebte, aber nach wie vor der Bewegung anhing. Was war schiefgegangen? Nach meiner Rückkehr nach Großbritannien erhielten wir Besuch von Giuseppe Zanghi, einem der ersten *focolarini*, einem Philosophen und Priester aus der Zentrale der Bewegung. Da er gerade in den Vereinigten Staaten gewesen war, fragte ich nach David. Die Antwort war eine Verdammung: »David ist im homosexuellen Untergrund von New York untergegangen.« 13 Jahre später habe ich David in New York ausfindig gemacht. Er war nicht in den Untergrund abgetaucht, sondern flog als Steward um die Welt. Wir trafen uns in einem irischen Pub auf der Second Avenue, ich erfuhr endlich die Wahrheit über die Ereignisse von 1971.

Im Februar 1971 hatte Fede (Giorgio Marchetti), der Führer des männlichen Zweigs der Bewegung, das Londoner Focolare besucht und dort »private Unterredungen« (Colloqui privati) geführt. In einem dieser Gespräche erwähnte David, er habe in seiner Jugend homosexuelle Erfahrungen gemacht, lebe jedoch seit seinem Eintritt in die Bewegung völlig enthaltsam. Fede brach das Gespräch abrupt ab und schickte ihn ohne weitere Erklärung aus dem Zimmer; er solle sofort seine Koffer für die Rückkehr nach New York packen. Noch nach dreizehn Jahren war Davids Wut nicht abgeklungen; er glaubt, daß auch Rassismus eine Rolle gespielt habe. Was immer auch der wahre Grund gewesen sein mag: Nachdem er verstoßen worden war, mußte sein Ruf zerstört werden. In solchen Fällen gilt das uralte Prinzip der katholischen Kirche: »Der Irrtum hat keine Rechte.«

Die *focolarini* entziehen sich in der Regel allen Problemen, indem sie sich dem Leben entziehen. Auf der einen Seite befreien sie sich von den Alltagsproblemen des Lebens, andererseits zahlen sie dafür einen hohen Preis.

Ich habe schon darauf hingewiesen, daß immer dann, wenn über meine Mitgliedschaft bei Focolare gesprochen wird, sich die Unterhaltung schnell auf zwei Fragen konzentriert: Warum ich eingetreten und warum ich ausgetreten bin. Die Antwort auf die zweite Frage sollte nun klar sein. Aber warum bin ich eingetreten?

Die Jahre bei Focolare waren wahrscheinlich die unglücklichsten meines Lebens, obwohl uns gelehrt wurde, Leiden sei ein Teil unserer Existenz und der »alleingelassene Jesus« sei der Schlüssel zur »Einheit«. Die Entscheidung, Focolare zu verlassen, war weder überlegt noch bewußt. Die »Heilige Reise«, die Focolare verheißt, ist kein Trip zur Selbsterfahrung und Selbstentdeckung, sondern zur Selbstzerstörung. Im Zustand der Entfremdung von den eigenen Gefühlen werden persönliche Entscheidungen unmöglich. Ich bin zur Trennung von Focolare durch meinen Selbsterhaltungstrieb gezwungen worden. Es ist unmöglich, die Bewegung zu analysieren, solange man ihr angehört. Erst durch den Weggang hat sich mir die wahre Natur der Bewegung enthüllt, ihre Engstirnigkeit, ihre Geschlossenheit, ihre Heuchelei. Noch sechs Monate vor meinem Ausscheiden konnte ich mir einen Bruch nicht vorstellen.

Nach den ständigen Angriffen auf unseren Verstand und unsere Persönlichkeit während der zwei Jahre in Loppiano war mir das Leben in einer Focolare-Gemeinschaft fast normal erschienen. Anfang 1973 kam ich in Liverpool an mit dem Auftrag, dort eine neue Männergemeinschaft zu gründen. Am Anfang gab es nur mich und Marcelo Claria, den Capofocolare, einen argentinischen Psychiater. Ich sollte eine Stelle als Lehrer finden; ich habe diesen Beruf nie besonders geliebt, aber die *focolarini* bevorzugen ihn, weil die Arbeitszeiten und die Ferien viel Zeit für die Missionierung lassen. Der Lehrerberuf hat noch den zusätzlichen Vorteil, junge Menschen rekrutieren zu können.

Trotz meiner fehlenden pädagogischen Erfahrung fand ich mich bereits am nächsten Tag in einem Klassenzimmer der Hauptschule von Edge Hill wieder. Die sechs Monate in dieser Schule waren für mich eine Feuertaufe, aber der Lehrerberuf machte mir Spaß. Auf Befehl der Londoner Zentrale meldete ich mich zu einem einjährigen postuniversitären Diplomkurs für Pädagogik an. Nach Abschluß dieses Jahres wurde mir eine Stelle als Englischlehrer im De La Salle College angeboten, der katholischen Grundschule, an der ich meine Referendarzeit abgeleistet hatte. Vor meinem Eintritt in die Bewegung im Alter von siebzehn hatte ich immer Ideen, nun konnte ich endlich wieder eigene Projekte entwickeln.

Ich gründete an der Schule einen Filmklub, in dem abwechselnd Filmklassiker und Kassenschlager gezeigt wurden; im Unterricht machten mir Kurse für kreatives Schreiben besonders viel Freude. Da ich mich während des Pädagogikkurses auf Dramaturgie spezialisiert hatte, bereitete ich mit Unterstützung meiner Kollegen eine Theateraufführung zum Schuljahresabschluß vor. Nach Focolare-Maßstäben war dies zuviel des Guten.

Die Gründung einer neuen Gemeinschaft bedeutete, daß Räumlichkeiten gesucht, daß unsere Einweihungsparty organisiert und die Anhänger der Bewegung angesprochen werden mußten, um ihnen mitzuteilen, daß wir da waren. Während meiner Zeit in Liverpool zogen wir in zweieinhalb Jahren dreimal um, das letzte Mal in eine große Doppelhaushälfte am Sinclair Drive nahe der Penny Lane, einer recht vornehmen Wohngegend. Die Immobilie wurde von der Bewegung erworben, noch heute hat die Focolare-Männergemeinschaft von Liverpool dort ihr Domizil.

Ich wurde zum »Gen-Assistenten« (Leiter), zunächst für unser damaliges Rekrutierungsgebiet Nordengland und Schottland, ernannt und erhielt später zusätzlich die Zuständigkeit für das gesamte Vereinigte Königreich und die Republik Irland. Ich war damals dreiundzwanzig, und die Gen in Liverpool waren überwiegend späte Teens und frühe Zwanziger. Einer war älter als ich.

Nachdem ich fünf Jahre lang in einem kulturellen Vakuum gelebt hatte, begann ich Musik zu hören und mich für Filme zu interessieren. Als *focolarini* waren wir vollständig von der Kultur der Zeit abgeschnitten gewesen. Wir sahen nie fern, lasen keine Zeitungen und sahen nur gelegentlich einen Film. Jetzt gründeten wir eine

Gen-Band, die Konzerte in Kirchen und Versammlungshäusern in ganz Nordengland gab. Ermutigt durch meine Theaterarbeit an den Schulen, mietete ich Scheinwerfer und plante für die Band eine Licht- und Bühnenshow. Ich fing an, kleine Pantomimen zu entwikkeln. Später sollten diese Nummern ausgebaut und von größeren gemischten Gruppen bei Mariapolis- und Gen-Treffen vorgeführt werden.

Trotz der neuen Erlebnisse brodelte in mir weiter ein Geheimnis, das mich schon seit meiner ersten Begegnung mit Focolare gequält hatte. In meinem zwölften Lebensjahr hatte ich gemerkt, daß ich mich von gleichaltrigen oder älteren Jungen angezogen fühlte. In den katholischen Schulen jener Zeit wurde über solche Dinge nicht gesprochen; also hatte ich mich selbst informiert und mir aus der Bibliothek die psychologischen Schriften Freuds besorgt. Viele Jahre lang sah ich in meinen homosexuellen Neigungen eher eine Versuchung oder ein Laster als einen Teil meines Ichs. In meinen Teenager-Jahren begann ich zu begreifen, daß ich nicht nur eine »Phase« durchmachte. Mein frommer katholischer Glaube gab mir indes wirksame Mittel an die Hand, das Problem zu verdrängen. Bis zu meinem Eintritt in die Bewegung war ich praktisch ein asexueller Mensch. Dennoch wuchs in mir das Bedürfnis, mein Geheimnis zu offenbaren. Ich brauchte einige Zeit, in der Welt von Focolare schien es keinen Platz für Sexualität zu geben. Und: Ich sollte doch zum *focolarino* aufgebaut werden, würde mir ein Geständnis die sofortige Entlassung bringen?

Nach wochenlangem Hin und Her beichtete ich schließlich Dimitri Bregant, einem jugoslawischen Arzt (inzwischen Priester geworden), der seit 1969 *capozona* der männlichen Sektion der Bewegung im Vereinigten Königreich war. Seine Reaktion war überraschend. An und für sich sei an meinen Gefühlen nichts auszusetzen, meinte er, solange ich nicht aktiv würde. Auf keinen Fall aber dürfe ich die Bewegung dafür verantwortlich machen.

Die Nöte des einzelnen sind offenbar ohne Bedeutung. Es kommt darauf an, daß die Institution unbefleckt bleibt. Nach den Lehren Chiara Lubichs darf das »Leiden«, ein alles umfassender Begriff, nicht analysiert werden; deshalb gab es zu meinem »Problem« auch nichts zu sagen. Es wurden keine Fragen gestellt, es gab keine Diskussionen. Es war uns verboten, selbst mit Freunden innerhalb der Bewegung über Zweifel und Schwierigkeiten zu sprechen. Wir sollten unsere »Verderbtheit« nicht mit anderen teilen.

In diesem Ansatz spiegelt sich das tiefe Mißtrauen Focolares gegenüber der menschlichen Natur. Offenheit, selbst zwischen vertrauten Kollegen, konnte nur zu Schwierigkeiten führen, vielleicht sogar zur Sünde. Gefühle sind kurzlebig, nicht wert, daß man über sie spricht. Wir sollten nur das »Licht« teilen, der Erleuchtung vertrauen, die wir erhielten, wenn wir Chiara Lubichs Lehren folgten.

In meinem Fall war das ein fataler Irrtum, der mir später viele Schmerzen bereiten sollte. Als ich 1969 mein Geständnis machte, hatte ich kein Verlangen nach sexuellen Experimenten. Die Idee der Keuschheit war schon deswegen attraktiv, weil man sich damit auf absehbare Zeit jeder Art von sexueller Festlegung entziehen konnte. Trotzdem war ich mir meiner Veranlagung ständig bewußt.

Der Konflikt wurde besonders heftig in Loppiano. Während andere die Freuden der »Einheit« verkündeten und das »Paradies auf Erden« erlebten, rang ich mit menschlichen Gefühlen. Nach monatelangem Bitten erhielt ich eine Audienz bei dem gottgleichen Maras; ich hörte, was ich schon wußte: »Liebe den alleingelassenen Jesus.« Es gelang mir schließlich, meine inneren Konflikte zu unterdrücken und mich der allgemeinen Euphorie hinzugeben.

Doch in meinem zweiten Jahr in Liverpool brachen die lange unterdrückten Gefühle aus; ich fand mich in einem *Tod-in-Venedig*-Szenario wieder, obwohl ich damals weder Viscontis Filme noch Thomas Manns Novelle kannte. Ich verbrachte einen ganzen Tag damit, einen geheimnisvollen Fremden in der City von Liverpool auf Schritt und Tritt zu verfolgen. Am Abend kam ich wieder zu mir, ich fürchtete, verrückt zu werden.

Mein Hilfeschrei wurde von der Bewegung nicht gehört. In jener Nacht konnte ich kaum schlafen. Am nächsten Morgen rief ich aus einer Telefonzelle meinen *capozona* Dimitri Bregant an, der inzwischen Priester war. »Ich muß dich unbedingt sprechen«, drängte ich, »und zwar sofort.« Ich nahm einen Zug nach London und kam kurz vor dem Abendessen im Männer-Focolare an. In einem der Aufenthaltsräume war ein kleiner Tisch für zwei gedeckt worden. Ich sollte mit Dimitri allein essen, getrennt von den anderen, die mit übertriebener Diskretion um uns herumschlichen. Ich erzählte ihm, was am Vortag passiert war, und wollte wissen, ob das der Anfang einer Psychose sei. »Haben meine abartigen Bedürfnisse mich so weit gebracht?«

Bregant beantwortete weder meine Fragen noch ging er auf das ein, was ich ihm erzählt hatte. Statt dessen sagte er mir, er wisse, wie schwer alles sei, und wies mich an, den »alleingelassenen Jesus« zu lieben.

Mir kommt es heute seltsam vor, daß Bregant, ein Arzt und Priester, nicht erkannte, daß sich ein junger, naiver Mann von vierundzwanzig Jahren in einem beunruhigenden Zustand befand und daß er mehr erwartete als formelhafte Platitüden. Ich war *focolarino*, ich gehörte zur Bewegung. Ich wurde ermutigt, beim Treffen der *focolarini* in Rom die vorläufigen Gelübde der Armut, der Keuschheit und des Gehorsams abzulegen.

Mein »Anfall« stellte sich als einmaliges Ereignis heraus. Für mich begann die beste Zeit, die ich in der Gemeinschaft in Liverpool erlebt habe. Meine Skrupel aber waren so groß, daß ich monatelang täglich um 6.30 Uhr aufstand, um noch vor Arbeitsbeginn zur Beichte zu gehen, obwohl meine Schuld lediglich aus Masturbieren und »bösen Gedanken« bestand. Da ich aber jedesmal meinem Beichtvater sagen mußte, daß ich die Gelübde abgelegt hatte, kam es mir so vor, als hätten sich meine Sünden verdoppelt.

Die Krise kam, als mir nach zweieinhalb Jahren Liverpool mitgeteilt wurde, ich solle zur Focolare nach London versetzt werden. Die Führung hatte beschlossen, die englischsprachige Zeitschrift *New City* auszubauen. Ich sollte mir eine Stelle als Teilzeitlehrer besorgen und in meiner verbleibenden Zeit die Zeitschrift redigieren. Später sollte ich dann ins Verlagswesen wechseln.

Liverpool zu verlassen, fiel mir schwer. Meine Zeit als Lehrer am De La Salle College war befriedigend gewesen. Der Direktor bat mich, zu bleiben, er versprach mir eine Beförderung und für später sogar die Leitung der Englisch-Abteilung. Da wir unsere Identität als *focolarini* geheimhalten mußten, war ich gezwungen, so zu tun, als ob ich freiwillig ginge. In London geriet ich in das kalte und konventionelle Klima des Männer-Focolare in der Twyford Avenue 57 in Ealing. Es gab kaum ein Gefühl der Zusammengehörigkeit. Wir trafen uns nur zu den Abendessen, bei denen Dimitri Bregant uns die neuesten Nachrichten aus Rom mitteilte oder sich über den schrecklichen Zustand der Menschheit ausließ. Danach verschwanden alle hinter verschlossenen Türen, um sich geheimnisvollem Papierkram zu widmen oder vom Tonband Texte für Besucher zu übersetzen.

Ich war kaum in London angekommen, da begann eine Krise, die zu meinem Weggang von Focolare führen sollte. Diese Krise hatte sich allerdings schon vor längerer Zeit angekündigt. Oft werden die wichtigen Entscheidungen im Leben nicht auf der Ebene des Bewußtseins getroffen, sondern auf der Ebene des Instinkts; erst später wird die ihnen zugrundeliegende Logik erkennbar. Das war bei meiner Flucht aus der Focolare-Welt mit Sicherheit der Fall. Die Entscheidung wurde weder von mir noch von anderen getroffen. Sie war unausweichlich.

Mit mir sollte die Zeitschrift *New City* zum ersten Mal einen englischen Redakteur bekommen. Das Ziel war, die Zeitschrift auch für Leser außerhalb der Bewegung attraktiv zu machen. Ich stürzte mich mit Begeisterung in meine Aufgabe und erhielt als erprobtes »Parteimitglied« freie Hand. Neben den Ansprachen Chiaras sollten auch Artikel über profane Themen erscheinen. Das machte viele mißtrauisch, vor allem in der weiblichen Sektion, die als Hüterin der Orthodoxie galt. Jede neue Ausgabe bescherte uns Proteste aus Clapham, wo sich das Hauptquartier befand. Artikel zu Themen aus Literatur, Kino und Tanz wurden in die Zeitschrift aufgenommen und mit einer spirituellen Note versehen. Trotzdem waren sie für die Frauen, die von »menschlichen Angelegenheiten« kaum eine Ahnung hatten, zutiefst beunruhigend. Wo waren die einfachen und beruhigenden Weisheiten Chiaras?

Da mein Auftrag darin bestand, die *New City* interessanter zu machen, wollte ich herausfinden, was andere machten; ich verstieß damit gegen das Focolare-Verbot, Zeitungen und Zeitschriften zu lesen. Aus dem kurzen Blick auf die Außenwelt wurde jetzt ein sehnsuchtsvolles Schauern. Ich entdeckte, daß in der Welt radikale Veränderungen vorgegangen waren. Als ich 1967 der Bewegung begegnet war, war Homosexualität noch ein Verbrechen. Jetzt, im Jahre 1975, konnte ich in Publikationen wie *The Guardian* oder *Time Out* schwulenfreundliche Artikel lesen. Selbst meine Schüler konfrontierten mich mit dem Thema. Elfjährige fragten mich im Religionsunterricht, was falsch daran sein könne, schwul zu sein, wenn Menschen doch so erschaffen seien. Ich fing an, unter ernster Schlaflosigkeit zu leiden. Ich hoffte, es würde vorübergehen, aber es hielt über Monate an. Dann stellte sich ein weiteres Symptom ein: Panikanfälle, die mich immer dann überfielen, wenn ich gezwungen war, für einen längeren Zeitraum stillzusitzen. Ich kämpfe dann mit einem übermächtigen Verlangen, aus dem Zimmer oder der Versammlungshalle zu rennen. Ich konnte nicht einmal mehr den Reden Chiara Lubichs folgen. Außerdem konnte ich das Thema Sexualität nicht länger ignorieren. Ich mußte die Natur meiner Gefühle verstehen lernen. Ich wußte, daß ich die Antwort nur außerhalb der Focolare-Gemeinschaft finden konnte.

Natürlich konnte ich nach neun Jahren und den Gelübden der Armut, der Keuschheit und des Gehorsams nicht einfach meine Koffer packen und Lebwohl sagen. Ich wollte den Kontakt mit der Bewegung auch nicht völlig abbrechen, ich glaubte immer noch an ihre Botschaften. Aber ich wußte auch, daß ich einen irreparablen Schaden erleiden würde, wenn ich die Trennung verschieben würde. Das Gebäude, das ich neun Jahre lang loyal gestützt hatte, brach für mich erst sehr viel später zusammen. Dann sollte auch ich die Erfahrung aller anderen teilen, die eine Sekte verlassen haben, jener »Menschen, die ihren Freundeskreis, ihren Beruf, ihre finanzielle Sicherheit und alle ihre Interessen in einen Korb gelegt und alles verloren haben«.[2]

Ich teilte, wenn auch gewunden, Dimitri Bregant mit, ich hätte das Gefühl, der Gemeinschaft den Rücken kehren zu müssen. Da von uns verlangt wurde, die Dinge »in Einheit« mit unseren Führern zu sehen, wußte ich, daß ich mich nach seinen Entscheidungen richten mußte. Mir war klar, daß die Bewegung mir meinen Weggang so schwer wie möglich machen würde. Dimitri skizzierte denn auch die Phasen, die ich zu durchlaufen hätte. Zunächst würde es in Rom ein Treffen mit einem Verantwortlichen aus der Zentrale der Männer-Sektion geben; ihm würde ich meinen Fall ausführlich darlegen müssen. Dann würde ich mich von einem Psychiater untersuchen lassen müssen; dieser müsse bestätigen, daß es für mich notwendig sei, Focolare zu verlassen. An diesem Punkt wurde mir erstmals suggeriert, eine Alternative zum Leben in der Gemeinschaft sei es, ein verheirateter *focolarino* zu werden.

Dieses erste Gespräch fand Anfang Dezember 1975 statt. Während der Weihnachtsklausur der *focolarini* in Rom sprach ich mit dem Zuständigen aus der Führung. Enzo Fondi, einer der ersten *focolarini*, fragte mich kalt und klinisch und mit sichtlichem Widerwillen aus. Ich begann, mich als Verräter zu fühlen, blieb aber standhaft. Meine Gelübde erneuerte ich nicht.

Die nächste Stufe, die Untersuchung durch einen Psychiater, war heikler: Wenn ich irgendeinem Focolare-genehmen Quacksalber in Italien in die Hände fiel, würde der mich einer hirnrissigen Therapie unterziehen, ich würde womöglich für immer hinter Gitterstäben verschwinden. Unter dem Vorwand, ich würde mich wohler fühlen, wenn ich über mein Problem in meiner Muttersprache reden könnte, schlug ich vor, einen englischen Psychiater zu finden. Mein Vorschlag wurde, wenn auch widerwillig, angenommen.

Kurz zuvor hatte ich in der englischen katholischen Wochenzeitschrift *The Tablet* den Leserbrief eines katholischen Psychiaters gelesen. Dimitri Bregant sagte mir zu, daß die Bewegung diesen Arzt akzeptieren werde. Ich schrieb ihm also und bat um einen Termin. In der Zwischenzeit ging das Leben in der Gemeinschaft weiter. Ich mußte immer noch jeden Abend meine Tagesberichte ausfüllen und über jedes noch so kleine Detail Rechenschaft ablegen. Ich mußte immer noch für Besucher Tonbandmitschnitte von Chiara Lubich auf der Simultananlage dolmetschen, ich war immer noch verpflichtet, bei Treffen mit den Gen und anderen Mitgliedern Reden zu halten. In diesen Monaten erlebte ich eine beunruhigende Spaltung zwischen meinem Leben als *focolarino* und meinem sehr persönlichen, sehr privaten Leben. Es war, als teile eine Wand aus Glas mein Hirn in zwei Hälften.

Endlich, an einem lauen Frühlingstag des Jahres 1976, bestieg ich einen Zug nach Oxford, um zu meinem Psychiater zu fahren. Es wurde eine lehrreiche Begegnung. Befreit konnte ich über meine Gefühle, Gedanken und Wünsche sprechen ohne Angst vor Mißbilligung oder Verurteilung. Ich grub tief in meinem Gedächtnis, lange verschüttete Gefühle und Gedanken wurden freigelegt. In dem Gespräch erfuhr ich Dinge über mich, die ich vorher nicht verstanden hatte. Dann sagte mir der Arzt endlich, was ich hören wollte: In der Focolare-Gemeinschaft lebte ich unter einem unerträglichen Druck, ich solle sie so schnell wie möglich verlassen. Ich sei in einem bösen Kreis von Schuldgefühlen gefangen und müsse mich befreien. Mein Ziel war erreicht.

Aber der Doktor war noch nicht fertig. »Welche Art Männer finden Sie attraktiv?«, fragte er. »Welche Altersgruppe?«

»Meine Altersgruppe, nehme ich an«, antwortete ich, obwohl ich nie darüber nachgedacht hatte.

»Und was ist es an einem Mann, das Sie physisch reizt, an welchen Teil seines Körpers denken Sie zuerst?«

»Das Gesicht«, sagte ich laut. Das war offensichtlich die richtige Antwort.

»Sehen Sie«, sagte er, »die Sexualität bewegt sich auf einer verschiebbaren Skala, und es gibt tatsächlich wenig Unterschiede zwischen einem Mann Ihres Alters und einem schlanken jungen Mädchen von neunzehn oder zwanzig. Ich bin mir sicher, daß wir Ihr Phantasieleben umpolen können. Sie können über den Jugendklub Ihrer Pfarrgemeinde ein nettes katholisches Mädchen kennenlernen, mit dem Sie eine völlig normale Beziehung haben und die Sie irgendwann auch heiraten können.« Die Ehe sei ein starkes Gegenmittel gegen homosexuelle Neigungen, erklärte er mir, insbesondere die Freude und Verantwortung, Kinder zu haben. Das alles klang ermutigend. Vielleicht war ich doch kein hoffnungsloser Fall. »Ich übernehme Ihren Fall«, sagte er dann, »aber es könnte Probleme geben.« Andere Patienten von ihm aus katholischen Bewegungen hätten schreckliche Traumata erlebt.

Ich tröstete mich mit dem Gedanken, daß er meine Situation nicht ganz verstand. Schließlich war es nicht meine Absicht, Focolare ganz aufzugeben, sondern nur das Leben in der Gemeinschaft. Ich war überzeugt, in einem ihrer vielen Häuser meinen Platz zu finden. Doch dann wurde mir bewußt, daß die Sache noch nicht ausgestanden war. Ich solle mit meinem Vorgesetzten wiederkommen, sagte der Doktor, damit er den Ernst meiner Situation darlegen und sich überzeugen könne, daß die Bewegung die Rechnung für meine Behandlung übernehmen werde.

Damals hatte ich keine Vergleichsmöglichkeiten, im nachhinein aber erschienen mir die Vorschläge des Arztes absurd. Schon damals war ich mir nicht sicher, ob ich eine »Umpolung« meines »Phantasielebens« überhaupt wollte. Ich erklärte mich jedoch bereit, die Sache mit meinem Vorgesetzten zu besprechen.

Einige Wochen später fuhren Dimitri und ich nach Oxford. Meine Anwesenheit war jedoch überflüssig. Dimitri wurde zu einem Plausch mit dem Doktor ins Behandlungszimmer gebeten, während ich im Warteraum Zeitschriften durchblätterte und mich fragte, ob sich der Arzt auch überzeugend für meine Entlassung einsetzen würde. Als beide nach längerer Zeit herauskamen, stand ich erwartungsvoll auf; ich wollte ein Dreiergespräch führen. Doch der Doktor gab mir die Hand, wir gingen. Irgendein Geschäft war ohne mein Beisein abgeschlossen worden.

Auf der Fahrt zurück nach London sprach Dimitri nur ausweichend über seine Unterredung mit dem Psychiater. Ich hatte den Verdacht, der Arzt habe manches durchblicken lassen, was ich unter dem Siegel der Vertraulichkeit preisgegeben hatte. »Nun, wir können es versuchen«, sagte Dimitri plötzlich. »Und wenn es nicht wirkt, dann gibt es immer noch Medikamente, die man anwenden kann.« Der Gedanke, daß man mir etwas in den Tee schütten könne, gefiel mir noch weniger als die »Umpolung meines Phantasielebens«; ich wollte nicht, daß meine Gedanken und meine Gefühle weiter manipuliert würden. Heimlich schwor ich mir, daß keine Behandlungen stattfinden sollten. Das Valium schüttete ich in die Toilette. Mein Freund in Oxford sollte sein Honorar nicht bekommen.

Die Tür zur Freiheit, die jetzt endlich entriegelt war, stand nicht nur einen Spalt breit, sondern weit offen. Dimitri Bregant betonte, es handele sich um eine Art Probezeit, und es müsse nicht endgültig sein. Aus meiner Sicht aber war der Schritt unwiderruflich. Dann kam der Vorschlag, auf den ich gewartet hatte. In Loppiano war es öfter vorgekommen, daß plötzlich die bevorstehende Eheschließung zwischen einer *focolarina* und einem *focolarino* bekanntgegeben wurde. Jetzt war also ich an der Reihe. Mir wurde freie Auswahl angeboten. Natürlich kamen die weiblichen Vollmitglieder der Gemeinschaft nicht in Frage, sie waren keusch. Ich wurde gefragt, ob mir ein Gen-Mädchen gefalle. Ich nannte einen Namen, Dimitri sagte mir, er werde die Angelegenheit besprechen. Ich hörte aber nie wieder von dieser Sache.

Als ich meiner Familie damals meine Entscheidung für Focolare mitgeteilt hatte, wurde sie bereitwillig akzeptiert. Jetzt, nach der Trennung, war meine Mutter hocherfreut. Meine Schwester, vier Jahre jünger als ich, hatte gerade in Schottland ihre Ausbildung als Krankenschwester absolviert und wollte in London einen Kursus in Geburtshilfe beginnen. Wir beschlossen, gemeinsam ein Appartement zu mieten.

Die ersten Probleme waren finanzieller Art. Nach sechs Jahren Armut, in denen meine Einkünfte direkt in die Kasse der Bewegung geflossen waren, hatte ich keine Ersparnisse. Da ich weiterhin – ohne Bezahlung – als Redakteur von *New City* arbeitete, hatte ich bis zum Ende des akademischen Jahres nur mein Gehalt aus meiner Teilzeitarbeit als Lehrer. Im September fand ich eine Ganztagsstelle als Lehrer. Ich mietete ein kleines Appartement mit zwei Schlafzimmern; das zehrte fast die Hälfte meines Monatseinkommens auf. Ich hatte nur noch 60 Pfund für den ganzen Monat zum Leben. Religiöse Orden unterstützen ihre ehemaligen Mitglieder manchmal bis zu einem Jahr finanziell, damit sie sich an das normale Leben gewöhnen. Focolare hingegen bot mir keine Hilfe an. Vermutlich sollte ich auf die »Vorsehung« vertrauen, auf die sie so viel hielten. Ich brauchte Geld, um meinen Anteil an der Kaution für das Appartement und für die Nebenkosten zahlen zu können. Den größten Teil gab mir meine Mutter. Bruno Carrera lieh mir 100 Pfund.

Ich hatte der Bewegung neun Jahre lang meine gesamten Einkünfte als Lehrer zur Verfügung gestellt und kostenlos als Übersetzer, Dolmetscher, Missionar und Redakteur gearbeitet. Ich hatte Focolare sogar eine kleine Erbschaft von 300 Pfund überlassen, die ich nach dem Tod meiner Großmutter 1968 erhalten hatte. Ich war noch immer so sehr an die von Focolare praktizierte »Philosophie des Nehmens« gewöhnt, daß ich gar nicht an finanzielle Unterstützung dachte.

Meine materiellen Sorgen konnten jedoch meinen Enthusiasmus für das neue Abenteuer nicht dämpfen. Ich hatte sechs Monate gebraucht, um die Bedingungen für meinen Weggang von Focolare auszuhandeln, jetzt war das vorbei, ich zog in mein Appartement. Dann geschah etwas Außergewöhnliches: Die Schlaflosigkeit, die ich seit fast einem Jahr ertragen hatte, verschwand über Nacht. An ihre Stelle trat ein einfaches, ein banales Glücksgefühl, das es laut Focolare-Doktrin gar nicht gibt. Ich schloß Freundschaften ohne den Gedanken an eine Bekehrung. Ich erlebte alles, was die Hauptstadt an Theater, Musik, Tanz und Film zu bieten hatte. Im Alter von sechsundzwanzig Jahren war ich ein Jüngling, der die Welt entdeckte. Und obwohl ich immer noch an die Lehren von Focolare glaubte, wollte ich mich nicht mehr ihren Strukturen unterwerfen. Naiv glaubte ich, daß man mir den benötigten Freiraum gewähren werde. Ich war im Irrtum.

Mein Geld war bis zum Ende des Sommersemesters so dahingeschmolzen, daß ich eine Stellung als Englischlehrer für Ausländer annehmen mußte; ich konnte zum ersten Mal in zehn Jahren nur am Wochenende an einem fünftägigen Mariapolis-Treffen teilnehmen. Das wurde von den *focolarini* ärgerlich registriert. Sie waren besorgt. Ich war nicht mehr so fügsam, wie sie mich von früher kannten. Manchmal nahm ich Einladungen zu Treffen bei Focolare an, manchmal nicht. Einem Ereignis aber war ich besonders verpflichtet. 1975 hatte das erste große internationale Genfest im Palaeur in Rom stattgefunden. Jetzt erwartete man, daß die »Zonen« ihre lokalen Großveranstaltungen abhielten. Das Genfest des Vereinigten Königreichs sollte 1977 stattfinden. Da ich die einzige Person in der britischen Bewegung war, die Erfahrung in der Inszenierung von Theatervorstellungen hatte, wurde ich eingeladen, an den vorbereitenden Workshops teilzunehmen. Angeregt durch die vielen neuen Eindrücke, schlug ich vor, über die gewohnte Form mit Liedern, »Erfahrungen« und Sketchen hinauszugehen und eine Show zu inszenieren. Das Musical *A Chorus Line* hatte auf mich riesigen Eindruck gemacht; es war für mich ein Ensemblestück, das die Beichte als Klammer verwendete, um die individuellen Geschichten miteinander zu verweben. Ich war der Meinung, diese Show könne als Modell für unsere Aufführung dienen. Während des Herbstes nahm ich an zwei Workshops in Walsingham und Surrey teil, bei denen die groben Umrisse des Stückes festgelegt wurden. Wir waren in einer klassischen »Schüleraufführungssituation«, in der für viele Mitspieler Rollen gefunden werden mußten. Don McLean, Cat Stevens und Joni Mitchell hatten damals gerade den Gipfel ihrer Popularität erreicht, auch im englischen Gen gab es eine begabte Gruppe von Sängern und Liedermachern, die begannen, die Musik für unser Stück zu schreiben.

In der Zwischenzeit waren meine sonstigen Beziehungen zur Bewegung abgeklungen; diese Proben waren meine letzten Verbindungen zu ihr. Ich wollte den Kontakt nicht verlieren, aber nicht unter Kontrolle der *focolarini* stehen. Plötzlich häuften sich Anrufe; ich wurde aufgefordert, mich in der Twyford Avenue einzufinden. Ich lehnte regelmäßig ab. Eines Tages sagte ein *focolarino*, ich solle sofort zu einem Treffen mit Dimitri Bregant kommen. Ich antwortete, das passe mir nicht. Minuten später klingelte es an der Tür. Es war Dimitri mit zwei anderen *focolarini*. Der Berg war, höchst ungelegen, zu Mohammed gekommen. Da meine Schwester im Wohnzimmer gerade fernsah, gingen wir in mein Schlafzimmer und führten ein sehr ungemütliches Gespräch.

Kurze Zeit darauf erhielt ich erneut einen barschen Anruf: Das Genfest sei nicht mehr meine Sache, auf meine Mitarbeit werde kein Wert gelegt. Im Januar 1977 wollte mich Dimitri Bregant dann doch wieder sprechen, ich sagte in einer Art Reflex zu. Dimitri teilte mir mit, ich solle mich bemühen, einen neuen »Platz« in der Bewegung zu finden. Es könne auch bei der »Neuen Menschheit« sein, einer der Massenbewegungen, die weniger strukturiert sind als die internen Sektionen. Einige Wochen später bat man mich, wieder die

Leitung des Genfestes zu übernehmen. Ob sie wirklich in Schwierigkeiten waren, kann ich nicht sagen. Ich lehnte ab. Ich hatte eine andere Verpflichtung übernommen. Das Genfest fand statt, die Show war nach dem ursprünglichen Konzept aufgebaut. Die Schwäche der Show lag in der plumpen Art und Weise, wie die Botschaften an den Mann gebracht wurden. Das genau hatte ich vermeiden wollen. Es ärgerte mich, daß mein Beitrag zur Show nicht so inszeniert war, wie ich es gewollt hatte.

Ich glaubte immer noch, eine lockere Beziehung könne bestehen bleiben, bis ich meinen eigenen Weg gefunden hatte. Dieser Traum platzte 1977 bei einer Zeremonie in der Londoner Guildhall, auf der Chiara Lubich der »Tempelton-Preis für Fortschritt in der Religion« überreicht wurde. Ich hatte eine Einladung erhalten, die Anziehungskraft von Chiara Lubich auf mich war noch sehr stark. Die internen Mitglieder, denen bekannt war, daß ich die Focolare-Gemeinschaft verlassen hatte, begegneten mir mit Verlegenheit; den Gen-Mitgliedern war gesagt worden, ich sei »krank«. Sie waren verwirrt, als sie mich gesund sahen. Dann erblickte ich eine von Chiara Lubichs ersten Gefährtinnen, Doriana Zamboni; von ihr hatte ich in den sechziger Jahren zum ersten Mal die Focolare-Botschaft von »Liebe« und »Einheit« gehört.

»Ciao, Dori«, sagte ich, nachdem ich zu ihr durchgedrungen war.

Sie antwortete nicht, sondern blickte durch mich hindurch wie durch eine Glasscheibe. Auf Wiedersehen zu sagen, wäre überflüssig gewesen. Als ich zu Hause ankam, wartete meine Schwester zusammen mit einem Freund auf mich. Sie waren erschrocken, wie blaß und erschüttert ich war. Mir wurde bewußt, daß ich viele, die ich in der Bewegung gekannt hatte, aufrichtig (ein Wort, das den *focolarini* fremd ist) mochte. Aber ich mußte einsehen, daß menschliche Gefühle bei Focolare keinen Platz haben. In der Bewegung ist der Gedanke an eine Freundschaft ohne Gegenleistung völlig unvorstellbar.

Als die Bewegung erkennen mußte, daß ich mich dem Druck nicht beugen würde, hörte die Belästigung auf. Ich wurde in den Akten unter dem Buchstaben »M« abgelegt, der Rubrik für die Toten.

Während der folgenden zwanzig Jahre wurde ich noch zu einigen

Treffen eingeladen, die speziell auf Leute dieser Kategorie zielen. Focolare ächtet ehemalige Mitglieder nicht so, wie es die Neokate- chumenaten tun. Verlorene Söhne, die zurückkehren, werden gefei- ert. Doch wenn sie keine Zeichen von Reue zeigen, erlischt das Interesse sehr schnell.

Der wohl verderblichste Effekt einer Indoktrinierung ist ihr dauer- hafter Einfluß; er kann nur von einem verstanden werden, der so etwas selbst erlebt hat. Das wirkt sich zum Beispiel in einem starken Bedürfnis aus, ständig über die Erfahrungen in der Bewegung zu sprechen, in dem Versuch, einen Sinn zu finden, wo es keinen Sinn mehr gibt. Die Zeit heilt diese Wunde nicht, sie kann sie sogar noch schlimmer machen.

In den ersten Jahren des Erwachsenendaseins werden die Wertvor- stellungen des Lebens geformt: Freunde, Familie, Beruf, Beziehun- gen. Uns war eingebleut worden, daß diese Dinge nicht wichtig seien. Mich überfiel noch oft das verzweifelte Gefühl, daß meine Bemühungen sinnlos seien, daß, wie Chiara Lubich sagt, »alles nur Eitelkeit der Eitelkeiten ist und alles vorübergeht«. Der Tod ist die einzige Realität. Das Selbstbewußtsein meiner Jugendjahre war ausgehöhlt und durch Selbstzweifel und Ängste ersetzt worden. Es dauerte Jahre, bis ich mir beweisen konnte, daß ich fähig war, mir einen Teil meiner Wünsche zu erfüllen.

Nach neunjähriger Unterbrechung entschloß ich mich, eine Ausbil- dung als Filmemacher zu beginnen; es war die einzige Karrieream- bition, die ich jemals ernsthaft hatte. Nach fünf Jahren als Publizist für Spielfilme, Fernsehen und Theater gelang es mir schließlich, dieses Ziel zu erreichen; seither verdiene ich meinen Lebensunter- halt als Regisseur. Ich habe geschildert, wie die Bewegungen ihren Anhängern nicht nur religiöse Ideen einbleuen, sondern auch einen starren Blickwinkel auf alle Aspekte des Lebens und der Gesell- schaft. Ein solcher Ansatz steht in Gegensatz zu einer experimen- tierfreudigen kreativen Tätigkeit. Es hat Jahre gedauert, bis ich mich aus der mentalen Zwangsjacke der Bewegung befreien konnte. Ich habe meinen Glauben an Gott und die katholische Kirche nicht verloren, nicht einmal den an die Lehren der Bewegung; aber wie viele andere, die eine der Bewegungen verlassen hatten, empfand auch ich das Leben in einer normalen Pfarrgemeinde blaß im Vergleich zu dem Eifer und der Hingabe, die ich in der Bewegung erlebt hatte. Ich sehnte mich nach der »starken Erfahrung Gottes«, die Chiara Lubich gepredigt hatte. Das normale Christentum hatte für mich keinen Reiz. Es kam noch etwas hinzu: Ich hatte mich für kurze Zeit in der Londoner Schwulenszene umgetan, doch belasteten mich diese Erfahrungen mit Gefühlen der Schuld und des Ekels. Ich wurde von der gleichen moralischen Frage gequält wie beim Austritt aus der Bewegung. Ich konnte entweder meinen homosexuellen Neigungen folgen und in Sünde leben – oder ich konnte heiraten. So einfach war das. Eineinhalb Jahre nach meinem Austritt aus der Bewegung heiratete ich. Focolare schickte einen *focolarino* aus dem Fußvolk zur Hochzeit.

Ich will die Verantwortung für mein Handeln nicht der Bewegung anlasten. Aber sieben Jahre später – als Vater von zwei Kindern – mußte ich den Preis in Form einer schrecklichen Scheidung zahlen. Da hatten die Führer von Focolare ihre leichtfertig gegebenen Ratschläge längst vergessen; als sie die Nachricht erhielten, schüttelten sie nur mißbilligend die Köpfe.

Anfang der achtziger Jahre war ich zu einem Universitätsfest der Bewegung eingeladen worden. Ich wollte nicht hingehen, aber meine Frau bestand darauf. Wir wurden von der *capozona* der Frauen begrüßt, die sich zu uns setzte, während wir auf unsere beiden kleinen Mädchen aufpaßten. Einige Schritte entfernt sah ich Dimitri stehen. Ich ging zu ihm und erzählte, ich hätte nun in der Unterhaltungsbranche eine eigene PR-Firma, mein Ziel sei es aber, Filme zu drehen. Er antwortete mir mit einer Bemerkung von atemberaubender Rücksichtslosigkeit: »Wenn du es bis jetzt nicht geschafft hast, wirst du es nie schaffen.«

Er hatte keine Ahnung von meiner Welt, aber ich glaube, daß er mich gar nicht beleidigen wollte. Er nahm mich immer noch in der mystischen Realität der *focolarini* wahr, folglich understand ich seiner Befehlsgewalt. Und er besaß die Gnade, Urteile über mein Leben und meine Zukunft abgeben zu dürfen.

Die Nachricht von meiner Scheidung verbreitete sich in der Bewegung wie ein Buschfeuer. Das war zu erwarten: Hier war der Beweis, daß mein Leben nach dem Fortgang »aus der Einheit« in Trümmern lag. Ich gab mir große Mühe, alle *focolarini* über die wahren Gründe zu informieren und ihnen auch zu sagen, daß ich inzwischen in einer dauerhaften Beziehung mit einem Mann lebte. »Sarah«, einer Frau, die ich für Focolare gewonnen hatte, erzählte ich besonders ausführlich über mein Leben. Doch sie schien von dem, was ich ihr sagte, kaum berührt zu sein: »Mir ist noch nie ein schwuler Mann oder eine lesbische Frau begegnet, daher habe ich keine Meinung.« Aus dieser Bemerkung schloß ich, daß die *focolarini* den Jesuiten den ersten Preis für Kasuistik streitig machen wollten. Die moderne Welt geht spurlos an ihnen vorüber.

Es dauerte zehn oder fünfzehn Jahre, bis ich endgültig von der Bewegung Abstand gewinnen und sie einigermaßen objektiv betrachten konnte. Vielen ehemaligen Mitgliedern, denen ich begegnet bin, ist dies nie gelungen; sie betrachten sich als Versager. Während eines Gespräches, das ich einmal über die Bewegung führte, sagte mir mein Gegenüber, meine negative Sicht der Focolare-Jahre sei einfach eine Rationalisierung der Tatsache, daß ich diese Jahre heute als verlorene Zeit betrachte. Ich antwortete ihm und erzählte von meinen Träumen. Das Bewußtsein könne lügen, sagte ich, das Unbewußte nicht. Viele Jahre nach Verlassen der Bewegung hatte ich noch fast täglich Alpträume gehabt, ich war wieder in Loppiano und konnte nicht nach England zurückkehren. »Ich bin doch verheiratet«, protestierte ich bei den Gefährten in meinem Traum. »Ich habe Kinder.« Sie sahen mich mitleidig an. Panik packte mich. Diese Gefühle waren ein Reflex jener traumatischen Jahre, die mich noch immer quälten. Mit dieser Erfahrung stand ich nicht alleine da. Focolare hat auf mein Leben einen langen Schatten geworfen. 1985, zehn Jahre nachdem ich die Focolare-Gemeinschaft verlassen hatte, ließ ich mich scheiden; ich konnte endlich eine echte Lösung für mein Leben finden. Kurze Zeit später lernte ich Quest kennen, eine Organisation für schwule Katholiken, die von Kardinal Hume und einigen Bischöfen unterstützt wird. Ich schloß Freundschaften und erkannte endlich, daß Gott nicht Eigentum der Bewegungen ist.

Als ich im September 1993 im Londoner Wembley-Konferenz-Zentrum an der Veranstaltung »Many but One ...« teilnahm, traf ich einige meiner früheren Freunde aus der Bewegung. Mit einem, der Loppiano verlassen hatte, um zu heiraten, konnte ich unbefangen über die Freuden und Schwierigkeiten meines jetzigen Lebens sprechen. Wir hatten uns weiterentwickelt und verändert und konnten Erfahrungen teilen. Mit allen anderen jedoch, die bei der Bewegung geblieben sind, waren die Unterhaltungen gequält. Ihr Mangel an echtem Interesse für den anderen war nicht zu übersehen. Sie spielten nur die vorgegebenen Rollen des »Liebens« und des »Sich-Vereinigens«. Sie leben nicht ihr Leben, sondern das der Chiara Lubich.

Ich beklage, daß die Mitglieder der Bewegung ihre Individualität und ihre Vitalität verlieren; Kirche und Gesellschaft werden so ärmer. Die größte Ketzerei der neuen Bewegungen aber ist die Zurückweisung des Menschlichen. Es ist unmöglich, Christ zu sein, ohne erst einmal in vollem Umfang Mensch zu sein.

---

[1] Piera Serra, *L'adolescente sublimato*, Guaraldi, Florenz 1978.
[2] Dr. Elizabeth Tylden, zitiert in *The Times*, 21. April 1993.

Am Scheideweg

13

Anfang 1994 starteten die Neokatechumenaten in Rom eine aggressive Evangelisierungskampagne; auf der Straße, auf Marktplätzen und in Kaufhäusern sprachen NK-Aktivisten die Menschen an und luden sie zu ihren Einführungs-Katechesen ein. Viele Passanten reagierten konsterniert; sie nahmen an, die religiösen Eiferer gehörten irgendeiner extremen nichtkatholischen Sekte an. Noch heftiger reagierten die römischen Diözesanbischöfe und Gemeindepriester, die das Gefühl hatten, jemand dringe ohne Absprache in ihr Territorium ein. Doch Camillo Ruini, der Kardinalvikar von Rom, protestierte vergeblich. Die Neokatechumenaten hatten Unterstützung von hoch oben. Als die NK-Führer Bischof Cordes vom Päpstlichen Rat für die Laien die Idee zu dieser Missionskampagne vorgelegt hatten, hatte er spontan geantwortet:»Ihr *könnt* das nicht nur tun, ihr *müßt* es tun!«

Cordes konnte sich auf den Papst berufen, der auf dem Weltjugendtag 1993 in Denver den aufmarschierenden Gläubigen zugerufen hatte:»Dies ist nicht die Zeit, sich des Evangeliums zu schämen, es ist die Zeit, es von den Dächern herab zu predigen.« Die Neokatechumenaten deuteten diese Worte sofort als Zustimmung für ihre neuen Evangelisierungspraktiken. Das war nicht falsch. Als der Papst erfuhr, daß die Bewegung auch auf die Straßen in Rom gehen wollte, zeigte er sich hoch erfreut:

»Ihr rüstet euch für große Popular-Missionen und zielt damit insbesondere auf diejenigen, die von der Kirche abgefallen sind oder sie noch nicht kennen. Ich hoffe, eure Initiative, hinaus auf die Straße zu gehen und dort in vollständiger Übereinstimmung mit den örtlichen Bischöfen das Evangelium zu verkünden, wird allerorten eine reiche Ernte hervorbringen.«

Die Bindungen zwischen der Bewegung und dem Heiligen Stuhl sind inzwischen so eng, daß Kiko Arguello sich dem Papst als »Täufer Johannes« angedient hat und ihm bei offiziellen Reisen als Quartiermacher vorausfährt. Trotz verbreiteter Opposition sind die Bewegungen nicht aufzuhalten. Dafür gibt es Gründe.

Focolare legte 1994 ein weltweites Programm nationaler und regionaler Familienfeste nach dem Vorbild der großen Satelliten-Telekonferenz 1993 auf. Veranstaltungen mit Tausenden von Teilnehmern sollten in 180 Ländern stattfinden, davon allein zehn in Italien, eingeläutet durch das Familienfest für die Region Rom am 6. März 1994 im Audienzsaal Pauls VI. im Vatikan. 7000 Besucher wurden gezählt. Die perfekte Inszenierung einschließlich Multimedia-Präsentationen und Lichtshow bezeugte die zunehmende Professionalität der Bewegung bei der Ausrichtung solcher Feste.

Focolare kann zuversichtlich sein. Von allen neuen Bewegungen hat sie die mächtigsten Verbündeten im Vatikan. Die Männer, die bei der Synode der Bischöfe über die Ordensleute im Oktober 1994 Regie führten, waren Focolare-Mitglieder. Der Autor der Arbeitsunterlagen – der *Lineamenta* und des *Instrumentum laboris* – war der Focolare-Ordensmann Jesus Castellano Cervera, der sich als Mitarbeiter einige der Bewegung nahestehende Ordensleute ins Boot geholt hatte: Marcello Zago (OMI), den Sekretär des Vatikan-Sekretariats für den Dialog zwischen den Religionen, Fabio Ciardi (OMI) und den *focolarino* Piero Coda, Säkularpriester aus der Diözese Frascati. Dies ist ein Indiz dafür, daß Focolare massiven Einfluß im Bereich der religiösen Orden gewonnen hat. Über 60 000 Ordensleute gehören der Bewegung als Vollmitglieder an. Man ersieht daraus auch, wieviel Vertrauen die Bewegung im Vatikan mittlerweile genießt.

Der Anklang, den Focolare bei den Gläubigen findet, läßt sich erklären: In einer Phase allgemeiner Unsicherheit bietet die Bewegung scheinbar klare Antworten an. Auch wenn alle neuen Bewegungen Kritik an der modernen Kultur üben, verstehen sie es doch, den Zeitgeist zu erfassen und vor ihren Karren zu spannen. In den späten sechziger Jahren konterten sie auf die politische Aufbruchsstimmung mit einer traditionellen, in radikale Begriffe verpackten

Botschaft. In den achtziger Jahren konzentrierten sie sich darauf, den »religiösen Marktplatz« zu besetzen. In den neunziger Jahren bieten sie der zentralen Leitung der katholischen Amtskirche erstmals die Möglichkeit, weltweit große Dinge in Bewegung zu setzen, ohne daß es die Kirche einen Pfennig kostet. Kapital schlagen die Bewegungen auch aus einer Renaissance der Religionen, einer Renaissance, die einen ausgeprägt opportunistischen Aspekt aufweist. Wer auf der Suche nach einer religiösen Ideologie ist, die den Materialismus der achtziger Jahre verwirft, findet in den neuen Bewegungen ein Sortiment einschlägiger Strömungen.

Die Bewegungen haben sich in den meisten Ländern der Welt etabliert; jede von ihnen verfügt über eine mächtige, effiziente, zentralisierte Organisation; die Lehren, die sie verkünden, sind auf Leute ohne religiöse Vergangenheit und ohne theologische Kenntnisse ausgerichtet. Auf die Herausforderungen, mit denen die katholische Kirche in jüngerer Zeit konfrontiert worden ist (Säkularisierung, Priestermangel, die Öffnung neuer Territorien in Osteuropa), haben nur die neuen Bewegungen eine die Massen mobilisierende Antwort gefunden. Warum sollten sie jetzt ihre Dynamik einbüßen? – Der Franziskaner- und der Jesuitenorden verzeichneten nach dem Tod ihrer Gründer noch jahrhundertelang ein rasantes Wachstum.

Kritiker der neuen Bewegungen meinen, daß nach dem Tod der Gründer innere Machtkämpfe in den Bewegungen ausbrechen werden. Wer dies glaubt, hat das Wesen monolithischer Organisationen nicht verstanden. Was sich im Innern der Bewegungen abspielt, ist ebenso undurchschaubar wie einst das Innenleben der kommunistischen Führung in Rußland und China. Meinungsverschiedenheiten dringen selten nach außen.

Der Gründer des Opus Dei, Josémaria Escriva de Balaguer, starb am 26. Juni 1975 kurz vor der Mittagszeit; zur Teestunde desselben Tages hatte sein Kronprinz, Pater Alvaro del Portillo, bereits seinen Platz eingenommen. Der General ist tot, es lebe der General.

Chiara Lubich, mittlerweile 75 Jahre alt, hat seit vier Jahren nicht mehr sichtbar in die Leitung von Focolare eingegriffen. Wenn ihre dem Vernehmen nach bereits benannte Nachfolgerin eines Tages aus der Kulisse tritt, werden die auf Folgsamkeit getrimmten Mitglieder ihr aus vollem Herzen zujubeln.

Kiko Arguello ist noch relativ jung, doch wenn es für ihn Zeit wird, abzutreten, wird zweifellos ein von ihm ausgewählter Nachfolger bereitstehen.

Die Gerüchte über einen Riß in »Kommunion und Befreiung« zwischen dem eher religiös orientierten Kreis um Don Giussani in Mailand und der politisch orientierten Gruppe in Rom unter Don Giacomo Tandardini könnten zutreffen; noch sieht es jedoch so aus, als behalte Don Giussani in allen Situationen das letzte Wort. Wahrscheinlich wird sein Nachfolger nicht in Rom, sondern in Mailand bestimmt werden. Das Ethos der Bewegungen ist durch und durch konservativ; es ist geprägt durch die Rückbesinnung auf die ursprünglichen Ideen und durch einen Bannstrahl gegen alles, was Veränderung oder Entwicklung verheißt. Vieles spricht dafür, daß der Personenkult sich noch ungehemmter entfalten wird, wenn die Gründer einmal tot und vom Glorienschein der Heiligkeit umstrahlt sind.

Das Verfahren für die Seligsprechung Josémaria Escrivas war eines der kürzesten in der jüngeren Kirchengeschichte: Schon fünfzehn Jahre nach seinem Tod war es abgeschlossen. Dabei war der Vatikan mit hartem Widerstand aus den Reihen von Klerus und Laienschaft konfrontiert worden; das von Opus-Dei-Leuten geleitete vatikanische Presseamt sah sich gezwungen, fünfzehn Tage vor dem Akt der Seligsprechung eine Nachrichtensperre zu verhängen. Einer kirchlichen Organisation kann keine höhere Anerkennung widerfahren als die Selig- oder Heiligsprechung ihres Gründers. Der Fortbestand der Organisation ist damit gleichsam für die Ewigkeit gesichert.

Von den Großveranstaltungen, die Focolare nach dem Rückzug Chiara Lubichs aus der aktiven Leitung der Bewegung 1992 inszenierte, habe ich zwei besucht; sie standen ganz im Zeichen der Gründerin. Die großen kirchennahen Organisationen der Vergangenheit haben nach dem Tod ihrer Gründer neue Expansionsschübe erlebt. Die neuen Bewegungen unterhalten bereits heute fest etablierte Gliederungen und Einrichtungen in allen Teilen der Welt; die drei Bewegungen haben Verbündete im Vatikan und unter den

Bischöfen. Sie nutzen ihren Einfluß in der Hierarchie. Jede Bewegung träumt davon, eines Tages eines ihrer Mitglieder auf den päpstlichen Thron zu hieven. Es ist vorstellbar, daß der nächste oder übernächste Papst aus den Reihen jener 700 Bischöfe kommt, die Focolare nahestehen, oder daß er ein NK- oder ein CL-Gefolgsmann sein wird. Papst Johannes Paul II. verteilt seine Gunst noch gleichmäßig auf alle neuen Bewegungen. Aber was wird ein Papst tun, der einer Bewegung angehört? – Er könnte die spezielle Botschaft zur Hauptrichtung der katholischen Lehre machen. Der wirksamste Trumpf der Bewegungen ist ihr Beitrag zur Gewinnung von Priesternachwuchs. Weil der Priesterberuf mit seinem Zwang zum lebenslangen Zölibat für die Mehrheit der Katholiken an Attraktivität verliert, wächst die Abhängigkeit der Kirche von den Rekrutierungserfolgen der Bewegungen. Die Ernennung konservativer Opus-Dei-Mitglieder zu Bischöfen hat in einer Reihe europäischer Diözesen bereits zu Konflikten geführt. Was wird sein, wenn die aus den Bewegungen hervorgegangenen Priester erst einmal in größerer Zahl nach der Bischofswürde drängen?

Bischof Paul Cordes sagte mir im März 1994 in einem Gespräch:»Sie müssen bedenken, daß jede dieser Bewegungen sich als Trägerin einer Botschaft für die ganze Kirche versteht.« Das ist eine Untertreibung. Jede der Bewegungen versteht sich als Trägerin *der* Botschaft für die Kirche, die zu einer Erneuerung von Grund auf führen soll. Focolare ist überzeugt, im Besitz des wahren neuen Evangeliums zu sein, das man der ganzen Welt verkünden muß. Auch die Neokatechumenaten wähnen sich im Besitz der richtigen Botschaft für die Kirche. Als ein italienischer Jugendlicher sich einer Pfandfindergruppe anschloß, die in einem NK-Gemeindebezirk beheimatet war, bekam er folgendes zu hören:»Die Charismatiker, die *focolarini*, die Pfadfinder, die Katholische Aktion, das sind alles gute Ansätze, aber wenn du wirklich Christ sein willst, mußt du den Weg der Neokatechumenaten gehen.«

In *Das Abenteuer der Einheit* findet sich ein Satz, mit dem Chiara Lubich auf das Verhältnis Focolares zu den anderen Bewegungen eingeht:»Bei allen Ähnlichkeiten besteht zwischen den Charismen ein größerer Unterschied, als man meinen möchte.«Focolare findet sich zur Zusammenarbeit mit anderen Bewegungen, auch mit anderen Katholiken, nur auf Einladung der Amtskirche bereit; die *focolarini* entledigen sich dieser Kooperationsprojekte mit stoischer Disziplin. Ihre Bewegung, so Chiara Lubich, müsse sich auf das eigene Charisma und die eigenen Ziele konzentrieren:

>»Sie würde ihre eigene Berufung und die Grundlage für ihre gottgegebene Inspiration verraten, wenn sie das nicht täte; denn jedes Geschenk des Vaters an diese Kirche ist auch eine Arznei für den mystischen Leib, ohne die er nicht auskommen kann.«

Mit ihrem Alleinvertretungsanspruch bleiben die *focolarini* weit hinter den Hoffnungen zurück, die Papst Johannes Paul II. 1980 in einer Rede vor Vertretern von Laiengruppen in Frankreich ausgesprochen hatte. Johannes Paul hatte zwar die besonderen Aufgaben einer jeden Gruppe anerkannt, den größeren Nachdruck aber auf die Forderung nach Gemeinsamkeit und Zusammenarbeit gelegt:

>»Es ist wichtig, sich klarzumachen, wie die Bewegungen einander ergänzen können, und Verbindungen zwischen ihnen herzustellen: Nicht nur gegenseitige Wertschätzung und Dialog, sondern eine gewisse Koordination und auch eine echte Zusammenarbeit.«

Die Gegensätze, die aus dem Charakter der Bewegungen herrühren, bergen ein großes Gefahrenpotential für die Kirche der Zukunft, über das sich aber weder der Papst noch die Förderer der Bewegungen in der Amtskirche Sorgen zu machen scheinen. Bischof Cordes versicherte mir, die Bewegungen praktizierten sehr wohl Zusammenarbeit und gegenseitige Beratung. Doch das stimmt so nicht. Die Ziele, die die Bewegungen sich stecken, schließen einander aus; es kann nicht sein, daß sie *alle* aufgerufen sind, die Kirche und die Welt zu retten. Ein Dialog zwischen den Bewegungen ist schon deshalb kaum möglich, weil sie in parallelen Welten, in parallelen Kirchen zu Hause sind. Sinnvolles Kommunizieren mit »gewöhnlichen« Katholiken ist noch schwerer vorstellbar. Nach meinem Rückzug aus Focolare verkehrte ich eine Zeitlang in einer »gewöhnlichen« Pfarrgemeinde, doch der Glaube, den ich dort praktizierte, war ein anderer als der in der Bewegung. Der Unterschied ist nicht nur graduell, sondern substantiell. Der CL-Theologe Eugenio Corecco betont, die Bewegungen gehorchten einer durch »Gefolgschaft« bestimmten Dynamik. Die Kluft zwischen der Loyalität zu einem Gründer und der Anonymität eines Kirchenschiffs sei ungeheuer.

Der fundamentalistischen Sekte »Kirche Christi« wurde vorgeworfen, sie identifiziere sich »so stark mit Gott, daß bei Mitgliedern die Befürchtung geweckt wird, sie müßten Gott im Stich lassen, wenn sie sich von der Sekte trennen«. Und wie sieht das bei den neuen Bewegungen aus? – Eine Kirche, in der die Bewegungen den Ton angeben, wird sehr bald nicht mehr als katholische Kirche erkennbar sein. Sogar in der Zeit vor dem Konzil war das Gefühl der Zugehörigkeit zu einem gemeinsamen Glauben vorherrschend gewesen. Die Kirche der Zukunft könnte dieses Gefühl der Zusammengehörigkeit verlieren, weil sie in Gruppen zerfällt, die praktisch nichts miteinander gemein haben.

Die in diesem Buch vorgestellten Bewegungen sind nicht das Ende der Geschichte, so mächtig und so repräsentativ sie auch sein mögen. Es gibt Anzeichen dafür, daß eine neue Spielart des Katholizismus entsteht. Die Auseinandersetzungen, die überall in der Welt zwischen Katholiken aufflackern, könnten zu einer Spaltung der Kirche führen. Der katholische Journalist Gianni Baget Bozzo glaubt allerdings nicht, daß die Bewegungen die Autorität der Kirche herausfordern werden. »Sie ziehen sie an sich. Es genügt daher nicht, den Autoritätsanspruch der Kirche ihnen gegenüber zu bekräftigen; den werden sie nie in Frage stellen.« Ich habe Zweifel an dieser These.

Die von »Kommunion und Befreiung« in den achtziger Jahren angeregten Gespräche zwischen den Bewegungen haben nicht zu einer echten Zusammenarbeit oder Koordinierung der Aktivitäten geführt. Als diese Gespräche stattfanden, war das Verhältnis zwischen »Kommunion und Befreiung« und der italienischen Bischofskonferenz höchst gespannt. Die Bewegung brauchte dringend Glaubwürdigkeit. Durch ein breites Bündnis mit anderen Bewegungen gelang es ihr schließlich, Ideen über die Rolle der Bewegungen zu formulieren, die nicht akzeptiert worden wären, wenn sie versucht hätte, sie auf eigene Faust zu propagieren. Heute, da »Kommunion und Befreiung« den offiziellen Segen der Kirche hat, braucht die Bewegung solche Referenzen nicht mehr; auch Focolare und die Neokatechumenaten sagen jedem, der es hören will, daß sie andere nicht brauchen und nie gebraucht haben. Jede Bewegung glaubt, sie allein sei dazu bestimmt, die höchste Macht zu erringen. So stellen sie, bewußt oder unbewußt, die Autorität der Kirche infrage. Als Johannes Paul II. den päpstlichen Thron bestieg, richtete er seinen Blick in die Zukunft. In seiner ersten Enzyklika verkündete er seine auf das neue Jahrtausend gemünzte Vision einer geeinten Welt. Die Schlagworte, die seine Amtszeit prägen, und seine Enzykliken haben diese Vision mit Inhalt gefüllt. Bei den neuen Bewegungen entdeckte der Papst eine Philosophie des Machbaren, die seinen Ansichten ähnelte. Die Bewegungen verkörpern eine nicht zu unterschätzende Streitmacht, sie sind seine Truppen für die Verbreitung des neuen Christentums. Sie garantieren die Zukunft der christlichen Mission. Johannes Paul II. kann sicher sein, daß seine Truppen weiter stürmen. Sie sind sein bleibendes Vermächtnis an die Kirche und an die Welt.

Das Zweite Vatikanische Konzil hat der katholischen Laienschaft Reife attestiert; sie sollte als intelligenter, zu selbständigem Denken fähiger Partner die Lehren der Kirche durch ihre eigene weltliche Erfahrung ergänzen. Die neuen Bewegungen bekämpfen die in der katholischen Kirche vorhandene Bereitschaft zu Veränderungen der traditionellen, männlich dominierten kirchlichen Machtstrukturen. Das hindert weder Focolare noch die Neokatechumenaten noch »Kommunion und Befreiung« daran, sich als Bannerträger der vom Konzil formulierten Positionen darzustellen. Der Papst hat ihnen gar bescheinigt, sie gehörten zu den »schönsten Früchten des Konzils«; Kardinal Ratzinger erklärte, die Bewegungen seien das *einzig* Positive, das aus dem Konzil hervorgegangen sei. Der geistige Vater der nachkonziliären Restauration hat wohl andere Gründe für sein Lob. Er setzt darauf, daß die neuen Bewegungen ihm helfen, die alten Dogmen wiederzubeleben.

Die Bewegungen erwecken gerne den Eindruck, es gehe bei ihnen spontan zu; in Wirklichkeit verbirgt sich unter der Oberfläche eine straff organisierte, undurchschaubare, hierarchisch gegliederte Struktur, die auf dem Prinzip des blinden Gehorsams beruht und Personenkult betreibt, der sich an Stalin messen könnte.

Die Bewegungen bekennen sich zur Dialogbereitschaft mit anderen Katholiken, anderen christlichen Konfessionen und nichtchristlichen Religionen; in Wirklichkeit meinen sie Mission, wenn sie Dialog sagen. Für die Ideen anderer sind sie unempfänglich.

Die Bewegungen erheben den Anspruch, das postkonziliäre Konzept einer Hinwendung zu Gott zu praktizieren; in Wirklichkeit geht es ihnen nur darum, Leute zu *ihrer* Bewegung zu bekehren, auch solche, die schon gläubige Christen und Katholiken sind.

Die Bewegungen behaupten, ihr »existentielles« Glaubensverständnis und ihr Kult der »Erfahrung« spiegele besonders gut die Mentalität unserer Zeit; in Wirklichkeit verbergen sich hinter diesen Begriffen ein antiintellektuelles Ressentiment und die Aufforderung, in blindem Vertrauen auf den Zug der Bewegung aufzuspringen.

Die Bewegungen bekennen sich verbal zu Gemeinsamkeit und Gemeinschaft; in Wirklichkeit erreichen sie ihre kultische Überhöhung durch die systematische Zerstörung der Einzelpersönlichkeit.

Die Bewegungen erheben den Anspruch, nach dem Vorbild des Konzils für Gerechtigkeit und Frieden einzutreten; in Wirklichkeit ist ihr Hauptanliegen die Rekrutierung neuer Mitglieder, ihr soziales Handeln bleibt Lippenbekenntnis. Sie fördern fatalistische Haltungen und verhöhnen diejenigen, die sich um die Armen und an den Rand Gedrängten mühen.

Die Bewegungen behaupten, die künstliche Trennung zwischen Glauben und Leben überwunden zu haben; in Wirklichkeit fördern sie einen tiefen Widerwillen gegen »die Welt« und ziehen sich in abgeschlossene Lebenswelten zurück.

Die Bewegungen erklären, sie seien offen für Kooperationen in allen Bereichen des weltlichen Lebens; in Wirklichkeit sind sie überzeugt, im Besitz der ganzen Wahrheit zu sein. Sie wollen keine Zusammenarbeit, sie wollen Macht.

Die Bewegungen wollen in den örtlichen Kirchengemeinden gemeinsam mit dem Diözesanbischof eine Erneuerung bewirken; in Wirklichkeit gilt ihre Loyalität einzig und allein den Führern ihrer Bewegung. Die Bewegungen verdammen die Rationalität im Namen einer Ideologie; sie sehen sich als Vorkämpferinnen erzkonservativer Gesinnungen. In ihrem Kampf um Vorherrschaft haben sie die schlimmsten Methoden ihrer gestrigen und heutigen Gegner übernommen: die der Kommunisten und die der Sekten. Die verhängnisvollste Idee des 20. Jahrhunderts, die Vergöttlichung des Kollektivs, hat ihre letzten Verfechter in den Reihen der Katholiken gefunden. Weder die Bewegungen noch Papst Johannes Paul II. nehmen Anstoß daran, daß kirchliche Organisationen sich totalitärer oder sektentypischer Methoden bedienen. Wenn aber die katholische Kirche – oder ihr rechter Flügel – zu solchen Verfahren Zuflucht nimmt, muß sie sich in einer verzweifelten Lage befinden.

Die Bewegungen haben sich in der ganzen Welt verbreitet. Sie haben den Segen des Papstes und vieler Bischöfe. Für eine Kurskorrektur ist es wohl schon zu spät. Man kann nur auf Schadensbegrenzung hoffen. Die einzigen Instanzen, die hier einen wirksamen Beitrag leisten können, sind die lokalen Bischöfe. Sie haben den nötigen Einblick. Loyalität gegenüber dem Papst und Angst um die Karriere entbinden nicht von der Verantwortung gegenüber den Gläubigen.

Um seine Ehre vor den Übergriffen der Neokatechumenaten zu retten, hatte sich Augusto Faustini an viele Bischöfe in der Diözese Rom und schließlich auch an den Papst gewandt. Im März 1993 kam es zu einer dramatischen Auseinandersetzung. Bischof Giuseppe Mani, von dem Faustini wußte, daß er den Neokatechumenaten skeptisch gegenüberstand, hielt in Faustinis Bezirk eine Sprechstunde zu ehelichen Problemen ab. Als der Bischof den Besuchern die Möglichkeit bot, Fragen zu stellen, meldete sich Faustini. Er begann mit einigen lobenden Worten über die von der Kirche ergriffene Initiative zum Schutz von Ehe und Familie und richtete dann die Frage an den Bischof: »Welche Vorschläge hat die Kirche zu manchen Fällen, in denen ein Ehepartner die eheliche Gemeinschaft verläßt, um sich einer nichtchristlichen oder nichtkatholischen Sekte anzuschließen, oder auch einer Sekte, die sich als katholisch ausgibt?«

Die Reaktion des Bischofs schildert Faustini in einem Brief an Mani:

»Zitternd – ob aus Angst oder aus Unbehagen, weiß ich nicht – versuchten Sie mir das Mikrofon aus der Hand zu reißen! Auf meine Frage gaben Sie keine Antwort. Euer Hochwürden, ich verstehe, daß es unbequem ist, die Verantwortung für etwas zu übernehmen, doch ein Bischof hat die Pflicht, in Fragen des Glaubens Verantwortung zu übernehmen! Wenn die Bischöfe dies nicht tun, wer sonst? Ist es möglich, daß die Neokatechumenaten so mächtig geworden sind, daß Sie Angst vor ihnen haben?«

Johannes Paul II. hat sich mit flammenden Bekenntnissen zu traditionellen katholischen Lehrmeinungen in Sachen Empfängnisverhütung, Abtreibung, Scheidung und Homosexualität hervorgetan; doch weder der Papst noch die Kirchenhierarchie haben jemals die geringste Spur von Verantwortungsgefühl für das menschliche Leid gezeigt, das durch diese strengen Gebote erzeugt wird. Nach dem Zweiten Vatikanischen Konzil war »Mitverantwortung« eine vielgebrauchte Parole des Katholizismus; als Johannes Paul II. den päpstlichen Thron bestieg, verschwand sie in der Versenkung.
Die Bischöfe sind die einzigen kirchlichen Instanzen, die die Möglichkeit haben, die neuen Bewegungen genau zu überwachen und praktische Konsequenzen zu ziehen. Wenn sie sich zu dieser Verantwortung nicht freiwillig bekennen, muß die Laienschaft sie zum Handeln zwingen.
Die Bewegungen beschäftigen die Bischöfe mehr als alle anderen kirchlichen Gruppen; die hohen Herren neigen aus Bequemlichkeit dazu, dem Druck nachzugeben, ja und amen zu sagen, Segen und Ermunterung zu spenden. Das müssen sie sich abgewöhnen.
Im Verlauf des umstrittenen Seligsprechungsverfahrens für Josémaria Escriva hatte der federführende »Pro-Anwalt«, Pater Flavio Capucci, Mitglied des Opus Dei, die Sorge, die lautstarken Proteste ehemaliger Ordensmitglieder könnten die Aussichten Escrivas beeinträchtigen. Er war daher hocherfreut, als ein Mitarbeiter der

Kurienkongregation für die Selig- und Heiligsprechung ihm erklärte, auch in vergleichbaren Fällen hätten abtrünnige Angehörige von Orden abträgliche Aussagen gemacht; es sei aber ständige Politik der Kongregation, solche Aussagen zu ignorieren.

Die Bischöfe müssen jetzt über die Bewegungen Informationen zusammentragen; die Gläubigen haben Anspruch darauf, aus erster Hand über die Gefahren unterrichtet zu werden. Konkrete Details über Arbeitsmethoden und theologische Fehlleistungen müssen aufgezeigt und Konsequenzen gezogen werden. Wie jeder, der eine Sekte verläßt, müssen auch »Überläufer« aus den Reihen der neuen katholischen Bewegungen mit großen Schwierigkeiten fertig werden. Es gibt für sie kein Auffangnetz in Form organisierter Hilfe. Wer einer Bewegung den Rücken kehrt, wird als religiöser Versager, Verräter, Ausgestoßener abgestempelt. In vielen Fällen führt das Gefühl, die Kirche und vielleicht Gott im Stich gelassen zu haben, dazu, daß überzeugte Christen ihren Glauben verlieren.

Theoretisch gäbe es noch eine drastischere Alternative: Betroffene könnten die Kirchengerichte anrufen. Diese sind laut kanonischem Recht für die Klärung bestimmter Streitfragen auf der Ebene der Diözesen vorgesehen, aber das Schauspiel eines offenen Konflikts verfeindeter katholischer Gruppierungen vor einem kirchlichen Gericht würde der Kirche nicht gut anstehen. Es bliebe der Gang vor zivile Gerichte.

In einem Fall ist dies versucht worden. Im norditalienischen Trient erstattete die 45jährige Hausfrau Gabriella Manizza Anzeige gegen vier NK-Katechisten; sie warf ihnen vor, ihren Mann Fabrizio auf strafbare Weise unter Druck gesetzt zu haben. Die Katechisten hätten ihren Mann »vorsätzlich zu einem Verhalten verleitet, das äußerst schädlich war sowohl für ihn selbst als auch für die Unterzeichnerin und die Tochter aus der Verbindung, Lisa«.

Die Klägerin nahm bei der Schilderung kein Blatt vor den Mund: »Sie haben Fabrizio Manizza (in sektiererischer, fanatischer, unnachgiebiger Weise) mit den Lehren und Verhaltensmaßregeln gemäß der wahnhaften Doktrin Kitos vollgepumpt und ihn dadurch so weit gebracht, daß er seine Kritikfähigkeit eingebüßt hat und sie ihn praktisch im Sinne ihrer schwachsinnigen Ideen manipulieren konnten.« Die Neokatechumenaten hätten systematisch das Familienleben zerstört:»Das Gebot, stundenlang im Alten Testament zu lesen, kontinuierlich zu beten, und die zwanghaft wiederholte Aufforderung, getreu nach dem Buchstaben der Bibel zu leben (andernfalls kein ewiges Leben), hat zu schwerwiegenden Spannungen und unüberbrückbaren Gegensätzen innerhalb der Familie geführt.« Sie habe sich daher zur Trennung von ihrem Mann entschlossen; der älteste Sohn sei von zu Hause weggegangen; die jüngere Tochter habe sich von der unaufhörlichen Beterei ihres Vaters in Bann ziehen lassen. Ihr Mann habe sie und seine Tochter geschlagen,»um ihnen Gehorsam beizubringen«. Schließlich habe er die Familie auch finanziell ruiniert:»Der Ehemann zieht aus dem Haushaltsbudget der Familie Geld ab, das er der Gemeinschaft übergibt, und schließlich sieht die Unterzeichnete auch Grund zu der Sorge, daß ihr (gründlich indoktrinierter!) Ehemann das Haus der Familie (das allein auf seinen Namen eingetragen ist) verkaufen und den Erlös der Bewegung überweisen wird (wie andere es schon getan haben).«

Wäre eine solche Klage einmal von Erfolg gekrönt, würde sie die Öffentlichkeit auf die gefährlichen Praktiken der Bewegungen aufmerksam machen und andere zu ähnlichen Schritten ermutigen. Ob solche Gerichtsverfahren allerdings den Vormarsch der Bewegungen langfristig aufhalten können, erscheint fraglich angesichts der Erfahrungen mit Verfahren gegen die Mun-Sckte und die Scientologen.

Aus der Sicht der meisten Gegner der neuen Bewegungen kann wirksame Hilfe nur vom Papst kommen. Von vielen Exmitgliedern und Kritikern habe ich den Satz gehört:»Wenn der Papst nur die Wahrheit wüßte.«

Es mag zwar sein, daß der Heilige Vater die gegen die neuen Bewegungen vorgebrachten Anschuldigungen nicht im Detail kennt, doch die Tatsache, daß es solche Vorwürfe gibt, ist ihm mit Sicherheit bekannt. Pater Enrico Zoffoli hat Johannes Paul persönlich ein Exemplar seines Buches *Die Ketzereien der Neokatechumenaten-Bewegung* übergeben. Geschehen ist nichts. Der Papst bewundert die neuen Bewegungen, sie verkörpern für ihn die Zukunft der Kirche. Er will den Vorwürfen keinen Glauben schenken. Rang-hohe Kirchenführer bestätigen, daß der Papst sofort das Thema wechselt, wenn etwa im Verlauf einer Privataudienz Kritik an den Neokatechumenaten oder an anderen Bewegungen vorgebracht wird.

Ich kann nicht beurteilen, wieviel der Papst über die neuen Bewegungen weiß und ob und in welchem Grad er ihren Fanatismus und ihren sektiererischen Charakter kennt und billigt. Die Antwort auf diese Frage wäre bedeutsam. Würde sich herausstellen, daß er falsch informiert ist, dann hätte die Kirche ein großes Problem. Im anderen Fall aber wäre die Sache noch bedenklicher. Es geht um eine Bemerkung des Papstes, von der ich auf dem Weltjugendtag 1993 in den USA hörte.

Da ich auf meiner Rückreise in Washington umsteigen mußte, hatte ich mich entschlossen, eine Gemeindegruppe zu besuchen, deren Banner ich in Denver gesehen hatte. Der Pfarrbezirk St. Thomas More liegt in einem der problematischsten Stadtviertel im Süden der amerikanischen Hauptstadt. In einem langen Gespräch mit dem Gemeindepriester und zwei italienischen Katechisten wurde mir stolz ein Beispiel päpstlicher Protektion erzählt.

Zum Glück lief mein Tonbandgerät mit; sonst hätte ich mir hinterher vielleicht eingeredet, mich verhört zu haben. Ich habe die Passage seither viele Male mit ungläubigem Staunen angehört. Da ich aus meiner Focolare-Zeit weiß, wie zuverlässig die mündliche Übermittlung positiver Neuigkeiten innerhalb der Bewegungen funktioniert, bin ich geneigt, an die Echtheit der Geschichte zu glauben, zumal sie durchaus zweischneidig formuliert ist.

Der Washingtoner Gemeindepriester erinnerte sich in unserer Unterhaltung daran, daß »der Bischof von Puerto Rico« dem Papst berichtet habe, welche Probleme ihm protestantische Sekten bereiteten, die ihm seine Schäfchen abspenstig zu machen versuchten.

»Aber Sie wissen doch bestimmt«, erwiderte der Papst daraufhin, »daß wir unsere eigene Sekte haben – die Neokatechumenaten.«

Register

379